W0070687

Hans Dieckmann
Methoden
der analytischen
Psychologie

VV

Hans Dieckmann

Methoden der analytischen Psychologie

Eine Einführung

Walter-Verlag
Olten und Freiburg im Breisgau

1979
Alle Rechte vorbehalten
© Walter-Verlag AG, Olten 1979
Satz und Druck: Moritz Schauenburg GmbH & Co. KG, Lahr/Schwarzwald
Einbandarbeiten: Walter-Verlag, Buchbinderei Heitersheim
Printed in Germany

ISBN 3-530-16300-7

INHALTSVERZEICHNIS

EINLEITUNG

Dieses Buch der Einführung in Methoden der analytischen Psychologie C. G. Jungs umfaßt nur einen Teilbereich, nämlich den der Individualanalyse, und nennt sich deshalb auch absichtlich nicht «*Die Methodik der analytischen Psychologie*». Zu den Methoden der analytischen Psychologie gehören eben neben der Einzelanalyse des Erwachsenen auch die Methoden der Kindertherapie, der Gruppentherapie, der Familientherapie sowie der Paartherapie. Allerdings ist die analytische und synthetische Arbeit mit dem einzelnen Patienten nicht nur die Grundlage für alle anderen methodischen Behandlungsformen gewesen, sondern sie liefert auch heute noch die wichtigsten Erkenntnisse und Anregungen für alle anderen Bereiche. Das Buch soll auch eine Einführung sein und erhebt dementsprechend weder den Anspruch auf Vollständigkeit noch auf Vollkommenheit. Es soll dem Anfänger und auch dem in der Praxis arbeitenden Analytiker die Möglichkeit geben, sich mit bestimmten «Essentials» auseinanderzusetzen, mit denen er in jeder Behandlung konfrontiert wird. Es gibt keine längerdauernde und vertiefte Analyse, die zu wirklichen Individuationsprozessen führt, welche nicht in irgendeiner Form mit den in den einzelnen Kapiteln beschriebenen Problemkreisen zu tun haben wird. Ich betone ausdrücklich, daß es sich bei diesem Buch um eine Auseinandersetzung handelt und nicht um die Vermittlung eines feststehenden Regelsystems. Derjenige, der hier danach suchen will, wo er was an welcher Stelle tut oder sagt, wird bestimmt enttäuscht werden, da eine derartige Technifizierung in unserem Bereich nicht vermittelt werden kann und darf, um die freie Entfaltungsmöglichkeit der einzelnen Persönlichkeit zu gewährleisten. Im Sinne der Gegenübertragung muß sich der Analytiker mit seiner ganzen Persönlichkeit, die ihre eigene individuelle Spezifität hat, als subjektiven Faktor in die Behandlung hineinbegeben. So muß und wird jeder Individuationsprozeß auch von der Persönlichkeit des Behandelnden und nicht nur von den Schwierigkeiten und Problemen des Behandelten her

7

bestimmt. Deshalb bin ich auch überzeugt davon, daß abgesehen von den grundsätzlichen Fragen über das Problem von Methode und Technik in der analytischen Psychologie überhaupt, das ich im ersten Kapitel behandelt habe, dieses Buch die spezifischen Züge meiner individuellen Methodik zeigt, die nicht einfach von einem anderen in dieser Form übernommen werden kann. Wozu aber dieses Buch anregen kann und will ist, sowohl dem Anfänger als auch dem Erfahrenen die Möglichkeit zu geben, über bestimmte methodische Grundprobleme, die ihm immer wieder begegnen werden, nachzudenken und auf Möglichkeiten aufmerksam zu machen, die in ihm enthalten sind.

Aus diesen Erwägungen heraus ist es auch wichtig, wenigstens einige Worte über den persönlichen Hintergrund zu sagen, aus dem heraus dieses Buch geschrieben worden ist. Ich bin, abgesehen von meiner eigenen Ausbildung und der praktischen Tätigkeit, die ich bereits als Internist geleistet habe, seit 1957 als freipraktizierender Analytiker der Jungschen Schulrichtung in Berlin tätig. Mit wenigen Ausnahmen habe ich in meiner seit dieser Zeit bestehenden Praxis ausschließlich langdauernde, nicht limitierte Einzelanalysen bei Erwachsenen und Jugendlichen durchgeführt. Mein Interesse hat von Anfang an in diesem Bereich gelegen und ist heute nach über 20 Jahren noch genauso lebendig wie es damals war. Ich habe niemals bereut, aus dem Bereich der inneren Medizin zur analytischen Psychologie C. G. Jungs übergewechselt zu sein. Jede einzelne Behandlung ist für mich heute noch immer eine überaus spannende und erlebnisvolle Reise in ein neues und unbekanntes Land einer fremden menschlichen Seele. Ich habe mich hierbei noch nie gelangweilt, obwohl das keineswegs ausschließt, daß es auch einzelne langweilige Sitzungen gibt. Obwohl ich ein eher introvertierter Typ bin, bin ich doch ein relativ lebendiger Mensch, und demjenigen, der mir in meinem 25. oder 30. Lebensjahr vorausgesagt hätte, daß ich den größten Teil meines Berufslebens damit verbringen würde, in einem Sessel zu sitzen und anderen Menschen zuzuhören, würde ich für verrückt erklärt haben. Heute weiß ich, daß dieser sonderbare Beruf mir mehr an Erfüllung gebracht hat als jeder andere medizinische Bereich, angefangen von der Chirurgie bis zur inneren Medizin, mit dem ich mich jemals beschäftigt habe. Der Beruf eines Analytikers ist ja etwas sehr Merkwürdiges. Wie Jung es einmal formuliert hat, ist er auf der einen Seite ein hochgezüchteter und einseitiger Spezialist in der Medizin, der nur mit einer einzigen Methode behandelt, und auf der anderen Seite umfaßt er das Universellste, was es wohl auf dieser Welt gibt, nämlich den gesamten Bereich der seelisch-geistigen Welt des Menschen. Eben dieser Bereich ist so weit und unendlich, daß man glücklicherweise nie auslernt und immer wieder Neuem und Unbekanntem begegnet. Abgesehen von meiner privaten freien Praxis arbeite ich zusätzlich in der Ausbildungtätigkeit sowohl als Dozent als auch als Kontroll- und Lehranalytiker an dem Ausbildungszweig für analytische Psychologie im Berliner Institut für Psychotherapie. So ist dieses Buch nicht nur aus der Erfahrung an den Analysen meiner Patienten entstanden, sondern gleichzeitig auch mit dem Hintergrund sowohl von Lehr- und Kontrollanalysen als auch den zahlreichen Seminaren, die ich innerhalb der letzten beiden Jahrzehnte am Berliner Institut gehalten habe. Von daher sind mir die Schwierigkeiten und Probleme, die angehende Analytiker oft mit den sehr einfachen und banalen praktischen Dingen der analytischen Tätigkeit haben, immer vertraut geblieben. Vieles davon hat seinen Niederschlag in diesem Buch gefunden. Wenn ich mir bei manchen Dingen zeitweise etwas zu banal vorgekommen bin, wie z. B. bei den Überlegungen über den Umgang mit Verspätungen von Patienten, so habe ich mich mit der indischen Weisheit getröstet, daß man auch in jedem x-beliebigen und alltäglichen Sandkorn eine ganze Welt erkennen kann. Wir sind zwar der Ansicht, daß der Zugang zum kollektiven Unbewußten und die wandelnde Wirkung der Begegnung mit den archetypischen Imagines ein zentrales Geschehen unserer analytischen Therapie ist, aber die Eröffnung dieses Zugangs kann nur erfolgen und kann sich auch nur fruchtbar auswirken, wenn man die alltäglichen Dinge nicht vergißt und auch auf die banalen Schwierigkeiten und Mißhelligkeiten der Beziehung zwischen Arzt und Patient einzugehen vermag. So ist dieses Buch eben gerade aus der Praxis entstanden, für die Praxis geschrieben und verzichtet auch auf umfangreiche Hypothesen und Theoriebildungen, die nur da benutzt werden, wo sie zur Verdeutlichung des Hintergrundes praktischer Handlungen notwendig sind. Da das Institut für Psychotherapie Berlin meines Wissens nach das wohl noch einzige Institut auf dieser Welt ist, in dem Analytiker der Jungschen und der neo-analytischen Schulrichtung zwar in getrennten Ausbildungszweigen und Ausbildungsgängen, aber doch in relativ enger praktischer Zusammenarbeit ausgebildet werden, enthält dieses Buch natürlich auch eine Auseinandersetzung mit der Freudschen und besonders auch der neo-analytischen Methodik. Ich habe mich bemüht, sowohl das Trennende als auch das Gemeinsame darzustellen, denn es liegt mir auf der einen Seite wenig daran, mit Gewalt Unterschiede zu postulieren, die im praktischen Umgang mit dem Patienten so nicht bestehen, auf der anderen Seite muß es aber doch betont werden, daß es in vielen Bereichen erhebliche Unterschiede gibt, die nicht nur auf den verschiedenen theoretischen Hintergrundsystemen beruhen, sondern auch auf einer anderen Haltung und Einstellung dem Patienten und seiner Erkrankung gegenüber. Für uns beruhen die neurotischen Erkrankungen nicht nur in infantilen Wurzeln, die in der Kindheit einmal gelegt worden sind, sondern auch und gerade in dem Aktualkonflikt, in dem sich der betreffende Mensch befindet, und damit auch in seiner Einstellung zu der Gesellschaft und deren ganzen Historie, in der er lebt und arbeitet. Jung selbst ist einer der ersten, der darauf hingewiesen hat, daß viele an Neurosen oder Psychosen erkrankten Menschen im Grunde genommen eigentlich nicht mehr in die Bewußtseinsstufe der sie umgebenden Gesellschaftsgruppe hineinpassen, sondern eben gerade deswegen erkranken, weil sie eine weitere und umfassendere Bewußtheit benötigen und zu dieser nicht durchstoßen können. Auf diesem Hintergrund neigen wir dazu auch in der praktischen Haltung unseren Patienten gegenüber nicht nur auf das Neurotisch-Gehemmte, Krankhafte, Pathologische und Infantile zu akzentuieren, sondern eben gerade auch auf den archetypischen Bereich des gesunden Kindes, das prospektive und synthetische Entwicklungs- und Reifungsmöglichkeiten in sich trägt und uns aus dem Unbewußten unserer Patienten entgegentritt. Es ist eine Auffassung, die sich in den letzten Jahrzehnten in zunehmenderem Maße mehr durchgesetzt hat und auch von Freudianern bzw. ehemaligen Freudianern, wie z. B. Erich Fromm und Karen Horney, vertreten wird. Das schließt allerdings nicht ein, daß wir soweit gehen, das Heil der Welt und die Heilung der Krankheit lediglich von einer Veränderung der gesellschaftlichen Bezüge zu erwarten, da sich jede Gesellschaft immer aus Individuen zusammensetzt und kranke Individuen auch keine gesunde Gesellschaft hervorbringen können. Es handelt sich m. E. bei diesem Problem um einen dialektischen Prozeß, bei dem man weder einseitig auf die Veränderung bzw. Individuation des Individuums akzentuieren kann, noch auf die der Gesellschaft. Beide bedingen sich gegenseitig, und man kann nicht, wie es immer wieder von einigen Autoren vertreten wird, nur die eine Seite verändern, sondern muß an beiden Polen dieser Dialektik arbeiten. Nicht umsonst hat Jung in allen seinen Werken immer wieder die Suche nach Sinn, Aufgabe und Glaubensgrundlagen des Menschen in dieser Welt in das Zentrum der Individuation gerückt. Diese Sinnfrage ist einerseits nicht kollektiv zu lösen, sondern jeder einzelne muß dieses Sinngefühl für sein eigenes Leben und seine Lebensaufgabe in sich selbst finden. Auf der anderen Seite aber ist es auch notwendig, daß er in einer Gesellschaft lebt, die es ihm ermöglicht und tunlichst auch erleichtert, Sinn, Aufgabe und kreative Entfaltungsmöglichkeit seiner Persönlichkeit zu finden. Wie wenig das die Gesellschaft in unserer übervölkerten, auf materielles Profitstreben, Geltung, Ehrgeiz und Hedonismus akzentuierten Welt wirklich tut, kann man nur immer wieder beklagen. So darf eine Methodik, die wirklich die Individuation anstrebt, auf keinen Fall dazu führen, den Menschen diesen bedrohlichen Schattenseiten unserer modernen zivilisatorischen Systeme anzupassen.

Zwei Bereiche, die eigentlich zu den Grundproblemen der Methodik gehören, sind in diesem Buch nicht in eigenen Kapiteln enthalten. Man sollte erwarten, in einem Methodikbuch auch jeweils ein eigenes Kapitel über den Umgang mit den Widerständen und das sog. Durcharbeiten zu finden. Beim Durchlesen und Durcharbeiten der verschiedenen fertiggestellten Kapitel habe ich aber feststellen müssen, daß ein derartiges Kapitel über Widerstände lediglich eine Zusammenfassung von Hinweisen und Überlegungen wäre, die sich überall in den anderen Kapiteln verstreut befinden. Es gibt kaum ein Kapitel, in dem nicht auf den Widerstand oder die Abwehrsysteme eingegangen worden ist, so daß sich hierfür ein eigenes Kapitel m. E. erübrigt. Etwas Ähnliches trifft auf das Durcharbeiten zu, was eher die Voraussetzung jeder intensiven analytischen Arbeit ist. Die immer wiederkehrende Circumambulatio um die Sinnerfassung und Bewußtmachung der unbewußten Symbolik beschreibt dieses Durcharbeiten und schließt es in sich ein. Natürlich sind auch die einzelnen Problemkreise wie bereits vorher gesagt nicht erschöpfend behandelt, sondern bei einzelnen sind besondere Aspekte herausgenommen worden, die mir für den praktischen Umgang besonders wichtig erschienen. Das fällt besonders in dem Kapitel über die Traumdeutung auf, wo die ganze ausführliche Beschreibung über Subjektstufen-, Objektstufendeutung, reduktive und prospektive Methodik etc. fehlen. Hätte man sich in diesem Bereich um Vollständigkeit bemüht, so wäre aus diesem Kapitel ein Buch geworden, wobei der an diesem Bereich interessierte Leser darauf hingewiesen sei, daß ich das Thema in zwei anderen Büchern, «Träume als Sprache der Seele» und «Umgang mit Träumen», ausführlich behandelt habe.

Abschließend möchte ich noch meinen Dank abstatten, vor allen Dingen an alle diejenigen Menschen, die mir die Genehmigung gegeben haben, etwas von dem Material ihrer Analyse zu veröffentlichen. Selbstverständlich sind alle Falldarstellungen verfremdet, um die notwendige ärztliche Diskretion zu wahren, und es werden vielfach in einem einzelnen Beispiel auch mehrere gleichartige Vorgänge verschiedener Patienten zusammengezogen. Weiterhin habe ich mich bei meiner ebenfalls als Analytikerin tätigen Frau zu bedanken, die sich der großen Mühe unterzogen hat, das gesamte Manuskript zu überarbeiten und zu korrigieren, sowie Herrn Jochen Steltzer, der das Literaturverzeichnis geordnet und zusammengestellt hat. Mein Dank gilt ebenfalls Frau Dr. Gertrud Roos für die Erarbeitung des Sachregisters sowie last but not least meiner Sekretärin, Frau Sigrid Wiegand, bei der die Last der umfangreichen Schreib- und Korrekturarbeiten gelegen hat.

Berlin, im August 1978

1. KAPITEL

Die Problematik von Methode und Technik in der analytischen Psychologie

Im Gegensatz zur Psychoanalyse Freuds, die sich von ihrem Beginn an bis heute sehr intensiv und detailliert mit Fragen und Problemen der analytischen Technik und Methodik befaßte, gibt es im Bereich der Analytischen Psychologie nur sehr wenige Arbeiten, die sich ausschließlich mit diesen Themen beschäftigen, obwohl Jung frühzeitig auf ihre Wichtigkeit hingewiesen hat (138). Sehr vereinfacht ausgedrückt, geht die Freudsche Analyse von der Vorstellung aus, daß es eine grundsätzlich richtige und optimale Methode des Verhaltens und Erlebens von Analytiker und Patient in der analytischen Situation gibt, die dem Patienten zu Beginn der Behandlung als ein Informations- oder Regelsystem mitgeteilt wird. Alles Abweichen oder Nicht-Einhalten dieser Regeln wird als Widerstand oder Agieren aufgefaßt und dem Patienten an entsprechender Stelle auch so gedeutet. So stellte z. B. Rycroft 1968 (201) Grundforderungen der «classical analytical technique» auf, die die Stundenfrequenz von 5 Wochenstunden, das Liegen auf der Couch, die Enthaltsamkeit von Ratschlägen, das Verbot der medikamentösen Behandlung und des Eingriffs in die Lebensgestaltung des Patienten enthalten, wie auch das unbedingte Insistieren auf der Methode der freien Assoziation und die Beschränkung aller Äußerungen des Analytikers auf Interpretationen. Noch wesentlich differenzierter, genauer und umfangreicher sind die Anweisungen, die der Begründer der neoanalytischen Schule in Deutschland, Schultz-Hencke, in seinem Lehrbuch (206) über die richtige Technik des analytischen Verfahrens gibt. Im sog. Abschluß des therapeutischen Paktes findet man bei ihm am Beginn der Behandlung allein 11 Informationsgebiete bzw. Anweisungen, die dem Patienten gegeben werden sollten. Diese reichen von der «Grundregel» über das richtige Assoziieren, das Liegen, die Bezahlung, die Stundendauer und -frequenz bis zum Verhalten in lebenswichtigen Entscheidungssituationen und der gegenseitigen Urlaubsregelung. Selbst unter den Freudianern und Neo-Freudianern teilen sich nun aber die Meinungen in diejenigen, die eine solche klassische analytische Technik verteidigen und diejenigen, die sie angreifen oder wenig von ihr halten. Einer der prominentesten Vertreter der letzteren Gruppe ist Balint in seinem Buch «Urformen der Liebe und die Technik der Psychoanalyse» (9). Auf jeden Fall hat diese Art der psychoanalytischen Technik dazu geführt, daß es zu einer Fülle von Modifikationen gekommen ist und diese Modifikationen in praktisch allen Bereichen der klassischen analytischen Regeln ein unendlich breites Schrifttum in den Publikationen der Psychoanalyse umfassen. Auf der gleichen Ebene liegen die aus dem außerordentlich fruchtbaren Dünger der Analyse wie Pilze hervorschießenden, völlig neuen Methoden, die mit ganz andersartigen Techniken bessere und schnellere Resultate erzielen wollen und von der Mode oft genauso schnell wieder verschlungen werden, wie sie sich zunächst weltweit ausgebreitet haben. Angesichts einer solchen Situation müssen wir uns doch fragen, ob wir nicht etwas grundsätzlich falsch machen, wenn wir an die psychischen Reifungs- und Entwicklungsvorgänge mit der Vorstellung herangehen, es könnte, ähnlich wie in der Chirurgie, so etwas geben wie eine standardisierte Methode oder Technik, die, von außen an den Patienten herangebracht, ihm zu einem Optimum von seelischer Entfaltung und Gesundung bringen könnte. Es stellt sich hierbei das Problem: Gibt es überhaupt einen anderen Weg und beruht nicht all unser Handeln und Wirken auch in diesem Bereich darauf, daß wir bestimmte Methoden finden, die sich als gut, richtig und erfolgreich erweisen und die wir dann auf andere Patienten evtl. mit gewissen Modifikationen übertragen können?

Um diese Fragen zu beantworten, möchte ich einen etwas ungewöhnlich erscheinenden historischen Rückgriff zur Alchimie machen, die im Mittelalter ihre höchste Blütezeit erreichte und mit deren Parallelitäten zur Symbolik psychischer Reifungs- und Entfaltungsprozesse der Leser der Schriften C. G. Jungs gut vertraut sein sollte. Die Alchimie ist eine außerordentlich merkwürdige, teils materielle, teils geistig-philosophische Bewegung, die sich selbst sowohl als Wissenschaft als auch als Kunst auffaßte. Sie entstand etwa um das 3. nachchristliche Jahrhundert herum, führte aber ihre eigentlichen Wurzeln bis auf die Antike und dort vornehmlich auf die Lehren des Plato und Aristoteles zurück. Über 13 Jahrhunderte hindurch faszinierte sie die ganze zivilisierte Welt. Nicht nur Kaiser, Könige und Fürsten investierten ungeheure Summen in sie, sondern auch die

14

bedeutendsten Gelehrten ihrer Zeit waren Adepten der Alchimie oder befaßten sich mit ihren Lehren. Erst mit der Entwicklung der Naturwissenschaften und dem Siegeszug der Technik über die ganze Welt verschwand allmählich in den letzten 3 Jahrhunderten auch die Alchimie bis auf ganz unbedeutende Reste von versponnenen Einzelgängern, die auch heute noch existieren. Man fragt sich unwillkürlich, ob dieser ganze Aufwand nur Schwindel, Humbug und Aberglauben eines dunklen, noch unaufgeklärten Zeitalters war, was Menschen vom Range eines Albertus Magnus, Thomas von Aquin, Gebser, Fludd oder Paracelsus an dieser Kunst und Wissenschaft so intensiv beschäftigte. War sie evtl. mehr als nur eine unvollkommene Vorstufe der modernen Chemie, deren alltägliche Werkzeuge wie z. B. die Retorte von den Alchimisten erfunden wurde und die ihr viele Entdeckungen chemischer Vorgänge wie z. B. auch die Glasherstellung verdankt? Für die Alchimisten waren das nämlich nur sehr unwesentliche Nebenprodukte, ein Abfall gewissermaßen, wie die heutigen Kochtöpfe aus dem Material der Raketenspitzen, der mit dem eigentlichen Ziel ihres Werkes oder Prozesses nichts zu tun hatte. Ihre wirkliche Zielvorstellung, die sie mit Hilfe ihrer Wissenschaft erreichen wollte – (wir sollten nicht vergessen, daß die Alchimie eine anerkannte Wissenschaft war und viel länger existierte als viele Wissenschaften, die wir heute haben) – war in erster Linie, Gold herzustellen. Aber neben der Goldherstellung ist außerdem noch von anderen, gleichwertigen Zielvorstellungen die Rede, nämlich von einem Lapis philosophorum, einem Stein der Weisen, einem Anthropos, einem vollständigen hermaphroditischen Menschen und einer Reihe anderer, ähnlich finaler Symbole, in denen der alchimistische Prozeß gipfeln sollte. Es heißt bezeichnenderweise auch in den alchimistischen Traktaten: «Aurum vulgum, non est aurum nostrum» (151), d. h.: «Unser Gold ist nicht das gewöhnliche Gold», so daß man sich auch an dieser Stelle wieder fragen muß, ob nicht die Herstellung materiellen Goldes auch nur ein Nebenprodukt oder ein Symbol ist für etwas ganz anderes, was die Alchimie eigentlich meinte und das sie nicht verwörtern oder in bestimmte Begriffe bringen konnte und wollte. Wir müssen daher zu verstehen suchen, welche doppelte, andere Bedeutung das Gold für den Alchimisten neben dem materiellen Wert des Metalles eigentlich hatte. Hierzu ist es wichtig, sich kurz mit der Lehre der Entsprechungen, einem Kernstück des alchimistischen bzw. prä-rationalen Denkens zu beschäftigen, denn auch letzteres spielt in unseren analytischen Prozessen eine erhebliche Rolle. Dieses prä-rationale Denken in der Form der Entsprechungen ist eine Form des Denkens, die dem Alchimisten, wie dem mittelalterlichen Denken überhaupt, so selbstverständlich war, daß es als Methode von ihnen gar nicht erst beschrieben wurde, sondern man es eben einfach benutzte. Für uns ist dieses Denken in Entsprechungen gegenüber unserem logisch-deduktiven Denken, auf das wir von Kindheit an ununterbrochen geschult werden, so fremd geworden, daß wir meist in Verwirrung oder Verunsicherung geraten, wenn wir ihm begegnen. Wir finden es eigentlich spontan nur noch bei Kindern, in den symbolischen Prozessen des Unbewußten und bei den sogenannten primitiven Naturvölkern. Dabei neigen wir dann dazu, es sehr überheblich als unlogisch und verworren abzutun und uns darüber sehr erhaben zu fühlen. Das tun wir sehr zu Unrecht, denn dieses Denken in Entsprechungen ist eine Vorstufe, eine Art Muttersubstanz, aus der unser logisch-rationales Denken überhaupt erst hervorgegangen ist. Dabei enthält diese ursprünglichere Form des Denkens etwas Zusätzliches und Umfassenderes, da das Logisch-Rationale nur ein Ausschnitt jener prä-logischen Schicht ist, die auch heute noch in unserem Unbewußten weiterlebt (46). Sie ist sogar häufig die Grundlage unserer kreativen Prozesse bis hin zur Bildung naturwissenschaftlicher Theorien, wie Pauli (190) es bei Kepler nachgewiesen hat.

Dieses Denken in Entsprechungen ist ein sehr «archaisches» Denken, das von der Vorstellung ausgeht, daß eine bestimmte Ur-Tatsache sich auf den verschiedensten Gebieten auswirkt und sich in den unterschiedlichsten Entsprechungen manifestiert, die dann für-einander analog gedacht werden können. So ist dieses Denken kein logisches, sondern ein analogisches Denken, das bei den Denkprozessen mit dem Begriff des «sicut» = gleichwie arbeitet und nicht mit dem Wort «weil», wie das logisch-kausale Denkprozesse tun. Am besten macht man sich das an einem Beispiel klar. So ist für das Denken in Entsprechungen das Feuer = Licht = Energie = Sonne = Hölle = Drachen = Wärme = Liebe = Haß etc. Wir sehen an dieser Analogiereihe, daß nicht nur die verschiedensten Objekte wie Sonne und Drachen identisch sind, sondern auch Gefühlszustände oder Ideen, wie die der Hölle oder die der Energie. Um die Zugehörigkeit solcher Entsprechungen wird sowohl in der Alchimie als auch in den primitiven und Frühkulturen sehr ernsthaft gerungen, und zwar in welchen Entsprechungen sich eine bestimmte Ur-Tatsache in den verschiedenen Bereichen wie Geist, Seele und Materie oder den Bereichen der 4 Elemente Feuer, Wasser, Erde und Luft manifestieren kann. So unübersichtlich uns heute solche Ketten erscheinen mögen, von denen wir oft den Eindruck haben, alles könnte eigentlich alles sein und das Ganze wäre nur ein wilder Unsinn, so ist es auf der anderen Seite doch so, daß darin ganz bestimmte und deutliche Ordnungen liegen, die sich dem offenbaren, der sich näher mit derartigen Denkprozessen beschäftigt. Es gibt auch vieles, was sich eben nicht entsprechen kann, wie Feuer nicht = Wasser sein kann oder Mutter nicht = Vater, aber Tochter kann wieder = Mutter sein und ebenfalls = Wasser.

Es ist ein Verdienst des französischen Strukturalisten Lévi-Strauss (177), die Ordnungsprinzipien dieses «wilden Denkens» bei den Naturvölkern umfassend beschrieben zu haben und nachgewiesen zu haben, daß man z. B. eine Systematik der Pflanzenwelt auf der Basis dieser Ordnungen in Entsprechungen festlegen kann, die genauso effektiv und sogar erheblich umfangreicher und genauer sein kann als unser Linné'sches System. Die Forderung nach Ordnung ist eine Grundlage unseres Denkens, aber sie zielt nicht unmittelbar und zuerst auf das Praktische oder Nützliche, so daß man sich immer darüber streiten kann, welches Ordnungssystem das nützlichste ist. Wesentlich bleibt aber doch, daß es auch andere Möglichkeiten als unsere Ordnungssysteme gibt. Das Buch von Lévi-Strauss enthält auch eine Fülle von Beispielen, etwa in der Kultivierung von Pflanzen, wo mit dem System des wilden Denkens der Eingeborenen Dinge erreicht werden können, die wir mit allem wissenschaftlichen Aufwand nicht nachahmen können. Von solchen Erwägungen her wäre es leichtfertig, dieses andere «Archaische» als primitive oder überholte Vorformen zu verwerfen, genauso wie auch niemand jemals daran denken würde, Kindheit oder Jugend zu verwerfen, sondern im Gegenteil gerade von dieser Seite her immer wieder Neues erwartet wird.

Eine der grundlegenden Entsprechungen der Alchimie ist, wie Bernoulli (13) ausführt, die Gleichung Welt = Mensch = Gott, die besagt, daß sich in diesen 3 Existenzformen eine Grundtatsache ausprägt. Die Alchimie schreibt darüber in ihren Traktaten: «Gebrauch dich dessen zur Erkenntnis Gottes, der Natur und deiner selbsten.» So ergibt sich hier schon der Ansatz einer Antwort, die wir mit der Fragestellung der Zielvorstellungen der Alchimie aufgeworfen haben. Alchimie als Kunst und Wissenschaft ist keineswegs eine gierige Suche nach einer Methode, materielles Gold herzustellen, was nur ein Irrweg der Pfuscher und Schwindler in diesem Bereich war, sondern etwas sehr viel Umfassenderes, das sich in drei verschiedenen Aspekten darstellen läßt:

1. Alchimie als Theorie.

Sie ist gedacht als große, umfassende Weltschau, als Idee des gesamten Kosmos, als Analyse des Menschen, als Ausstrahlungs- und Schöpfungsphänomen aus Gott, als Zusammenfassung alles analysierbaren Wissens in der Entsprechung auf allen Gebieten.

2. Alchimie als Praxis.

Sie ist der Versuch, diese Dinge experimentell nachzuprüfen und durchzuführen, nicht nur auf dem Gebiet der Materie, sondern vor allen Dingen in unserer Seele, die ja eigentlich der Schauplatz des Werdens ist, der einzige Schauplatz, der in Wirklichkeit zugänglich ist.

3. Alchimie als transzendentale Bemühung.

Ihr großes Ziel ist, die Befreiung aus dieser Welt zu bewirken, nachdem man diese Welt erkannt und erfahren hat.

Überlegt man sich diese Zusammenfassung, die Bernoulli gegeben hat, so wird deutlich, daß es sich in der Alchimie eigentlich um einen innerseelischen Vorgang gehandelt hat, um ein Streben und eine Suche nach der Individuation des Menschen, innerhalb eines Bereiches, indem Seelisches und Materie noch so eng verknüpft waren, daß sich ersteres in letzterem widerspiegelte und vice versa. So ist diese geheime Kunst und Wissenschaft nicht nur die Vorstufe oder die Matrix der modernen Naturwissenschaften von Chemie und Physik gewesen, die aus ihrer rein materiellen Seite hervorgegangen sind, nämlich ihrem Umgang, ihrem Hantieren und ihren Versuchen mit dem Stoff und der Materie, sondern es gibt eine zweite Linie, eine psychologische, die aus der anderen Seite, der geistig-seelischen Prozesse der Alchimie hervorgegangen ist. Von daher ist die Alchimie auch die Vorstufe oder die Matrix, aus der unsere heutige moderne Tiefenpsychologie und insbesondere die Erforschung des Unbewußten hervorgegangen ist. Seccare naturam necesse est, das ist ein unumstößlicher Grundsatz wissenschaftlicher Erforschung, und unter diesem haben wir auch das ehemals einheitliche Gebäude von seelischen und materiellen Transformationen, das die Alchimie noch

18

vertrat, getrennt, wobei für uns der Seele nichts Materielles mehr anhaftet und wir sie nicht mehr als jenen feinstofflichen Körper ansehen, den die Alchimie ihr noch zuschrieb, und auch die Materie enthält nichts Seelisches mehr, denn wer heute etwa einem Goldstück Seele zuschreiben würde, erntete höchstens ein abwertendes Lächeln. So hat gerade diese Trennung, die wir für unsere heutigen modernen Kenntnisse benötigen, mehr als alles andere den Untergang dieser alten Einheitswissenschaft herbeigeführt. Es ist eine Frage, die erst von sehr viel späteren nachfolgenden Generationen beantwortet werden wird, ob diese Trennung richtig ist, oder ob es hinter dieser Trennung wieder eine Einheit gibt, in der Materie und geistig-seelische Prozesse identisch sind, so wie es sich auch herausgestellt hat, daß entgegen den Vorstellungen der Wissenschaft bis zum Beginn dieses Jahrhunderts Materie und Energie identisch sind. Das ist aber zunächst eine sekundäre Frage, da für uns lediglich wichtig ist, daß diese Trennung unserem heutigen Erkenntnisstand entspricht, einem Erkenntnisstand, mit dem wir eben auch methodisch arbeiten müssen. Wir müssen diese Wissenslücke, inwieweit Physisches mit Psychischem zusammenhängt oder in einer größeren Einheit verbunden ist, zunächst offenlassen, obwohl die Frage an vielen Stellen für uns wichtig wird, etwa bei der Frage des Zusammenhangs oder der Umsetzung von psychischen Problemen in psychosomatische Krankheitssymptome, die sich in der Materie unseres Körpers äußern. Allerdings kann auch hier der Rückgriff oder die fruchtbare und positive Regression auf die alte Einheitswissenschaft der Alchimie sehr sinnvoll sein und uns zu wichtigen theoretischen und gedanklichen Hypothesen anregen, wie sie Jung in seiner Theorie vom Unus mundus, die von dem Alchimisten Dorneus abgeleitet ist (152), dargestellt hat.

Niemals hat einer der Alchimisten sein Ziel erreicht und das nichtgewöhnliche Gold, den vollständigen Menschen, den Stein der Weisen oder das Wasser des Lebens hergestellt. Die Zielvorstellungen, nach denen der alchimistische Prozeß strebt, sind eine Utopie gewesen und auch eine solche geblieben. Sie haben aber, wie alle Utopien, die Dignität einer der wesentlichen Existenzgrundlagen unseres Daseins, worauf Ernst Bloch (14) nachdrücklich hingewiesen hat. So bleibt es auch für uns heute eine Utopie, jemals innerhalb einer analytischen Therapie zu erreichen, daß ein Mensch vollständig individuiert oder, was noch entsetzlicher klingt, jemand vollkommen «durchanalysiert» sein könnte. Auch wenn unsere Methoden darauf abzielen, eine Individuation durch die Assimilierung des Unbewußten zu erreichen, so müssen wir uns darüber klar sein, daß wir auf diesem Wege mit unseren Patienten nur wenige Schritte tun können, daß Individuation ein lebenslanger Prozeß ist und daß die Methodik der Analytischen Psychologie in letzter Konsequenz nur einen Anstoß dazu geben kann, diesen Prozeß, der sich bei dem Patienten in einer Stagnation befand, wieder in Gang zu bringen. Alles, was der Mensch innerhalb einer Analyse über sich und seine unbewußten Anteile und Hintergrundsmotivationen erfährt, ist nur ein Bruchteil dessen, was das Unbewußte an Möglichkeiten enthält, aber eben dieser Bruchteil entscheidet in der Mehrzahl der Fälle über Gesundheit oder Krankheit.

So wie die Alchimie über eine Unzahl von verschiedenen Methoden verfügte und jeder Alchimist eigentlich seine eigene Methode besaß, genauso ist es unangebracht und sinnlos, für die Analytische Psychologie, gerade weil sie auf dem Prinzip der Individuation aufbaut, eine ganz bestimmte, festgelegte Methodik zu propagieren und an den Adepten bzw. Schüler weiterzuleiten. Es könnte von daher sinnlos erscheinen, ein Buch über Methodik überhaupt zu schreiben, da letztlich jeder nach den Erkenntnissen seiner eigenen Lehranalyse und über das Wissen um seine eigene Persönlichkeit selber die Methode finden muß, die ihm und seinen Patienten entspricht und auch dazu angehalten wird, seinen eigenen Behandlungsstil zu entwickeln. Trotzdem gibt es eben bestimmte Grundkonzeptionen, die sich auch in methodischen Essentials niederschlagen, mit denen jeder analytische Psychologe arbeitet. Jeder von uns arbeitet mit dem Unbewußten und dementsprechend mit Träumen und Phantasien. Jeder von uns muß die Voraussetzungen schaffen, um einen analytischen Prozeß in Gang zu setzen, wozu bestimmte Techniken gehören. Jeder von uns arbeitet innerhalb einer Übertragungs- und Gegenübertragungsspannung und benötigt für den analytischen Prozeß einen analytischen Raum in Analogie zu dem Vas hermeticum der Alchimie, in dem dieser Prozeß stattfindet, wobei natürlich nicht der äußere Raum, das Konsultationszimmer, gemeint ist. Jeder muß die Altersstufen unserer Patienten berücksichtigen und deren unterschiedliche Typologie, und jeder arbeitet mehr oder weniger mit bestimmten, von Jung entwickelten tradierten Methoden wie der Amplifikation und der aktiven Imagination. Nur in diesem Sinne ist es

20

möglich, über Methodik zu sprechen und zu schreiben, indem man nämlich diese grundsätzlichen Essentials der analytischen Methodik herausstellt und beschreibt, während die Inhalte, mit denen der einzelne sie ausfüllt, jeweils in seinem individuellen Ermessen liegen mögen.

Wenn ich im Vorangegangenen davon gesprochen habe, daß jeder von uns analytischen Psychologen mit bestimmten generalisierten Methoden an das Phänomen der Neurose oder der innerseelischen Entwicklungs- und Reifungsprozesse herangeht, so möchte ich hier doch einfügen, daß es neben diesen allgemeinen und generellen Methoden, die jeder von uns benutzt, auch wohl bei jedem einzelnen ein breites, individuelles Spektrum der Methodik gibt, das unter diesen Generalisationen nicht erfaßbar ist und notwendigerweise in diesem Buch nicht berücksichtigt werden kann. Um hierfür ein Beispiel zu geben, möchte ich sagen, daß ich seit vielen Jahren daran interessiert bin, von jedem meiner Patienten das sogenannte Lieblingsmärchen seiner Kindheit zu erfahren und ein derartiges Mythologem, soweit es bei dem Patienten vorhanden ist, nicht nur im diagnostischen oder prognostischen Sinne benutze, sondern durchaus auch als eine Methode des therapeutischen Prozesses. Ich habe in meinem Buch «Gelebte Märchen» (71) sowie in zahlreichen anderen wissenschaftlichen Publikationen (43, 44, 51, 58, 61) auf dieses mir sehr wichtig erscheinende Phänomen, das ich im folgenden kurz erklären will, hingewiesen. In zwei weiteren Arbeiten (45, 48) habe ich auch methodische Aspekte entwickelt, wie man innerhalb des analytischen Prozesses mit diesem Phänomen umgehen kann.

Im Verlaufe einer Analyse taucht bei sehr vielen Menschen, sofern man darauf besonders achtet, ein Märchen aus der Kindheit auf, an dem sie seinerzeit mit besonderer Liebe und Faszination, manchmal auch mit besonderer Beängstigung gehangen haben. Wohl jeder von uns, der mit Kindern zu tun hat, kennt dieses Phänomen und weiß, daß sich Kinder ganz bestimmte Märchen oder Geschichten immer wieder anhören, sie, sofern sie etwas älter sind, immer wieder lesen oder ihre Motive im Spiel darstellen. Im Verlaufe der späteren Entwicklung werden derartige Märchen vergessen und verdrängt und tauchen oft erst nach längerer Wiederbelebung der Kindheitserinnerungen aus dem Unbewußten auf. Ich würde meinen, daß gerade das Märchen besonders dafür geeignet ist, die in den magisch-mythologischen Schichten enthaltenen libidinösen Energien zu verwirklichen und damit den Archetyp per se mit einer spezifischen Imago aufzufüllen, die in der Lage ist, den trieb- und instinkthaften Energien eine symbolische Richtung und Sinnhaftigkeit zu geben. Das Märchen hat deutlicher als der reine Mythos magische und mythologische Elemente miteinander vermischt, sowie es der Schicht des kollektiven Unbewußten entspricht und ist außerdem personaler, mehr auf das einzelne Leben des individuellen Menschen bezogen als der Mythos, der oft nur unter Göttern oder halbgöttlichen Heroen spielt. Auf diese Weise vermittelt die Kenntnis eines derartigen Lieblingsmärchens nicht nur diagnostische Erkenntnisse und Verständnis für die innerseelische Dynamik, die sich im Hintergrund des kollektiven Unbewußten eines Menschen abspielt, sondern die Bearbeitung dieser Märchen innerhalb des analytischen Prozesses kann auch von beträchtlicher therapeutischer Wirksamkeit sein. Das Problem der Neurose liegt nämlich darin, daß der Mensch infolge von Identifikationen oder Inflationen mit einer archetypischen Märchenfigur unbewußt den zum Scheitern verurteilten Versuch unternimmt, einen Mythos zu leben.

Infolge Identifikation des Ichkomplexes mit einem Teil des Märchens, meist mit der Hauptfigur, versinken die übrigen Personifikationen im Unbewußten und werden von daher, infolge ihrer Unbewußtheit, in die Umgebung projiziert. Diese Projektionen und die auch in die Umwelt wirkende konstellierende Kraft des mobilisierten Archetyps bewirken dann, daß die Patienten fast lächerlich genau nachgezeichnet ein Schicksal erleben, das dem des Heros oder der Heroine des Lieblingsmärchens entspricht, mit Ausnahme natürlich der am Märchenende fast immer bestehenden Erlösung. Es wird dann eigentlich im Hintergrund nicht ein Mensch, etwa ein lebendiger Mann oder eine lebendige Frau, gelebt, sondern ein Held, eine Prinzessin, ein armer Schweinehirt, ein Bettler, der plötzlich zu märchenhaftem Reichtum kommt, oder eine animusbesessene Frau, die in übertragenem Sinne den sich ihr nähernden Männern wie Turandot die Köpfe abschlägt.

Die Möglichkeit zur Lösung dieses Problems liegt in der Erfassung der in der mythischen Dynamik operierenden Figurationen als eigene Persönlichkeitsanteile und in der Befreiung des Ich-Komplexes aus den Identifikationen mit diesen. Infolge der Erkenntnis- und Deutungsprozesse innerhalb der Analyse muß der betreffende Patient lernen, diesen Mythos als ein in seinem kollektiven Unbewußten existierendes Non-Ego zu erleben, aus dessen Kräften er zwar in bestimmten Situationen schöpfen kann, das er aber nicht nachleben darf, sondern die Lebendigkeit seines individuellen Ichs aus der Typologie einer mythischen Figur herausschälen muß. Sofern sich bei Patienten ein derartiges Lieblingsmärchen als grundlegendes Hintergrundsmythologem feststellen ließ, war es für mich methodisch immer außerordentlich fruchtbar, meist über die ganze Analyse hindurch, immer wieder an den entsprechenden Stellen mit diesen Bildern und Symbolen zu arbeiten und dem Patienten ein möglichst umfangreiches Bewußtsein und Verständnis für dieses eigene persönliche Grundmythologem zu vermitteln. Wer sich hierfür näher interessiert, sei auf die oben angegebenen Schriften hingewiesen.

Dies ist ein Beispiel für ein Stück einer individuellen Methodik, die sicher nur von einem geringen Teil analytischer Psychologen angewendet und benutzt wird und keineswegs generalisiert zum methodischen Standardmaterial gehört. Jeder Analytiker der Jungschen Richtung wird eine ganze Reihe solcher individueller Methoden innerhalb seiner Analysen benutzen, sei es, daß er sie selbst aus der eigenen empirischen Erfahrung entwickelt hat, sei es aber auch, daß er sie aus anderen Bereichen und wissenschaftlichen Richtungen entnommen hat. Schon Jung hat an einer Reihe von Stellen darauf hingewiesen, daß die Kenntnis der Freudschen Grundpositionen zur Anwendung seiner Methode unerläßlich ist, insbesondere zur Bearbeitung des persönlichen Unbewußten und der Schattenproblematik. Das spricht für die Offenheit Jungs, praktikable Einflüsse anderer Schulen durchaus zuzulassen und in seine Konzeptionen mit zu übernehmen. Durch die Weiterentwicklung der Analytischen Psychologie hat sich in dieser Beziehung allerdings eines etwas verändert. Die Untersuchungen Fordhams (86), Neumanns (188) und Kadinskys (163) über die Ich-Entwicklung und die beginnende Entwicklung einer speziellen Neurosenlehre, insbesondere durch H.-J. Wilke (230, 232) sowie U. und H. Dieckmann (42, 73) geben uns die Möglichkeit, auch in diesem Bereich vieles heute in der Sprache der komplexen Psychologie unter etwas anderen Gesichtspunkten als denen der Freudianer auszudrücken. Das schließt aber nicht aus, daß insbesondere im Umgang mit dem persönlichen Familienroman vieles in den beiden großen Schulen identisch ist. Die Offenheit der Analytischen Psychologie für die Methoden anderer Schulen ist aber durchaus charakteristisch geblieben. Abgesehen von der erwähnten

Integrierung gewisser Freudscher Positionen bestehen auch Beziehungen zur Gestalttherapie (227), zu Adlerschen Theorien und sogar zu gewissen Aspekten der Verhaltenstherapie (193), wobei allerdings die unbewußten Hintergrundmotivationen miteinbezogen sind. Es ist aber als wesentlich hervorzuheben, daß die Berücksichtigung all dieser anderen Konzeptionen nur unter Veränderung und Einordnung entsprechend den Grundkonzeptionen der Analytischen Psychologie erfolgen kann. Bei manchen Methoden handelt es sich hier sogar eher um einen rückläufigen Prozeß, wie z. B. bei der Gestalttherapie, wo die Analytische Psychologie Jungs durch die Ausarbeitung und Betonung der Methode der Subjektstufendeutung überhaupt erst den entscheidenden Impuls für die Entwicklung dieser Methoden gegeben hat, von denen jetzt einzelne weiterentwickelte Elemente von analytischen Psychologen wieder aufgegriffen und benutzt werden. Etwas Ähnliches gilt für das katathyme Bilderleben Leuners (175). Auch hier hat die von Jung (141) gefundene Methode der aktiven Imagination Pate gestanden, und die von Leuner entwikkelten meditativen Variationen und Erfahrungen in diesem Bereich fließen unter Umständen wieder der Weiterentwicklung der aktiven Imagination in der Methodik der Analytischen Psychologie zu.

Es besteht von Seiten vieler Jungianer eine tiefe Abneigung und ein eingefleischtes Mißtrauen gegen die Begriffe Methodik und Technik, insbesondere gegen den letzten, was auch dazu geführt hat, daß gerade über diesen Bereich im Vergleich zur Psychoanalyse Freuds und zu den Schriften Freuds selbst so relativ wenig geschrieben worden ist. Das hat verschiedene Hintergründe. Zunächst scheint es mir auch eine Frage der Typologien zu sein, da die Generation der Pioniere und die erste Nachfolgegeneration der Jungschen Psychologie, wie die Untersuchungen von Bradway (21) ergeben haben, vorwiegend dem introvierten intuitiven Typus angehört haben (auch Jung selbst hatte diese Typologie). Obwohl auch der Intuitive gar nicht umhin kann, bestimmte Methoden oder Techniken zu benutzen, ist ihm doch die Festlegung auf ein ganz bestimmtes methodisches oder technisches System ein Greuel. Sie ist für ihn ein Greuel nicht etwa deswegen, weil er willkürlich wäre und dazu tendiert, sich im Verschwommenen oder Mystifizierenden zu bewegen, wie es ein sehr dummes Vorurteil anderer Typologien ihm gegenüber oft behauptet, sondern weil eine derartige strikte, vorgegebene Festlegung ihn seiner besten und kreativsten Möglichkeiten beraubt, die

24

ihm dank seiner leitenden Hauptfunktion zur Verfügung stehen. Einstein hätte die Relativitätstheorie nie entwickelt, wenn er auf die klassische Physik etwa durch die methodischen Vorschriften einer internationalen Gesellschaft festgelegt worden wäre. Es ist ja allgemein bekannt, welche Rolle gerade die Intuition und der intuitive Typ in diesen Bereichen der höheren Mathematik und Physik spielen. Es kommt hinzu, daß ein tiefes, in weitestem Sinne religiöses Mißbehagen in dem Augenblick entsteht, in dem die menschliche Seele mit einer technischen Apparatur gleichgesetzt wird. Dies widerspricht einem gnosologischen Bedürfnis der menschlichen Psyche, das schon in dem dritten der anfangs erwähnten Aspekte der Alchimie als der Vorläuferin der modernen Psychologie ausgedrückt ist. Es handelt sich hier um eine Zielvorstellung, die nicht nur in der Alchimie, sondern auch in vielen religiösen und philosophischen Bemühungen ausgedrückt ist, nämlich die Zielvorstellung der menschlichen Seele, sich nach Erkenntnis und Erfahrung dieser materiellen Welt aus ihr zu befreien. Wieweit dies Utopie bleiben muß, sei dahingestellt; wichtig ist aber, daß dieses religiös-mythologische und eben auch wissenschaftliche Bedürfnis die Menschheit mit zu den größten geistigen Kulturleistungen geführt hat.

Ein weiterer Hintergrund, der zu der Abneigung insbesondere gegen das Wort Technik geführt hat, wenn es sich um seelische Bereiche handelt, ist der Bedeutungswandel, den dieses Wort innerhalb des letzten Jahrhunderts im Allgemeinverständnis der Menschen gefunden hat. Fragt man heute den oft zitierten Mann auf der Straße, was unter Technik zu verstehen sei, so wird er z. B. auf ein Auto zeigen und die Technik als etwas definieren, was in der Lage ist, eine derartige Maschine herzustellen oder sie zu reparieren, wenn sie kaputt ist. Gerade so aber will man seine Seele nicht gesehen haben. Ein ganz anderes Bild ergibt sich, wenn man ca. 150 Jahre zurückgeht in eine Zeit, in der unsere ganze heutige moderne Technologie noch nicht existierte. Man findet dort z. B. im «Neuen elegantesten Conversationslexikon für die Gebildeten aus allen Ständen» aus dem Jahre 1837 (183) die schlichte Feststellung, daß die Technik eine Kunstlehre sei bzw. eine Lehre, wie eine Kunst nach ihren Regeln ausgeübt werden sollte. Von Wissenschaft oder gar von Apparaten ist hier überhaupt noch nicht die Rede, sondern die Technik ist eine Lehre, wie man eine Madonna schnitzt, wie man ein Bild malt oder auch, um in unserem Beruf zu bleiben, die Lehre von der Kunst, einen

Kranken zu heilen. Ähnliches gilt für den Begriff der Methode. Das «Große Universallexikon» von Pierer (220) aus dem Jahre 1843 bezeichnet mit Methode das Verfahren des Verstandes, um Kenntnisse sowohl in deren Erwerb als in deren Mitteilung so aneinander zu fügen, daß diese einen inneren Zusammenhang unter sich erhalten. Unterschieden wird hier zwischen einer analytischen, synthetischen, dogmatischen, apodiktischen, skeptischen und kritischen Methode. Wir sehen also, daß zur damaligen Zeit Technik und Methoden noch gar nicht abgehoben oder getrennt von der schöpferischen Gestaltung eines Gesamtkunstwerkes sind. Erst die moderne Technologie in unserem Jahrhundert schafft diese Trennung und verankert sie im allgemeinen kollektiven Bewußtsein. David Kadinsky, der sich im «Mythos der Maschine» (163 a) sehr ausführlich mit der technischen Symbolik befaßt hat, formuliert in einer Auseinandersetzung mit Fordham (163 b) aus dem Jahre 1970 Technik als eine Art des Tuns an Dingen, die durch Training und Praxis erworben ist und in dauernder Wiederholung angewendet wird, ohne irgendeinen bewußten Gedanken oder ein Gefühl. Sie repräsentiere damit eine erworbene Form der Geschicklichkeit. Der Techniker wird hier als Gegensatz zum Künstler oder Wissenschaftler gesehen. Als Beispiel gibt Kadinsky das Niederschreiben einer wissenschaftlichen Arbeit an, bei der zwei verschiedene Aktivitäten getrennt werden, nämlich einmal die schöpferische Aktivität, die Gedankengänge zu formulieren, und zum zweiten die unbewußt vollzogene, durch Geschicklichkeit erworbene Fähigkeit, die Tasten der Schreibmaschine zu bedienen, um diese Gedankengänge zu fixieren. Das Oxford Pocket Dictionary gibt ihm in dieser Beziehung recht, indem es unter Technik den skill des Wissenschaftlers versteht, Instrumente zu benutzen und als den Teil der künstlerischen Arbeit, die auf eine Formel reduziert werden kann: als mechanische Kunstfertigkeit in der Kunst. Unter dem Eindruck dieser Definitionen entsteht nun meines Erachtens eine folgenschwere Verschiebung von der Psyche des Analytikers auf einzelne Techniken, die verselbständigt und objektiviert werden wie z. B. prospektive und reduktive Deutung oder Assoziations- und Amplifikationsmethode. Diese erlernten analytischen Techniken, die verselbständigt und objektiviert werden, können dann per erworbener Geschicklichkeit mit Hilfe unbewußter Anteile der Persona an entsprechenden Stellen des analytischen Prozesses benutzt werden, ohne daß die ganze Persönlichkeit des Analytikers in diesem Prozeß beteiligt ist. Kadinsky versucht dieses Problem dadurch zu lösen, daß er die Persona als einen Anteil der Gesamtpersönlichkeit des Analytikers ansieht, der von dieser nicht zu trennen ist, so daß dementsprechend die Benutzung einer Technik auch immer einer Reaktion der gesamten Persönlichkeit entspricht und es damit im analytischen Bereich nicht zu der berüchtigten Fließbandarbeit kommt, in der vorgegebene Normen praktiziert werden.

Mir erscheint es nun wichtig, diese Trennung, die in unserem kollektiven Bewußtsein entstanden ist, zwischen mechanisch-technisch erworbenem skill auf der einen Seite und kreativer, künstlerischer Gestaltung auf der anderen Seite nicht unbedingt mitzuvollziehen. Gerade als Analytiker sind wir durchaus berechtigt, konstruktiv regressiv zu sein, wenn innerhalb eines Entwicklungsprozesses ein bestimmter wichtiger Bereich auf der Strecke geblieben ist und aus dem Unbewußten überführt werden sollte. Die vorher zitierte moderne Auffassung der Technik, in der das kreative Element ausgeschaltet bzw. abgetrennt wird, ist auch keineswegs allgemeingültig. Die neue Brockhaus-Enzyklopädie aus dem Jahre 1973 bezieht durchaus das kreative Element in die Definition des Begriffs der Technik wieder mit ein. Als Technik im engeren Sinne wird dort verstanden (27) «das schöpferische Schaffen von Erzeugnissen, Vorrichtungen und Verfahren unter Benutzung der Stoffe und Kräfte der Natur und unter Berücksichtigung der Naturgesetze. Für das technische Schaffen sind so wesentlich: Die schöpferische Idee, die Kenntnis der Naturgesetze, der Materialien und ihrer Eigenschaften sowie der Möglichkeiten ihrer Bearbeitung und schließlich das wirtschaftliche und gesellschaftliche Bedürfnis.»

Auch unter Methode (26) wird nach dem Brockhaus «ein nach Sache und Ziel planmäßiges (methodisches) Verfahren, die Kunstfertigkeit einer Technik zur Lösung praktischer und theoretischer Aufgaben (Arbeitsmethode, technische Methode und andere), speziell das Charakteristikum für wissenschaftliches Vorgehen» verstanden.

Innerhalb der Analyse müssen wir uns darüber klar werden, daß das technische Instrument, mit dem wir unsere Behandlungen durchführen, nicht eine objektivierbare, von der Persönlichkeit abgetrennte Methode von prospektiver oder reduktiver Bedeutung von Amplifikation oder Assoziation, von aktiver Imagination oder ähnlichem ist, sondern daß wir in der merkwürdigen und sehr einmaligen Situation sind, als Instrument unserer analytischen Technik unsere eigene

Psyche und damit auch das Gesamt unserer eigenen Persönlichkeit vor uns zu haben. Alle vorher erwähnten einzelnen Techniken sind nicht das technische Instrument selbst, sondern nur verschiedene Formen, in denen es gehandhabt wird. Assoziation entspricht in dieser Form also nicht dem geschickten Klappern einer Schreibmaschine, sondern ist eine bestimmte Form, in der eine Persönlichkeit einer anderen Persönlichkeit als Ganzes begegnet, wobei auch beide in ihrer Gesamtheit berührt werden.

Dem entspricht auch die Aussage Jungs, daß es nur eine persönliche Technik gibt, einen Extrakt, der aus den eigenen Erfahrungen des Lebens und den eigenen durchgeführten Behandlungen herausdestilliert wurde und Ergebnis der eigenen Perigrinatio ist. Dieser muß nicht unbedingt von großem Wert für andere sein (152). Eine ähnliche Einstellung hatte auch noch der frühe Freud, als er im Jahre 1912 schrieb (94): «. . . Diese Technik hat sich als die einzig zweckmäßige für *meine Individualität* ergeben; ich wage es nicht in Abrede zu stellen, daß eine ganz anders konstituierte ärztliche Persönlichkeit dazu gedrängt werden kann, eine andere Einstellung gegen den Kranken und gegen die zu lösende Aufgabe zu bevorzugen.»

Gerade die Bewußtmachung dieser individuellen Abhängigkeit unseres «Instrumentes» zur Ausübung in Theorie, Experiment und Praxis der Analyse ist von unbedingter Notwendigkeit. Es gibt in unserem Bereich keine festliegenden, allgemeingültigen Regeln, nach denen etwas richtig oder falsch sein kann, und die vom einzelnen durch einen entsprechenden Übungsprozeß so wie etwa das Klavierspielen mehr oder weniger gut erlernbar ist, sondern jeder Analytiker ist genötigt, im Verlaufe seiner Ausbildung und seiner Erfahrungen an den Patienten eine seiner eigenen Individualität entsprechende Technik zu entwickeln, was natürlich nicht gleichbedeutend damit sein kann, daß jeder intuitiven Willkür Tür und Tor geöffnet wird und eine Analyse ohne jede Methode oder Technik ablaufen kann. Diese Notwendigkeit erfordert im Gegenteil eine erhöhte zusätzliche Bemühung und Arbeit an sich selbst, für die die eigene Lehranalyse, die die Kenntnis der eigenen Persönlichkeit vermittelt, die notwendige Grundlage und Voraussetzung ist.

Wenn wir vorhin davon gesprochen haben, daß das Instrument unserer Handlungen innerhalb der Analyse immer das Gesamt unserer eigenen Psyche bzw. Persönlichkeit sein muß, so ist es notwendig, sich auch innerhalb des individuellen Bereiches klarzumachen, daß

28

eine technische Handlung niemals abgetrennt von dieser erfolgen kann, ohne ihre Wirkung zu verfehlen. Es gibt innerhalb einer Analyse kein standardisiertes «Know-How», mit dem man auf eine bestimmte Situation mit einer vorher eingeübten Reaktion rein über die Persona antworten kann. Natürlich gibt es innerhalb der Analysen immer wiederkehrende, gleichartige Situationen, die man aus vorheriger Erfahrung kennt; aber bedauerlicherweise ist es sehr wenig effektiv, auf eine Situation, die einem bei Herrn X. schon einmal begegnet ist, die gleiche Antwort zu geben, wenn man sie bei Herrn Y. antrifft. Ich möchte das an einem Beispiel behandeln: Es gibt sehr viele Analysen, in denen vom Patienten die Frage aufgeworfen wird: «Wie kann ich mich Ihnen eröffnen, da Sie mir doch so fremd bleiben und mir von Ihrem persönlichen Leben wenig oder gar nichts erzählen, während ich hier alles mitteilen soll, was mich persönlich angeht oder bewegt.» Diese Frage kann je nach Struktur oder Typologie des betreffenden Patienten verschieden gestellt sein, z. B. mit depressiver Traurigkeit, oder mit Resignation, sie kann aggressiv-fordernd sein oder hysterisch-aufbrausend, sie kann sich in distanzlosen Annäherungsversuchen äußern oder rein auf einer rationalen Oberfläche unter Aussparung von Emotionen verbleiben. Aber auch wenn man aus diesen verschiedenen Möglichkeiten eine bestimmte herausnimmt, wie etwa die, daß dieses Problem mit dem Akzent depressiver Resignation von Seiten des Patienten auftritt, gibt es keine standardisiert mögliche Deutung, obwohl der Analytiker über die Erfahrung verfügen kann, dieser Situation bei einem anderen Patienten unter ähnlichen Hintergrundskonstellationen bereits einmal begegnet zu sein. Es entsteht gerade dann vielmehr ein Paradox, das sich etwa in der Form ausdrücken läßt: «Diesen Weg kenne ich schon und bin ihn schon einmal gegangen,» sowie «Dieser Weg ist mir völlig unbekannt, und ich habe mich noch nie auf ihm befunden.» Dieses Paradox muß entstehen, da bei allen kollektiven, allgemeinmenschlichen Identitäten die individuelle Einzelpersönlichkeit unauswechselbar ist und die Begegnung mit dieser Einzelpersönlichkeit an einer bestimmten Stelle trotz Gleichheit der Strukturen und Situationen immer wieder etwas Neues, Einmaliges darstellt. Man kann sich bestimmte Situationen vorstellen und mit Hilfe der Imagination ein Bild von ihnen entwerfen und von den Möglichkeiten, in denen sie verlaufen können, und dadurch das Gefühl erhalten, man wisse, was da kommen werde. Weiß man es aber auch wirklich? Es ist immer nur ein halbes Wissen, denn die eintretende Wirklichkeit wird nie mit der Imagination übereinstimmen, und nichts ereignet sich in der Tat so, wie wir es erwarten oder vorausimaginieren. Wie Proust sagt: «Rien n'arrive ni comme on l'espère, ni comme on le craint.»

Jaspers hat es in seiner «Psychologie der Weltanschauungen» (126) so ausgedrückt, daß ein Ereignis immer erst dann zur Wirklichkeit wird, wenn man es auf die Agora gebracht hat. Diese Agora aber ist auch in der Analyse und in derartigen Situationen immer «anders» und erfordert dementsprechend auch immer wieder aufs neue einen kreativen «technischen» Akt von Seiten des Analytikers, in welcher Form er darauf eingehen wird.

Zur Problematik der Methodik gehört abschließend noch die Frage, wohin eine Methode eigentlich führen soll, d. h. in unserem Fall die Frage nach dem Behandlungsziel. Von Freud ist als Behandlungsziel einmal mündlich die Wiederherstellung der Arbeits- und Genußfähigkeit definiert worden, während das Behandlungsziel der Analytischen Psychologie C. G. Jungs die Fähigkeit zur bewußten Individuation ist. Beide Zielvorstellungen überschneiden sich an vielen Stellen, denn die Fähigkeit einer bewußten Individuation schließt auch an den meisten Stellen die Fähigkeit zu konstruktiver, sinnerfüllter Arbeit mit ein und schließt die Genußfähigkeit auf keinen Fall aus. Die Akzentuierung auf die Genußfähigkeit erscheint aber doch etwas problematisch, denn Individuation schließt auf jeden Fall auch die Fähigkeit ein, notwendiges Leid ertragen zu können und konstruktiv zu verarbeiten. Auch das geschieht natürlich innerhalb der Freudschen Psychoanalyse, wie ja auch in ihr notwendigerweise ein Individuationsprozeß stattfindet, ein Begriff, der heute mehr und mehr auch von den Freudianern benutzt wird.

Trotzdem verbleibt eine gewisse Skepsis, und in der Praxis wohl auch an manchen Stellen ein deutlicher Unterschied. Das Lustprinzip steht der Übernahme schwieriger und leidvoller Lebensaufgaben und Schicksale feindlich gegenüber, und sie können als masochistisch abklassifiziert werden, wenn sie wenig oder gar keine echte Lust vermitteln, während sie von der Individuation her einen hohen Wert darstellen können. Hiermit wird auch der Begriff der Anpassung an eine bestehende Gesellschaftsform berührt, ein Begriff, der mit Recht in unserer heutigen Zeit immer problematischer geworden ist. Nolens volens muß ein so festes und z. T. zwanghaft-starres System wie die Freudsche Psychoanalyse auf Anpassung an die z. Zt. existente Realität des gesellschaftlichen Systems akzentuieren. Sie läßt den unangepaßten Veränderern wenig Raum, deren Weg zunächst meist leidvoll ist und vom Kollektiv nicht verstanden wird. Man denke z. B. nur daran, welchem Spott und welchen Beschimpfungen die Umweltschützer noch vor wenigen Jahren und Jahrzehnten ausgesetzt waren und wie lächerlich sie gemacht wurden. Dabei haben diese «kleinen grünen Männchen», die heute sogar von den großen Parteien gefürchtet werden, als erste ein wirklich ernsthaftes und sehr bedrohliches Problem unserer Zeit erkannt und die Auseinandersetzungen mit ihm gegen die Wachstumsideologie unserer Gesellschaft durchgefochten. Es nimmt nicht wunder, daß das auf Lust und Arbeit final akzentuierte System der Psychoanalyse dazu führt, daß einer der prominenten Vertreter der Neo-Freudianer in einer weit verbreiteten allgemeinärztlichen Zeitschrift innerhalb eines Psychotherapie-Seminars einen derartigen diagnostischen Satz postuliert wie den folgenden (108):

«Wer auf typische, in einer Gesellschaft vorkommende Anforderungen in der Vergangenheit mit Symptomen geantwortet hat, mit körperlichen, seelischen oder mit *Verhaltensstörungen*, der hat eine *schwere* Neurose. Dieses Scheitern weist auf die Störung der Frustrationstoleranz des Ichs hin, auf dessen Fähigkeit, mit inneren und äußeren Reizen und *Anforderungen* fertig zu werden.» (Hervorhebungen von mir.)

Wenn man über diesen Satz nachdenkt, dann tauchen doch sehr beunruhigende Fragen auf: Wer bestimmt denn eigentlich, was die Normalität der Anforderungen ist? Offenbar doch die hier zitierte Gesellschaft. Ist das noch eine normale Anforderung unserer Gesellschaft, wenn z. B. mehr als ein Drittel der Jugendlichen in den Oberklassen unserer Schulen an nervösen Erkrankungen leiden und unter dem Streß um die Abiturpunkte, die für die Wahlberufe notwendig sind, Symptome entwickeln? Haben die alle eine *schwere* Neurose, oder hat das Schulsystem und damit die Gesellschaft eine Neurose? Ist nicht u. U. derjenige mindestens im Ansatz in einem Teil seiner Persönlichkeit reifer und differenzierter, der in einer zwanghaft-hoffnungslosen Situation, in der ihm die Möglichkeit genommen wird, zu kämpfen, anfängt zu leiden? Sind alle die Millionen von Jugendlichen, die in den vergangenen zwei Jahrzehnten versucht haben, aus unserer Leistungs-, Konsum- und Wachstumsgesellschaft auszusteigen oder auch ausgestiegen sind, vielleicht doch unneuroti-

scher als diejenigen, die sich mit einer «schweren» Charakterneurose
an diese Gesellschaft angepaßt haben? Es besteht heute weiß Gott die
Gefahr, daß wir in einen destruktiven Abgrund steuern, wenn wir uns
den «typischen Anforderungen» der existenten Gesellschaftsfor-
men, sei es in Ost oder West, fügen und keine neuen Wege suchen.
Zukünftige wirklich intelligente Wesen werden uns dann eines Tages
mit Recht gewiß nicht als Homo sapiens bezeichnen, sondern als den
«Crazy Ape», wie es heute schon ein bekannter amerikanischer
Biologe und Nobelpreisträger tut (217). Individuation wäre ein Weg,
der uns aus diesem Dilemma heraushelfen könnte, der uns zu einer
Besinnung über unsere Selbstverwirklichung führen könnte und
damit zu einer Beziehung zu unserer eigenen inneren Natur, die dann
nicht mehr die Bestie oder die Kanaille wäre, die wir unterdrücken
und vernichten müssen, sondern der lebendige Strom des Lebens in
allen seinen Erscheinungsformen, den wir weder innen noch außen
zerstören dürfen. Diese Beziehung wiederherzustellen und den Menschen damit zu seiner Vollständigkeit und nicht zu einer einseitigen
Vollkommenheit zu führen, ist das Behandlungsziel der Individuation. Zur Vollständigkeit gehört aber auch Leiden, Krankheit, Tod
und kreative Nicht-Anpassung an gegebene Verhältnisse. So kann
kein analytischer Psychologe der Jungschen Schule an einen Patienten mit der Vorstellung herangehen, daß diese oder jene Unange-
paßtheiten zu beseitigen sind und diese oder jene bestimmte Vorstellung, die der Analytiker hat, von dem Patienten verwirklicht werden
müßte. Das Behandlungsziel und die zukünftige Persönlichkeit des
Menschen liegt in seinem Unbewußten, dessen konstruktiven und
kreativen Ansätzen beide, Arzt und Patient, folgen müssen. Auch
hier gilt der alte Satz: Natura sanat, medicus curat.
Selbstverständlich ist Individuation auf der anderen Seite kein Chaos
und keine gewollte Nicht-Anpassung à tout prix im Sinne eines falsch
verstandenen Individualismus. Dazu steht sie in einem direkten
Gegensatz. Wir wissen, daß die Vielzahl der psychischen Faktoren im
Menschen universell und kollektiv sind und das Individuelle der
Persönlichkeit nur in dem jeweiligen Mischungsverhältnis besteht,
das für jedes einzelne Individuum variabel ist. Individuation besteht
nicht in der egozentrischen Ausrichtung auf die jeweilige Eigenart des
einzelnen, sondern erfordert eine lebendige Zusammenarbeit aller
im Menschen vorhandenen universellen Faktoren. Sie zielt auf die
Herstellung einer Ganzheit ab und auf eine gleichmäßige Entwick-

32

lung aller Möglichkeiten, die sich in einem Individuum befinden. Damit steht sie auch in einem typischen Gegensatz zu dem überzüchteten Spezialistentum unserer Zeit, zu Menschen, die nur über einen ganz engen Lebenssektor verfügen, auf dem sie größtmögliche Vollkommenheit erstreben. Über den Begriff der Individuation existiert eine große Anzahl von ausführlichen Publikationen in den Schriften Jungs und seiner Nachfolger, auf die der Leser verwiesen werden muß, da eine breitere Erörterung den Rahmen dieses Buches überziehen würde. Auf jenen Unterschied der therapeutischen Zielsetzung allerdings mußte hier hingewiesen werden, denn ein Fall, der für die Psychoanalyse ungeeignet sein kann, kann sich durchaus für eine Individuation eignen, sowie eben auch ein sehr alter Mensch (man denke an Bergmanns Film «Wilde Erdbeeren») oder auch ein Sterbender mit einer unheilbaren Krankheit noch individuieren kann.

2. KAPITEL

Das Erstinterview

Vor jeder Analyse oder an deren Anfang steht immer, je nach Schulrichtung, ein Erstinterview oder eine Anamnese. Abgesehen von einer ganzen Reihe von verstreuten Hinweisen bei C. G. Jung selbst, gibt es nur wenige Arbeiten, insbesondere von Seiten der Londoner Schule (Adler) und einiger Amerikaner (June Singer, E. Whitmont), (212, 227) die sich mit dem Problem der Erstinterview-Situation befassen. Häufig gehen diese auch wie G. Adler implicite von der Situation aus, daß bei dem Patienten eine Analyse begonnen wird und schließen dann das, was bei Freudianern das «analytische Arbeitsbündnis» genannt wird, mit ein. Praktisch stehen wir aber vor der Situation, aus der großen Zahl der Patienten, die bei uns vorstellig werden, zunächst die Entscheidung zu treffen, ob das analytische Verfahren bei ihrer Erkrankung oder Problematik überhaupt angezeigt ist. Von daher ist notwendig das Erstinterview von der Einführung des Patienten in die analytische Methodik deutlich zu trennen, und diese beiden Bereiche sind gesondert zu behandeln. Es erhebt sich von daher die Frage, ob es überhaupt sinnvoll ist, im Rahmen dieses Buches diesem Thema ein Kapitel zu widmen und ob eine gewisse Struktur dieser ersten Begegnung zwischen Arzt und Patient nicht einem sogenannten «Geist» der Jungschen Analyse widerspricht, deren Essenz ja in der freien und kreativen Entfaltung sowie der Selbstfindung des individuellen Menschen liegen soll. In den Gesprächen, die dieses Thema berühren, mit den analytisch arbeitenden Kollegen stellt man dann allerdings auf der gesamten internationalen Ebene fest, daß eigentlich alle irgendeine Form eines Erstinterviews haben, aus der heraus sie die für den Prozeß wesentliche Frage der Diagnostik und Indikation zu beantworten suchen. Ich möchte daher eher meinen, daß es sich bei dieser Lücke um die Scheu der Jungianer handelt, sich auf ganz bestimmte Techniken und ein geschlossenes System festlegen zu lassen, indem sie der Vorstellung C. G. Jungs folgen, daß die Zeit für ein derartiges geschlossenes

System im Raum der Medizin bei weitem noch nicht reif wäre, und daß sie gleichzeitig der Ansicht sind, daß ganz bestimmte, allgemeingültige Techniken tatsächlich eher den Charakter eines Prokrustesbettes haben, das die Individuationsprozesse mehr hindert als fördert. Auf der anderen Seite stehen wir vor der Unmöglichkeit, einfach wahllos und chaotisch mit jedem Patienten, der unsere Sprechstunde aufsucht, eine Analyse anzufangen, sondern wir sind wie jeder andere genötigt, uns differenzierte Gedanken darüber zu machen, welches Krankheitsbild bei einem Patienten vorliegt und ob bei ihm eine analytische Behandlung indiziert ist oder nicht. Nun beschränkt sich dieses Problem keineswegs auf die Analytische Psychologie. Die Freudsche Psychoanalyse, die sich in einem weitaus stärkeren und umfangreicheren Maße mit allgemeingültigen methodisch-technischen Problemen befaßt, hat im Bereich des Erstinterviews eine ähnliche Lücke, so daß Argelander (6) 1967 vom Erstinterview als dem Stiefkind in der Psychotherapie spricht. Sicher liegen hier mehr Arbeiten vor, seit 1938 Stekel (214) in einem Buch über die Technik der analytischen Psychotherapie das erste Kapitel dem einleitenden Interview gewidmet hat. Autoren wie Deutsch (33), Murphy (34), Gill, Newman, Redlich (98), Sullivan (216) und Frieda Fromm-Reichmann (97) haben sich zu diesem Thema geäußert. Trotzdem sind diese Angaben spärlich, differieren in vielen Punkten bzw. stellen verschiedenartige Kriterien in den Vordergrund und tragen außerdem unterschiedliche Bezeichnungen wie etwa «Preleminary Interview», «Klinisches Interview», «Initiales Interview», «Psychiatrisches Interview» oder «Associative Anamnesis». Die einzige Ausnahme auf diesem Gebiet bildet die neopsychoanalytische Richtung Schultz-Henckes (206) mit der sogenannten «Gezielten Anamnese», die sehr einheitlich gelehrt und praktiziert wird und auf deren Problematik im späteren noch einmal zurückgekommen werden soll.

Offenbar handelt es sich also um ein allgemeines Problem, ein Problem, das eben nicht nur spezifisch die Analytische Psychologie betrifft, sondern das einen Zusammenhang mit dem analytischen Vorgehen überhaupt besitzt, egal, welcher Schulrichtung der Therapeut angehört. Es ist notwendig, daß wir uns hierfür einen Gedankengang klar machen: In der Organmedizin existiert eine Abtrennung zwischen Diagnostik und Therapie in der überwiegenden Mehrzahl der Fälle, und nur sehr selten wirken sich die diagnostischen Verfahren, die an einem Patienten vorgenommen werden, auch gleichzeitig therapeutisch aus. In der psychischen Medizin sieht diese Situation nun völlig anders aus, da jede diagnostische Untersuchung auch gleichzeitig immer ein therapeutischer Eingriff ist, der in mehr oder minder großem Umfang das psychische Geschehen verändert. Diese Veränderungen können relativ minimal sein, sie können aber auch einen ganz erheblichen Umfang annehmen, wie ich nachher an zwei Beispielen noch zeigen werde. Sie sind aber in jedem Fall vorhanden, da durch die analytische Führung des Interviews, d. h. durch die Aufmerksamkeit, die den unbewußten Prozessen und deren Dynamik zugewandt wird, die pathogenen psychischen Komplexe mobilisiert werden und der Patient dadurch zu einem erhöhten Maße an Auseinandersetzung und Reflektion genötigt wird. Befragt man Patienten über ihre eigenen Reaktionen nach dem ersten Interview bei einem Analytiker, was ja praktisch in jeder Analyse zur Sprache kommt, so teilen fast alle mit, daß diese erste Unterredung mehr oder weniger heftige Reaktionen bei ihnen ausgelöst hätte und das Krankheitsbild nach der einen oder anderen Seite hin auch ein Stück weit verändert hätte. Nur sehr stark schizoide Patienten erwecken manchmal den Eindruck, als ob dieses erste Interview keine Reaktionen bei ihnen hervorgerufen hätte; im Verlaufe einer längeren Analyse – vorausgesetzt, daß diese dem Interview nachfolgt – stellt sich aber dann immer heraus, daß unter dieser Oberfläche von Gleichgültigkeit doch gerade bei diesen Patienten außerordentlich tiefe und heftige Reaktionen stattgefunden haben.

Wie weitgehend solche therapeutischen Effekte u. U. sein können, sollen zwei Extrembeispiele verdeutlichen:

Bei dem ersten handelt es sich um eine Frau, die noch innerhalb des letzten Weltkrieges einen Offizier geheiratet hatte. Während des Krieges ging die Ehe zunächst ein Jahr gut, bis die Patientin nach Kriegsende im engen Zusammenleben mit diesem Mann und bei praktischer Aufnahme einer regulären Ehe feststellen mußte, daß er bisexuell war und manifest homosexuelle Neigungen auslebte. Außerdem hatte er stark sado-masochistische Züge, die das Zusammenleben mit ihm für die Patientin außerordentlich erschwerten. Auf Grund einer Opferhaltung, die sie stark ideologisierte, wollte sie die Ehe aber unbedingt aufrechterhalten. Innerhalb der nächsten 2 Jahre entwickelte sie allmählich immer stärker werdende depressive Verstimmungszustände und Ängste und suchte schließlich wegen dieser beiden Symptome einen Analytiker auf. Innerhalb des ersten

Gespräches erkundigte dieser sich fragend nach ihrer Opferideologie, ob diese so beschaffen wäre, daß sie ihren Nächsten mehr liebe als sich selbst und nicht nur so, wie es in der Bibel stünde, in gleicher Weise wie sich selbst. Dieser Satz wirkte in der Patientin so erheblich nach, daß sie in der Wartezeit auf einen Therapieplatz anfing, ihr Leben zu ändern. Sie leitete einen Scheidungsprozeß gegen den Mann ein, verlor ihre Symptomatik und wurde sich bewußt, daß sie auch an anderen Stellen in ihrem Leben das Recht hatte, für ihre eigenen Bedürfnisse zu sorgen. Sie hatte danach keine Therapie mehr nötig. Da ich in der Lage war, diese Patientin über viele Jahre nachzubeobachten, kann ich sogar bestätigen, daß sie innerhalb der nächsten 10 Jahre an keiner psychischen Erkrankung mehr gelitten hat.

Ein weiteres Beispiel ist eine Untersuchung eines Soziologenteams innerhalb einer westdeutschen Familie, über die im Jahre 1976 in unserem Institut berichtet wurde. Das Team ging von der Fragestellung aus, ob sich die Theorie der Freudschen Psychoanalyse und insbesondere die verschiedenen Verwicklungen und Verarbeitungen der ödipalen Situation innerhalb einer sogenannten normalen, beliebig ausgewählten Familie nachweisen ließen. Um diese Fragestellung zu beantworten, zogen diese Soziologen für mehrere Tage in die Wohnung dieser Familie, nahmen alle Erlebnisäußerungen der zwei Kinder und der Eltern auf Tonband auf und führten außerdem einige wenige Gespräche mit Fragestellungen, bei denen sie sich aber jeglichen Kommentars enthielten. Der Endeffekt war, daß die vorher intakte Familie zerbrach, die Ehepartner sich scheiden ließen und, wie sich in der Diskussion herausstellte, bei allen Beteiligten psychische Symptome auftraten. Man kann geteilter Meinung sein, ob dieses Ergebnis unter Umständen als positiv im Sinne einer Bewußtseinsentwicklung aufzufassen ist oder als eine ungewollte naive Destruktion im Sinne der früheren christlichen Missionare, die ohne zu wissen, was sie taten, den Mythos, in dem die Naturvölker lebten, zerstörten, um ihnen das Christentum zu bringen. Auf jeden Fall aber zeigt dieses Beispiel, daß allein der Beobachtungsprozeß dazu ausreicht, um ganz erhebliche Veränderungen in Gang zu setzen.

Natürlich sind das Extrembeispiele, und bei einem lege artis geführten Interview durch einen Fachmann kommt es in der Regel höchstens zu leichten Verbesserungen oder Verschlechterungen der Symptome, und man kann das Ingangkommen eines gefährlicheren destruktiven Prozesses in der Regel verhindern.

Es bleibt aber auf jeden Fall die Eigenart der psychischen Erkrankung, auf jeden Eingriff zu reagieren, und zwar in weitaus stärkerem Maße, als das in der Organmedizin der Fall ist, so daß Diagnostik in der Analyse auch immer gleichzeitig schon Therapie bedeutet. Das kann in positivem Sinne der Fall sein, insofern eine verstärkte Reflexion und eine erhöhte bewußte Auseinandersetzung mit der zugrundeliegenden Problematik eingeleitet wird, kann aber auch zum umgekehrten Effekt führen, nämlich, daß der Verdrängungsprozeß und Abwehrformationen verstärkt werden.

Ein wesentliches Argument, das gegen die Erhebung gezielter biographischer Anamnestik spricht, basiert darauf, daß diese ein an sich unanalytisches Verfahren bedeutet, das den Patienten durch die erhebliche Steuerung, die einerseits durch die gezielten Fragestellungen, andererseits durch die unbewußte Interessenspannung des Analytikers, ein möglichst vollständiges Bild biographischer Fakten zu erhalten, im Bewußtseinsraum festhält und unbewußtes Material zu wenig berücksichtigt. Damit ergibt sich eine für die Einleitung der Analyse von vornherein ungünstige Situation, und der Aufbau des spezifischen analytischen Beziehungsgewebes kann erheblich gestört werden. Die gezielte biographische Anamnese, sowie sie am Berliner Neoanalytischen Institut praktiziert wird, umfaßt in der Regel ein 2- bis 3stündiges Gespräch mit dem Patienten, dessen Ergebnisse auf ca. 4–8 Schreibmaschinenseiten schriftlich festgelegt werden. Diese Anamnese umfaßt nicht nur eine möglichst lückenlose Biographie des Betreffenden mit eingehender Beschreibung seiner Beziehungspersonen, seines sozialen Werdeganges, sondern auch seines Verhaltens und Erlebens innerhalb der verschiedenen Antriebsbereiche und der Schilderung der auslösenden Versuchungs- und Versagungssituation. Dieses Verfahren schließt in der Regel doch erhebliche Probleme in sich ein. Der an einer Neurose erkrankte Patient, der zum erstenmal einen Analytiker aufsucht, befindet sich in der Regel in einem hochgradigen Angst- und Spannungszustand und ist schon von daher überfordert, eine Fülle von richtigen und relevanten Fakten darzustellen. Es kommt hinzu, daß durch die Verdrängungsprozesse und die Abwehr in jedem Fall ganz erhebliche Erinnerungslücken, Erinnerungstäuschungen und Verzerrungen vorliegen. Nach meiner Erfahrung werden die meisten Angaben, die in einer gezielten Anamnese gemacht worden sind, von den Patienten im Verlaufe einer Analyse korrigiert, und eine zweite Anamnese, die man am Schluß einer gelungenen analytischen Therapie erstellen würde, würde oft ein völlig anderes Bild zeigen als die vom Anfang. Man muß daher gerade als Arzt umdenken lernen und sich darüber klar werden, daß in unserem Bereich die Darstellung einer Anamnese, die wirklich Relevanz hat, erst am Schluß einer Behandlung möglich ist. Für diese Problematik möchte ich hier noch zwei Beispiele geben:

Ein 38jähriger Patient, der an Anfällen von paroxysmaler Tachycardie litt, wurde mir von einer Institution überwiesen, in der eine gezielte Anamnese erhoben wurde. Nach dieser erfolgte der erste Anfall bei einem Besuch von Mozarts Oper «Die Zauberflöte», und der Patient erinnerte sich auch noch an die Stelle, an der der Anfall einsetzte. Es ist die Stelle im 2. Aufzug, an der die Königin der Nacht ihrer Tochter Pamina den Dolch mit dem Auftrag, Sarastro zu töten, in die Hand drückt und die Arie «Der Hölle Rachen kocht in meinem Herzen» singt. In Kombination mit bestimmten genetischen Fakten und zwanghaften Zügen, die der Patient hatte, wurde dementsprechend seine Erkrankung als ein aggressives Problem bei vorwiegend zwangsneurotischer Struktur von dem Erstuntersucher aufgefaßt. Erst um die 80. Stunde der Analyse herum stellte sich aber dann heraus, daß dieser Anfall keineswegs der erste gewesen war. Vor diesem Anfall lagen noch zwei weitere, die der Patient verdrängt hatte und die sehr viel deutlicher das eigentliche Problem des Patienten, das am eindrucksvollsten in der Situation des ersten Anfalls heraustrat, aufwiesen. Hinzu kommt, daß diese erste Anfallssituation sich erst allmählich im Verlaufe mehrerer analytischer Stunden erarbeiten ließ und in der Erinnerung wieder auftauchte. Es handelte sich bei dieser eigentlichen ersten auslösenden Situation für seine Herzsymptomatik um folgendes: Der Patient hatte einen populär-wissenschaftlichen Vortrag über Herzerkrankungen besucht. Während dieses Vortrages, als ein Bild des geöffneten Thorax mit dem Herzen gezeigt wurde, erlitt er den Anfall und mußte den Raum verlassen. Genau in dieser Situation spielte aber noch ein anderer kleinerer Vorfall eine Rolle, den der Patient am tiefsten verdrängt hatte: Der Vortrag fand im Rahmen eines zusätzlichen Ausbildungskurses statt, und innerhalb dieses Kurses befand sich eine Teilnehmerin, der gegenüber er das erste Mal in seinem Leben Liebesgefühle hegte. Er hatte auch, allerdings recht schüchtern, Annäherungsversuche gemacht und sich eine offensichtlich illusionäre Phantasie aufgebaut, daß er von ihr nicht zurückgewiesen würde. Genau an der Stelle des

Vortrags, an der der Herzanfall ausgelöst wurde, flüsterte ihm sein Nachbar zu, daß dieses Mädchen sich am vorangegangenen Tag mit einem anderen verlobt habe. Bei genauem Nachfragen stellte sich außerdem heraus, daß der Patient sich zunächst vorgemacht hatte, es läge ihm gar nicht soviel an dem Mädchen, und erst bei dem Erhalt der Nachricht ihrer Verlobung seine eigene heftige Verliebtheit richtig gemerkt hatte. Zwar hatte der Patient einige zwanghafte Züge, der Kern seiner Neurose lag aber, wie sich im Verlauf der Analyse immer deutlicher herausstellte, in einem positiven Mutterkomplex mit einer engen psychischen und physischen Mutter-Kind-Symbiose, die im Unbewußten persistierte und von schweren Trennungsängsten begleitet war. Es handelte sich im Kern also mehr um ein Beziehungs-problem auf einer depressiven Ebene, und das Aggressionsproblem liegt eher in der Unfähigkeit, sich aus dem Festgehaltenwerden von der Mutterfigur zu befreien. Zwischen dem ersten und dem zweiten Anfall, der 14 Tage später erfolgte, und der auslösenden Situation, also dem dritten Anfall in der «Zauberflöte», lag auch eine längere Zeitperiode, in der sich die äußere Aktualsituation des Patienten, die ja bei der Beurteilung der jeweiligen Versuchungs- und Versagungs-situationen immer eine erhebliche Rolle spielt, veränderte.

Eine zweite Patientin wurde nach der Anamnesenerhebung als eine Hysterica mit relativ günstiger Prognose beurteilt. Während der Anamnesenerhebung verschwieg diese Patientin gerade auf Grund der intensiven Befragung über die Einzelheiten ihrer Biographie ein sensitives Wahnsystem, das sich um einen Onaniekomplex herum-rankte. Die Anamnesensituation hatte in ihr ihre eigene überwa-chende Mutter mobilisiert, der gegenüber sie ihre Triebwünsche immer verschweigen und verheimlichen mußte. Erst in der 100. Behandlungsstunde gelang es ihr, mit diesem sensitiven Beziehungs-wahnsystem herauszukommen, in das der Analytiker als verbietende und verfolgende Figur bereits fest eingewoben war. Man kann hier natürlich einwenden, daß die Patientin auch in einer strikt analytisch geführten Erstinterviewsituation diesen Komplex verschwiegen hätte; es ist aber nicht wahrscheinlich, daß das so konsequent und so lange geschehen wäre, da dies ihr eigentliches Problem war, hinter dem ein sehr starker Leidensdruck und auch ein erhebliches Mittei-lungsbedürfnis lag.

Gerade diese Problematik spielt bei Fragestellungen innerhalb der Anamnestik und der ersten Analysenphase eine ganz erhebliche

40

Rolle. Viele Patienten scheuen davor zurück, Fragen innerhalb bestimmter Komplexbereiche offen zu beantworten, sondern neigen gerade an diesen Stellen zu Verschleierungen und Negierungen, die dann unter Schuldgefühlen oft bis weit in die Analyse hinein aufrechterhalten werden. Ich habe im Gegensatz dazu die Erfahrung gemacht, daß bei einer von Anfang an offenen analytischen Situation die Patienten sehr viel mehr mitteilen, als bei einer gezielten Fragestellung.

Es ergibt sich damit die Frage, ob es vom Standpunkt der Analytischen Psychologie aus gesehen überhaupt sinnvoll ist, so etwas wie ein Erstinterview aufzunehmen oder ob es nicht richtiger ist, den Anfang einer Behandlung vollständig offen zu lassen und innerhalb der ersten Stunde in die analytische Situation vollständig einzusteigen in der Erwartung, daß sich bereits innerhalb der ersten Stunden herausstellen wird, ob der Fall therapierbar ist oder nicht und eine ausreichende Diagnostik auf Grund der spontanen Mitteilung möglich ist. Die augenblickliche Situation in Deutschland mit den von den Krankenkassen finanzierten Analysen erlaubt ein derartiges Vorgehen durchaus, da die ersten 5 Sitzungen ohne Gutachterverfahren über einen Krankenschein abgerechnet werden können. Erst nach diesen 5 Stunden wird ein Gutachten eingereicht, nach dem entschieden wird, ob dem Patienten von der Krankenkasse die Fortführung einer längerdauernden Analyse genehmigt und finanziert wird. Es entsteht damit eine Zäsur, so daß diese ersten Sitzungen gewissermaßen als eine Art probatorischer Mini-Analyse angesehen werden können und es auch anzunehmen ist, daß innerhalb dieser Zeit ausreichend Daten und Fakten vom Analytiker zusammengetragen werden können, um die innerhalb des Gutachterverfahrens aufgeworfenen Fragestellungen zu beantworten.

In einzelnen Fällen mag ein derartiges Verfahren durchaus angebracht sein; es hat aber den Nachteil, daß ein über einen derartigen Zeitraum ausgedehntes analytisches Erstinterview sehr häufig, wenn nicht immer, eine erhebliche Übertragungs-Gegenübertragungs-Bindung zwischen Arzt und Patient herstellt, deren Auflösung für den Patienten, wenn er für die analytische Methode nicht geeignet ist, unter Umständen einen emotionalen Schock darstellt und z. B. eine Suicidgefährdung verstärken kann. Auch für den Analytiker selbst ist diese Situation nicht ungefährlich. Man erlebt immer wieder, daß selbst erfahrene Analytiker sich auf Grund einer so entstandenen

Übertragungs- und Gegenübertragungs-Bindung in aussichtslose Fälle wider besseres Wissen verwickeln lassen, weil sie manchmal nicht ganz zu Unrecht der Ansicht sind, den Patienten nicht mehr im Stich lassen zu können. Diese Gefährdung wird bei einem durchreflektierten einmaligen Erstinterview mit höchstens einer zweiten Sitzung, nachdem das in der ersten Sitzung gewonnene Material ausreichend verarbeitet wurde, vermieden.

Die Notwendigkeit einer tiefenpsychologisch-dynamischen Diagnostik und die Aussortierung der für das analytische Verfahren nicht geeigneten Fälle erfordert daher auch für die Analytische Psychologie die Durchführung eines Erstinterviews, ehe man mit der eigentlichen Behandlung beginnen kann. Das Problem, das man sich zu stellen hat, lautet dementsprechend nicht, ob man überhaupt ein Erstinterview durchführen soll, oder darauf verzichtet, sondern es lautet vielmehr, wie man innerhalb dieser Situation dem Patienten die Möglichkeit zur größtmöglichen Entfaltung seiner autonomen psychischen Dynamik geben kann und gleichzeitig auch die notwendigsten Fakten über die Lebensgeschichte und die Aktualsituation erhält.

1966 wurde dieses Problem des Erstinterviews vom Berliner Arbeitskreis für Analytische Psychologie (197) in mehreren Sitzungen diskutiert und auch eine Reihe von Erstinterviews nach den erarbeiteten Voraussetzungen erstellt. Wir gingen seinerzeit von einer vorläufigen Differenzierung aus, die sich in 2 große Gruppen teilte: 1. die Beobachtungen des Analytikers und 2. die Inhalte der Aussagen des Patienten. Bei den Beobachtungen wurde Wert gelegt: 1. auf das Erscheinungsbild des Patienten und seine Verhaltensweisen, 2. die hergestellte Übertragungs- und Gegenübertragungsbeziehung und 3. die bereits zu beobachtende Symptomatik, z. B. depressive oder manische Stimmungslage, Erröten, Konzentrations- und Sprachschwierigkeiten, Tics etc.

Die zweite Gruppe, die die Inhalte der Mitteilungen des Patienten umfaßt, war so angelegt, daß zunächst lediglich darauf geachtet wurde, was der Patient spontan mitteilte. In jedem Fall wurde vermieden, die spontane Entfaltung des Patienten zu stören. Es wurden keine Zwischenfragen gestellt, sondern etwa wichtige Fragestellungen an das Ende des Interviews verlegt. Es wurden hierbei 5 Punkte herausgearbeitet, die in dem Protokoll zusammengestellt wurden: 1. Symptomatik: Was teilt der Patient außer den bereits zu beobach-

tenden Symptomen von sich aus spontan mit und welche zu beobachtenden oder zu vermutenden Symptome erwähnt der Patient nicht?
2. Die Dauer und die Differenzierung der Symptomatik, wie die Abgrenzung des Syndromcharakters der Symptome, z. B. Gedankenzwänge und Handlungszwänge. Auch hier beschränkten sich unsere Fragestellungen auf das spontan mitgeteilte Material, und wir vermieden, nach weiterer Randsymptomatik zu fragen.
3. Die auslösende Erkrankungssituation. Auch hierbei wurde die Schilderung wieder dem Patienten überlassen, da die Patienten doch dazu neigen, peinlichen Fragen auszuweichen oder sie nicht verwertbar zu beantworten. Es wurde auch darauf verzichtet, unnötige Details zu erfragen. Als wichtig wurde hierbei erachtet, was für den Patienten selber am wichtigsten und vordergründigsten erschien und wie er sich selbst in der entsprechenden Situation erlebte. Falls der Patient keine auslösende Situation zu seinen Symptomen mitteilte, wurde dies lediglich als Lücke im Protokoll vermerkt. Auf keinen Fall wurde die auslösende Situation als solche erfragt, sondern es wurde vielmehr reflektiert, ob sich aus der Darstellung des Patienten eine auslösende Situation ergäbe oder nicht, wobei diese unter den Gesichtspunkten der Analytischen Psychologie als der Ausdruck des nicht gelösten Gegensatzes des Ambivalenzkonfliktes angesehen wurde.
4. Die aktuelle Lebenssituation. Auch hier wird die Schilderung wieder dem Patienten überlassen, und es werden besondere Auffälligkeiten vermerkt, insbesondere die Lücken, z. B. der Patient spricht nicht über seine Ehe oder nicht über seine finanzielle Situation. Vor allem sollte hier die Gefahr einer Berichterstattung ohne die eigentliche wesentliche psychische Dynamik vermieden werden.
5. Die Genese. Auf diese sollte nur eingegangen werden, wenn sie vom Patienten spontan erwähnt wurde oder sich im Verlaufe des Interviews Anhaltspunkte ergaben, um auf das genetische Material zu sprechen zu kommen. Hierbei lag unser besonderes Interesse in der Beachtung der Familiensubstanz im Sinne der konstellierenden Archetypik. Welches Problem herrscht in der Familie vor und ist nicht mehr nur individuell? Weiterhin kein ausschließliches Interesse auf die frühen Lebensjahre, sondern auch gerade eine Beachtung derjenigen Erlebnisverarbeitungen, die der Patient in den Schwellensituationen seiner Entwicklung wie Schuleintritt, Pubertät etc. aufgewiesen hat.

Unter Berücksichtigung dieser Gesichtspunkte wurden von uns seinerzeit eine Reihe von Erstinterviews durchgeführt, bei denen sich herausstellte, daß es durchaus möglich ist, mit einem Minimum an Fragestellungen und unter Verzicht auf möglichst vollständige Fakten eine differenzierte Diagnostik sowohl in Hinsicht auf Symptomatik, Typologie und Struktur zu stellen und auch die prognostische Frage zu beantworten, ob der Patient für eine analytische Therapie in Frage käme oder nicht. Wir entschieden uns dagegen, die Prognose weiter aufzudifferenzieren, da nicht nur an Einzelfällen, wie von mir an anderer Stelle beschrieben (39) diese Art der Prognostik in günstig, mittel und ungünstig sehr fragwürdig erscheint, sondern auch die statistischen Untersuchungen (74) in diesem Bereich keine relevanten Ergebnisse aufweisen.

Anfang 1967 erschien dann die bereits erwähnte, sehr ausführliche Arbeit von Argelander über das Erstinterview, die sich in sehr vielen Punkten mit den von uns erarbeiteten Positionen deckte. Ich meine, daß wir es keineswegs nötig haben, uns à tout prix von den Freudianern unterscheiden zu müssen, vor allem an den Stellen, wo de facto keine Unterschiede bestehen und wir im wesentlichen die Technik der offenen Erstinterviews Argelanders und deren Differenzierung übernehmen können. Dazu gehört auch nicht zuletzt die von M. Balint (11) geschilderte Atmosphäre des Interviews, das ja von Seiten des Analytikers ein bestimmtes Wahrnehmungspotential erfordert, das sich nur im längeren Umgang mit unbewußten Phänomenen ausbilden kann. Balint hat diesen Prozeß seinerzeit so beschrieben: «Für den Arzt besteht das erste Ziel darin, eine Atmosphäre zu schaffen, in welcher der Patient sich aussprechen oder doch soviel von sich preisgeben kann, daß der Arzt sicher sein kann, auf Grund seiner Beobachtungen zu einer relativ zuverlässigen Beurteilung des Zustandsbildes und der Fähigkeit des Patienten, mitmenschliche Beziehung einzugehen, gelangt zu sein. Sein zweites Ziel ist die Entscheidung darüber, ob in diesem Fall überhaupt etwas, und wenn ja, was getan werden sollte. Drittens will der Arzt dem Patienten helfen, zu sehen, daß seine Beurteilungen und seine Empfehlungen sich logisch aus dem ergeben haben, was im Interview geschah – und nur dem entspricht, was im Leben des Patienten geschehen ist und noch geschieht . . . Vom Patienten her gesehen, sollte das Interview ihm das eindrucksvolle Erlebnis vermitteln, daß ihm hier Gelegenheit gegeben wird, sich zu eröffnen, verstanden zu werden und Hilfe zu

44

erhalten, sich und seine früheren und jetzigen Probleme in einem neuen Licht zu sehen. Diese neue Einsicht sollte ihn befähigen – und das ist das zweite Ziel –, möglichst selbst zu entscheiden, was er als nächsten Schritt tun und wie er diese Entscheidung ausführen sollte . . .»

Die einzelnen Fallbeispiele, die von Argelander veröffentlicht worden sind, zeigen sehr eindringlich, wie man mit dieser offenen Technik selbst bei sehr retentiven Patienten und sehr kärglichem Inhalt der Mitteilungen zu einer differenzierten Diagnostik, Psychodynamik und Prognostik des Patienten kommen kann, wie z. B. in dem dort beschriebenen Fall des «Schweigers».

Für uns wäre in dieser Situation nur zu diskutieren, an welchen Stellen wir uns auf Grund unserer Konzeption der Individuation von den Freudianern unterscheiden müssen, und zwar nicht nur dadurch, daß wir in einer etwas anderen Terminologie sprechen, sondern in den grundsätzlichen Positionen, und welche besonderen oder andersartigen Fragestellungen bzw. Interessenrichtungen für uns innerhalb des Erstinterviews auftauchen. Zu dem Erstgenannten erscheint mir das Problem besonders wesentlich, daß Argelander in seiner Konzeption von einem angenommenen Normverhalten ausgeht und seine Beobachtungen insbesondere auf Abweichungen und Auffälligkeiten gegenüber dieser angenommenen Norm akzentuiert. Die immer wieder betonte Auffassung C. G. Jungs, daß die neurotische Erkrankung auch einen gesellschaftspolitischen Charakter hat und u. U. als ein gescheiterter Versuch der Bewußtseinsentwicklung über die geltende kollektive Norm hinaus beinhaltet, ist ja heute auch von anderen z. T. bis zum Extrem aufgegriffen worden, wie Laing (174) und Cooper (30). Mir erscheint es von daher fragwürdig, auf einer solchen angenommenen Normenkonzeption schon den Beginn der analytischen Therapie im Erstinterview zu akzentuieren. Von unserer Konzeption her ist es wesentlicher, zu erfassen, welche Dominanten des kollektiven Bewußtseins stehen in einer konfliktuösen Gegensatzposition zum unbewußten Material bzw. den Tendenzen des Unbewußten und wie extrem sind diese beiden Pole innerhalb der Psyche des Patienten voneinander entfernt, wobei auch gleich die Frage aufgeworfen werden kann, in wieweit innerhalb von Symptomatik oder erfaßtem unbewußtem Material der Versuch einer symbolischen Gegensatzvereinigung vorhanden ist. So sollte sich z. B. der Analytiker bei einer Patientin, die im Erstinterview (sehr überbetont starke) feministische Überzeugungen äußert, nicht einfach fragen, was mit dieser Ideologie abgewehrt werden soll und sie nur als eine Normenabweichung klassifizieren, sondern wir sollten uns die Frage stellen, gegen welche möglicherweise höchst ungerechtfertigte patriarchale Position ihres kollektiven Bewußtseins läuft hier die unbewußte Weiblichkeit der Patientin Sturm? Unter den kollektiven Dominanten des Bewußtseins verstehe ich hier den innerpsychischen Prozeß in der Patientin selbst und nicht eine allgemein kollektive Situation, wobei wir uns aber darüber klar sein sollten, daß im Sinne Erich Fromms (96) der persönliche Vater nur eine «Kopie» bestimmter gesellschaftlicher Vorstellungsinhalte ist und diese stellvertretend für die Gesellschaft übernimmt. Nach unserer Konzeption steht hier hinter dem Problem Vater-Mann eine bestimmte Seite eines Archetyps, die in entsprechender Form beschrieben werden sollte. Das Gleiche gilt für sogenannte Auffälligkeiten in der Abweichung vom Normverhalten, etwa im Bereich der Homosexualität oder der Partnerwahl, z. B. jüngerer Mann – ältere Frau, die auch nicht als Abweichungen vom Normverhalten registriert werden sollten, sondern auf ihre archetypische Situation hinterfragt. Es kommt hinzu, daß viele Komplexe sich ja in bestimmten Schattierungen keineswegs durch Auffälligkeiten oder Abartigkeiten äußern, sondern gerade im Sinne einer Wohlangepaßtheit, unter Umständen auch einer Angepaßtheit an die Interviewsituation. Eben gerade dieses Normverhalten unterdrückt aber die individuellen Tendenzen und die Bedürfnisse des Principium Individuationis.

Ein weiteres Problem stellt sich m. E. in dem Erfragen von sogenannten Lücken. Argelander schildert hier den Fall eines Patienten, der bei der Schilderung seiner familiären Situation seinen Vater vollständig aussparte und auf eine entsprechende Intervention des Analytikers mit positiver Nachdenklichkeit und einem gewissen Aha-Erlebnis reagierte. Derartige Interventionen im Erstinterview können aber auch negativ ausfallen und sind nicht ohne Gefahren und Probleme. Ein Patient, bei dem auf Grund seiner Konflikte und seiner speziellen Berufssituation das Geldproblem sehr im Vordergrund stand, reagierte mit Abbruch des Interviews, als ich ihn darauf aufmerksam machte, daß er seine eigenen Einkommensverhältnisse und seine eigene Form des Umganges mit Geld vollständig aussparte. Unabhängig von der Frage, ob ein Patient, der auf eine derartige Intervention so überempfindlich reagiert, überhaupt therapierbar ist oder

nicht, zeigt ein derartiges Vorkommnis doch deutlich, welche psychodynamische Brisanz durch das Erfragen von Lücken ausgelöst werden kann und daß dabei bereits ein erheblicher psychischer Prozeß in Gang kommt, ehe überhaupt entschieden ist, ob der Patient therapierbar ist bzw. in eine Therapie übernommen werden kann. Nach unseren Erfahrungen ergeben sich auch keineswegs größere psychodiagnostische oder prognostische Relevanzen, wenn derartige Lükken aufgefüllt werden. Es kann z. B. für die Diagnostik wichtiger sein, wenn ein Patient mit einem Autoritätskomplex die Schilderung seines persönlichen Vaters völlig ausspart, da man an dieser Aussparung ersehen kann, wie stark die Tendenz des Komplexes zur Entpersönlichung ist und welche Quantität und Qualität die Beziehungsschwierigkeiten dieses Menschen zu Autoritätsfiguren haben mögen. Gerade die Auslassungen haben eine hohe Signifikanz, und sie können, wenn es von der Erstellung des Kassengutachtens her notwendig erscheint, sie durch Fakten aufzufüllen, dann erfragt werden, wenn die endgültige Übernahme der Behandlung geklärt ist und das Gutachten eingereicht werden soll, wobei hier von der Voraussetzung ausgegangen werden muß, daß das Erstinterview die Dauer von 2 Sitzungen zu 50 Minuten nicht überschreiten sollte.
Ich möchte abschließend nun ein vorläufiges Modell vorlegen, nach welchen Gesichtspunkten ein Erstinterview von uns erhoben werden könnte, bei dem 8 verschiedene Bereiche zu beachten sind, die ich im Folgenden behandeln will. Anschließend wäre dann noch der grundsätzliche Aufbau eines entsprechenden Protokolls zu beschreiben.
1. Das Erscheinungsbild des Patienten:
Wir alle wissen, mindestens seit Kretschmers historischem Buch über Körperbau und Charakter (172 a), eine wie starke Verbindung zwischen Psyche und Anatomie besteht. Bei den anatomischen Komponenten des Erscheinungsbildes genügt es nicht, nur den asthenischen, athletischen und pyknischen Typus zu unterscheiden, sondern die Beschreibung des Erscheinungsbildes sollte bis in sehr differenzierte Einzelheiten gehen. Es ist einfach wichtig, wie wir aus unserer analytischen Erfahrung heraus wissen, ob ein Patient groß oder klein ist, wie seine Hände, Arme und Beine geformt sind, ob er blondes, schwarzes, braunes oder rotes Haar oder einen Haarausfall hat, ob er Brillenträger ist oder etwa ein deutlich kurzsichtiger Nicht-Brillenträger, welchen Ausdruck oder welchen Gesichtsschnitt er hat und anderes mehr. Nicht zu Unrecht hat Freud einmal seine Krankengeschichten

mit einer schriftstellerischen Tätigkeit verglichen, und der Analytiker sollte geschult werden, solche Personenbeschreibung nicht nur in ein paar lapidaren und wenig aussagenden Äußerungen zu erschöpfen. Zu dem anatomischen Erscheinungsbild käme dann die gewissermaßen äußerlich zur Schau getragene Beschreibung der Persona hinzu, wozu vor allem die Art der Kleidung und evtl. mitgebrachter Gegenstände wie Form der Handtaschen etc. gehört. Es ist eine deutliche Aussage, wenn ein Hochschulprofessor mit korrekt gepflegten Jeans zum Erstinterview erscheint oder eine Angestellte im gelben Kleid, gelben Schuhen und gelber Handtasche. Der Signalcharakter der Kleidung, der sich später meist mühelos in die psychische Problematik mit einordnen läßt, kann vieles verdeutlichen oder unterstreichen, und zwar gleichgültig, ob er nun besonders auffällig oder besonders unauffällig ist. Es kommt hier wieder nicht auf Auffälligkeiten oder Abartigkeiten an, sondern auf das «Wie», das gerade hier und jetzt in dieser Situation zur Schau getragen wird.

2. Das Verhalten des Patienten innerhalb der Interview-Situation. Verhaltensweisen:

Es gibt einen uralten Medizinerwitz, in dem ein Professor seinen Studenten bei der ersten Vorlesung in der inneren Medizin erklärt, daß es zwei Dinge gäbe, die für den Arzt von größter Wichtigkeit wären, nämlich einmal die Überwindung der Ekelschranke, und zum zweiten die exakte Beobachtung. Er weist hierbei auf die Ärzte des vorigen Jahrhunderts hin, die, als es noch keine Laboratorien gab, genötigt waren, einen Diabetes am Geschmack des Urins zu diagnostizieren. «Um das zu üben», so sagt er, «habe ich Ihnen hier einen Patientenurin mitgebracht, und Sie werden jetzt alle am Pult vorbeigehen, den Finger hineintauchen und den Urin schmecken. Selbstverständlich werde ich Ihnen mit gutem Beispiel vorangehen!» Sprichts, steckt den Finger in den Urintopf und leckt ihn ab. Gehorsam marschieren alle Studenten an dem Pult vorbei und vollziehen die Zeremonie. Als der Letzte vorbei ist, erklärt der Professor: «Ich danke Ihnen, meine Damen und Herren, Sie alle haben bewiesen, daß Sie das erste von mir erwähnte Problem, die Überwindung der Ekelschranke, gut gelöst haben. Allerdings sind Sie alle noch ausgesprochen schlechte Beobachter, denn wenn Sie richtig und gut beobachtet hätten, dann hätten Sie gesehen, daß ich meinen Zeigefinger in den Topf gesteckt und meinen Mittelfinger abgeleckt habe, was keiner von Ihnen getan hat.»

48

Ich erzähle diesen Witz deshalb, weil nach meiner Erfahrung die averbalen Äußerungen der Patienten in ihrem Verhalten viel zu wenig beobachtet und beschrieben werden, wenn man Krankengeschichten, Anamnesen, Erst-Interviews von Ausbildungskandidaten und auch in der Literatur liest. Auch hier werden in der Regel nur diejenigen Dinge beschrieben, die auffallend ungewöhnlich sind, wie z. B. beim Händedruck, daß der Patient die Hand des Therapeuten ungewöhnlich heftig umklammernd umgreift oder sie ganz lasch gibt und sofort wieder zurückzieht. Ich meine, daß es eine sehr große Variationsbreite von Ausdrucksformen des Händedrucks gibt, der, wie wir wissen, ja bereits eine oft gar nicht so unwesentliche Aussage macht. Warum beschreibt man eine derartige Aussage nicht auf jeden Fall, ebenso wie eine wirklich detaillierte Beschreibung aller Verhaltensweisen, die an dem Patienten zu beobachten sind, zu einem Erst-Interview gehört. Es empfiehlt sich auch, bestimmte Bewegungsabläufe, die man am Patienten beobachtet, wie z. B. seinen Gang oder wie er die Beine übereinanderschlägt oder die Art, wie er sitzt, einmal selber nachzuvollziehen, nachdem das Interview vorüber ist, um dadurch einen besseren Einblick in das mit diesem Verhalten verknüpfte Erleben zu bekommen. Allein aus dem Erscheinungsbild und den Verhaltensweisen heraus ist es oft möglich, eine recht detaillierte Diagnose zu stellen, ohne daß der Patient auch nur ein Wort gesagt zu haben braucht. Genauso wie der erfahrene Internist in der Lage ist, zu sagen: Da kommt jetzt eine Anämie oder ein Ulcus in mein Sprechzimmer, sind auch wir in der Lage, zu sagen: Da kommt jetzt ein übergefügiger Autoritätskomplex mit zwanghaften Zügen und einer überkorrekten Persona. Da wir ja außerdem ganz bestimmte Vorstellungen haben über die in einem solchen Komplex liegende Psychodynamik, ist es uns grundsätzlich möglich, bereits recht umfangreiche Äußerungen über die Problematik eines Menschen zu machen, ohne daß dieser auch nur ein einziges Wort zu uns gesagt hätte.
Ein weiterer Bereich, der als dritter bereits ohne die verbalen Äußerungen des Patienten erschlossen werden kann, ist der der *Übertragung und der Gegenübertragung*. In den Veröffentlichungen der Berliner Arbeitsgruppe über Übertragung und Gegenübertragung (50, 54, 55, 65) haben wir bereits ausführlich darauf hingewiesen, ein wie differenziertes Instrument zur Erkenntnis des im Erleben des Patienten Vorgehenden die eigene sorgfältige Beobachtung von allen auftauchenden Gefühlen und Phantasien ist, die man in sich selbst

beobachten kann, vom ersten Augenblick der Begegnung an bis zur Beendigung des Interviews. Aus diesem Beobachtungsmaterial der eigenen Gegenübertragungsreaktionen lassen sich in der Regel sehr viel sicherer und deutlicher die Übertragungs- und Rollenmodelle des Patienten ablesen, die ihrerseits ja wieder mit den psychischen Grundkonflikten in Verbindung stehen, wie z. B. vertrauensvoll in die geöffneten Arme der Mutter flüchtendes Kind, oder ängstlicher, Strafe befürchtender Knabe vor dem strengen Vater, oder verzaubernd-verführende Puella aeterna, die mit ihrem Animus kokettiert, oder masochistisch sich unterwerfender Patient, der über seinen eigenen Schatten zerknirscht ist und nun diesen verzeihungsheischend einer Magna mater oder einem großen Vater anbietet. Auf jeden Fall ist es erforderlich, die eigene Gefühls- und Phantasiewelt, die der Patient auslöst, sehr differenziert zu beschreiben und sich nicht etwa nur darauf zu beschränken, ob einem der Patient sympathisch oder unsympathisch erscheint oder ob er für kontakt- und beziehungsfähig gehalten wird. Hierbei ist es notwendig, was eigentlich fast immer vergessen wird, sich klarzumachen, daß in diesem Prozeß ein stark subjektiver Faktor enthalten ist und daß man dementsprechend die eigene Persönlichkeit und Charakterstruktur, über die der Analytiker durch die eigene Lehranalyse aufgeklärt sein sollte, mit berücksichtigt. Übertragung und Gegenübertragung sind immer Konstellationen zwischen zwei Menschen, und wie unsere Erfahrung gerade bei den Zweitsichten der Anamnesen, die von Ausbildungskandidaten erhoben werden, zeigen, kann der Patient bei einem anderen Analytiker u. U. eine ganz andere Seite von sich herausstellen, genauso wie der Charakter einer Zweitanalyse ganz anders sein kann als der der ersten. Natürlich ist es nicht erforderlich, und kann auch gar nicht verlangt werden, daß ein Erstinterviewer seine eigene Persönlichkeit und seinen eigenen Komplex exhibitionistisch in einem Erst-Interview beschreibt. Das ist auch gar nicht gemeint, sondern es handelt sich hierbei vor allem darum, daß der Analytiker im Reflexionsvorgang über den Patienten diese Faktoren mit einbeziehen kann und sich dessen bewußt ist, daß der Patient bei einem anderen Analytiker oft auch einen sehr anderen Eindruck auslöst.

Am Übergang zwischen reiner Beobachtung und Einbeziehung der verbalen Äußerungen steht dann der vierte Punkt, nämlich der Versuch einer Erfassung der *Typologie:* Ich sage absichtlich hier

Versuch, weil wir uns ja alle darüber klar sind, daß es gar nicht so einfach ist, zu einer schnellen und differenzierten Erfassung des psychologischen Typs eines Patienten zu kommen. Es dauert oft viele Stunden innerhalb der Behandlung, ehe man sich über die Typologie des Betreffenden einigermaßen sicher ist. Wir sollten aber diese Schwierigkeit auf der anderen Seite auch wieder nicht allzusehr hochstilisieren und allzu ängstlich gegenüber Fehlern in der Diagnostik sein, sondern ruhig nach dem Erst-Interview eine Aussage über das zu beobachtende typologische Material machen. Nach den Erfahrungen unserer Berliner Arbeitsgruppe ist eine derartige Aussage nach einem einstündigen Erst-Interview auch durchaus möglich. Relativ schnell wurden wir uns in allen Fällen über den Einstellungstypus einig, da sich die extravertierte und introvertierte Haltung häufig schon aus dem Erscheinungsbild und dem Verhalten des Patienten recht deutlich ablesen läßt. Fast immer lag die Ergänzung, die sich aus den mitgeteilten Inhalten des Interviews ergab, hiermit konform. Die Selbstdarstellung des Patienten gibt meist recht deutliche Hinweise darauf, ob er mehr auf das äußere Objekt hin orientiert ist oder auf den inneren subjektiven Faktor. Schwieriger ist hierbei natürlich die Diagnostik, inwieweit etwa ein primär Introvertierter auf Grund seiner Genese und des Umgebungseinflusses auf Extraversion dressiert worden ist und eigentlich seine minderwertige Funktion lebt bzw. vice versa. Obwohl eine solche Diagnostik therapeutisch nicht unwichtig ist, läßt sie sich mit Hilfe der uns heute zur Verfügung stehenden Methoden meist erst im Verlauf der Analyse stellen und wird im Erst-Interview nur in Ausnahmefällen möglich sein.

Schwieriger ist auch die Einordnung in den Funktionstypus, wobei insbesondere die beiden irrationalen Funktionen der Empfindung und der Intuition uns Probleme bereitet haben. Es ist noch relativ einfach, festzustellen, ob sich ein Patient vorwiegend rational gibt, seine Urteile auf richtig und falsch hin orientiert und dazu tendiert, vorwiegend mit dem Denken zu arbeiten und seine Gefühle zu unterdrücken, oder ob er umgekehrt mehr auf Sympathie und Antipathie hin orientiert ist, seine Gefühle während des Interviews mit ins Spiel bringt und sich mehr nach ihnen hin orientiert. Dagegen erfordert die Diagnostik des Stellenwertes von Intuition und Empfindung, außer bei den ausgesprochen typischen krassen Fällen, eine eingehendere Reflexion des gesamten Interviewmaterials, und es war uns oft zweifelhaft, wo hier die Haupt- und die Sekundärfunktion abzugrenzen waren. Wir sind daher in der Diagnostik auch von den minderwertigen Funktionen ausgegangen, die sich in vielen Fällen sehr viel deutlicher darstellen als die bewußt entwickelten Hauptfunktionen, und haben meist auf eine klare Unterscheidung zwischen Haupt- und Nebenfunktion verzichtet. Wie Jung (137) in seiner Typologie ja bereits ausgeführt hat, sind die kraß-einseitigen Typen Extremvarianten, und wir müssen das Auftreten bzw. das Vorhandensein von Mischformen eher als das Häufigere akzeptieren lernen. Trotzdem lohnt sich durchaus ein derartiger Versuch einer typologischen Diagnostik, wobei dazugehört, daß man auch die Symptomatik der Typologie zuordnet. Leider sind die von Jung im Anhang seines Typenbuches gegebenen psycho-pathologischen Zuordnungen zu den Typologien sehr intuitiv und stimmen sicher an vielen Stellen nicht. Genauso wie die aus der damaligen Zeit vielleicht zu verstehenden Pauschalurteile wie z. B., daß man unter Frauen mehr Fühltypen und unter Männern mehr Denktypen fände, nach der neueren empirischen Überprüfung von Göllner (101) nicht stimmig sind. Einem Vorschlag Wilkes folgend (231), sollte man hier eher von einer Problemfunktion sprechen als von Haupt- und Sekundärfunktion. Bei seinen Untersuchungen über depressive Patienten hat Wilke ja bei der Depression die Fühlfunktion als eine derartige Problemfunktion in der Mehrzahl der Fälle diagnostizieren können. Nach meiner Auffassung könnte ich den Katalog derartiger Problemfunktionen für die übrigen 3 Neurosenstrukturen erweitern, ohne dies jetzt im einzelnen ausführen zu können, da das einer gesonderten Arbeit bedürfte. Die Problemfunktion des Schizoiden mit seinen erheblichen Wahrnehmungslücken ist nach meinen Beobachtungen die Empfindung, die des Zwangsneurotikers das Denken, wobei gerade hier das Denken nicht unbedingt die Hauptfunktion sein muß, da das rigide und überstarke Über-Ich beim Zwangsneurotiker eher weitgehend auf den moralisierenden Gefühlsurteilen basiert und nicht auf logischen Schlüssen. Beim Hysteriker ist es dagegen die Intuition, die als die Problemfunktion anzusehen wäre und die bei seiner starken Wechselhaftigkeit und mangelnden Ausdauer eine erhebliche Rolle spielt. Es wäre wirklich wünschenswert, wenn dieser von den Jungianern doch ziemlich vernachlässigte Bereich der Typologie und ihrer Zuordnung zu Strukturen und Syndromen bei dem doch sehr umfangreichen Patienten- und Erfahrungsmaterial, was uns heute zur Verfügung steht, einmal differenzierter ausgearbeitet würde.

Ich komme jetzt zum nächsten Punkt, nämlich den *Inhalten* der Mitteilungen des Patienten:

Ich möchte vorausschicken, daß ich es für angezeigt halte, im Erst-Interview den Beginn des Gesprächs dem Patienten selbst zu überlassen und den Spannungsbogen aufzubringen, sich lieber ruhig einige Minuten schweigend zu verhalten, indem man darauf verzichtet, den Patienten mit Standardfragen wie «Was fehlt Ihnen?» oder «Was führt Sie zu mir?» oder ähnliche zu dirigieren. Es kommt nach meiner Erfahrung nur ganz selten vor, daß ein Patient nicht von sich aus spontan anfängt zu sprechen, wenn der Analytiker signalisiert, daß er nicht bereit ist, ihn dirigistisch zu befragen. Es ergibt sich dadurch die Möglichkeit, ähnlich wie beim Initialtraum in vielen Fällen ein Initialproblem zu beobachten, das der Patient als erstes in die Behandlung bringt. Das kann in dem einfachen Satz liegen: «Ich bin von Dr. X. zu Ihnen geschickt worden» oder in der Schilderung einer Partnerschwierigkeit oder in einer reinen Symptombeschreibung.

Wesentlich erscheint mir hier die Akzentuierung, in welchem der drei großen Bereiche sich der Patient im Verlauf des Gesprächs vorwiegend bewegt, ob er mehr biographisches Material bringt oder sich weitgehend auf die Aktualsituation beschränkt oder ob er vorwiegend im Bereich seiner Symptomatik, deren Schilderung und deren möglichen Zusammenhängen verbleibt. Im übrigen ist an vielen anderen auch hier vorher schon erwähnten Stellen über diese Inhalte des Erst-Interviews soviel gesagt worden, daß ich auf Einzelheiten wie Verständnis für psychische Zusammenhänge, Ideologiebildungen etc. nicht einzugehen brauche. Selbstverständlich kommt man in der Interview-Situation nicht ohne Fragen aus, und es wäre eine Überforderung, auf diese ganz zu verzichten. Die Fragen des Analytikers sollten aber lediglich zum vertieften Verständnis des vom Patienten gebrachten Materials dienen und zur vorsichtigen Brückenbildung zwischen den verschiedenen neurosenpsychologisch relevanten Bereichen, wobei es dem Patienten selbst überlassen bleiben muß, ob er diese Brücken beschreiten will oder nicht.

Relevant erscheint mir noch, wieviel unbewußtes Material wie z. B. Träume und Phantasien der Patient bereit ist, spontan in das Interview miteinzubringen, wobei man auch hier gegenteilige Extreme beobachten kann, z. B. daß ein Patient fast ausschließlich von Träumen und Phantasiebildungen berichtet, während 'ein anderer sie vollständig ausklammert. Auch hier ist diagnostisch für die spätere

Analyse sicher wesentlich, daß sich bereits während des Interviews herausstellen kann, inwieweit ein Zugang bzw. eine Kooperation mit dem Unbewußten überhaupt möglich ist.

Als 6. Punkt gehört zu einem Erst-Interview auch die Beschreibung der *Auslassungen* bzw. *Lücken,* die während des Interviews oder bei der nachträglichen Reflexion des Materials auffallen. Oft läßt sich aus dem, was der Patient nicht erwähnt und was er ausspart, mehr erschließen als aus dem, was er mitgeteilt hat; auf jeden Fall ist aber eine solche Beschreibung der Auslassungen eine wertvolle Unterstützung der Diagnostik.

Hierfür muß einem allerdings ein gewisses Modell vorschweben, wie ein vollständiges Interview aussehen könnte, in dem die für diesen Patienten und für diese Krankheitsform relevanten psycho-dynamischen Bereiche behandelt worden sind. Da das oft erst für den sehr Erfahrenen möglich ist, sollte sich der Anfänger einfach an die Vorstellung halten, daß der Patient etwas über seine Biographie bzw. seine Genese einschließlich der wichtigsten Beziehungspersonen, der konfliktuösen auslösenden Situation seiner Erkrankung, seiner aktuellen Lebenssituation gesagt haben könnte und einen Eindruck hinterlassen haben sollte, wie er mit den 3 großen Antriebsbereichen: der Oralität, dem Geltungs- und Besitzstreben sowie der Sexualität und der Beziehungsbildung umgeht.

Innerhalb dieses Erst-Interviews sollte sich dann beim Analytiker doch eine Vorstellung entwickeln, welches der *zentrale Komplex* ist, den der Patient anbietet und wie sein *archetypischer Kern* vermutlich aussieht. Auch hierbei sollten wir uns die Situation nicht dadurch komplizieren, daß wir an der zwar poetisch schönen, aber praktisch kaum verwertbaren Metapher des inneren Sternenhimmels der Archetypen hängenbleiben. Unter Milliarden von Möglichkeiten die einigermaßen zutreffende zu finden, ist so hoffnungslos, daß man das Unternehmen am besten gleich aufgibt. Es ist von daher ermutigend, daß man die ganze archetypische Problematik auch auf wenige Grundprobleme reduzieren kann wie z. B. die Magna mater oder den großen Vater, wobei es dann den diagnostischen Fähigkeiten des einzelnen und auch seinem Wissen der entsprechenden Formen der kollektiv-archetypischen Figuren überlassen bleibt, die richtigen Aspekte des Mutter- oder Vater-Archetyps darzustellen. Ich meine, daß man sich bei der Komplexdiagnostik zunächst auf Vater- und Mutter-Komplex, Schatten, Anima und Animus, Persona und bei

Psychosen und narzißtischen Störungen des Selbst beschränken kann. Die Breite des individuellen Spielraums wird dann dadurch erreicht, daß eine Beschreibung der Form z. B. eines bestimmten Vater-Komplexes erfolgt, wobei es ein deutlicher Unterschied ist, ob man im Hintergrund einen Großinquisitor (E. Jung) (162) oder einen Jupiter tonans annehmen kann. Für den Mutter-Archetyp liegt ja eine entsprechende Differenzierung im ersten Kapitel von Erich Neumanns «Großer Mutter» bereits vor (187). Wenn wir aber dauernd von der komplexen Psychologie C. G. Jungs sprechen, dann sollten wir auch, was wir bislang m. E. viel zu wenig tun, Komplexdiagnosen stellen und diese Komplexdiagnosen auch nach außen hin, z. B. in den Krankenkassenanträgen vertreten.

Als 8. und letzten Punkt wären dann noch die *Testverfahren* zu erwähnen, die von einer ganzen Reihe von Analytikern am Beginn einer Analyse benutzt werden. Abgesehen von den spezifisch Jungianischen Testen, dem Assoziationstest und dem Gray-Wheelwright-Typentest kommen hier, insbesondere auch in der Kindertherapie, wo man kaum ohne Sceno und Harwick auskommt, in erster Linie die projektiven Testverfahren der Psychologie in Frage, deren Anwendung oder Nichtanwendung aber dem einzelnen überlassen bleiben sollte.

Zum Abschluß möchte ich noch einen kurzgefaßten Vorschlag für die Abfassung des Protokolls eines Erst-Interviews machen. Das Protokoll sollte m. E. gegliedert sein und wenigstens die 6 folgenden Punkte enthalten:

a) die Symptomatik mit Herausstellung der Leitsymptomatik, d. h. den Symptomen, die den Patienten veranlaßt haben, den Analytiker aufzusuchen, aber auch eine Beschreibung aller anderen Symptome, die im Verlaufe des Gesprächs mitgeteilt wurden oder zu beobachten waren und eventuell auch vermutete Symptome.

b) Eine ausführliche Beschreibung des Erscheinungsbildes und der Verhaltensweisen des Patienten, wie es im Vorangehenden ausführlich behandelt wurde.

c) Eine Beschreibung der verbalen Inhalte des Interviews einschließlich der Übertragungs- und Gegenübertragungssituation sowie der Beschreibung der Auslassungen.

d) Das Ergebnis der Reflexion des Analytikers über die psychodynamischen Zusammenhänge und der Entwicklung der neurotischen

Erkrankung einschließlich einer auslösenden Konfliktsituation, soweit diese mitgeteilt worden ist.

e) Eine Diagnostik, die sowohl die Strukturen als auch die Typologie und die vorher beschriebene Komplexdiagnostik umfaßt.

f) Eine Prognostik, die sich vor allem auf die mögliche Eignung des Patienten für das analytische Verfahren und in unserem Sinne insbesondere auf seine Möglichkeiten zu Individuationsprozessen beziehen sollte.

3. KAPITEL

Die Stundenfrequenzen

Nach Beendigung des Erstinterviews muß sich der Analytiker zunächst darüber klarwerden, ob der Patient dazu geeignet ist, mit eben diesem Analytiker eine Analyse durchzuführen, oder ob es besser ist, ihm eine andere Form der Psychotherapie anzuraten, bzw. infolge der Problematik der Übertragungs- oder Gegenübertragungssituation ihn zur Durchführung der Analyse an einen anderen Kollegen zu überweisen. Wir wissen heute, daß durchaus nicht alle Patienten, bei denen ein psychogenes Krankheitsbild vorliegt, für die große Analyse geeignet sind, wie z. B. schwerst chronifizierte Zwangsneurosen, der größte Teil der Psychosen und Suchterkrankungen, ein Teil der Perversionen und der Verwahrlosungssymptomatiken etc. und daß es bei den Fällen, die für eine Analyse nicht geeignet sind, doch immerhin möglich ist, eine Besserung oder Linderung der Symptomatik durch andere psychotherapeutische Methoden wie autogenes Training, Hypnose oder auch Gestalt-, Verhaltens- oder Gesprächstherapie zu erzielen. Es ist nicht die Aufgabe dieses Buches, etwas über Indikation und Prognose zur Analyse auszusagen; aber ich möchte doch an dieser Stelle auf die Problematik hinweisen, die sich aus der spezifischen Übertragungs-/Gegenübertragungssituation bei der analytischen Behandlung ergibt. Es erscheint mir nach dem heutigen Stand der Wissenschaft nicht angebracht, einen objektivierenden Katalog aufzustellen, welche Patienten für eine analytische Therapie geeignet sind oder nicht, da Erfolg oder Mißerfolg einer Therapie immer sehr weitgehend abhängig ist von der Konstellation, die sich in der Übertragungs-/Gegenübertragungssituation ergibt. Bei einer günstigen Übertragungs-/Gegenübertragungssituation gelingt es oft, Fälle mit Erfolg zu behandeln, die von Anderen für untherapierbar gehalten werden oder die infolge der Art ihrer Erkrankung, wie z. B. Schizophrenie mit bereits mehreren Schüben, von ihrem Krankheitsbild her für ungeeignet für eine Analyse angesehen werden. Natürlich gilt hier auch, wie in allen

Fällen das Umgekehrte, und eine ungünstige Übertragungs-/Gegen-übertragungssituation kann dazu führen, daß eine relativ leichte neurotische Erkrankung sehr lange mit recht geringem Erfolg behandelt wird. So unangenehm das für die rein rational orientierte Wissenschaft unseres Zeitalters auch sein mag, so unterliegt doch die letzte Entscheidung über die Qualität und Tragfähigkeit der Übertragungs-/Gegenübertragungssituation und damit die Indikation zur Durchführung einer Analyse letztlich nicht sachlich objektiv-rationalen Kriterien, sondern muß über die Intuition und Fühlfunktion des Analytikers entschieden werden, da nur diese beiden ihm die Möglichkeit bieten, natürlich unter Berücksichtigung all der anderen Daten, die im Erstinterview erhoben werden konnten, das Übertragungs-/Gegenübertragungsgeschehen qualitativ zu beurteilen und zu erfassen.

Ich möchte das an einem Beispiel verdeutlichen, das ich im Jahr 1962 an anderer Stelle ausführlicher beschrieben habe (39). Es handelte sich um einen wenig differenzierten Patienten, der als Postbote arbeitete und an einer psychogenen Gastritis, an Zwangsgrübeleien, Würgegefühlen, Ein- und Durchschlafstörungen und einer allgemeinen Kraftlosigkeit litt. Bevor er zu mir zur Behandlung kam, war er 6 Wochen in einer psychotherapeutischen Klinik stationär behandelt worden, die ihn mit folgendem Bericht entlassen hatte: «Unsere körperliche Untersuchung ergab keine nennenswerten pathologischen Befunde, organologisch imponierte das Krankheitsbild als vegetative Dystonie. Die psychiatrische Untersuchung ergab das Vorliegen einer auch vom *Konstitutionellen her bedingten Psychopathie mit schwerer, früh manifest gewordener, exogen bedingter seelischer Fehlentwicklung.* Es imponierten Gehemmtheiten mehr oder weniger in allen Antriebsgebieten, im wesentlichen aber hat der Patient erhebliche Schwierigkeiten im Zusammenhang mit der Besitzthematik; in diesem Zusammenhang ergaben sich auch erhebliche Komplikationen. Der Patient hatte außerordentliche Schwierigkeiten, seine Fehlverhaltensweisen einzusehen; er war sich praktisch überhaupt nicht klar darüber, in welchen Punkten er zu kurz käme. Dementsprechend waren Ansätze zu einer Korrektur seiner Fehlverhaltensweise auch außerordentlich mühselig zu entwickeln. Für die Durchführung einer Analyse erscheint der Patient nicht geeignet.»

Da der Patient in der Klinik (er hatte bereits mehrere Krankenhausbehandlungen in anderen Abteilungen hinter sich) von Mitpatienten von der Möglichkeit einer Analyse gehört hatte, suchte er mich trotzdem auf, und im Erstinterview stellte sich zwischen mir und ihm eine positiv getönte gefühlsmäßige Übertragungs-/Gegenübertragungssituation her, die auch einen dynamischen Spannungszustand nicht vermissen ließ. Da er außerdem unter einem erheblichen Leidensdruck stand, entschloß ich mich, trotz der Bedenken, die hier in bezug auf eine konstitutionelle Komponente geäußert waren, den Patienten in Therapie zu nehmen. Überraschenderweise entwickelte sich diese Behandlung außerordentlich intensiv und dynamisch, und der Patient gewann sehr bald einen Zugang zu seinem Unbewußten. Da er auf Grund seiner Typologie, die hier nicht näher ausgeführt zu werden braucht, in der Lage war, sämtliche Rationalisierungen zu vermeiden und die vom Unbewußten angebotenen prospektiven Möglichkeiten direkt umzusetzen, war er nach einem analytischen Prozeß von lediglich 42 Stunden symptomfrei und hatte auch erhebliche Wandlungsvorgänge mit Veränderung der Erlebnis- und Verhaltensweisen durchlaufen. Ich hatte die Gelegenheit, diesen Patienten über 19 Jahre hindurch nachzubeobachten, und während dieser ganzen Zeit trat kein Rezidiv irgendeiner neurotischen Symptombildung auf.

Ich meine, daß dieser Fall ein sehr deutliches Beispiel darstellt, in welchem Umfang selbst bei Fällen, die zunächst als aussichtslos imponieren, durch eine entsprechende Übertragungskonstellation doch noch Erhebliches erreicht werden kann. Er zeigt ebenfalls, wie fragwürdig der Versuch einer sogenannten objektiven Prognostik im Bereich der analytischen Behandlung ist.

Ist sich der Analytiker darüber klargeworden, daß er bei einem Patienten eine Analyse durchzuführen beabsichtigt, und hat auch der Patient nach einer entsprechenden Überlegungszeit dem zugestimmt, so taucht als erstes die Frage auf, mit welchen Stundenfrequenzen der Patient zu behandeln ist. Es erscheint mir wichtig, noch einmal kurz, bevor ich diese Frage im Detail erörtere, auf die Überlegungszeiten hinzuweisen. Sowohl der Analytiker als auch der Patient sollten sich nach dem Eindruck des Erstinterviews noch einmal überlegen, ob sie beide zusammenarbeiten wollen. Es sollte auch mindestens eine Nacht zwischen dem Erstinterview und der Zusage zu einer Therapie liegen, eben auch gerade von Seiten des Analytikers, da unter Umständen warnende oder bestätigende Träume auftauchen können, die auf Aspekte aufmerksam machen, die der bewußten Wahrnehmung zunächst entgangen sind. Der gute alte Ratschlag, sich eine wichtige Sache zunächst einmal zu überschlafen, ehe man sie entscheidet, trifft auf jeden Fall für die Übernahme einer Behandlung zu, da ja mit der Zusage zu einer Behandlung der Analytiker oft für viele Jahre mit eben diesem Patienten zusammen arbeiten muß und der Erfolg dieser Zusammenarbeit darauf basiert, daß der Analytiker den Patienten innerlich wirklich akzeptieren kann. Auch der Patient sollte darauf aufmerksam gemacht werden, daß er sich nach dem Erstinterview für diesen Analytiker in Ruhe entscheiden kann, oder die Möglichkeit hat, zu einem anderen nach seiner Wahl zu gehen.

Das Problem der Stundenfrequenzen, in denen eine Analyse durchzuführen ist, hat zwischen der Analytischen Psychologie C. G. Jungs und der Freudschen Psychoanalyse auch zu Kontroversen und verschiedenartigen Standpunkten, insbesondere in der Frühzeit geführt. 1935 äußerte sich Jung (154) in seinem Aufsatz «Grundsätzliches zur praktischen Psychotherapie» (pag. 20): «Die Beeinflussungsmethoden, zu denen auch die analytischen gehören, erfordern es, daß man den Patienten so oft wie möglich sieht. Ich begnüge mich allerdings mit höchstens 3–4 Konsultationen pro Woche. Mit dem Beginn der synthetischen Behandlung wird es vorteilhaft, die Konsultationen zeitlich zu distanzieren. Ich vermindere sie dann in der Regel auf 1–2 Stunden pro Woche, denn der Patient muß ja lernen, seinen eigenen Weg zu gehen.» Diese Einstellung Jungs, der den Patienten möglichst bald zu einer synthetischen Analyse und zu einer Mitarbeit an den seelischen Problemen führt, die sich dann auch im Rhythmus der analytischen Stundenfrequenzen äußert, unterscheidet sich deutlich von der Forderung der klassischen Psychoanalyse, nach der während der ganzen Dauer der analytischen Behandlung 4–5 Wochenstunden notwendig sind, um das Problem der Übertragungsneurose zu bearbeiten. Die Mitarbeit des Patienten, d. h. die Selbstanalyse, die zwischen den einzelnen analytischen Sitzungen stattfindet, ist ja mit Sicherheit ein zentrales Problem jeder analytischen Behandlung. Im Gegensatz zu der sonst üblichen ärztlichen Therapie, in der der Patient weitgehend passiv verbleibt und nach Schilderung seiner Beschwerden und Untersuchung durch den Arzt die Anweisungen für die entsprechenden Medikamente oder Kurmaßnahmen erhält, erfordert die analytische Therapie ein großes Maß an Mitarbeit von

Seiten jedes Patienten. Auf diese Mitarbeit nicht nur innerhalb der Stunden, sondern auch zwischen den Sitzungen, ist jede analytische Therapie angewiesen, und es ist notwendig, jeden Patienten, und sei er zunächst auch noch so abhängig und hilflos, auf diesen Weg zu führen. Auf der anderen Seite ist Selbstanalyse allein nicht möglich und führt, worauf schon Karen Horney (116) ausführlich hingewiesen hat, zu nicht wünschenswerten Resultaten. Die Kunst der analytischen Therapie, insbesondere beim Jungianer, ist von daher darauf angewiesen, den richtigen Zeitpunkt zu finden, in dem die Ich-Stabilisierung des Patienten ausreichend weit fortgeschritten ist, um die selbständige Mitarbeit zwischen den Sitzungen produktiv zu gestalten und durchzuführen und die vorher frequenteren Stundenfolgen zu verkürzen.

Es kommt hinzu, daß man bestimmte Realprobleme auch nicht unberücksichtigt lassen soll. In der Regel geht die analytische Therapie von der Voraussetzung aus, daß die berufliche Tätigkeit des Patienten durch die Kur nicht unterbrochen oder eingeschränkt werden sollte. So können allein schon umfangreiche berufliche Verpflichtungen, aus denen der Patient sich nicht unmittelbar herausnehmen kann, im Verein mit einer Analyse innerhalb seiner «Freizeit» zu Situationen führen, bei denen der Streß der verschiedenen Termine dazu führt, daß der Erfolg der Analyse gefährdet wird, wenn man konsequent und perfektionistisch allzu häufige Stundenfrequenzen einhalten will. Viele Patienten wohnen auch nicht am Ort des Analytikers, sondern haben für jede einzelne Stunde unter Umständen relativ sehr weite Wege zu unternehmen. Diese Situation wird sich auch mit Sicherheit trotz eines relativ großen Analytikernachwuchses innerhalb der nächsten Jahrzehnte nicht ändern, da gemessen an den Patientenzahlen und den Prozentzahlen der psychischen Erkrankungen, die an und für sich in eine analytische Behandlung gehören, die Zahl der niedergelassenen Analytiker mit Sicherheit immer dem Bedarf der Patienten nachhinken wird. Auch dieser Entfernungsfaktor führt so notwendigerweise zu Abweichungen in bezug auf die Häufigkeit und erfordert an manchen Stellen Reduzierungen der Frequenzen, wo sie, wie z. B. am Beginn einer Behandlung, lege artis gar nicht so erwünscht wären. Die Erfahrungen, die ich aber mit derartigen Situationen gemacht habe, in denen Analysen mit 2 Wochenstunden oder u. U. sogar mit 2 Stunden jeweils am Wochenende beginnen und durchgeführt werden mußten, sind aber keineswegs schlechter als die Ergebnisse mit Analysen, die mit 3–4 Stunden Wochenfrequenz begonnen haben. Diejenigen Patienten, die einen erheblichen Zeitaufwand in Kauf nehmen, um ihre Analyse durchzuführen, sind meist von der Motivation her sehr viel stärker interessiert und leisten von daher eine intensivere Mitarbeit in der zwischenzeitlichen Selbstanalyse, wobei hinzukommt, daß man bei ihnen oft sehr viel eher die Entwicklung der notwendigen Autonomie findet, da sie zwischenzeitlich praktisch nicht in der Lage sind, außer in ausgesprochen schweren Notsituationen den Analytiker zu erreichen. Jung hat sicher zu Recht das Problem gesehen, das darin liegt, eine lange Analyse mit sehr häufigen Stundenfrequenzen durchzuführen, insofern, als dann die Analyse selbst die Abhängigkeit des Patienten aufrechterhalten kann und die Wiederherstellung oder vielmehr erst das eigentliche Finden seiner selbständigen Autonomie erschwert. Ein dritter Realfaktor liegt in der Eigensituation des Analytikers. Es gibt praktisch keinen Analytiker, es sei denn, er hat selber eine erhebliche Zwangsneurose, der seinen Patienten auf die Dauer garantieren kann, daß er, mit Ausnahme seiner Urlaube, die vorher abgesprochen werden, ununterbrochen 4–5 mal wöchentlich für den Patienten jeweils eine Stunde da ist. Auch Analytiker haben Arbeitsüberlastungen, haben berufliche Engpässe, geraten in persönliche Probleme, die Fehlzeiten in Anspruch nehmen können, und dürfen auch gelegentlich krank werden. Aus einer derartigen persönlichen Notsituation heraus ist ja dann auch die von Cahen (29) so bezeichnete Absento-Therapie entstanden, die von der Konzeption ausgeht, jeweils nach einiger Zeit intensiver analytischer Therapie wieder eine Periode eintreten zu lassen, die allein der Selbstanalyse obliegt und in der keine Sitzungen wahrgenommen werden. Cahen hat das in einem Rhythmus von jeweils einem Monat durchgeführt, und er berichtet bei dieser Methode über recht erstaunliche therapeutische Resultate. Nach Berücksichtigung all dieser Relativierungen möchte ich nun doch feststellen, daß ich eine Analyse in der Regel mit mindestens 3, höchstens 4 Sitzungen pro Woche beginne und diese Frequenz auch die erste Behandlungsphase hindurch relativ strikt einhalte. Erst nach Erreichen einer ausreichenden Ich-Stabilisierung verringere ich die Stundenzahl auf 2. Ich würde mich lediglich in Ausnahmefällen mit einer Wochenstunde begnügen, da mir sonst die Kontinuität des analytischen Prozesses, selbst bei Menschen, die gewohnt sind, relativ selbständig an sich zu arbeiten, nicht ausreichend eingehalten

erscheint und meist auch ein Zuviel an äußeren Realerlebnissen und Veränderungen innerhalb einer ganzen Woche stattfindet und in die Analyse einfließt, so daß die kontinuierliche Arbeit am Unbewußten nicht mehr in der Form gewährleistet ist, wie es notwendig erscheint. Erich Neumann hat in seiner bekannten Arbeit über den Ritus (185) darauf hingewiesen, von welcher hohen Wichtigkeit Ritus und Rhythmus in den Situationen sind, in denen das Ich unbewußten Inhalten mit z. T. numinosen Qualitäten ausgesetzt ist. Schon bei den Naturvölkern und ganz im Beginn der Kulturentwicklung bildet der Ritus den unbedingt notwendigen Schutz, um den Initianden an ein Urerlebnis heranzuführen, dessen libidinöse Stärke und Aufgeladenheit sehr häufig die des bewußten Ich-Komplexes übersteigt. Die Einhaltung derartiger Rituale wird von daher nicht nur im Bereich religiöser Zeremonien und Begehungen, wie es bei Neumann beschrieben ist, sondern auch, wie es Jung in seinen eigenen Erlebnissen in Afrika beschreibt, bei gewöhnlichen Palavern und Geschäftsabläufen auf das strengste beachtet. Die strikte Einhaltung ist hier lebensnotwendig, und wie es oft beschrieben wird, werden Verstöße gegen den Ritus sehr streng geahndet, unter Umständen sogar mit dem Tod des Betreffenden. Das ist insofern verständlich, als die inneren affektiven und emotionalen Energien, die innerhalb eines Urerlebnisses in einem Menschen mobilisiert werden, die ganze Gemeinschaft gefährden können, wenn sie nicht durch den Ritus in eine Form gebracht werden, die für den einzelnen das Erlebnis zwar ermöglicht, es auf der anderen Seite aber verhindert, daß er, von seinen Affekten überschwemmt, in eine «Raserei» gerät und andere gefährdet. Solche Rasereien erleben wir innerhalb unserer sehr stabilen und sehr früh introjizierten Zivilisationssysteme nur noch selten, aber auch bei uns führt die Mobilisierung unbewußter Komplexe bei einem fehlenden analytischen Vas hermeticum zu Entgleisungen, zu affektiven und emotionalen Destruktionen innerhalb der Umwelt des Betreffenden und zu oft nicht mehr reparablen Schäden. Von daher gehört, zusätzlich zu den festen Frequenzen, auch die Empfehlung, während der Zeit der Analyse keine lebenswichtigen Entscheidungen zu unternehmen, ohne sie vorher ausführlich durchgesprochen zu haben, zu den notwendigen Schutzmaßnahmen. Diese werden allerdings im einzelnen noch in dem späteren Kapitel, das das Problem der Grundregeln behandelt, besprochen.
Auch die konsequente Einhaltung der Stundenfrequenz gehört zum

notwendigen Ritus, der den Sinn hat, Patienten und Analytiker vor der Überschwemmung unbewußter Inhalte zu schützen. Es erscheint mir sehr wichtig, daß man das Problem der Stundenfrequenzen nicht immer nur unter den Schlagworten Abhängigkeit oder Autonomie des Patienten behandelt, sondern daß man sich über diesen archetypischen rhythmischen Hintergrund klar wird. Erst wenn man diesen versteht und sich darüber auch empirisch bewußt geworden ist, mit welch erheblichen Energien wir bei der Mobilisierung archetypischer Komplexkerne im Unbewußten umzugehen haben, werden wir verstehen, wie notwendig es ist, unter Umständen auch die entsprechende Härte aufzubringen, um den schützenden Rhythmus zu erhalten. Ich möchte das an einem ungünstig verlaufenden Beispiel verdeutlichen: Eine Patientin, die bereits vor der Analyse eine ganze Reihe von Suicidversuchen hinter sich hatte, geriet so etwa gegen Ende des ersten Drittels der Analyse in eine für sie charakteristisch suicidauslösende Situation. Da bereits eine gewisse Stabilisierung bei ihr erreicht war, mußte sie mich nicht, wie sie es früher oft versucht hatte, unbedingt sofort aufsuchen, sondern konnte diese Problematik bis zur nächsten anstehenden Sitzung ertragen. In dieser selbst dekompensierte sie allerdings in einer für mich bedrohlich anmutenden Form, und ich entschloß mich, die Stunde nicht zur gewohnten Zeit zu beenden, sondern die Patientin dazubehalten und zwei noch nachfolgende Patienten abzubestellen. Insgesamt sprach ich also mit dieser Patientin über einen Zeitraum von etwas mehr als 3 Stunden, und es gelang mir in dieser Zeit, sie wieder einigermaßen zu beruhigen, so daß ich sie nach Hause lassen konnte. Trotzdem unternahm sie in der Nacht einen relativ schwerwiegenden Suicidversuch, der eine vierwöchige Klinikbehandlung erforderlich machte. Obwohl sich danach die Analyse außerordentlich günstig entwickelte, ist mir dieses Erlebnis doch sehr tief in Erinnerung geblieben. Ich habe viel darüber nachdenken und darüber diskutieren müssen. Ich bin heute der Meinung, daß es besser gewesen wäre, diese Patientin am Ende ihrer Stunde zu entlassen und an den Stundenfrequenzen nichts zu ändern. – Es ist einzufügen, daß ich sie zusätzlich auf den nachfolgenden Tag zu einer Sonderstunde bestellt hatte. – Ich meine, daß ich an dieser Stelle von meiner eigenen Beängstigung überfahren wurde, der Patientin zu wenig an Stabilität zugetraut habe und außerdem ihre Schuldgefühle, die ja bei den Depressiven eine erhebliche Rolle spielen, insofern verstärkt habe, als ich andere Patienten ihretwegen vernachlässigte und ihr, obwohl sie selbst das zwar dringend und unbedingt wünschte und erreichen wollte, ein Zuviel meiner eigenen Zeit zur Verfügung stellte. Natürlich kann ich nicht sagen, ob es möglich gewesen wäre, den Suicidversuch zu verhindern; aber ich kann doch konstatieren, daß ich mit zunehmender Erfahrung unter ziemlich strikter Einhaltung der in einer Analyse notwendigen rhythmischen Begrenzungen besser gefahren bin als in früheren Zeiten, wo ich sehr viel leichter unter der Vorstellung von Plastizität und Variabilität dazu geneigt war, Stunden zu verlegen, Zusatzstunden zu geben oder Sitzungen ausfallen zu lassen, die nicht ganz notwendigerweise hätten ausfallen müssen.

Es ist sicher nötig, worauf auch Hubback (117) hinweist, in denjenigen Phasen, in denen die Regression in das präverbale Gebiet hineinreicht und für den Patienten noch wenig bewußte Steuerungsmöglichkeiten vorhanden sind, eine ausreichende Variabilität der Stundenfrequenz zu haben. Der Patient befindet sich ja hierbei, mindestens vorübergehend, psychisch in der Phase des Kleinstkindes, das noch nicht in der Lage ist, zu warten und bei dem die positive Mutter auf die bedrängende Impulswelt mit kurzfristiger Aktion antwortet. Wird an einer solchen Stelle auf Grund einer theoretischen Autonomievorstellung vom Patienten ein Zuviel an Spannungsbogen erwartet und gewaltsam durchgesetzt, dann kann es zu der Situation kommen, daß der negative Mutterarchetyp, der sowieso bei einem solchen Patienten dominant ist, durch eine zu starre analytische Haltung zusätzlich fixiert wird. Ich bin aber durchaus der Meinung, daß 3–4 wöchentliche analytische Sitzungen auch zur Bewältigung derartiger Situationen vollständig ausreichen und nur in Sonderfällen Zusatzstunden notwendig werden müssen. Die Gefährdung, durch die Energetik dieses präverbalen Kind-Archetypus überschwemmt zu werden, die Entwicklung eines Spannungsbogens mindestens zu verzögern, wenn nicht zu verunmöglichen und eine für beide Seiten oft unerträgliche Anspruchshaltung hervorzurufen, erscheint mir oft größer. Es gehört sicher mit zu den schwierigsten analytischen Situationen, hier zwischen Scylla und Charybdis hindurchzusegeln und weder am einen noch am anderen Gegensatz zu stranden, wobei es zusätzlich auch unbedingt erforderlich ist, sich selbst immer wieder zu verdeutlichen und sich damit auseinanderzusetzen, ein wie großes Maß an Aggressionen ein derartig schwieriger Patient in einem selbst mobilisieren kann. Auch hier ist wieder der von Jung so eindrücklich geforderte dialektische Prozeß (156) notwendig, der dem Psychotherapeuten bewußt macht, daß jede komplizierte Behandlung einen solchen individuellen dialektischen Prozeß darstellt, an dem der Arzt als Person genau so stark beteiligt ist wie der Patient.

Es verbleibt noch, einige Überlegungen zum Zeitpunkt zu äußern, an dem die Stundenfrequenz herabgesetzt werden kann und der mehr synthetische analytische Prozeß beginnt. Ich hatte schon vorher darauf hingewiesen, daß hierfür eine gewisse Stabilität der Ich-Strukturen erreicht werden muß. Dieser allgemein von Analytikern etwas vage benutzte Begriff der Ich-Stabilität müßte etwas näher ausgeführt werden, da mir ein ganz bestimmter Punkt in der Stabilisierung des Ich-Komplexes für die Möglichkeit eines Beginns der synthetischen Phase innerhalb der Analyse wichtig erscheint. Einzufügen ist hier natürlich noch, daß die Unterscheidung zwischen einer mehr regressiven analytischen Phase und einer mehr synthetischen Phase in der Therapie etwas Pointiert-Theoretisches an sich hat und in praxi in dieser Schärfe nicht vorhanden ist, da erstens von Anfang an neben den regressiven und auflösenden Elementen im analytischen Prozeß aus dem Unbewußten auch synthetische Vorgänge auftauchen und im Bewußtsein wie im Ich-Komplex stattfinden. Zweitens ist hervorzuheben, daß es keine zweite, rein synthetische Phase in der Therapie gibt, in der nicht auch immer wieder regressive analytische Vorgänge stattfinden, ja sogar unbedingt notwendigerweise stattfinden müssen, da sie die Vorbedingung für die Möglichkeit synthetischer Prozesse darstellen. Wenn wir diese Unterscheidung überhaupt machen, so resultiert sie daher, daß nach der praktischen Erfahrung bei den meisten Patienten nach Ablauf einer stark regressiven Phase, in der auch erhebliche Abhängigkeiten vorhanden sind, eine gewisse Autonomie erreicht werden kann, was zeitlich je nach Krankheitsbild eine erhebliche Variabilität hat und mit Eintritt dieser Stabilisierung die Möglichkeit zu einer stärkeren Akzentuierung der «Selbstanalyse» auftritt. Die Frage, die sich hierbei aufwirft, ist nun vor allen Dingen die, ob es einen bestimmten Zeitpunkt gibt, an dem wir sagen können, daß eine ausreichende Stabilität des Ich-Komplexes erreicht ist, um die Frequenz der Stunden bei einem Patienten zu vermindern. Jung definierte 1921 in seinen «Psychologischen Typen» (137) das Ich als einen Komplex von Vorstellungen, der das Zentrum des Bewußtseinsfeldes ausmacht, von hoher Kontinuität und Identität mit sich selber zu sein scheint. «Ich spreche daher

66

auch von Ich-Komplex. Der Ich-Komplex ist ein Inhalt des Bewußtseins sowohl, wie eine Bedingung des Bewußtseins, denn bewußt ist mir ein psychisches Element, insofern es auf den Ich-Komplex bezogen ist. Insofern aber das Ich nur das Zentrum meines Bewußtseinsfeldes ist, ist es nicht identisch mit dem Ganzen meiner Psyche, sondern bloß ein Komplex unter anderen Komplexen.» Am Rande sei hier erwähnt, daß Jung den Begriff des Ich-Komplexes bereits 1907 in seiner Arbeit «Zur Psychologie der Dementia praecox» benutzt hat (134). Diese Definition aus den «Psychologischen Typen» läßt aber die unbewußten und vorbewußten Anteile des Ich-Komplexes außer acht, wie auch z. B. das Traum-Ich und die Schicht der Ich-Automatismen. Ebenso fehlt dieser Definition eine klare Abgrenzung darüber, welche Inhalte des Bewußtseins nicht Teil des Ichs sind. Später erfolgt allerdings (1951) eine erneute, ausführlichere Definition des Ich-Komplexes, in der enthalten ist, daß der Ich-Komplex als ein Faktor aufgefaßt wird, dem alle ins Bewußtsein kommenden Inhalte vorgestellt werden müssen (145). Erst 1955 in seinem «Mysterium Conjunctionis» (152) werden auch unbewußte und vorbewußte Anteile des Ich-Komplexes von Jung miteinbezogen. Durch die im «Aion» 1951 vorher erwähnte Definition, nach der alle bewußtseinsfähigen Inhalte dem Ich-Komplex vorgestellt werden müssen, um ins Bewußtsein zu kommen, werden implicite auch die Ich-Funktionen miteingeschlossen, insofern, als diese die notwendigen Voraussetzungen sind, um über Wahrnehmung, Gedächtnis, Organisation, Sprache, Abwehrmechanismen, kontrollierende und organisierende Funktionen psychische Inhalte dem Ich-Komplex anzugliedern oder sie abzuweisen. Diese Definition des Ich durch seine Funktionen ist ja insbesondere durch Hartmann bereits 1946 vertreten worden (107) und wurde auch von Fordham (86), der insgesamt acht verschiedene Ich-Funktionen zusammenstellt, übernommen. Für die Beurteilung der Übergangssituation zur mehr synthetischen Analyse erscheint mir nun gerade die achte und letzte der bei Fordham erwähnten Ich-Funktionen, nämlich die Fähigkeit, kontrollierenden und organisierenden Funktionen zu entsagen, die wichtigste zu sein. Auch Jung hat ja dieser Fähigkeit immer sehr große Beachtung gewidmet, denn sie spielte eine besondere Rolle bei seinem Studium der Individuation. Das bewußte Ich muß es lernen, auch andere Kräfte durchzulassen und zu akzeptieren, die aus dem Selbst stammen und durch archetypische Bildvorstellungen repräsentiert sind. In einer früheren Arbeit habe ich darauf hingewiesen, auf welchem Wege die Integrationsprozesse via Unbewußtes über Traum-Ich im bewußten Ich-Komplex vor sich gehen (41), und wie notwendig hierbei eben gerade diese Funktion der Auflockerung bzw. der Durchlässigkeit der Bewußtseinsschwelle ist. Ein gesundes Funktionieren dieser Fähigkeit des Ich-Komplexes, vorübergehend auf die Kontrolle einer stabilen Grenze zwischen Bewußtsein und Unbewußtem zu verzichten, unbewußte Inhalte zuzulassen und aufzunehmen, indem die festgefügte Organisation des Ichs aufgelockert und infragegestellt wird zugunsten des Zulassens von neuen Möglichkeiten, anderer Erlebnis- und Verhaltensweisen ist die Voraussetzung für die Möglichkeit des Patienten, autonom und synthetisch am analytischen Prozeß mitzuarbeiten. Der Akzent liegt hier natürlich auf dem Wort vorübergehend, denn das stabilisierte Ich muß jederzeit wieder in der Lage sein, Kontrollen und Organisationsformen wiederaufzunehmen bzw. einzuführen. Andernfalls kommt es zu den uns wohlbekannten Phänomenen inflationärer Überschwemmungen, zum reinen Austausch gegensätzlicher Positionen oder zur kritiklosen Übernahme und Einverleibung von unbewußtem Material. In meiner praktischen Arbeit ist mir die Herstellung eines ausreichend gesunden Funktionierens dieser Fähigkeit des Ich-Komplexes immer als ein wichtiger und entscheidender Indikator erschienen, Stundenfrequenzen herabsetzen zu können, um die Autonomie des Patienten zu bestätigen und zu verstärken. Es gibt eine Reihe von Signalen, die anzeigen, wann dieser Zustand erreicht ist bzw. einzutreten beginnt, von denen ich nur auf einiges Wenige hier hinweisen will. Es ist allgemein üblich, in der Analytischen Psychologie den Patienten dazu zu motivieren, seine Träume aufzuschreiben und eine Art Traumtagebuch zu führen. Auch ich pflege den meisten Patienten im Beginn der Analyse diesen Hinweis zu geben. Ich habe an anderer Stelle ausführlich darauf hingewiesen, weshalb ich gerade dieses Verfahren für sinnreich und analytisch wertvoll halte (67). Selbstverständlich sehe ich in denjenigen Fällen von diesem Hinweis ab, wo es sich um sehr schwer gestörte Patienten handelt, für die eine solche eigene Arbeit am Unbewußten noch nicht zumutbar ist, oder in denjenigen Fällen, in denen ein derartiger Hinweis die Traumproduktion selber stören oder blockieren würde. In der Regel verhält es sich nun so, daß die Patienten, denen ein derartiger Hinweis am Anfang der Analyse gegeben wird, zunächst über eine lange Phase ihre Träume im Sinne von «Schularbeiten» aufschreiben. Da sie noch nicht in der Lage sind, eine sinnvolle und fruchtbare Beziehung zu ihrem Unbewußten aufzunehmen, wird dieses Aufschreiben der Träume als eine lästige Pflichtübung erlebt. Es folgt dann häufig eine Phase der Opposition bzw. Rebellion, in der im Sinne eines Protestes und einer beginnenden Verselbständigung die Träume entweder nur unregelmäßig oder überhaupt nicht mehr von den Patienten aufgeschrieben werden. Erst nach Durchlaufen dieser Phase tritt dann ein Zustand ein, in dem der Patient an den Inhalten seines eigenen Unbewußten ein lebendiges Eigeninteresse entwickeln kann und realisiert, daß die Beschäftigung mit ihnen für ihn sinnvoll und nutzbringend ist. Hier liegt dann der Übergang zur beginnenden echten Autonomie des Ich-Komplexes, und mit Hilfe der vorher beschriebenen Ich-Funktion ist der Patient in der Lage, mit dem Absinken der Bewußtseinsschwelle und der Wiedererrichtung der Grenze zwischen Unbewußtem und Bewußtsein umzugehen. Natürlich handelt es sich hier nur um ein Beispiel. Ähnliches kann man auch an anderen Umgangsformen mit den Phantasieinhalten bei den Patienten beobachten. So findet sich ein derartiger Übergang auch in der Phase der Analyse, in der die passiv-imaginativen Phantasiebilder vom Patienten aktiver aufgegriffen werden und im Sinne von aktiven Imaginationen verarbeitet werden können. Das gleiche gilt für den Erwerb der Fähigkeit, die eigenen Traumelemente oder -symbole sinnvoll amplifizieren zu lernen, Entwicklungsvorgänge in den eigenen Traumserien selbständig zu sehen und vieles andere mehr. Sehr allgemein gefaßt könnte man grundsätzlich sagen, daß eine Reduzierung der Stundenzahl und der Übergang zu einer mehr synthetischen Form der analytischen Behandlung dann eintreten kann, wenn der Patient es gelernt hat, mit seinen eigenen unbewußten Inhalten in einer souveräneren Form umzugehen und er ihnen nicht mehr wie am Beginn der Analyse hilflos ausgeliefert ist oder sie abwehren, verdrängen oder unterdrücken muß.

Ich möchte an dieser Stelle noch ein kurzes Wort zum Problem der sogenannten Probetherapie sagen, die von einer Reihe von Kollegen bei Fällen mit fragwürdiger Prognose empfohlen wird. Sie besteht darin, mit dem Patienten am Beginn der Behandlung auszumachen, daß man zunächst eine Probebehandlung über eine bestimmte Anzahl von Sitzungen (meist werden 20–30 Sitzungen angegeben) durchführen will, um dann endgültig zu entscheiden, ob eine fruchtbare analytische Therapie durchzuführen ist bzw. sich innerhalb dieser Zeit eine ausreichende Übertragungs-/Gegenübertragungssituation hergestellt hat, unter der die Analyse fortgeführt werden kann. Auch soll diese Zeit dazu dienen, das ganze Krankheitsbild genauer in seinem Umfeld zu klären. Ich halte von dieser Methode nicht viel und habe in den Fällen, in denen ich sie früher angewandt habe, eigentlich nur durchweg schlechte Erfahrungen gemacht. Der Patient wird von vornherein in eine Zwangssituation manövriert und antwortet darauf entweder mit einer starken Mobilisierung seiner Abwehrsysteme und einer oft schwer durchschaubaren unbewußten Verweigerung, oder mit einem überhöhten Leistungsangebot, das genauso deletär und trügerisch ist wie das erstere. Zusätzlich liegt in dieser Abmachung im Grunde genommen eine Unehrlichkeit. Wenn ich über 20–30 Stunden mit einem Patienten analytisch zusammengearbeitet habe und in einen analytischen Prozeß eingetreten bin, bin ich von der Übertragungs-/Gegenübertragungssituation her gar nicht mehr in der Lage, diesen Patienten nun plötzlich im Stich zu lassen, ihm nach der 20. oder 30. Stunde zu sagen, es hätte doch keinen Zweck, ihn weiterzubehandeln und wir müßten damit aufhören. Die Freiheit, nach einer solchen Probebehandlung von 20–30 Stunden zu entscheiden, ob die Behandlung weiter durchgeführt werden soll oder nicht, liegt damit allein auf der Seite des Patienten, für den es völlig unnötig ist, ihm diese Freiheit zuzugestehen, da er sowieso und von sich aus jederzeit das Recht besitzt, eine Analyse zu beenden bzw. abzubrechen. Ich halte es für sinnvoller, in zweifelhaften Fällen, bei denen die Frage auftritt, ob eine Analyse bei diesem betreffenden Patienten überhaupt indiziert ist oder nicht, die Situation des Erstinterviews solange auszuweiten, bis ich Klarheit darüber gewonnen habe, ob ich den Fall übernehmen will oder nicht. Sogar die deutsche Kassenregelung mit ihrer Möglichkeit, den Patienten zunächst über 5 analytische Sitzungen und die Erhebung einer anamnestischen Sitzung (also insgesamt 6 Stunden) zu sehen, bietet hierfür die Möglichkeit. Man sollte sich hierbei nicht sklavisch an eine Begrenzung der Zeit zur Durchführung eines Erstinterviews von 1 oder 2 Sitzungen halten.

Es ist sehr schön und oft beliebt, sich in Metaphern aus anderen medizinischen Bereichen zu bewegen, aber eine Psychoanalyse ist nun einmal nicht eine Bauchoperation, bei der man eine Probelaparotomie machen kann, um bei dieser zu entscheiden, ob etwas operabel

70

ist oder nicht, und die Metapher stimmt an dieser Stelle einfach nicht. Das schließt nicht aus, daß eben gerade auch im Interesse des Patienten ein Analytiker eine Analyse beenden kann oder sogar muß, wenn ihm diese einfach nicht mehr durchführbar erscheint. Dazu bedarf es aber keiner Probetherapie.

4. KAPITEL

Couch versus Sessel

Entsprechend der Grundkonzeption der Analytischen Psychologie, die auf den Spannungszuständen zwischen den großen Gegensätzen aufbaut, bevorzugte und vertrat Jung auch methodisch ein dialektisches Verfahren, bei dem sich Patient und Analytiker gegenübersitzen. Lange Zeit hindurch sind die Methoden der beiden verschiedenen Schulrichtungen Jungs und Freuds mit der Symbolik von Couch und Sessel verknüpft gewesen. In der klassischen orthodoxen Form der Freudschen Psychoanalyse war das Liegen des Patienten eine unbedingte Voraussetzung, wie bei den klassisch-orthodoxen Jungianern auch das Gegenübersitzen im Sessel. Wir wissen heute, daß analytisch gesehen sowohl die Liege- als auch die Sitzsituation des Patienten bei den Gründern höchst persönliche Hintergrundsmotivationen hatte, wobei uns von Freud der Ausspruch bekannt ist, daß er es nicht ertragen konnte, einen ganzen Tag lang von den Patienten angestarrt zu werden, während bei Jung in dem Gegenübersitzen und der Betonung der Gleichberechtigung zwischen Arzt und Patient sicher im Hintergrund eine Oppositionshaltung gegen die Vater-Figur Freuds eine Rolle gespielt hat. Trotzdem kann man die Gründe, die für das Liegen oder Sitzen sprechen, nicht einfach als Rationalisierungen solcher Hintergrundsmotivationen abtun, sondern es empfiehlt sich, gerade im Hinblick auf eine möglichst sinnvolle Methodik, sich diese Gründe noch einmal zu verdeutlichen, damit man entscheiden kann, in welchem Falle es besser ist, wenn ein Patient liegt oder sitzt.

Die Befürworter des Liegens gehen von der Voraussetzung aus, daß diese Haltung, die der normalen Schlafhaltung näherkommt, die Entspannung fördert und damit das Hervorrufen eines dösend-meditierenden Zustandes, der die Ich-Kontrolle herabsetzt und den Fluß der freien Assoziationen besser ermöglicht. Der freie Fluß der Assoziationen aus dem Es unter Herabsetzung der Ich-Kontrolle ist bekanntlich ein Eckstein der psychoanalytischen Technik, da hierdurch unbewußtes Material besser und einfacher auftauchen soll als in einer Situation, in der sich Analytiker und Patient gegenübersitzen. Es wird angenommen, daß es so auch innerhalb der Sitzung möglich wird, Verdrängtes ins Bewußtsein kommen zu lassen. Erfolgt zusätzlich eine Herausnahme des Analytikers aus dem Gesichtsfeld des Patienten dadurch, daß dieser hinter ihm Platz nimmt, so geht dies von der Vorstellung aus, daß der freie Assoziationsfluß des Patienten nicht durch die Persönlichkeit des Analytikers behindert werden und in der Übertragungs-Gegenübertragungs-Situation der «unbekannte Analytiker» besser und deutlicher als Projektionsschirm für den Patienten dienen sollte. Überblickt man auf Grund langer Erfahrungen große Zahlen von sowohl im Liegen als im Sitzen behandelter Patienten, so stellt man allerdings sehr bald fest, daß es sich bei diesen beiden Vorstellungen um Illusionen handelt. Jeder Patient, der einen Analytiker aufsucht, bringt in die Analyse ein relativ großes Potential von Ängsten mit, gleichgültig ob er sich dessen bewußt ist oder nicht. Diese Ängste verhindern über die ganze Dauer der Analyse, daß ein Patient sich dösend-meditativ seinem Unbewußten hingeben kann, und ihre Auflösung, die bei keiner Analyse total gelingt, ist ein wesentliches Kernstück des gesamten analytischen Prozesses. Im Extremfall erlebt man bei verängstigten, übergefügigen Patienten sogar ausgesprochene Karikaturen der assoziativen Prozesse, indem sie versuchen, krampfhaft gelöst auf der Couch zu liegen und einen ununterbrochenen Strom von Banalitäten oder bewußter Psychologismen von sich geben. Diese sind sehr häufig mit den Worten «vielleicht», «es könnte sein», «sicherlich» oder ähnlichem eingeleitet. Zum Beispiel: «Vielleicht sage ich dies nur, weil ich eigentlich etwas anderes denke», oder: «Es könnte sein, daß ich das tue, weil meine Mutter das immer getan hat»; oder: «Sicherlich verhalte ich mich so meiner Freundin gegenüber, weil ich Angst vor der Sexualität habe». Eine derartige Abwehr des Unbewußten und eine Bewältigung der Ängste läuft fast immer über die zwanghaften Strukturanteile und ist dementsprechend bei Zwangsneurotikern am deutlichsten und ausgeprägtesten zu finden. Auch der andere erhoffte Vorteil, die Ausschaltung der Persönlichkeit des Analytikers, ist eine reine Fiktion. Wie in späteren Kapiteln noch ausführlicher besprochen wird, spielt gerade die Anwesenheit der Persönlichkeit des Analytikers eine zentrale Rolle im analytischen Geschehen, unabhängig davon, wieviel der Patient an Informationen über diese Person

erhält. Durch die Herausnahme des Analytikers aus dem Gesichts-
kreis des Patienten werden sehr häufig die paranoiden Anteile der
Ängste, die der Patient hat, gesteigert, und es tritt damit eine zusätzliche Verkrampfung und Erschwerung des Zugangs zum eigentlichen
Unbewußten ein.

Auch von Seiten der Freudschen Psychoanalytiker werden diese
Probleme gesehen, und es treten mehr und mehr Häretiker auf, die
diese orthodoxe Anordnung infragestellen. Offenbar ist die Effektivität dieser Situation, wie es M. Jackson (118) einmal ausgedrückt
hat, auf diejenigen Analysen beschränkt, die lediglich über die Persona des Analytikers zu laufen brauchen und innerhalb einer rein
professionellen Beziehung funktionieren. Unter den Freudianern
sind es insbesondere Fairbairn (78), Glover (100) und Balint (9)
gewesen, die die Effektivität der Couchsituation angezweifelt haben.
Nach Fairbairn bestehen die Vorteile der Couch-Situation vorwiegend aus Rationalisierungen, und er sieht einen wesentlichen Nachteil darin, daß künstlich eine traumatische Situation geschaffen wird,
in der der Patient regressiv in eine Situation versetzt wird, in der er
schreiend allein in seiner Wiege liegt. Glover weist auf die Gefahren
des unpersönlichen Analytikers hin und darauf, daß dieser Versuch
dazu führen könnte, die Abwehrsysteme des Patienten in der Form zu
stabilisieren, daß auch dieser die analytische Situation so unpersön-
lich wie nur möglich macht und dementsprechend nicht an seine
eigentliche Gefühls- und Affektwelt herankommt. Michael Balint hat
insbesondere darauf hingewiesen, daß gerade die schwereren Neurosen, die mit den von ihm so bezeichneten Grundstörungen verbunden
sind, auf jeden Fall ganz andere analytische Techniken benötigen als
die der klassischen Couch-Situation.

Der Vorteil des Gegenübersitzens in der Analyse wird mit der
theoretischen Konzeption der Analyse als dialektischem Prozeß
begründet, innerhalb dessen aus der Konstellation des unbewußten
Materials eine gemeinsame Synthese gesucht wird. Der Analytiker
eröffnet hierbei seine sowieso existente Persönlichkeit dem Patienten
auch voll visuell und wird dadurch zwar verletzbarer, aber auch
persönlicher und näher als in der künstlich-experimentellen Couch-
Situation. Es kommt hinzu, daß der Patient nicht schon über die
Haltung gegenüber dem Analytiker in eine Infantilisierung gezogen
wird, sondern wenigstens die Möglichkeit hat, dem Analytiker mehr
als gleichberechtigter Gesprächspartner gegenüberzusitzen und auch

die kindliche Seite seines eigenen Selbst mit mehr notwendiger Distanz behandeln zu können, da sein erwachsener Ich-Anteil mit dieser nicht so stark identifiziert bzw. von ihr inflationiert wird. Auch hat das Sitzen im Sessel gerade in den Fällen, in denen der Patient zunächst auf einer mehr archaischen Ebene, in der andere Körperempfindungen als das Optische im Vordergrund stehen, funktioniert, den Vorteil, daß er dem Patienten in den Zuständen von andrängender Auflösung und Verspannung mehr Halt bietet als das Liegen auf der Couch. Das kann wesentlich entängstigend wirken und so insbesondere bei Psychosen und Borderline-Cases den Zugang zum Unbewußten und damit zur Herstellung einer Beziehung überhaupt erleichtern. Spielt sich Analyse auf der optischen Ebene ab, so liegt der Vorteil darin, daß der Patient auf seine Äußerungen in den Emotionen des Analytikers, die er von dessen Gesicht ablesen kann, eine Antwort erhält. Außerdem ist er rückwirkend wieder in der Lage, über die Innenvorgänge, die diese Emotionen bei ihm auslösen, seien sie nun falsch oder richtig aufgefaßt, eine Auskunft zu geben. Geht man von der sicher richtigen Voraussetzung aus, daß die analytische Situation ein Modell mit entsprechenden Entwicklungsmöglichkeiten für alle Beziehungen auch außerhalb darstellt, so ergibt sich hierdurch die Möglichkeit der Bearbeitung projektiver Mißverständnisse und der Rücknahme von Projektionen in weitaus größerem Maße als auf der unpersönlichen Ebene des nicht sichtbaren Arztes.

Diese Situation hat aber nicht nur Vorteile, sondern es ist wichtig, sich auch über ihre Nachteile bewußt zu sein. So kann der Sessel bei all den eventuell notwendigen therapeutischen Regressionen in den archaischen Bereich nicht nur, wie vorhin erwähnt, ein notwendiger und wohltuender Halt sein, sondern auch eine Behinderung und Einengung, die die Regression bremst. Die sitzende Haltung wird durchaus häufig zur Abwehr von Hingabeängsten benutzt und bleibt dann mitunter ein Sicherheitssytem, an das sich der Patient lange Zeit unnötig festklammern kann. Eine weitere Gefahr besteht darin, daß sehr viel eher eine Gesprächssituation entstehen kann, die einer Konversation, Diskussion oder intellektueller Auseinandersetzung entspricht. Hierbei wird die Phantasieentfaltung behindert, und die Analyse bleibt auf einer oberflächlichen, bewußten Ebene. Man muß sich bewußt sein, daß eine derartige Situation nicht nur von Seiten des Patienten und durch dessen Abwehrsysteme aufrechterhalten werden kann, sondern auch durch die Gegenübertragungsabwehr des Analytikers, der ja, wie wir vorher betonten, einer erheblich verletzbareren Situation ausgesetzt ist und sich mit seiner eigenen Abwehr gegen ein für ihn gefühlsmäßig inkompatibles Phantasiematerial wehren kann.

Überblickt man die Argumente, die für und gegen die orthodoxe psychoanalytische Situation des Liegens oder für und gegen die orthodoxe Sitzhaltung der Analytischen Psychologie sprechen, so erscheint es einem unvoreingenommenen Menschen zunächst mit Recht so, als ob man auf jeden Fall bei jeder Situation bestimmte Vorteile mit bestimmten Nachteilen zu bezahlen hätte. Der Schluß könnte naheliegen, daß es eigentlich keine Rolle spielt, ob man den Patienten im Sitzen oder Liegen behandelt und es auch nicht so wesentlich wäre, ob er den Analytiker sehen kann oder nicht. Es wird also zu einer rein subjektiven Auswahl, ob man im Sitzen oder Liegen behandelt, die an der endgültigen Effektivität der Analyse nichts ändere, da Vorteile und Nachteile beider Methoden sich in etwa gleich wären. Nach meiner Ansicht ist das ein Trugschluß. Das Festlegen auf eine Methode engt die technischen Möglichkeiten, die dem Analytiker zur Verfügung stehen, unnötig ein und gibt den Entfaltungs- und Reifungsmöglichkeiten des Patienten viel zu wenig Raum. Es entspricht auch nicht dem von Jung vertretenen Prinzip der Individuation, welches das Anlegen kollektiver Schemata an einen Patienten oder auch an eine analytische Situation verbietet. Der Arbeitsstil von Jung selbst hat auch nach G. Adler (2) nie jenes repressive Element einer orthodoxen Methodik gehabt. Bei ihm konnten die Patienten sitzen, auf dem Boden hocken, zeichnen, malen, gemeinsam Bücher und Bilder betrachten oder auch mit dem Analytiker spazierengehen, eine Methode, die Zulliger bei jugendlichen Patienten mit soviel Erfolg angewendet hat. Zulliger (242), der ganz sicher ein ungewöhnlich hohes intuitives Einfühlungsvermögen für Jugendliche hatte, berichtet, daß er einmal einen 16 Jährigen über einige Zeit am Beginn der Behandlung dadurch ansprach, daß er während der Stunden, die in seinem Garten stattfanden, sein Gewehr (jeder Schweizer hat bekanntlich im Schrank ein Gewehr stehen) reinigte. Der für alle übrigen Beziehungspersonen nicht ansprechbare Jugendliche fing an, sich dafür zu interessieren und mitzuhalten. Es kam dadurch zur ersten Kontaktaufnahme. Mit dieser Symbolik bzw. Symbolbehandlung erfaßte der Analytiker intuitiv das ungesteuerte, ziellose Aggressionspotential im Hintergrund des Patienten und konnte so einen analytischen Prozeß einleiten. Selbst Freud ist offensichtlich keineswegs so orthodox gewesen wie seine Nachfolger, denn Laforgue, der Freud noch persönlich kannte, berichtete mir einmal im Gespräch, daß der alte Freud in der Behandlung einer jungen Patientin sehr wütend auf deren Kopfpolster mit der Faust schlug und affektiv zu ihr sagte: «Ihr ganzer Widerstand kommt nur daher, daß Sie sich nicht die Phantasie erlauben dürfen, einen so alten Mann zu lieben, wie ich es bin!» (173) Gleichgültig, ob diese persönliche Anekdote stimmt oder nicht, so stellt sie doch ein Bild dar für die auch persönliche Lebendigkeit, die Freud selbst im Umgang mit seinen Patienten gehabt haben muß. Auch die Schilderung der Freudschen Analyse des Wolfsmannes durch den Patienten selbst zeigt das an vielen Stellen (238). Nachfolger neigen leider oft dazu, die methodischen Gedanken eines Gründers, die sowohl dessen persönlicher Gleichung als auch dem lebendigen Umgang mit dem anderen entsprachen, zu einem sich selbst genügenden starren Prinzip zu machen, ohne sich dessen bewußt zu sein, daß es ihre eigenen Ängste und Unsicherheiten sind, die sie veranlassen, sich an Prinzipien zu klammern, anstatt menschlich zu reagieren. Damit machen sie den an sich für den Patienten schon schwierigen, an vielen Stellen auch frustrierenden analytischen Prozeß durch gewollte und künstliche Frustrationen zu einer manchmal sadistisch anmutenden Qual, die als Prinzipien- oder Methodentreue rationalisiert wird. Man sollte sich hier immer den Satz Brechts in Erinnerung halten:

«Der reißende Strom wird gewalttätig genannt
aber das Flußbett, das ihn einengt
nennt keiner gewalttätig.» (25)

Die vorausgegangenen Überlegungen sowie meine eigenen Erfahrungen über die Haltung von Patienten während der Analyse haben mich veranlaßt, es dem Patienten freizustellen, ob er während der Sitzung liegen oder sitzen will und gerade das dann analytisch zu verwenden. Selbstverständlich sind noch andere Formen als gerade Liegen oder Sitzen denkbar und möglich. Eine sehr stark eingeschränkte Borderline-Patientin blieb z. B. über lange Strecken der Therapie in einer Ecke neben der Tür des Behandlungszimmers stehen und regredierte zeitweise wieder in dieses Verhalten, als sie durchaus bereits in der Lage war, zu sitzen. Es erwies sich auch hier, wie ich es später noch beim Sitzen und Liegen ausführen werde, als analytisch durchaus fruchtbar, der Patientin zu erlauben, das auch ohne jede analytisch verbal deutende Einschränkung einfach tun zu lassen und überhaupt erst darüber zu sprechen, nachdem sie diesen Zustand überwunden hatte. Ein anderer Patient mit einer ziemlich schwerwiegenden Zwangsneurose wurde mitunter von so starken motorischen Spannungszuständen innerhalb der Stunden überfallen, daß er aufstehen und hin- und herlaufen wollte, sich aber nicht traute, dies zu tun. Als ich ihm erzählte, daß bereits im Altertum an der Akademie des Plato sehr tiefgehende geistige Auseinandersetzungen beim Durchwandern der Säulengänge stattfanden, weshalb diese Schule auch die der Peripathetiker genannt wurde, griff er das erleichtert auf und fing an, in derartigen Stunden im Zimmer hin- und herzugehen, während er sprach. Dadurch kam der ganze Prozeß wieder in Fluß, der durch das Niederkämpfen der motorischen Spannungen, für die der Patient alle seine Kraft benötigte, vorher blockiert war. Er konnte die Ängste, die diese Spannungszustände vom unbewußten Hintergrund hervorgerufen hatten, symbolisieren und sich dadurch besser und einfacher mit ihnen auseinandersetzen, als es möglich gewesen wäre, wenn man von ihm gefordert hätte, daß er eine bestimmte Haltung nicht verlassen dürfe. Ich möchte aber hier nicht weiter auf diese Sonderfälle eingehen, da die meisten Stunden im Liegen oder Sitzen stattfinden, sondern an einigen Beispielen verdeutlichen, wie gerade die freie Wahl von Couch oder Sessel analytisch fruchtbar verwendet werden kann.

Vorausschicken möchte ich allerdings noch, daß die Sitzanordnung innerhalb meiner Behandlungen auf jeden Fall so beschaffen ist, daß auch der auf der Couch liegende Patient mich mit einer leichten Drehung des Kopfes zur Seite sehen kann und ich mich auf keinen Fall so setze, daß ich für den Patienten unsichtbar bleibe oder nur unter Körperverrenkungen sichtbar werden kann. Trotz allem Wohlwollen für die Konzeption, daß der Analytiker eine Projektionsfläche darstellt oder darstellen soll, halte ich die Gefahr eines letztlich paranoiden und entpersönlichten Beziehungsgefüges zwischen Patient und Analytiker für zu groß, wenn der visuelle Kontakt grundsätzlich verhindert wird. Genauso möchte ich nicht auf die mir außerordentlich wichtigen averbalen optischen Signale, die im Gegenübersitzen sehr viel deutlicher und ausgeprägter sind und einfach auch leichter und besser beobachtet werden können, verzichten. Wir neigen

sowieso schon dazu, innerhalb der Analyse das Averbale dem Verbalen gegenüber zu vernachlässigen bzw. die analytische Situation bildet eine ständige Versuchung, das zu tun, und wir sind uns vielfach gar nicht bewußt, in welch großem Umfang wir als Menschen gerade von der sinnlichen Seite her auf das Optische hin orientiert sind. Ich habe in mehreren Publikationen (53, 59, 67) darauf hingewiesen, wie sich durch die ganze wissenschaftliche Traumliteratur das Vorurteil zieht, daß Träume fast ausschließlich optisch wären und die übrigen sinnlichen Wahrnehmungen vernachlässigt werden, schon von der Erinnerung des Träumers her, obwohl sie im Traum selbst deutlich enthalten sind und auf Nachfragen auch reproduziert werden können. So sind die verschiedenen Formen, in denen ein Patient einen Analytiker ansieht oder nicht ansieht, wie ängstlich, verschlingend, aggressiv, hassend, ablehnend, verachtungsvoll, humorvoll, überlegen oder unterlegen, zurückhaltend oder fordernd, analytisch von großer Wichtigkeit. Sie sind nicht nur ein wichtiges Signal und ein Spiegel für die eigene Haltung oder eine Steuerung der eigenen Aussagen und Interpretationen, sondern ihre Veränderungen sind oft die ersten Anzeichen und Vorläufer von tiefergreifenden Wandlungsprozessen innerhalb der Analyse. Oft verliert so z. B. ein Patient einen vorher ängstlich-abwehrenden Blick bereits mehrere Stunden, bevor er dies innerlich realisieren oder verbalisieren kann. Sicher hatte Freud recht, wenn er sagte, daß es ausgesprochen schwierig ist, sich von einem anderen Menschen über Stunden hindurch ansehen zu lassen, wobei hinzuzufügen ist, daß dieses Ansehen immer dann besonders schwierig wird, wenn der Blick des Patienten hintergründig-aggressiv, verschlingend oder einsaugend ist. Hat man es aber einmal gelernt, diese Situation gelassen zu ertragen, dann ist sie, wie ich aus eigener früherer Erfahrung feststellen konnte, ungleich fruchtbarer als der Sitzplatz außerhalb des Gesichtsfeldes des Patienten.
Ich möchte jetzt einige Beispiele folgen lassen, um an ihnen auch noch weitere grundsätzliche Fragen auszuführen. Obwohl ich hier typische Fälle und Situationen herausstelle, muß aber betont werden, daß es sich jeweils um streng Individuelles handelt und aus den angeführten Beispielen keineswegs feststehende Regeln abgeleitet werden können, wie etwa: Bei dieser oder jener Typologie, Symptomatik, Struktur und Verhaltensweise könnte man in der Regel immer so oder so verfahren.
Bei dem ersten Fall handelt es sich um einen 28jährigen Soziologie-

studenten, der wegen schwerer depressiver Verstimmungszustände, verbunden mit Arbeitsstörungen und verlängertem Studiengang, die Behandlung aufsuchte. Typologisch handelte es sich um einen introvertierten Fühltyp mit einem sehr reichen, lebendigen und lebhaften Innenweltserleben und einer Reihe von kreativen Möglichkeiten, die er aber nicht ausführen konnte. Als Sekundärfunktion hatte er die Intuition, mit der er sehr schnell Zusammenhänge erfassen konnte, die aber immer im Bereich von Möglichkeiten liegenblieben. Der Patient war der jüngste von 4 Geschwistern und hatte unter dem Einfluß eines sehr autoritären, zwanghaften Vaters, der Ingenieur war, und einer relativ beziehungslosen Mutter nach Eintritt in die Schule in Anpassung an das gesellschaftliche Umfeld und die auch vorwiegend extravertiert lebende Familie eine recht mangelhafte Extraversion aufgebaut, die sich vorwiegend in einer Clownsrolle erschöpfte. Er bezog seine Anerkennung zunächst als Klassenclown, später als Stimmungskanone auf den Studentenparties, wobei er fortlaufend sich selber überfuhr und auf der Suche nach Anerkennung seine potentiellen intuitiven und kreativen Kräfte mißbrauchte. Es kam hinzu, daß er mit der Wahl seines Studienfaches, die er offenbar in einer gewissen Identifikation mit dem Ingenieursvater und seiner eigenen Suche nach sozialer Einordnung getroffen hatte, vorwiegend auf seine ebenfalls minderwertige Denkfunktion angewiesen war, so daß er praktisch sein eigenes Wesen nicht leben konnte. Typischerweise hatten die Depressionen auch nachpubertär angefangen in Verbindung mit einer ersten gescheiterten Liebesbeziehung, wobei er diesem Mädchen auch vorwiegend durch extravertiertes Gehabe und pseudo-philosophisches Denken zu imponieren suchte, was die Freundin nicht allzulange mitmachte. Der ganze Umgang mit ihm hatte auch in der Atmosphäre etwas relativ Schizoid-Beziehungsloses, da der Patient weder eine Identifikation mit dem verhaßten Vater noch eine Regression auf die sehr kühle Mutter, die zudem infolge von gesellschaftlichen Verpflichtungen wenig in der Familie als Person anwesend war, durchführen konnte, flüchtete er sich in eine archetypische Phantasiewelt der Magna mater, in der vor allem Urmutterfiguren mit großen Brüsten und fülligen, weichen Körpern vorkamen. In dieser Phantasiewelt bewegte er sich sehr witzig und gekonnt, so daß er einen Betrachter durchaus damit faszinieren konnte, ohne den anderen jemals an seine eigene, wirkliche persönliche Gefühlswelt herankommen zu lassen.

80

Nach Aufnahme des Erstinterviews und der Zusage, daß ich ihn in Behandlung nehmen würde, steuerte der Patient in der ersten Behandlungsstunde sofort zielbewußt auf die Couch zu, legte sich hin und rollte sich wie ein Igel, mir abgewendet, zusammen. Aus dieser Lage heraus überschüttete er mich förmlich mit einem Schwall von Phantasiebildern aus dem oben genannten Bereich, vermischt mit Kindheitserinnerungen, die ja nach seiner Vorstellung in der Analyse erwartet würden. Das war so gekonnt und spannend, daß ich interessiert zuhörte, so als ob ich in einer Theatervorstellung wäre. Jeden Versuch von meiner Seite, an irgendeiner Stelle aber informativ etwas Genaueres zu erfahren oder zu irgend etwas eine Interpretation zu geben, wehrte er mit einer geradezu protheusartigen Geschicklichkeit ab, wobei fast glaubhaft alles von ihm vorher Geschilderte wieder ganz anders wurde, und quasi an einer Stelle, wo man eben noch eine Robbe gesehen hatte, plötzlich ein bunter Vogel war, der einem einfach aus den Händen flatterte. Mitunter kamen auch Traumfetzen, die aber ihrerseits wieder nicht ganz von Phantasien unterschieden werden konnten, wobei er selbst nicht genau wußte: Habe ich das nun eigentlich wirklich geträumt oder habe ich das phantasiert?
Nachdem ich die Fruchtlosigkeit meiner Bemühungen, zu Wort, geschweige denn an ihn heranzukommen, sehr bald eingesehen hatte, ließ ich ihn zunächst einfach so laufen, obwohl ich mir auch hier bald ziemlich sicher war, daß dieser Patient durchaus in der Lage wäre, dieses Abwehrverhalten auch über 200 Stunden und mehr ohne große Schwierigkeiten aufrechtzuerhalten. In der 23. Stunde nahm ich dann ein Traum- oder Phantasiebruchstück, in dem ich oder eine mir ähnliche Figur am Rande einer dschungelartigen Landschaft als schemenhafter Schatten auftauchte, zum Anlaß, ihn zu unterbrechen. Er wußte über die analytischen Schulen etwas Bescheid und war auch auf eigenen Wunsch zu einem Analytiker der Jungschen Schule gegangen. Ich erklärte ihm nun, daß ich höchst erstaunt wäre, daß er sich in der Analyse bei einem Jungianer sofort auf die Couch legte und zudem noch eine Haltung einnehme, in der er mich, wie bei einem Freudianer, völlig aus seinem Gesichtsfeld ausschlösse. Aus seinen Literaturkenntnissen her müsse er doch eigentlich wissen, daß die Jungianer den Sessel bevorzugten. Seine Antwort war ganz typisch. Er sagte nämlich, er könne sich vorstellen, daß ich vielleicht doch gar kein richtiger Jungianer wäre, und außerdem läge am Fußende

meiner Couch eine Matte für die Schuhe, was darauf schließen ließe, daß ich bei meinen Patienten die Couch benutzte. Außerdem hätte er selber das Gefühl, er käme tiefer in sich hinein, wenn er alles Äußere ausschalte und er sich ganz nach innen versenken würde. Ich sagte: «Ach so, aber tun Sie denn das Letztere auch wirklich?» Darauf schwieg er einige Zeit, das erste Mal, und sagte schließlich etwas verblüfft und ärgerlich: «Natürlich!» Als er in der nächsten Stunde erschien, setzte er sich auf den Sessel, sah mich mit einem sehr ängstlichen, relativ starren, oral-verschlingenden Blick an und berichtete zunächst, daß er eine furchtbare Angst gehabt hätte, zu dieser Stunde zu kommen und sich auch jetzt, im Gegensatz zu den bisherigen Stunden, sehr ängstlich fühle. Es folgte dann eine Fülle von heftigen Aggressionen, daß ich ihn dazu zwinge, im Sessel zu sitzen und damit die ganze Analyse sabotiere. Er hätte so großartige Erfahrungen in sich gemacht während der vergangenen Stunden, und in dieser Haltung ginge das überhaupt nicht. Er müsse mich dauernd ansehen und aufpassen, was für ein Gesicht ich mache, und es wäre überhaupt sowieso völlig unanalytisch, wie ich mich verhalten hätte, da ich ihn ganz offensichtlich autoritär manipulieren würde und ihm nicht die Freiheit zur Entfaltung gäbe.

Es war ganz deutlich, daß ich jetzt offensichtlich von der Übertragung her in die Rolle des gehaßten autoritären Vaters hineingekommen war, und von dieser Stunde an begann die Auseinandersetzung mit dieser Figur, die jetzt persönlich und auch beziehungsvoller wurde. Wenig später konnte er dann auch einsehen, daß sein Verbleiben im Archetyp der Magna mater als igelhaft zusammengekrümmtes Kind vorwiegend den Fluchtcharakter vor beiden Eltern und vor jeder persönlichen Beziehung überhaupt hatte. Ich glaube, daß es kaum möglich gewesen wäre, diesem Patienten seine Problematik so deutlich zu machen, wenn ich es ihm nicht ermöglicht hätte, sie innerhalb dieser ersten Anfangsphase der Analyse so darzustellen. Hätte ich ihm bereits am Anfang ein bestimmtes Regelsystem über seine Haltung (Sitzen oder Liegen) aufgezwungen, hätte das zu einer erheblichen Verstärkung seiner Ängste und damit auch zu einer größeren Rigidität seiner Abwehr geführt.

Es handelte sich hier um einen Patienten, der Angst vor dem Sitzen hatte und deswegen spontan die liegende Haltung wählte. Wird dem Patienten die Auswahlmöglichkeit zur Verfügung gestellt, ob er sitzen oder liegen möchte, so wählen die meisten Menschen das für sie

82

weniger Beängstigende, wobei es natürlich auch hiervon Ausnahmen gibt. Methodisch wesentlich ist, daß all das zum Gegenstand der Analyse gemacht wird. Hierbei wird durch die Wahlmöglichkeit zunächst erreicht, daß die im Anfang einer Analyse sowieso bestehenden Ängste nicht noch unnötig verstärkt werden dadurch, daß der Patient in eine Haltung genötigt wird, die zusätzliche Ängste in ihm mobilisiert. Außerdem ermöglicht es diese Methode, das Nicht-Liegenkönnen oder das Nicht-Sitzenkönnen des Patienten dann zum Gegenstand der Analyse zu machen. Auch in den Ausnahmefällen, in denen Patienten sich gerade in die für sie beängstigendere Situation stürzen, kann das analytisch fruchtbar verwertet werden. Über die Persona ablaufende Gefügigkeitshaltungen: In der Analyse «sitzt man», oder in der Analyse «liegt man» werden hierdurch deutlicher, wobei ich in der heutigen Zeit von der Voraussetzung ausgehe, daß eigentlich jeder Patient, der uns aufsucht, bereits irgend etwas von Analyse gehört hat und mindestens ein gewisses Zeitungs- oder Illustriertenwissen über die Methode besitzt. Ist das nicht der Fall, so ist diese Erlebnis- oder Informationslücke ihrerseits wieder ein Gegenstand der Analyse.

Die Angst vor dem Sitzen in der Analyse kann eine Fülle von Hintergründen haben. Sie kann, wie im vorher beschriebenen Fall, eine Angst vor der Aufnahme von persönlicher Beziehung überhaupt sein, wobei hier im Hintergrund die Figur des autoritären Vaters stand; sie kann sich als Angst vor Blickkontakt äußern, als Angst, erwachsen sein zu müssen, als Angst vor leichterer Beweglichkeit und Expansion, als Angst, eher angegriffen zu werden oder ähnlichem. Es ist nicht der Sinn dieser Ausführungen, eine möglichst vollständige Liste derjenigen Ängste aufzustellen, aus denen heraus das Sitzen von Patienten vermieden wird. Diese Aufstellung könnte nur einen oberflächlichen Charakter haben, da individuell zu jeder dieser Angstsituationen auch der persönliche Hintergrund gehört, aus dem heraus sie entstanden ist und aufrechterhalten wird. Wichtig ist sicher der Zeitpunkt, an dem man dieses Problem angeht. Abgesehen von den Voraussetzungen, die für eine Interpretation notwendig sind (s. Kap. «Deutung»), richte ich mich in erster Linie nach dem auftauchenden unbewußten Material. In dem beschriebenen Fall handelte es sich um die Stunde, in der ich als Person erstmalig im Traum bzw. der Phantasie des Patienten, zwar nur schemenhaft und am Rande, auftauchte (41). Im Sinne der prospektiven Funktion (53) habe ich diese Traumphantasie dazu benutzt, mich in das Gesichtsfeld des Patienten zu bringen. Dadurch konnte der Patient seine Abwehr aufgeben, seine Angst vor dem Sitzen überwinden und eine analytische Auseinandersetzung mit der Vater-Imago beginnen. Gleichzeitig wurde auch für ihn deutlich, wie hochgradig seine noch existente kindliche Abhängigkeit, verbunden mit aggressiven Trotzreaktionen war, da er meine einfache fragende Verwunderung als Zwang oder Befehl zum Sitzen erlebte.

Im 2. Fall handelt es sich um eine 45jährige Frau mit einer Zwangssymptomatik. Sie war das einzige Kind relativ begüterter Eltern und der Liebling des in ihrem 13. Lebensjahr recht früh verstorbenen Vaters. Die ganze Familienatmosphäre, in der sie aufgewachsen war, hatte ausgesprochen zwanghaften, gutbürgerlichen Charakter. Ordnung, Sauberkeit, Pünktlichkeit und Gerechtigkeit waren die Überschriften, unter denen gelebt wurde. Sexualität war ausgeklammert. Über sie wurde zu Hause nicht gesprochen. Zur Aufklärung wurde sie von der Mutter auf die Literatur verwiesen, und die Menarche wurde nur kurz medizinisch-rational erklärt. Sie selbst hatte nach einer kaufmännischen Lehre und kurzer Berufstätigkeit geheiratet und in der Ehe kurz hintereinander 2 Kinder, einen Sohn und eine Tochter bekommen. Genau wie ihre depressiv-aufopfernde Mutter war sie in der Ehe sexuell nicht erlebnisfähig. Nachdem die Kinder größer waren, nahm sie in ihrem ehemaligen Beruf als Sekretärin wieder eine Halbtagsstelle an. Ihre Symptomatik, die vorwiegend agarophoben und klaustrophoben Charakter hatte, begann, als sich zwischen ihr und einem ihrer Chefs eine etwas nähere, persönliche Beziehung entwickelte und sie auftauchende sexuelle Impulse verdrängen mußte. Sie war eine sehr sachliche, tüchtige, von ihrem Vater-Animus dominierte Frau, die allgemein wegen ihrer Zuverlässigkeit und Leistung geschätzt wurde.

In der Analyse blieb sie sitzen, obwohl sie keine Ahnung hatte, welcher analytischen Schule ich angehörte. Ihr Animus arbeitete dabei fleißig und tüchtig mit, lieferte pünktlich die notwendige Anzahl von Träumen und brachte sie auch zu Einsichten und Erkenntnissen über sich selbst, so daß an der Analyse eigentlich nichts auszusetzen war. Von der 120. Stunde an häuften sich Träume, in denen ihr Traum-Ich anfing, sich unängstlicher, expansiver und lässiger zu bewegen. Sie begann sich mit ihrem leistungsorientierten Animus auseinanderzusetzen und das gesunde und unbeschwerte

Kind in sich zu entdecken. Nach einem Geburtstraum in der 138. Stunde, in dem sie einen kleinen Jungen zur Welt gebracht hatte, konnte sie phantasieren, wie schön es wäre, gewiegt zu werden. Als ich sie darauf aufmerksam machte, daß die Couch ja etwas Ähnliches wäre wie eine Wiege für Erwachsene, wehrte sie das aber noch ab, und erst 5 Stunden später, nach einem Traum, in dem sie träumte, daß sie bei mir privat in einer sehr lässigen und gemütlichen Atmosphäre zum Kaffee eingeladen wäre, äußerte sie von sich aus den Wunsch, es doch mal mit dem Liegen zu versuchen. Sie legte sich in der Stunde dann für etwa 5 Minuten hin, setzte sich wieder auf und erklärte: «Nein, das geht doch nicht» und nahm wieder auf dem Sessel Platz. Der Rest der Stunde verlief in einem etwas gespannten Schweigen.

Als sie in der nächsten Stunde wiederkam, erklärte sie nach einigem Stocken, daß sie mir ein Geständnis machen müsse. Als sie sich das letzte Mal auf die Couch gelegt hätte, hätte sie sexuelle Empfindungen bekommen. Das wäre so peinlich und unangenehm, und das ginge ja auch gar nicht, so daß sie sich schnell wieder hingesetzt hätte. Ich sagte ihr daraufhin, daß sie sich ja damit selber unnötig einsperren würde, sie könne doch diese Empfindungen ruhig genießen, als Frau hätte sie sogar den Vorteil, daß ich das nicht einmal merken würde, wenn sie keine Lust hätte, es mir mitzuteilen. Das leuchtete ihr ein. Sie legte sich wieder auf die Couch, und im nächsten Analysenabschnitt kam die ganze gestaute sexuelle Phantasie- und Erlebniswelt bei ihr hoch. Diese war mit sehr heftigen, auf den Vater hin orientierten inzestuösen Wünschen verbunden und dementsprechend tabuisiert gewesen.

Es ist in diesem Beispiel besonders deutlich, daß die Angst vor dem Liegen hier die Angst vor der Hingabe an die Sexualität, verbunden mit dem tabuierten Wunsch, vom Vater auch körperlich als Frau geliebt zu werden, verbunden war. An dieser Stelle ist noch einzufügen, daß der Vater sich sicherlich, ohne es jemals auszusprechen, lieber einen Sohn gewünscht hätte und die Patientin auch in ihrer Erziehung partiell so behandelt hat. Es wäre hier nun zu überlegen, was geschehen wäre, wenn ich die Patientin von Anfang an zum Liegen aufgefordert hätte. Ich bin mir sicher, daß sie es ohne Zweifel getan hätte, und zwar sogar ohne überhaupt zu merken, daß sie dabei Angst erlebte. Das Liegen wäre eine Anordnung des Vater-Animus gewesen, die als solche korrekt, richtig und in Ordnung gewesen wäre und die sie brav und gehorsam ausgeführt hätte. Sexualität wäre genau wie im Sitzen verdrängt worden, und gegen den auflockernden Charakter des Liegens hätte sie unbewußt eine verstärkte Abwehr eingesetzt. Diese hätte sich in 120 Stunden fest eingeschliffen und wäre sicher nicht so leicht aufzulockern gewesen (jede Routine ist schwerer zu durchbrechen) wie in der beschriebenen tatsächlichen Situation. Hätte ich diese Patientin dagegen «orthodox» jungianisch weiter sitzen lassen, nachdem die bisher verdrängte Erlebniswelt bei ihr anklopfte, wäre deren Entfaltung sicher schwieriger und umständlicher gewesen und nicht so deutlich und dramatisch in die Analyse gekommen.

5. KAPITEL

Bezahlung und Zahlungsweise

Ein Patient Anfang 40 hat in der 5. Behandlungsstunde folgenden Traum:
«Ich befinde mich in einem unterirdischen Gang, den Gangster zum Einbruch in den Tresor einer Bank gebaut haben. Der Gang ist wie in einem Bergwerk mit Stempeln abgestützt. Ich kauere hinter einem derartigen Stempel, während mehrere Gangster durch den Gang große Säcke mit Geld und Schmuck an mir vorbei nach draußen tragen. Sie haben offensichtlich den Tresor bereits aufgebrochen und tragen die Beute heraus. Ich habe furchtbare Angst, entdeckt und von ihnen erschossen zu werden.»
Dem Traum war folgende Situation vorausgegangen: Der Patient hatte die Analyse wegen psychosomatischer Symptome, Angstzuständen in Streßsituationen und einer übergroßen nervösen Unruhe aufgesucht. Er war ein relativ wohlsituierter Geschäftsmann, der Inhaber einer kleinen Firma war, und hatte, obwohl er soweit informiert war, daß eine Analyse ein sehr langwieriges Unternehmen ist und wir eine Behandlungsfrequenz von zunächst 3 Wochenstunden vereinbart hatten, überhaupt nicht danach gefragt, wieviel die Behandlung eigentlich kostet. Auch in der Stunde, in der er diesen Traum hatte, brachte er dieses Problem zunächst nicht mit dem Traum in Verbindung. Erst auf meine Frage hin, ob da vielleicht eine Verbindung bestehen könnte, hatte er ein Aha-Erlebnis und war selbst sehr verblüfft, daß gerade er als Geschäftsmann vergessen hatte, nach dem Preis zu fragen. Gleichzeitig wurde ihm deutlich, daß er in diesen 5 Stunden auf dem Hintergrund einer tiefersitzenden Angst ununterbrochen sehr hektisch die ganzen Stunden hindurch geredet hatte, ohne mir auch nur ein einzigesmal die Möglichkeit zu geben, zu Wort zu kommen. Der Traum zeigt sehr drastisch, fast ohne daß er eines Kommentars bedarf, wie zunächst in der aktuellen Situation das Versäumnis dieser wichtigen Frage bei ihm einen starken unbewußten Angsthintergrund konstelliert, ausgeraubt und

ausgeplündert zu werden. Darüber hinaus weist der Traum aber auch auf ein Grundproblem dieses Patienten hin, nämlich daß er sich laufend einerseits zugunsten von anderen, andererseits zugunsten eines übersteigerten Gewinnstrebens in einer fortdauernden Hektik und in einem ständigen Leistungskrampf ausrauben und ausplündern ließ, wobei seine eigene Persönlichkeit auf der Strecke blieb und nur hilflos den Aktivitäten dieser Schattenanteile, die immer mehr an Libido gewannen, zusehen konnte. Dieser Patient war praktisch überhaupt nicht in der Lage, einmal etwas für sich selbst zu tun. Er hatte auch die typische Wochenendneurose des Managers, d. h. es ging ihm regelmäßig schlecht, wenn er einmal an freien Tagen nicht arbeiten konnte, und er war auch nicht in der Lage, in die Ferien zu fahren, wobei er zum Teil ganz kuriose Situationen arrangierte. Wenn er sich einmal doch dazu entschlossen hatte, verpaßte er die bereits gebuchten Flüge, oder kam nach ein bis zwei Tagen aus dem Urlaubs-ort unter irgendeiner Rationalisierung wieder zurück; wenn er dort blieb, hatte er mindestens innerhalb der ersten Woche mit erheblichen depressiven Verstimmungen zu kämpfen. So zog sich auch das Problem dieses Traumes durch sehr weite Strecken der folgenden Analyse hindurch, und das eindrucksvolle Motiv konnte an entsprechenden Stellen immer wieder verwendet werden, um ihn darauf aufmerksam zu machen, wo und wie sein eigenes Ich diesem räuberischen Ausplünderungsprozeß zum Opfer fiel.

In diesem Traum ist das wichtige archetypische Motiv des Schatzes enthalten, der dem Träumer allerdings an den Schatten verlorengeht. Auf dieses Motiv werden wir später im Zusammenhang mit der Geldproblematik noch ausführlicher zu sprechen kommen. Zunächst aber wollte ich an diesem Beispiel verdeutlichen, daß durch den «offenen Anfang», in dem sich der Analytiker dem Patienten gegenüber abwartend verhält und keine Informationen gibt, der Patient sich von Anfang an selbst aktiv in die analytische Situation hineinbegeben muß, auch in puncto der Geldproblematik. Das hat den Vorteil, daß entsprechende Motive in derartig drastischer und auch für den Patienten einleuchtender Form relativ schnell auftauchen können. Mit Sicherheit wäre das Problem nicht in dieser überdeutlichen Form konstelliert worden, wenn ich mit dem Patienten von meiner Seite aus innerhalb der ersten Stunden einen Preis ausgehandelt bzw. ihm meine Honorarforderungen mitgeteilt hätte. Es empfiehlt sich also durchaus, abzuwarten, bis der Patient von sich aus auf diesen Bereich zu sprechen kommt und erst dann die entsprechenden Vereinbarungen mit ihm zu treffen.

Es ist ein alter, allgemein ärztlicher Usus, daß das Honorar für eine Behandlung dem Vermögen des Patienten angepaßt sein soll, weshalb auch bis heute die ärztlichen Gebührenordnungen eine relativ breite Spanne zwischen Mindest- und Höchstsatz aufweisen. Vom analytischen Standpunkt aus galt eigentlich von Anfang an als eine Art Grundregel bei allen Schulen, daß die materielle Beteiligung an der Analyse durch den Patienten fühlbar sein sollte und diese selbst ein wichtiges Mittel im analytischen Prozeß darstellte. Jolande Jacobi (119) empfahl einmal einer ungarischen Kollegin, die einen mittellosen Patienten umsonst behandelte und sich wegen eines Stockens der Analyse brieflich an sie wandte, von diesem Patienten mindestens 1 Florin die Stunde zu nehmen, woraufhin auch die Analyse wieder in Gang kam. Dieses Prinzip der materiellen Selbstbeteiligung an der Analyse durch den Patienten ist jetzt in Deutschland durch die Kassenregelung, die keine Eigenbeteiligung finanzieller Art von Seiten des Patienten erlaubt, weitgehend außer Kraft gesetzt worden, da das Gros der Patienten in den gesetzlichen Krankenkassen Mitglied ist und dementsprechend auch die Analyse, wie alle anderen ärztlichen Behandlungen umsonst erhält. Bei diesen Patienten beschränken sich die Zahlungsvereinbarungen auf nicht eingehaltene Termine oder auf die Fortsetzung der Behandlung über den Fortfall der Symptomatik hinaus.

Jeder Analytiker sollte sich innerhalb seiner eigenen Lehranalyse über sein Geldproblem klargeworden sein und dieses in den Hintergründen bearbeitet haben. Aufgrund dieser eigenen Bewußtheit ist es sinnvoll und notwendig, daß er im Umgang mit der finanziellen Problematik seinen eigenen Stil entwickelt. Es ist wenig sinnvoll, auch nur allgemeine Richtlinien zu propagieren, wieviel, wann und wie der einzelne zu bezahlen hat. Genauso kann es keine Vorschriften darüber geben, ob, wie etwa Frieda Fromm-Reichmann (97) empfiehlt, ausgefallene Stunden nicht bezahlt werden sollten, oder wie das Gros der Analytiker es handhabt, nach bestimmten Vereinbarungen für die ausgefallene Stunde das Honorar zu zahlen ist. Das Gleiche gilt für die Urlaubsregelungen, Vereinbarungen bei Krankheit etc. Wichtig ist lediglich, daß eine für beide Seiten befriedigende Regelung gefunden wird, die auf der einen Seite den Patienten nicht übermäßig belastet, um zu vermeiden, daß Entwicklungs- und Expansionsmöglichkeiten verunmöglicht werden, und auf der anderen Seite auch der Analytiker soweit zufriedenstellend honoriert ist, damit sich nicht bei einer sozial überakzentuierten Helferhaltung latente unbewußte Aggressionen gegen den Patienten ansammeln und den analytischen Prozeß blockieren. Wichtig ist vor allen Dingen aber, daß sich der Analytiker über den Komplexcharakter des Geldes im analytischen Prozeß klar ist und auch die Geldproblematik innerhalb der analytischen Beziehung bzw. der Übertragungs-Gegenübertragungssituation.

Über die Symbolbedeutung des Geldproblems innerhalb der Analyse kann man ein ganzes Buch schreiben, was bisher leider noch nicht geschehen ist, da diese Problematik und deren Handhabung soviele Schattierungen und Variationsmöglichkeiten aufweist, daß sie kaum erschöpfbar scheinen. Es kann deshalb hier nur in Kürze und sehr unvollständig auf dieses Problem und insbesondere auf die Frage, weshalb das Geldproblem und die Regelung der Geldproblematik innerhalb der Analyse so wichtig ist, eingegangen werden.

Schon Artemidor von Daldis erwähnt in seinem Traumbuch (31) das Geld und äußert folgende Gedanken über das Auftauchen dieser Symbolik im Traum:

«Einige behaupten, daß Geld und alle Gattungen von Münzen Schlimmes bedeuten; dagegen habe ich die Beobachtung gemacht, daß Scheidemünzen und Kupfergeld der Grund von Mißmutigkeiten und betrübendem Wortwechsel seien, Silbergeld das Symbol der Unterredungen bei Verträgen über wichtige Angelegenheiten, Goldmünzen endlich über noch bedeutendere. Immer ist es besser, wenig Gut und Geld als vieles zu besitzen; denn vieles bedeutet wegen der schwierigen Verwaltung desselben Sorgen und Kummer, ebenso wie wenn einer einen Schatz von kleinem Wert zu finden vermeint, derselbe geringere Beschwerlichkeiten bedeutet, während ein reicher Schatz Kummer und Kopfzerbrechen, oft aber auch den Tod prophezeit – denn ohne Ausgrabung der Erde kann man ebensowenig einen Schatz ausheben als einen Toten bestatten.»

Wie man sieht, steht Artemidor von Daldis dem Geld im allgemeinen recht skeptisch gegenüber und schreibt ihm eher eine dunkle, nephaste Bedeutung zu, womit er sich der Auffassung Luthers nähert, der das Geld mit dem Reich des Teufels in Verbindung brachte. Dieser Schattenaspekt wird in der Moderne auch von Bornemann aufgegriffen (18), der in dem Geldkomplex ein zentral negatives Phänomen des heutigen Kapitalismus sieht, der die menschliche Psyche im Sinne des Mythos des Königs Midas vergiftet. Midas, König von Phrygien, hatte bekanntlich dem Dionysos ein Gastmahl gegeben, das dem Gott so zugesagt hatte, daß er seinem Gastgeber die Erfüllung eines Wunsches versprach. Midas wünschte sich daraufhin, daß alles, was er anfasse, sich in Gold verwandeln möge. Die Erfüllung dieses Wunsches führte dann zu dem schrecklichen Ende, daß er weder essen noch trinken, weder lieben noch sich warmhalten konnte, da alle diese Objekte, wie Nahrung, Flüssigkeit, Frauen, Kleidung etc. sich sofort in Gold verwandelten, sobald sie seiner Berührung ausgesetzt waren. Bornemann folgt bei seinen Ausführungen im wesentlichen der Auffassung Freuds, der das Geld dem Analcharakter zuschrieb, und beschreibt in seinem Midraskomplex die Selbstzerstörung des Analcharakters durch die maßlose Gier nach Geld.

Es ist sicher so, daß, wie Freud es bereits in seinem Aufsatz «Charakter und Analerotik» (93) beschrieben hat, zwischen dem Geld und der analen Phase eine relativ enge Beziehung besteht. Darauf weisen auch schon die vielen ethymologischen Analogien zwischen Geld, Gold und Kot hin. Auf der anderen Seite hat aber Freud auch späteren psychoanalytischen Theorien, insbesondere denen von Abraham (1), Ferencyi (80), Jones (128) seine Zustimmung gegeben, die darauf hingewiesen haben, daß nur der retentive, zurückhaltende und sammelnde Aspekt des Geldinteresses aus dem Analcharakter folge. Der aquisitive, einverleibende Aspekt dagegen gehöre mehr dem Stadium der Oralität an. Offenbar ist es etwas zu eng, wenn man dieses Problem bzw. Symbol lediglich auf der Ebene einer ganz bestimmten Entwicklungsstufe der Libido sieht. Es steht auch noch dahin, ob diese sehr nahe Verbindung zwischen dem Geldinteresse und dem Analcharakter nicht auch eine gewisse Zeitbedingtheit enthält, und die ökonomische Basis, die den pädagogischen Überbau des Kapitalismus prägt, nicht wesentlich dazu beiträgt, zwanghafte Strukturen zu fördern, zu vertiefen und zu bevorzugen.

Das Geld hat ja keineswegs immer den hohen Wertakzent und die große Bedeutung gehabt, die ihm heute zugeschrieben werden. Geld und Geldwert entstehen immer da, wo sich eine Zivilisation aufbaut, die in einzelnen umschriebenen Gebieten bzw. eng zusammenhängenden Gruppen wie der Großfamilie nicht mehr autark ist, einer Spezialisierung unterworfen wird und auf Tauschgeschäfte angewiesen ist. So hat das Geld zwar in den antiken Mittelmeerkulturen, die weitgehend auf dem Seehandel aufgebaut waren, eine erhebliche Rolle gespielt, die aber, wie Norbert Elias (76) ausführt, im frühen Mittelalter wesentlich zurückging, als in den großen Landgebieten von Deutschland und Frankreich die einzelnen Güter, Dörfer und Provinzen nahezu autark von der eigenen Substanz her lebten und der Handel über große Landstrecken noch unentwickelt war. Die im Umlauf befindliche Geldmenge war in den Anfangszeiten des heiligen römischen Reiches deutscher Nation genau so wie in Frankreich außerordentlich gering und reichte bei weitem nicht an das heran, was die Antike gekannt hatte. Erst im 9. – 10. Jahrhundert wurde im Mittelalter das Kummetgeschirr erfunden, das den Pferdewagen für den Transport größerer Lasten über Land brauchbar machte. Die Antike kannte diese Transportmöglichkeit nicht und war wegen des relativ sehr viel einfacheren Handels über See auf größere Landtransportwege nicht angewiesen, da auch die Siedlungen rund um das Mittelmeer und die großen Flußmündungen angelegt waren. Erst im 13. Jahrhundert wurde als Folge der neuen Anschirrung die Erfindung der drehbaren Vorderachse gemacht, durch die der Wagen dann auch wendig wurde und Kurven fahren konnte (28).

Wichtig erscheint mir an diesen historischen Gegebenheiten, daß überall dort, wo der Mensch noch in stärkerem Maße in die Natur eingebettet und von der Natur in autarken Gemeinschaften lebt, das Geld eine relativ geringere Rolle spielt. Je stärker er sich von dieser Situation freimacht und je mehr er sich aus den ursprünglichen Gegebenheiten, der ihn umgebenden Objektwelt loslöst, in desto stärkerem Maße tritt auch die Wertigkeit des Geldes, gleichgültig in welcher Form, als Mittel für den Tausch von Waren in den Vordergrund. Überträgt man diese äußere Situation in den innerpsychischen Bereich, so wird auch hier die Symbolik des Geldes um so stärker hervortreten, je mehr sich das Bewußtsein von den ursprünglichen instinktiven Gegebenheiten ablöst und je vielfältiger die Skala und die Möglichkeiten menschlicher Bedürfnisse und Bedürfnisbefriedigungen werden. Geld erhält damit den Symbolcharakter transferierbarer Libido, die von der zwingenden augenblicklichen Instinkterfüllung unabhängig macht. Folgen wir der Libidotheorie Jungs, sowie sie in «Über die Energetik der Seele» (140) dargestellt ist, so handelt es sich bei dem Libidobegriff um ein Äquivalent zu dem Energiebegriff der Physik, der nicht auf einen bestimmten Bereich oder Teilbereich festgelegt ist, sondern sich auf allen Ebenen, nicht nur auf der analen, in entsprechenden Formen äußern kann. Das Geld wird hier also zu einem Libidosymbol in einem ganz bestimmten Sinne, insofern, als es eng mit dem Archetyp der Magna Mater zusammenhängt. Dieser Archetyp personifiziert in seinen Imagines als Herrin der Pflanzen und der Tiere die unbewußte innere Naturwelt, aus der heraus der Mensch sich im Laufe seiner Entwicklung zu befreien versucht. Nun ist die Befreiung und die Loslösung aus dem Mutterarchetyp ja etwas letztlich sehr Fragwürdiges und Problematisches. Wir kämpfen und bemühen uns unser ganzes Leben lang, selbständig zu werden, Freiheit zu erlangen und von der Mutter loszukommen, um schließlich als letztes Ziel unserer ganzen Bemühungen doch wieder in ihren Schoß im Grab zurückzukehren. Die abendländische Kultur hat diesen Kampf gegen die negative, festhaltende Seite des Mutterarchetyps in unzähligen Heroenmythen dargestellt, in denen dann aber auch immer wieder in letzter Konsequenz die Hoffnungslosigkeit der Mutterüberwindung vorhanden ist. So ist das ganze Leben und Werk des Herakles ein dauernder Kampf gegen den negativen Mutterarchetyp, als Versuch der Mutterüberwindung und Muttertötung. Am deutlichsten wird dieses Problem ausgedrückt in der Symbolik des Kampfes mit der Hydra. Schließlich aber geht er dann doch im Nessushemd der Magna Mater zugrunde. In dieser Beziehung besteht ein gewisser Unterschied zwischen dem europäischen und asiatischen Kulturraum, auf den schon H. Zimmer (241) hingewiesen hat. Während der abendländische Heros auf Mutterüberwindung und Muttertötung hin orientiert ist und sich wie Herakles dann doch in ein unentrinnbares Schicksal verstrickt, ist der okzidentale Typ des Helden viel häufiger und stärker auf Versöhnung und Einordnung hin orientiert, eine Problematik, die ich auch in meinen Interpretationen über die Märchen aus 1001-Nacht (57) breiter ausgeführt habe.

Kehren wir an dieser Stelle zum Geld zurück. Seine Symbolik bekommt damit einen doppelten Aspekt. Während es auf der einen Seite ein Mittel zur Ablösung von der festhaltenden, einengenden und entwicklungshemmenden Seite des Mutterarchetyps ist, so ist es auf der anderen Seite auch schon dadurch, daß es selbst Materie ist und dementsprechend zur Mater gehört, auch wieder Zuwendung und Vereinigung mit der mütterlichen Welt, und zwar mit deren positiver Seite, die Erfüllung und Stillung von Bedürfnissen verspricht. Diese Beziehung des Geldes zum Mutterarchetyp ist auch von psychoanalytischer Seite gesehen worden, und Desmonde hat ähnliches in seiner Arbeit über den Ursprung des Geldes im Tieropfer (32) beschrieben. Er stellt die Hypothese auf, daß das Verzehren des Opfertiers dem Verlangen entspricht, mit der Mutter in ekstatischer Gemeinschaft vereint zu sein, und die ersten Münzformen, die als Obulus das Tieropfer abgelöst haben, etwas von diesen Motivierungen enthalten haben. Außerdem stelle dieses Ritual auch den Wunsch dar, die dem Menschen innewohnenden Kräfte wiederzubeleben und das Wohl des Menschen durch gerechte Verteilung wirtschaftlicher Güter zu fördern. Hierbei ist allerdings vorwiegend nur die eine Seite gesehen, nämlich der regressive Anteil der Sehnsucht der Wiedervereinigung mit der Mutter, und die progressiv-libidinöse Seite, die in der Befreiung und Verselbständigung vom negativen Mutterarchetyp liegt, kommt nur sehr allgemein und undifferenziert in der Wiederbelebung der eigenen inneren Kräfte zum Ausdruck.

Deutlicher ist diese Problematik bereits von Jung in «Symbole der Wandlung» (136) im Kapitel «Die zweifache Mutter» beschrieben worden. Eben gerade diese Bedeutung des Geldopfers, an der Mutter in beiderlei Beziehung zu propitiieren, wird hier von Jung ausgeführt. Tier- und später Geldopfer wurden der Magna Mater bevorzugt an drei Wegen, Scheidewegen oder Kreuzwegen, die ihr geweiht waren, gebracht. Das Opfer geschah an der Vereinigungsstelle, wo die Wege sich kreuzen, sich gegenseitig durchdringen und dadurch das Bild der Vereinigung des Gegensätzlichen ausdrücken. Die Mutter ist hier sowohl Gegenstand und Inbegriff von Vereinigung als auch dort, wo die Wege sich scheiden in der Bedeutung von Abschied, Scheidung und Trennung lebendig. Auch Erdspalt und Quelle waren als die Pforten des Todes und des Lebens aufzufassen, wo jeder seinen Obulus statt seines eigenen Leibes zu opfern hatte. «In Hierapolis (Edessa) war der Tempel über dem Erdspalt errichtet, in dem sich die Sintflut verlaufen hat, und in Jerusalem bedeckte der Grundstein des Tempels die große Tiefe, wie auch christliche Kirchen nicht selten über Höhlen, Grotten, Quellen und so weiter errichtet sind. In der Mithrasgrotte und den anderen Höhlenkulten bis zu den christlichen Katakomben, die ihre Bedeutung nicht den legendären Verfolgungen, sondern den Totenkulten verdanken, begegnen wir dem gleichen Motiv. ... Der die verschlingende Mutter darstellende Drache, der in der Höhle haust, mußte früher durch Menschenopfer, später durch Naturalgaben propitiiert werden. ... Eine Ablösung der Naturalgaben scheint der Obulus für den Charon zu sein, weshalb ihn Rohde als

94

den zweiten Kerberos bezeichnet, entsprechend dem ägyptischen Schakalgott Anubis. ... Die heilige Höhle im Tempel von Kos bestand in einer rechteckigen Grube, darauf lag ein steinerner Deckel mit einem viereckigen Loch; diese Einrichtung entspricht den Zwekken eines Thesaurus: aus dem Schlangenloch war ein Geldeinwurf, ein ‹Opferstock› entstanden, und aus der Höhle ein Hort.» (pag. 472 f)

In diesen Ausführungen ist sehr deutlich dargestellt, wie das Geld und das Geldopfer unter dieser doppelten Bedeutung steht, nämlich einerseits der Ablösung von der negativ-einengenden Todesmutter, und der Zuwendung und Vereinigung mit der positiven lebensspendenden Seite des Archetyps andererseits.

Mir erscheint es unbedingt notwendig, sich diesen symbolischen archetypischen Hintergrund des Geldopfers zu verdeutlichen, wenn man über Geld und Bezahlung innerhalb des analytischen Prozesses spricht. Alle die rationalen Begründungen, die für die Eigenbezahlung bzw. finanzielle Eigenbeteiligung des Patienten an der Analyse gegeben werden, sind letztlich relativ oberflächlich. So entfällt z. B. das Argument, daß der Analytiker davon leben müßte, in dem Augenblick, indem es sich um einen angestellten Arzt oder Psychologen handelt, der die Analyse durchführt, und die Begründung, daß der Patient stärker motiviert wäre, wenn er materiell deutlich in den analytischen Prozeß etwas investieren müßte, ist auch nicht stichhaltig, wenn man von dem vorher beschriebenen Hintergrund absieht und nur auf einer rationalen Ebene bleibt, da die Investitionen, die der Patient an Zeit und Arbeitsleistung innerhalb der Analyse aufzubringen hat, genauso motivieren. Wer wird schon jahrelang seinen Acker umgraben, ohne dazu motiviert zu sein, daß darauf dann endlich auch etwas wächst!

Vom archetypisch-symbolischen Hintergrund erscheint das Geld dagegen als ein überaus wichtiges Symbol jener differenzierten Vorgänge, die für den Prozeß der Gegensatzvereinigung im Bereich der Ablösung einerseits und der Vereinigung und Einordnung in den Mutterarchetyp andererseits im Verlauf des analytischen Prozesses notwendig sind. Von diesem Hintergrund her muß man der vorher zitierten Bemerkung von Jolande Jacobi recht geben, daß es ohne einen Obulus nicht geht und daß auch dieser Obulus wirklich und real entrichtet werden muß, denn Analyse kann nur dann als wirksamer Prozeß angesehen werden, wenn sie nicht allein in Phantasiebildern oder sublimen Vorstellungen hängenbleibt. Hier liegt im Grunde genommen auch die Problematik der unentgeltlichen Krankenkassen-Analysen, denn in dieser bleibt der Patient innerhalb der Versorgung durch eine anonyme Magna Mater hängen, von der ihn das Opfer des «Obulus» befreien müßte. Nun muß man allerdings bedenken, daß der ursprüngliche Sinn des Geschehens nicht der ist, das Opfer des Tieres, Honigkuchens oder in späteren Zeiten Geldes dem Priester als Person zu bringen, der das Heiligtum bewacht, sondern das Opfer gilt dem Gott selbst, und die sekundäre Bereicherung der Priesterkaste an den Opfergaben ist im Grunde genommen schon eine Entartung und Entgleisung des primären Geschehens. Von daher ist es eine durchaus kapitalistische Forderung des persönlichen Eigeninteresses, wenn der Arzt für die analytische Behandlung von dem Patienten Geld verlangt, und das sollte er auf jeden Fall auch wissen und dieses Eigeninteresse nicht damit wegrationalisieren, indem er von den äußerst positiven Auswirkungen auf die Analyse spricht und womöglich die Auffassung vertritt, nur wenn er möglichst viel bezahlt bekäme, könne der Patient einen guten Behandlungsverlauf erwarten. Für den Patienten und für seinen analytischen Reifungs- und Entwicklungsprozeß ist allein der Obulus notwendig, ein Obulus, der, wie wir aus der historischen Entwicklung sehen, noch nicht einmal unbedingt in Geld bestehen muß, sondern lediglich in der Form des persönlichen materiellen Opfers, eines Opfers, das auch wieder nicht dem Analytiker gebracht werden muß, sondern etwas Transzendentem, was zwischen dem Analytiker und dem Patienten steht und durch die Imagines der großen Muttergottheiten ausgedrückt werden kann. Vielleicht kann man auf diesem Hintergrund auch eine Erklärung dafür finden, daß es offenbar eine empirische Tatsache ist, daß ein größerer Teil der unentgeltlichen Analysen relativ gute Resultate erbringt. Anscheinend findet die menschliche Psyche in diesen Fällen einen Weg, doch ein gewisses Opfer zu bringen und damit dieses Problem sinnentsprechend zu bearbeiten. Ein bißchen hilflos fühle ich mich allerdings in der Beurteilung dieser Situation. Nach meinen eigenen Erfahrungen gehen diejenigen Analysen doch deutlich besser, in denen eine persönliche materielle Beteiligung des Patienten vorhanden ist, und diejenigen Analysen zeigen den zähflüssigsten und schlechtesten Verlauf, in denen, wie es mitunter bei den komplizierten beamtenrechtlichen Versorgungs- und Beihilfeansprüchen geschieht, der Patient an der Analyse sogar noch etwas verdient. Ich habe den Eindruck, daß Patienten, deren Analysen von Institutionen bezahlt werden, in ihrer Individuation innerhalb des Archetyps der Magna Mater verbleiben, d. h. die Abhängigkeit und Bindung an den Elementarcharakter der großen Mutter (187) bleibt quantitativ und qualitativ in stärkerem Maße erhalten als bei denjenigen Patienten, die wenigstens zu einem Teil ihre Analyse selbst finanzieren. Man muß hierbei allerdings einräumen, daß derartige Individuationsprozesse, die innerhalb dieses archetypischen Feldes verbleiben, auch bestimmte Formen von Entwicklungs- und Reifungsvorgängen aufweisen können. Dementsprechend wird auch die neurotische Symptomatik beeinflußt und kann sogar völlig aufgegeben werden, ohne daß es sich lediglich um ein passageres Verschwinden der Symptome in der Übertragung handelt. Dieses Phänomen ist innerhalb der «natürlichen» Individuation von künstlerisch besonders begabten Menschen oft zu finden. Ich habe es ausführlicher bei Rainer Maria Rilke (36) und Marc Chagall (56) beschrieben. Man sollte aber nicht unterschätzen, daß es viele Patienten gibt, für die diese Möglichkeit nicht zutrifft oder ausreicht und die dementsprechend nach der Kassenbehandlung zusätzlich ein Stück selbst finanzierter Behandlung nötig haben, in der dann entscheidende, noch fehlende Entwicklungsschritte nachvollzogen bzw. aufgearbeitet werden müssen, eine Erfahrung, die ich nicht nur an eigenen Patienten, sondern auch bei Kontrollfällen gemacht habe und die mir im Gespräch von vielen Kollegen bestätigt wurde. Fällt bei diesen Menschen ein derartiger Teil der Behandlung fort, persistiert in der Regel ein größerer Teil der Symptomatik, oder die Gefährdung durch Rezidive ist erheblich höher.

Die Dynamik der Geldproblematik, die in den privaten Analysen eine so große Rolle in Übertragung und Gegenübertragung und persönlicher Auseinandersetzung spielt, verschwindet fast völlig bei den unbezahlten Krankenkassen-Analysen und tritt nur an denjenigen Stellen in gemäßigter Form auf, wo der Patient für ausgefallene Stunden selbst bezahlen muß. Sie wird sicher nicht durch Zeitaufwand, Fahrtkosten etc. ersetzt, denn diese sind in beiden Fällen gleich. Wenn ich ehrlich bin, müssen wir an die Stelle ein Nescio setzen, wo Patienten ohne jede Eigenfinanzierung geheilt werden, sofern nicht die vorher geäußerte Hypothese zutrifft. Erst Untersuchungen der späteren Jahrzehnte werden aufweisen können, welche Unterscheidungskriterien eigentlich zwischen den Formen bezahlter und unbezahlter bzw. durch Staat oder Krankenkassen bezahlter Analysen bestehen. Es wäre viel zu früh, wenn man heute bereits eine Aussage darüber machen würde, sondern hierfür wären umfangreiche, in unserem Bereich besonders schwierige vergleichende Untersuchungen notwendig.

Es empfiehlt sich an dieser Stelle, noch einmal kurz auf die heute in Deutschland bestehende Regelung der Krankenkassen-Psychotherapie einzugehen. Das Verfahren wirft an verschiedenen Punkten methodische Probleme auf, die hier wenigstens erwähnt werden sollen. Ich richte mich hierbei nach der Anlage 5, gültig ab 1. Juli 1976, veröffentlicht im Deutschen Ärzteblatt – ärztliche Mitteilungen (Nr. 15), die ich aber nicht im einzelnen besprechen will, sondern nur in den wesentlichen Punkten berücksichtige. Entsprechend der Präambel in § 1 sind «tiefenpsychologisch fundierte und analytische Psychotherapie dann eine Leistung der gesetzlichen Krankenversicherung und gehören zur vertragsärztlichen Versorgung, . . . wenn mit dieser ärztlichen Behandlung allein oder neben anderer ärztlicher Behandlung Krankheit im Sinne der RVO geheilt oder gebessert werden kann. Zur Krankheit im Sinne der RVO gehört auch eine körperliche, geistige oder seelische Behinderung, die medizinische Rehabilitationsmaßnahmen notwendig macht.

Bei der Durchführung der tiefenpsychologisch fundierten und analytischen Psychotherapie gelten die Grundsätze der Notwendigkeit, Zweckmäßigkeit und Wirtschaftlichkeit der Behandlung auch hinsichtlich des Umfanges.»

Wie hierbei deutlich wird, sind diese Richtlinien so großzügig, daß sie praktisch jede psychische Erkrankung zu behandeln erlauben, die durch eine aethiologisch orientierte Psychotherapie, welche die unbewußte Dynamik neurotischer Störungen mit psychischer oder somatischer Symptomatik zum Gegenstand der Behandlung macht, gebessert oder ausgeheilt werden kann. Lediglich Notwendigkeit, Zweckmäßigkeit und Wirtschaftlichkeit müssen hierbei beachtet werden. Wie weiter daraus hervorgeht, gibt es zwei verschiedene Formen, die auch durch zwei entsprechende Nummern in den Gebührenordnungen unterschieden werden, erstens eine tiefenpsychologisch fundierte Psychotherapie und zweitens eine analytische Psychotherapie. Hierbei handelt es sich bei der tiefenpsychologisch fundierten Psychotherapie in erster Linie um Kurztherapien, themenzentrierte Therapien, aktuelle Konflikthilfen etc., d. h. alle jene Therapieformen, die aktuelle neurotische Konflikte behandeln, dabei aber durch Begrenzung des Behandlungszieles, durch ein konfliktzentriertes Vorgehen und durch Einschränkung regressiver Tendenzen eine Konzentration des therapeutischen Prozesses anstreben. Bei dieser tiefenpsychologisch fundierten Psychotherapie wird im allgemeinen erwartet, daß der Analytiker in der Regel mit einer Behandlungsdauer von 40-50 Behandlungsstunden auskommt.

Das zweite Verfahren ist dann die große Analyse, die unter dem Begriff «analytische Psychotherapie» erfaßt worden ist. Nach der Definition umfaßt die analytische Psychotherapie «jene Therapieformen, die zusammen mit der neurotischen Symptomatik den neutorischen Konfliktstoff und die zugrundeliegende neurotische Struktur des Patienten behandeln und dabei das therapeutische Geschehen mit Hilfe der Übertragungs- und Widerstandsanalyse unter Nutzung regressiver Prozesse in Gang setzen und fördern».

Für diese Behandlungsform gibt es prinzipiell gesetzlich keine Begrenzung der Stundenzahl; in praxi wird aber erwartet, daß bis auf Ausnahmefälle der Analytiker mit einer Behandlungsdauer von 160 – höchstens 300 Stunden auskommt. Für uns ist hier von methodischer Seite lediglich die zweite Form, d. h. die analytische Psychotherapie wichtig und interessant, da die tiefenpsychologisch fundierte Psychotherapie in den Bereich der Kurztherapie fällt.

Eine wichtige Voraussetzung für die Anwendung der analytischen Psychotherapie ist im § 3,1 der Richtlinien enthalten, der folgendermaßen lautet:

«Voraussetzung für die Anwendung tiefenpsychologisch fundierter und analytischer psychotherapeutischer Maßnahmen ist das Erheben des körperlichen und seelischen Befundes mit dem Ergebnis, daß psychische Faktoren an der Entstehung oder dem Fortbestehen der Krankheit verursachend mitwirken. Zur Feststellung der Indikation dient in begründeten Fällen die Erhebung der biographischen Anamnese unter neurosenpsychologischen Gesichtspunkten mit schriftlicher Aufzeichnung. In Ausnahmefällen, in denen durch psychodiagnostische Maßnahmen eine Indikation zur tiefenpsychologisch fundierten und analytischen Psychotherpie zu Beginn der Behandlung nicht mit ausreichender Sicherheit gestellt werden kann, hat der Therapeut die Möglichkeit, eine Probetherapie von max. 25 Stunden zu beantragen.»

Für die Erhebung dieser geforderten tiefenpsychologischen Anamnese hat der Arzt nun vor Einleitung des Gutachterverfahrens auf dem Wege einer normalen Abrechnung über den üblichen Krankenschein 5 Behandlungsstunden sowie eine Sitzung zur Erhebung der biographischen Anamnese Zeit. Diese insgesamt 6 Sitzungen dürfen nur über den Krankenschein durchgeführt werden, wenn grundsätzlich beabsichtigt ist, eine Langzeittherapie bei dem betreffenden Patienten durchzuführen. Nach diesen Sitzungen, die über den Krankenschein abgerechnet werden können, muß ein Gutachten an die Krankenkasse eingereicht werden, das von einem Gutachter beurteilt wird, der dann die Langzeitbehandlung genehmigt. Der entsprechende Paragraph (5,1) lautet folgendermaßen:

«Die Durchführung tiefenpsychologisch fundierter und analytischer Psychotherapie nach Erhebung der biographischen Anamnese und nach gegebenenfalls höchstens 5 probatorischen Sitzungen bedarf eines Antrages des Versicherten an die Vertragskasse. In diesem Antrag ist die Indikation zur gewählten Behandlungsmethode durch den Arzt zu begründen.»

Für diese Anträge existieren bestimmte Formblätter, die vom Therapeuten ausgefüllt werden müssen. Hierbei ist es wichtig, noch zu erwähnen, daß die inhaltlichen Angaben der biographischen Anamnese nur dem Gutachter und nicht der Krankenkasse bekanntgemacht werden. Letztere erfährt lediglich die Diagnose und das Urteil des Gutachters, um die Intimsphäre des Patienten zu schützen und den Erfordernissen der ärztlichen Schweigepflicht nachzukommen.

In der Regel werden von den Gutachtern zunächst 80 Behandlungsstunden genehmigt. Sobald abzusehen ist, daß sich die Therapie über die genehmigte Stundenzahl hinaus fortsetzen muß, ist vom Analytiker ein Antrag auf Fortführung der Behandlung auf den entsprechenden Formularen mit Begründung zu stellen. Bei entsprechender Indikation werden dann weitere 80 Stunden genehmigt. Das bedeutet also praktisch, daß jeweils zwischen der 60. und 70. bzw. 140. und 150. Behandlungsstunde Fortführungsanträge zu stellen sind, da die Laufzeit eines derartigen Antrages in der mittleren Dauer 4–6 Wochen beträgt.

Durch das hier in Kürze geschilderte Verfahren ergeben sich nun methodisch insbesondere 3 wichtige Problemkreise. Der erste Problemkreis bezieht sich auf den hierbei notwendigen Zwang zur Erhebung einer biographischen Anamnese und gleichzeitig auf die Problematik des Übergangs zwischen den ersten, über den Krankenschein

100

abgerechneten Behandlungssitzungen und dem endgültigen Beginn der Langzeittherapie nach Genehmigung des Gutachtens. Das zweite methodische Problem betrifft die Anträge auf Fortführung der Therapie und das dritte schließlich die praktisch doch existente, von vornherein bestehende zeitliche Begrenzung der Behandlung.

Beschäftigen wir uns zunächst mit dem Problem der biographischen Anamnese. Wie ich in dem Kapitel über das Erstinterview ausgeführt habe, ist die adäquate Methodik der Analytischen Psychologie nicht die Aufnahme einer gezielten Anamnese mit der Sammlung entsprechender biographischer Daten, sondern die sofortige Herstellung einer analytischen Situation und die Durchführung eines Erstinterviews anstelle einer Anamnese. Es erscheint zunächst, als ob diese Methodik bei den Krankenkassenpatienten nicht durchführbar ist und man den Nachteil in Kauf nehmen muß, die biographischen Daten, so wie es in der Anamneseerhebung geschieht, «abzufragen». In praxi hat sich nun nach meiner Erfahrung erwiesen, daß das durchaus nicht notwendig ist. Dadurch, daß die Möglichkeit besteht, den Patienten über insgesamt sechs 50minütige Sitzungen zu sehen, sammelt sich in dieser Zeit auch bei Durchführung eines Erstinterviews mit anschließendem Übergang in die Langzeitanalyse ausreichend biographisches Material an, um den entsprechenden Antrag an die Krankenkasse und den Gutachter zu formulieren. Es ist in der Regel zu erwarten, daß man nach sechs Behandlungsstunden auch bei konsequenter analytischer Haltung nicht nur die aktuelle Situation des betreffenden Patienten, sondern auch den biographischen Hintergrund der neurosenpsychologisch relevanten Entwicklungszüge übersieht. Es wird ja auch in praxi keineswegs die Forderung aufgestellt, daß diese biographische Anamnese lückenlos sein müßte, sondern es kann durchaus auch, wie es bereits in dem Kapitel über das Erstinterview besprochen wurde, auf die neurosenrelevanten Lücken hingewiesen werden. Nun gibt es natürlich Patienten, bei denen es ausgesprochen schwierig ist, innerhalb der ersten Stunden biographische Hintergründe zu erfahren, sofern man nicht direkt danach fragt. Es treten auch nicht immer Träume auf, in denen die entsprechenden genetischen Beziehungspersonen eine Rolle spielen, an die man dann anknüpfen kann, und so kommt es mitunter dazu, daß nach den ersten fünf Behandlungsstunden das biographische Material noch zu knapp sein kann bzw. wesentliche Komponenten fehlen, um das Gutachten erstellen zu können. In diesen wenigen Fällen verfahre ich dann so, daß ich in der 5.–6. Stunde den analytischen Prozeß unterbreche und diejenigen Daten, die mir zur Erstellung des Kassengutachtens notwendig erscheinen, mit dem Patienten bespreche, und zwar unter dem ausdrücklichen Hinweis darauf, daß diese Daten rein kassentechnisch notwendig sind. Hierdurch wird vermieden, daß der Patient diese Sitzung als «analytisch» erlebt.

Praktisch passiert mir das nur höchst selten. In der Regel ist eher das Gegenteil der Fall, nämlich daß in den abgelaufenen 5–6 Sitzungen soviel biographisches Material enthalten ist, daß man für die Erstellung des Gutachtens eine begrenzte und relevante Auswahl treffen kann.

Da die Krankenkasse mit dem Zeitpunkt des Eingangs des Gutachtens die Kosten der Behandlung übernimmt, verzichte ich praktisch immer auf eine Unterbrechung der Therapie bis zum Eingang der Genehmigung. Für einen entsprechend ausgebildeten, erfahrenen Therapeuten – und das sollte jeder examinierte Analytiker sein – ist von der Indikationsstellung und der Prognostik her durchaus vorauszusehen, ob der Antrag den Richtlinien entspricht und genehmigt wird oder nicht. Eine Ablehnung ist auf jeden Fall für Patient und auch Analytiker ein Trauma, das verarbeitet werden muß, ob es nun nach 6 Stunden eintritt oder nach 16. Eine Ausnahme bilden lediglich die Problemfälle, die im Randbereich der analytischen Möglichkeiten liegen. Hier sollte man von vornherein auf eine mögliche Ablehnung hinweisen. Entweder kann man mit diesen Patienten eine alternative Möglichkeit von Eigenfinanzierung vorher verabreden, oder, falls der Patient dieser nicht entsprechen kann, was meist ein schlechtes Signal ist, auf die Genehmigung warten, indem man die Erstinterview-Situation möglichst kurzzeitlich begrenzt.

Das zweite Problem betrifft die Verlängerungsanträge nach jeweils in der Regel 80 genehmigten Sitzungen. Da auch der Patient von der Krankenkasse eine Benachrichtigung erhält, wieviele Sitzungen genehmigt wurden, ist er im Grunde genommen darüber informiert, wann etwa im Verlauf der Therapie ein Verlängerungsantrag gestellt werden müßte. Dies läßt sich methodisch verwerten, um Grundprobleme des Patienten analytisch anzugehen. Der eine neigt z. B. dazu, eine Vogel-Strauß-Politik zu betreiben und es völlig dem Analytiker zu überlassen, ob und wann ein Antrag auf Fortsetzung der Therapie zu stellen ist. Ein anderer mag angst- und sorgenvoll jede verstrichene Sitzung zählen und den notwendigen Antrag als schwieriges Examen oder gar als Hinrichtungstermin erleben. Beides kann auf der ganzen Ebene der verschiedenen Typologien oder Strukturen ganz unterschiedliche Hintergründe haben, wie auch das ganze Problem als solches dem Verdrängungsprozeß anheimfallen kann. Diese Hintergründe zeigen sich aber in den Träumen oder symbolisch in den subjektiven oder objektiven Assoziationen des Patienten und können von daher bewußtgemacht werden.

Der methodische Nachteil dieser fraktionierten Genehmigungspraxis ist eine erhöhte Verunsicherung des Patienten auf der einen Seite und nolens volens doch ein gewisser Leistungsdruck auf den Analytiker, der bereits zur ersten Verlängerung dem Gutachter einige Erfolge präsentieren muß, um seinen Antrag zu begründen. Die Leistungszwänge, die Institutionalisierungen und die Rationalisierungen, die in unserer modernen Massengesellschaft immer enger und stärker werden, schaffen im kollektiven Unbewußten wie jede Einengung ein gefährliches Aggressionspotential, eine Schattenproblematik, die sich in zunehmender Brutalität, Rücksichtslosigkeit und Destruktivität äußert. Auch in der Analyse konstellieren sich derartige Schattenprobleme, je stärker der freie Raum zur Entfaltung durch institutionelle Maßnahmen eingeengt wird. Nur wenn Patient und Analytiker sich mit dieser Problematik bewußt auseinandersetzen, indem sie die Berechtigung dieser Maßnahmen immer wieder echt infragestellen können, können diese Nachteile vermieden oder wenigstens gemildert werden.

Das gleiche trifft auch für den dritten Problemkreis zu, die Terminierung der Analyse. Die Gerechtigkeit erfordert, hier zu sagen, daß die Krankenkassen keine Terminierungen der Anzahl der Sitzungen ausgesprochen haben. In praxi sieht es aber beim Gutachterverfahren doch so aus, daß es schwierig, wenn nicht unmöglich wird, eine Bewilligung über 240–300 Stunden zu erreichen. Diese Zahl ist zwar ein gewisser Mittelwert für eine analytische Praxis überhaupt; Mittelwerte aber entstehen, wenn man sehr kurze Behandlungen von unter 50 Stunden und sehr lange in einer großen Anzahl addiert. Für eine tiefgehende Analyse bei einem schwer gestörten Patienten reicht dieses Mittel bestimmt nicht aus.

Da es der heutige Stand der Wissenschaft mit Sicherheit nicht erlaubt, Aussagen über die Dauer einer einzelnen Behandlung zu machen, gerät man auch hier wieder in eine Zwangs- oder Einengungssituation. Ich behelfe mir in der Bewältigung dieses Problems dadurch, daß ich den Patienten bereits im Anfang darauf aufmerksam mache, daß seine Behandlung länger dauern könnte. Es ist dann sinnvoll, auch die Möglichkeiten durchzugehen, die dem Patienten zur Fortführung der Analyse verbleiben, wenn die Kasse nicht mehr zahlt. Das Argument, daß die Terminierung auch ein Ansporn für die aktive Mitarbeit des Patienten ist, kann ich nicht bestätigen. Abgesehen davon, daß Aktivität und Passivität in der Analyse sehr differenzierte Hintergründe haben, erscheint es dem Menschen unserer Zeit schon unendlich lang, wenn ein anderer bereit ist, sich 80 Stunden lang ausschließlich ihm zu widmen, so daß er eher dazu neigt, sich darauf zur Ruhe zu legen. Für den Zeitraum von 200-300 Stunden trifft das um so mehr zu. Hierzu eine besonders drastische Schilderung aus der Behandlung eines Patienten: Ich arbeitete früher einige Zeit als freier Mitarbeiter einer Poliklinik der Allgemeinen Ortskrankenkasse Berlin, die Patienten eine auf 150 Stunden terminierte Analyse genehmigte. Ein Bankangestellter mit einer Zwangsneurose, den ich über dieses Verfahren behandelte, brachte pünktlich und regelmäßig seine Träume, seine Einfälle und seine Probleme. In der 142. Stunde fragte er plötzlich deutlich beunruhigt: «Jetzt sind es nur noch 8 Stunden. Ich habe die ganze Zeit darauf gewartet, daß ich gesund werde. Wann passiert das nun endlich?» Verständlicherweise begann diese Analyse erst richtig, als der Patient begann, selbst zu bezahlen und damit für seine Fortschritte auch selbst die Verantwortung übernahm.

Es besteht gar kein Zweifel, daß es ein großer sozialer Fortschritt ist, daß durch die Finanzierung der Krankenkassen Menschen eine Analyse ermöglicht wird, die sonst nie in der Lage wären, diese Behandlung zu finanzieren und in ihrer oft recht quälenden Krankheit alleingelassen werden. Die Problematik liegt mehr im «Wie» dieser Hilfe als darin, daß sie überhaupt gewährt wird.

6. KAPITEL

Das analytische Ritual

Es mag zunächst vielleicht etwas sonderbar erscheinen, wenn ich an einer Stelle, wo die Psychoanalyse mit sehr einfachen Ausdrücken wie «Arbeitsbündnis», «Analytischer Pakt» oder «Grundregel» auszukommen pflegt, vom analytischen Ritual spreche. Ich meine aber, daß es gerade im Bereich der Analytischen Psychologie notwendig ist, sich auf die Hintergründe und die archetypische Substanz auch einfacher methodischer Maßnahmen, die in jeder Analyse eine Rolle spielen und regelhaft verwendet werden, zu besinnen. Ich will diese Problematik in den weiteren Ausführungen noch verdeutlichen, aber zunächst einmal feststellen, welche Vereinbarungen in der Analyse ausgesprochen oder unausgesprochen doch regelhaft getroffen werden bzw. getroffen werden sollten. Es handelt sich hierbei um ein Paket von Anregungen, Vorschlägen, Anweisungen bzw. Verträgen, die für den Ablauf der Analyse und der Individuation zum Teil recht beeinflussend sind und keineswegs nur einen äußeren Rahmen bilden. Ein Teil hiervon ist bereits in eigenen Kapiteln besprochen worden, wie die Stundenfrequenz, die Bezahlung und das Sitzen oder Liegen. Außer diesen bereits ausführlicher besprochenen gibt es nun eine Reihe weiterer Maßnahmen, die von psychoanalytischer Seite im Arbeitsbündnis zusammengefaßt dem Patienten bereits am Anfang der Behandlung mitgeteilt werden. Es handelt sich hierbei um folgende Bereiche:
1. Es wird die Dauer der Stunden mitgeteilt, die entsprechend der Kassenregelung bei mindestens 50 Minuten liegt.
2. Der Patient wird eingewiesen in die Methodik der freien Assoziation, d. h. es wird ihm erklärt, daß er mit einer Art dösender, freischwebender Aufmerksamkeit alle Gedanken und Gefühle mitteilen soll, die ihm während der Stunde aufsteigen bzw. in ihm vorgehen. Die Betonung wird hierbei auf *alle* gelegt, und der Patient wird angewiesen, keine Einfälle auszulassen, sei es auch, daß sie ihm unwesentlich erscheinen, daß sie sehr peinlich und unangenehm wären oder daß sie

sich auf die Person des Analytikers oder die Analyse bezögen u. ä. m.

3. Der Patient wird darauf hingewiesen, daß Träume in der Analyse wichtig wären und wird aufgefordert, auf seine Träume zu achten und diese während der Analysenstunden mitzuteilen.

4. Dem Patienten wird mitgeteilt, daß lebenswichtige Entscheidungen während der Dauer der Analyse möglichst nicht getroffen werden sollen, wie z. B. Eheschließungen, Scheidungen, Berufsänderungen etc. Falls sie unumgänglich notwendig sind, wären sie zu besprechen und im gegenseitigen Einverständnis vorzunehmen.

5. Es wird eine Urlaubsregelung zwischen dem Patienten und dem Analytiker getroffen, wobei in der Regel darauf zu achten ist, daß der Urlaub des Patienten mit dem des Analytikers übereinstimmt.

Eine ausführliche psychoanalytische Beschreibung dieses Paktes und der Grundregel inklusive der vorher erwähnten Probleme über Finanzierungen, Liegen und Sitzen etc. ist in dem Lehrbuch der analytischen Psychotherapie von Schulz-Hencke enthalten (206) und kann dort nachgelesen werden. Es erscheint mir erwähnenswert, daß nach meiner Kenntnis von vielen Kollegen der orthodoxen Freudschen Richtung ein offener therapeutischer Anfang bevorzugt wird, wie ihn auch die meisten analytischen Psychologen benutzen, daß aber derartige Paktabschlüsse und Übermittelungen der Grundregel auf jeden Fall von der Neoanalyse noch weitgehend vorgenommen und gelehrt werden. Es gibt auch eine ganze Reihe rational gut einsehbarer Gründe, weshalb es sinnvoll ist, dem Patienten am Anfang der Therapie eine derartige «Einweisung» in die Behandlungsmethode und die Formalien der Therapie zu geben, um ihm so zu verdeutlichen, was von ihm erwartet wird und was er zu erwarten hat.

In der Analytischen Psychologie ist es nach allen meinen Kenntnissen auch von den unterschiedlichsten Ländergruppen her nicht üblich, solche Paktabschlüsse oder Grundregelvereinbarungen mit dem Patienten am Anfang oder vor Beginn der Therapie zu treffen, obwohl auch wir selbstverständlich zu bestimmten Vereinbarungen kommen müssen. Wie bereits an anderer Stelle erwähnt, bevorzuge ich einen vollständig offenen Anfang, indem ich zunächst einmal voraussetze, daß der Patient unter den heutigen Verhältnissen, sofern er sich einer Analyse unterzieht, mindestens von der Populärliteratur her einige Kenntnisse darüber besitzt, wie diese abläuft. Es erscheint mir völlig sinnlos, einem Patienten, der unter der außerordentlich hohen Spannung eines neurotischen Krankheitsgeschehens steht und den doch üblichen projektiven Ängsten, die er dem Analytiker entgegenbringt, innerhalb der ersten Stunde oder der ersten Stunden eine Fülle von Verhaltensregeln zu geben, um dann mit ihm einen sogenannten Pakt oder Vertrag zu schließen, der ihm mehr oder minder aufoktroyiert wird und den er noch gar nicht in der Lage ist, aufzunehmen, geschweige denn in seinen Hintergründen zu verstehen. Trotzdem sind auch wir darauf angewiesen, mit dem Patienten gewisse Vereinbarungen zu treffen, und es dürfte sich deshalb empfehlen, die einzelnen hier angegebenen Punkte aus unserer Sicht durchzusprechen.

Was zunächst die Dauer der analytischen Sitzungen anbelangt, so handelt es sich bei all den Fällen, die über eine Krankenkasse laufen, um eine gesetzlich vorgeschriebene Mindestdauer von 50 Minuten (35), die von dem Therapeuten eingehalten werden muß. Ich glaube, daß es nach all den Erfahrungen, die ich gemacht habe, ein international gebräuchlicher analytischer Standard ist, daß die Sitzungen mit einem Patienten in der Regel zwischen 45 und 60 Minuten von dem einzelnen Analytiker angesetzt werden. Die allgemein übliche Zeit liegt zwischen 45 und 50 Minuten, was schon rein praktischen Erwägungen folgt, da es nicht empfehlenswert ist, die Patienten direkt unmittelbar hintereinander kommen zu lassen, sondern eine kurze Besinnungspause zwischen zwei Behandlungen einzuschalten, die in der Regel zwischen 10 und 15 Minuten liegt. Da viele Analytiker innerhalb der einzelnen Sitzungen auch keine Notizen machen, sondern kurz hinterher ein Stichwortprotokoll notieren, was auf jeden Fall empfehlenswert ist, um die Zusammenhänge zwischen den einzelnen Sitzungen nicht aus dem Gedächtnis zu verlieren, ist auch für diesen Zweck eine kurze Pause zwischen zwei Patienten notwendig. Leider sieht die Praxis immer etwas anders aus, als jede noch so schöne Theorie, und infolge des sehr hohen Patientendruckes kommt es doch bei vielen Analytikern häufig zu der Situation, daß Patienten unmittelbar nacheinander bestellt werden müssen und man dann auch genötigt ist, Stichwortnotizen innerhalb einer Sitzung zu machen. Das ändert nichts daran, daß ich es grundsätzlich besser finde, eine Pause von mindestens 10 Minuten zwischen den einzelnen Patienten zu haben, die auf der einen Seite notwendig ist, um die vorangegangene Stunde auch gefühlsmäßig ausschwingen zu lassen und auf der anderen Seite sich auf die nächste innerlich vorzubereiten und einzustellen. Jedem Anfänger ist auf jeden Fall eine derartige

Pause zu empfehlen. Sofern man nicht mit einer reinen Persona technifiziert analytisch-handwerklich behandeln will, sondern sich selber in stärkerem Umfang gefühlsmäßig, wie es für eine wirkliche Analyse notwendig ist, in den Behandlungsprozeß einbeziehen läßt, kommt man ohne ein derartiges Pausieren einfach nicht aus. Es ist sowieso ziemlich schwierig, sich im Laufe eines Tages auf viele verschiedene Menschen und unterschiedliche Probleme innerhalb kurzer Zeit umzustellen. Diese Umstellungen sind etwas, was auch erst sehr allmählich im Verlauf von vielen Jahren gelernt werden kann, und ich meine, daß ein Analytiker relativ viele Jahre braucht, um innerlich in die Lage zu kommen, sich wirklich voll, relativ schnell, von dem vorangegangenen Patienten zu trennen und auf den neu ankommenden Patienten umzustellen.

Recht häufig stellt sich für den Anfänger, wie es mir oft bei den Kontrollanalysen begegnet, das Problem der Stundenüberziehung, wozu natürlich eine längere Pause zwischen zwei Sitzungen eher einlädt. Viele Patienten neigen dazu, aus den verschiedensten Hintergründen heraus die Stunden über die Zeit hin auszudehnen. Es gehört oft ein beträchtliches Maß von Festigkeit und Energie auf Seiten des Analytikers dazu, eine Stunde pünktlich abzuschließen. Natürlich ist mit dem pünktlichen Abschluß nicht gemeint, daß man wie ein Maurer mit dem Glockenschlag seine Kelle fallenläßt; aber man sollte doch schon kurz vor Stundenende darauf achten, daß größere und mehr Zeit erfordernde Probleme oder Berichte des Patienten nicht mehr begonnen werden oder aber der Patient darauf aufmerksam gemacht wird, daß die Zeit in Kürze zuende ist und er nur noch einen beschränkten Zeitraum zur Verfügung hat. Genauso ist es umgekehrt günstiger, in einer entsprechenden Situation lieber 2-3 Minuten vorher aufzuhören, als mit Gewalt die 50 Minuten absitzen zu wollen.

Gar nicht selten taucht das Problem von Doppelstunden auf, die von Patienten gewünscht werden. Ich habe im allgemeinen keine sehr guten Erfahrungen damit gemacht, sondern festgestellt, daß die Verlängerung der Stundenzeit eigentlich nur für die Abwehr förderlich ist, auch bei relativ stark gehemmten Patienten, die nur schwer in der Lage sind, innerhalb einer Stunde etwas zu sagen. Bei diesen Patienten führt die Verlängerung der einzelnen Stunde meist nur dazu, daß der Gesundungsprozeß verzögert wird. Ein Beispiel hierfür wäre ein Patient, den ich mit einem sehr schweren Sprachfehler behandelte. Die Sprechstörung war bei ihm so erheblich, daß er in den ersten Behandlungsstunden mit ausgesprochener Mühe und unter sehr starker Verkrampfung in der Regel nur zwischen 3 und 10 Sätze hervorbrachte. Wie sich allmählich herausstellte, hatte dieser Patient einen overprotective father, der ihm alle diejenigen Dinge abgenommen hatte, bei denen er sprechen mußte. Nachdem er aus dem Elternhaus weggegangen war, hatte seine Frau diese Rolle übernommen. Selbst der Einkauf von Kino- oder Theaterkarten wurde von Vater oder Ehefrau erledigt. Wäre ich bei diesem Patienten auf die von ihm gewünschte Verlängerung der Behandlungszeit eingegangen, dann wäre ich unweigerlich in die Rolle dieses Vaters gekommen, der den Sohn immer weiter infantilisierte bzw. in seinen Unfähigkeiten festhielt. Nur dadurch, daß ich strikt auf der Zeitdauer bestand und es in Kauf nahm, daß am Anfang viele Stunden verbal relativ unergiebig verliefen, brachte ich den Patienten dazu, seine selbständigen Anstrengungen in die analytische Behandlung hinein zu mobilisieren und relativ bald wenigstens soweit besser zu sprechen, daß ausreichend verbales Material in die Sitzungen einfloß. Dadurch, daß der Patient genauso wie jeder andere behandelt wurde, kam er auch aus seiner Sonderrolle heraus, in der er sich wie ein Jude in der Nazizeit gefühlt hatte (38).

Bei einem zweiten Fall, den ich ebenfalls an anderer Stelle ausführlicher behandelt habe (43), handelte es sich um eine Patientin mit einer erheblichen Abasie. Die Symptomatik der Patientin war so erheblich, daß sie relativ lange Zeit benötigte, die kleine Treppe, die von meinem Wartezimmer in mein Behandlungszimmer heraufführte, hochzugehen und in einzelnen Stunden am Beginn der Therapie sogar gar nicht in der Lage war, diese Strecke zu bewältigen. Ich entschloß mich daher am Anfang der Behandlung, die einzelnen Behandlungsstunden zum Teil bis weit in die Pausen hinein auszudehnen, da mitunter nach der mühsamen Bewältigung der Treppe nur noch 15 bis 20 Minuten Behandlungszeit übrig blieben. Außerdem führte ich auch eine Reihe von Stunden unten im Wartezimmer durch. Dieses «Entgegenkommen an die Symptomatik» erwies sich als sehr ungünstig, denn die Patientin reagierte darauf mit einer Verschlechterung ihrer Symptome. Die Gangstörung wurde eher schlimmer und verlagerte sich außerdem auch auf den Anfahrtsweg zur Behandlung hin, so daß immer größere Verspätungen auftraten, ehe sie überhaupt kam, obwohl sie schon regelmäßig das Taxi benutzen mußte. Ich entschloß mich deshalb, dieses Problem mit ihr zu besprechen und sie darauf aufmerksam zu machen, daß wir aus therapeutischen Gründen keine Konzessionen mehr an ihre Symptome machen dürften. Nachdem wir über einige Zeit dann wirklich konsequent die Stunden so durchgehalten hatten, daß erst im Behandlungszimmer selbst die Therapie begann und auch die zeitliche Begrenzung von insgesamt 50 Minuten, gleichgültig, wieviel sie zu spät kam, eingehalten wurde, begannen die Symptome sich allmählich zu bessern, und nach ca. 40 Behandlungsstunden war sie dann soweit, daß sie praktisch die Behandlungszeiten voll ausschöpfen konnte. Natürlich hatte dies nicht nur mit der äußeren Maßnahme etwas zu tun, sondern hing insbesondere mit der Bewußtmachung der Problematik zusammen, die zu dem Symptom geführt hatte. Aber die konsequente Haltung, nicht auf die Symptome einzugehen, spielte doch eine wesentliche Rolle. Man konnte auch daran, wieviel Zeit sie vom Wartezimmer bis zum Behandlungszimmer die Treppe hinauf brauchte, fast ablesen, wieviel an Widerstand in der jeweiligen Phase vorhanden war, und als die Patientin endgültig sich dessen bewußt geworden war, daß sie Proteste und Widerstände auch in anderer Form äußern könnte als dadurch, sich selbst die Behandlungsstunde durch die Symptome zu verkürzen, fiel das Problem völlig weg.

Ein weiteres praktisches Problem, das sich auf die Zeit der Behandlungsstunden bezieht, sind die Verspätungen, die die Patienten sehr häufig haben. Hierbei ist zu unterscheiden, ob es sich bei den Verspätungen um ein Symptom handelt, das allgemein bei dem betreffenden Menschen vorhanden ist und er nicht nur für die Analyse, sondern auch in allen anderen Situationen dazu neigt, zu spät zu kommen, selbst dann, wenn diese für ihn wichtig sind und die Verspätung ihm schadet; ob es sich um ein Phänomen handelt, das sich lediglich in einer bestimmten Phase auf die Analyse bezieht (eine relativ sehr seltene Angelegenheit), oder ob es sich um Verspätungen handelt, die vereinzelt auftreten. Hinter jeder dieser drei verschiedenen Möglichkeiten kann eine außerordentlich verschiedenartige Fülle von Hintergrundsmotivationen liegen, so daß sich hier nicht der Raum ergibt, darüber im einzelnen zu sprechen. Es läßt sich lediglich generell etwas darüber sagen. Bei der ersten Gruppe der Patienten, bei denen das Problem der Verspätung ein grundsätzliches Problem ist, halte ich es für falsch, relativ frühzeitig und sofort dieses Symptom zu analysieren und darauf zu dringen, daß der Patient pünktlich in die Behandlung kommt. Gerade das Letztere hat überhaupt keinen Effekt, da im

Grunde genommen der Patient durch eine derartige Anweisung aufgefordert wird, sein Symptom aufzugeben, was er ja eben praktisch nicht kann. Niemand würde auf die Idee kommen, wenn er einen Patienten etwa mit einem Ulcus duodeni behandelt, diesem vorzuschreiben, daß er von jetzt an keine Magenschmerzen mehr haben sollte. Es ist meistens am günstigsten, das Symptom überhaupt nicht direkt anzusprechen, sondern die Verspätung einfach hinzunehmen und konsequent das unbewußte Material zu analysieren, so wie in jeder anderen Behandlung auch. Wenn der Patient dann anfängt, pünktlicher zu kommen oder evtl. auch nur in einzelnen Fällen die Verspätungen ganz wegzulassen, kann man das in die Analyse miteinbeziehen und ihn darauf aufmerksam machen, daß er offensichtlich schon in der Lage ist, mit seinen Symptomen besser fertigzuwerden. Dadurch wird einerseits vermieden, daß der Patient auf Grund seiner Symptome zusätzliche Schuldgefühle gegenüber dem Analytiker bekommt, wenn der Analytiker hier anders reagiert, als die übrigen Beziehungspersonen, die meist mit mindestens hintergründiger Aggression auf das Verspätetsein reagieren. Auf der anderen Seite wird dem Patienten deutlich klargemacht, daß der Analytiker sich um diese Symptomatik kümmert und sich bemüht, ihm zu helfen, sie allmählich abzubauen.

Die zweite Kategorie, bei der es sich um Verspätungen handelt, die sich ausschließlich auf die Analyse beziehen, sind so wie jedes andere Agieren eines Widerstandes zu behandeln. Im Grunde genommen fällt der Umgang mit dieser Problematik in das hinein, was ich in dem Kapitel «Deutung» über den Zeitpunkt der Deutungsprobleme ausführen werde. Auch hier ist es nicht empfehlenswert, den Patienten relativ schnell darauf anzusprechen, sondern erst sollte sich der Analytiker selbst einmal darüber klarwerden, welche unbewußte Problematik sich hinter der Verspätung verbirgt. Erst dann, wenn auch beim Patienten das Problem relativ bewußtseinsnah ist, kann man es ansprechen. Auch bei der dritten Kategorie, der zeitweisen Verspätung, halte ich es, wie es häufig geschieht, für ungünstig, jede einzelne Verspätung, die beim Patienten auftritt, gleich analytisch zu behandeln und den Versuch zu machen, auf den entsprechenden Hintergrund zu kommen. Verspätungen bei Verabredungen gehören außerdem zum üblichen menschlichen Verhalten, und es kann sogar umgekehrt der Fall sein, daß bei einem Zwangsneurotiker, der mit äußerster Konsequenz über eine sehr lange Behandlungszeit auf die

Minute pünktlich auf die Klingel drückt, das Auftreten von Verspätungen eine Auflockerung seiner Symptome zeigt und im Grunde genommen ein Zeichen eines Gesundungsvorganges ist und nicht etwa eine masochistisch gegen das eigene Ich gewendete Aggression oder ein Ausdruck einer oralen Gehemmtheit. Erst wenn sich Verspätungen bei Patienten häufen, ist es sinnvoll, auf das Problem innerhalb der Analyse hinzuweisen. Ansonsten geben sie sich meist von ganz allein, wenn erst ein Stadium der intensiven und interessierten Bearbeitung am unbewußten Material des Patienten vorhanden ist, sowie andere Symptome eben auch. Wichtig erscheint mir lediglich, daß man Verspätungen nicht ausgleicht, selbst wenn grundsätzlich die Möglichkeit dazu gegeben ist. Natürlich können, besonders bei der ersten Kategorie, solche Verspätungen ganz erhebliche Ausmaße annehmen. Das tritt häufig dann ein, wenn die Patienten nicht selbst für die Behandlung bezahlen müssen, sondern entweder eine Krankenkasse die Kosten der Therapie übernimmt oder es sich um eine Hausfrau oder einen Jugendlichen handelt, deren Therapie vom Ehemann bzw. von den Eltern bezahlt wird. Der extremste Fall, den ich in dieser Beziehung einmal erlebt habe, war der einer sehr stark schizoiden neurotischen Patientin, die unter anderem auch noch teilweise von Rauschgift abhängig war und eine Reihe von doch erheblichen Verwahrlosungszuständen aufwies. Da diese Patienten für Zwänge, die von Autoritäten ausgehen, ganz besonders empfindlich sind und mehrere Vorbehandlungsversuche bei ihr bereits gescheitert waren, hatte ich mich entschlossen, in ihrem Fall die Verspätungsproblematik, die so ausgedehnt war, daß teilweise nur 5 bis 10 Minuten von den einzelnen Behandlungsstunden übrig blieben, zunächst über etwa ein halbes Jahr in Kauf zu nehmen, obwohl die Behandlung von einem Kostenträger finanziert wurde. Das ist an sich sicher nicht zulässig, denn die Allgemeinheit bringt die relativ hohen Behandlungskosten für einen Menschen nicht deswegen auf, damit dieser seine eigene Behandlungszeit willkürlich verschleudert und die Termine, die ihm zur Verfügung gestellt werden, nicht richtig wahrnimmt. In diesem Ausnahmefall war das aber doch das einzig Mögliche, weil sich erst unter meinem Gewährenlassen bei der extrem mißtrauischen und hochgradig verängstigten Patientin eine Übertragungssituation herstellen ließ, die ein gewisses Minimum an Vertrauen beinhaltete. Erst nachdem diese Situation erreicht war, habe ich dann mit ihr die Vereinbarung getroffen, daß sie bei Verspätungen, die mehr als die Hälfte der Behandlungszeit, d. h. über 25 Minuten, betrugen, die Kosten der Therapiestunde selbst übernehmen müßte, während alle Verzögerungen, die darunter lagen, ihr selber noch freigestellt blieben.

Obwohl diese Vereinbarung noch außerordentlich heftige Affekte und Diskussionen bei der Patientin auslösten, konnte sie im Endeffekt doch darauf eingehen und ein gewisses Verständnis für meine Gegenübertragungssituation aufweisen, die es mir nicht mehr erlaubte, diesen Zustand über weitere Zeit aufrechtzuerhalten. In der Folgezeit pendelte sich dann die Situation allmählich ein. Sie hat eigentlich nie diese Situation ausgenutzt und ist bewußt oder unbewußt genau zwischen 20 und 25 Minuten zu spät gekommen, sondern sie kam vorwiegend weitgehend pünktlicher, erlaubte sich von Zeit zu Zeit aber doch wieder noch Rückfälle in die größere Unpünktlichkeit, für die sie aber dann die Verantwortung übernehmen konnte und die sie trotz ihrer eigenen ungünstigen finanziellen Verhältnisse bezahlte.

Abschließend wäre vielleicht noch zu sagen, daß ich bei dem offenen Analysenbeginn, den ich bevorzuge, dem Patienten natürlich auch nicht von mir aus die mögliche Zeit der Behandlungsdauer mitteile. Dem weitaus größten Teil meiner Patienten ist es eigentlich auf Grund ihrer Vorinformation bekannt, wielange Zeit eine Behandlungssitzung in Anspruch nimmt. Sofern das nicht der Fall ist, gibt es einen Teil der Patienten, der das merkt, und registriert, ohne daß es ausdrücklich ins Gespräch kommt, und einen anderen Teil, der danach fragt, was ich im allgemeinen für analytisch nicht sehr relevant halte. Wichtig ist allein, daß der Patient sich in irgendeiner Form darüber informiert, was ihm an Behandlungszeit im einzelnen zusteht, wobei es völlig der Typologie des einzelnen überlassen bleiben kann, in welcher Form er sich diese Information holt.

Der zweite hier zu besprechende Punkt bezieht sich auf die Information über das analytisch optimale Verhalten des Patienten und die Art des Verbalisierungsprozesses. Man sollte sich hierbei zunächst einmal des grundsätzlichen Problems bewußt sein. Bei jedem Patienten, der uns wegen einer psychischen Erkrankung aufsucht, ist die gesunde Kommunikation zwischen Ich und Selbst auf der Ich-Selbst-Achse gestört. Damit besteht auch eine Beziehungsstörung zum eigenen Unbewußten, die sich dann nach außen hin in der Vielfalt der Beziehungsstörungen der Subjekt-Objekt-Relation äußert. Die

Herstellung einer gesunden Beziehung zwischen Ich und Selbst, der optimale Austausch von Inhalten auf der Ich-Selbst-Achse und die Herstellung einer Bewußtseinsschwelle, die zwar unbewußte Inhalte durchläßt, auf der anderen Seite aber auch wieder vor Überschwemmungen durch das Unbewußte schützt, ist das therapeutische Endziel und damit die Voraussetzung dafür, daß der Individuationsprozeß auch weiterhin ohne die Hilfe des Therapeuten ungestört verlaufen kann. Damit ist es im Grunde genommen ein Kernproblem, das durch die gesamte Therapie läuft, dem Patienten zu ermöglichen, unbewußte Inhalte erlebnismäßig innerhalb der Sitzungen aufsteigen zu lassen und sie mit der entsprechenden emotionalen Besetzung mitzuteilen bzw. den Analytiker miterleben zu lassen. Die wichtigste Voraussetzung hierfür ist, daß sich in der analytischen Beziehung zwischen dem Arzt und dem Patienten allmählich ein wirkliches Vertrauensverhältnis herstellt, das es dem Patienten ermöglicht, auch Dinge mitzuteilen, die er sonst keinem anderen sagen würde. Hierbei darf man sich nicht durch blinde und naive Vertrauensseligkeit täuschen lassen, die eher dazu dient, bestimmte andere wichtige Bereiche zu überdecken, sondern es muß sich um ein wirkliches tiefes und echtes menschliches Vertrauen zwischen den beiden Personen handeln, das bekanntlich eine Pflanze ist, die außerordentlich langsam wächst. So kann man eigentlich nie erwarten, daß der Patient von Anfang an alles über sich mitteilt, sondern diese Fähigkeit, wirklich offen sein zu können, ist etwas, das erst ganz allmählich im Verlauf der Behandlung gewonnen wird. Ein derartiges Vertrauen und eine derartige Offenheit lassen sich aber durch keinen technischen Kunstgriff herstellen. Ich glaube, daß es Freud auch bewußt war, daß es sich besonders im Beginn der Analyse um eine unerfüllbare Forderung handelt, grundsätzlich während der Sitzung alles mitzuteilen, nichts zu verschweigen und innerhalb der Sitzung konsequent freie Assoziationen zu produzieren. Dieses Verfahren birgt zwei große Gefahren in sich: einmal begünstigt es den Verdrängungsprozeß für wirklich emotional bewegende und Wandlungsvorgänge hervorrufende innere Erlebnisse bei noch nicht existierender wirklicher Beziehung und Vertrauenssituation. Den Patienten fallen dann eben gerade diese entscheidenden Bereiche innerhalb der Sitzungen nicht ein, sie werden konsequent oft über Monate oder sogar Jahre aus der Analyse herausgehalten, und man kann erleben, daß sie dann erst sehr viel später unter erheblichen Schuldgefühlen eingebracht werden können. Zum Zweiten fördert diese Methodik einen Abriß der verbalen Inhalte von den Emotionen, wie man es am deutlichsten bei den zwangsneurotischen Patienten sieht. Es können unter Umständen die schwierigsten, peinlichsten und unangenehmsten Mitteilungen verbal mit Leichtigkeit gemacht werden, wobei der dazugehörige Affekt aber im Unbewußten verbleibt und meist auch nicht durch Deutungen, die auf diese Affektlücke hinzielen, ins Bewußtsein gehoben werden kann. Es wird bei diesen Patienten zwar nichts verschwiegen, aber es geschieht auch nichts, und die Analyse bleibt erlebnisarm. Sie beschränkt sich dann höchstens auf rationale Verhaltenskorrekturen, die zwar ganz praktisch und auch leidenserleichternd sein können, aber letztlich nicht den tieferen Grund des Leidens beheben und damit auch nicht die mangelnde Sinnerfülltheit des Lebens.

Ich ziehe es daher dem Sinn der Analytischen Psychologie und des Individuationsprozesses entsprechend vor, weder derartige Anweisungen zu geben noch Forderungen aufzustellen. Ich begnüge mich mit dem, was spontan und freiwillig von Seiten des Patienten in den analytischen Prozeß hineinkommt. Mir erscheint es wichtig, daß man sich bemüht, allmählich zwischen sich selbst und dem Patienten eine Atmosphäre aufzubauen, in der es diesem mehr und mehr gelingt, sein Unbewußtes mitreden zu lassen und durch entsprechende Deutungen dessen, was sich erlebnismäßig zwischen mir und dem Patienten abspielt, diesem die Einsicht zu vermitteln, daß es für unsere Arbeit eben am günstigsten ist, alles das, was ihn wirklich betrifft und bewegt, hier hereinzubringen und mitteilen zu können. Es gibt praktisch keinen Patienten, der sich am Beginn und oft bis weit in die Analyse hinein in sein Unbewußtes fallen lassen und wirklich unbewußte Inhalte zum Bewußtsein aufsteigen lassen kann. Bei dem modernen Menschen unserer heutigen Kultur ist die Überbetonung des Bewußtseins so stark, daß es höchstens unbewußte Einbrüche oder Überschwemmungen gibt. Jeder, der in eine Behandlung kommt, muß es erst allmählich lernen, wirklich nach innen zu sehen und wahrzunehmen, was an innerem Erleben in ihm vorgeht. Eine Assoziationskette, die praktisch immer nur aus vom Bewußtsein herstammenden Inhalten kommt, ist für jede Analyse eher wertlos. Um hierfür ein Beispiel zu geben, sei auf folgende, gar nicht seltene Situation hingewiesen:

Patienten berichten häufig am Anfang der Analyse äußere Ereignisse, die sich zwischen den Stunden abgespielt haben und die von wenig analytischer Relevanz sind. Macht man ihnen dann nach einiger Zeit den Vorschlag, einmal in sich selbst hineinzusehen und mitzuteilen, was da in ihnen vorgeht, so bekommt man häufig die Antwort, daß sie dort nichts entdecken könnten oder daß eine Leere da wäre. Es ist nun meines Erachtens falsch, den Patienten zu erklären, daß es eine derartige Leere nicht gäbe, sondern daß ein immerwährender Strom von Gedanken und Gefühlen vorhanden sei, so daß z. B. eine Yogi in Indien außerordentlich mühsam und im Verlauf von langen Meditationsübungen erst lernen müßte, diesen Strom auch nur für kurze Zeit anzuhalten. Der gefügige Patient wird daraufhin mit weiteren, aus dem Bewußtsein stammenden, wenig relevanten Gedanken antworten, der weniger gefügige wird darauf bestehen, daß bei ihm doch diese Leere vorhanden sei. Es erscheint mir daher angebrachter, das Nichts oder die innere Leere, die existiert und die ja auf der Verfestigung und Starrheit der Bewußtseinsschwelle beruht, bei dem Patienten zu akzeptieren und ihn dementsprechend aufzufordern, sich in dieses Nichts oder in diese Leere hineinfallen zu lassen und in Ruhe abzuwarten, ob beim Eintauchen in diesen Bereich doch etwas aufsteigt. In der Regel tritt das dann auch ein, sofern die Hingabestörung und die Abwehr zu diesem Zeitpunkt nicht allzu groß sind.

Natürlich benutze auch ich stellenweise die Methode der freien Assoziation, und ich glaube, es gibt keinen analytischen Psychologen, der das nicht tut und sich einzig und allein auf die Amplifikationsmethode bezieht. Das Benutzen von freien Einfällen besagt ja nicht, daß man diese ununterbrochen die ganze Sitzung hindurch weiterlaufen läßt, sondern ermöglicht es vielmehr an bestimmten Stellen, Hinweise für unbewußtes Material zu bekommen, auf das dann wieder im Sinne der Amplifikation eine Konzentration erfolgen kann. Das Nähere hierüber gehört aber in das Kapitel über Amplifikation und Assoziation.

Der dritte Punkt wäre dann der Hinweis auf die Wichtigkeit des Einbringens von Träumen. Da für die Analytische Psychologie die Bearbeitung des Traummaterials methodisch mit an erster Stelle steht, ist es selbstverständlich, daß dem Patienten in irgendeiner Form im Beginn des analytischen Prozesses verdeutlicht wird, daß das Einbringen von Träumen außerordentlich wichtig ist. In welcher Form nun dieser Hinweis gegeben wird, das variiert jeweils im Sinne des persönlichen Stils des einzelnen Analytikers. Von einer lockeren

Bemerkung, auch Träume mitzubringen, bis zu der Anweisung, sich Träume möglichst regelmäßig zu merken, darüber zu sprechen, wie man das am besten tut und die Träume aufzuschreiben, existiert eine sehr große individuelle Variationsbreite. Ich verfahre in der Regel am Anfang einer Behandlung so, daß ich darauf warte, ob der Patient spontan Träume mitbringt. Erfolgt das nach einigen Stunden nicht und liegt auch keine akute, sehr brennende und turbulente Problematik vor, über die unbedingt ausführlich gesprochen werden muß, dann teile ich dem Patienten zunächst meine Verwunderung darüber mit, warum er hier keine Träume mitteile, obwohl er doch eigentlich wissen müsse, daß in Analysen die Traumbearbeitung eine relativ große Rolle spiele. Ein derartiges Eingreifen ist aber selten nötig, denn meist bringen die Patienten spontan von der ersten Stunde an Träume mit, und das Nicht-Einbringen von Träumen hat bestimmte, wichtige analytische Hintergründe, die auf diese Art und Weise gleich zu Anfang in die Behandlung hineinkommen. Gegenüber dem Patienten, der von sich behauptet, daß er nicht träume, sind wir glücklicherweise durch die umfangreichen Forschungen der letzten Jahre in den Schlaflaboratorien in der Lage, mit Sicherheit zu behaupten, daß jeder Mensch in jeder Nacht 3-4 Traumphasen hat und es bestimmte analytische Hintergründe geben müßte, weshalb der betreffende Patient seine Träume nicht behält. Diese Hintergründe müssen dann eben Gegenstand der Analyse werden. Ich habe in meinen beiden Büchern «Träume als Sprache der Seele» (53) und «Umgang mit Träumen» (67) sehr ausführlich beschrieben, wie man methodisch an das Träumen herankommt und es lernen kann, möglichst vollständige Träume zu behalten sowie, wie innerhalb des analytischen Prozesses mit Träumen umzugehen ist, so daß es sich an dieser Stelle erübrigt, darauf näher einzugehen.

Als Punkt 4 wäre dann die Frage nach den lebenswichtigen Entscheidungen aufzuwerfen. Ich halte es für absurd und auch dem therapeutischen Konzept zuwiderlaufend, von einem Patienten zu erwarten, daß er während der ganzen Zeit einer analytischen Therapie keine lebenswichtigen Entscheidungen trifft. Im Gegenteil kann es gerade z. B. für einen narzißtisch stark beziehungsgestörten Patienten notwendig und wichtig sein, sowie einen therapeutischen Erfolg darstellen, wenn er im Verlauf der Analyse in die Lage versetzt wird, eine feste Bindung zu einem Partner einzugehen und evtl. auch zu heiraten. Auf der anderen Seite sollte es aber auch eine Therapie ermöglichen, daß sich ein Mensch, der zum Schaden seiner selbst und seines Partners lediglich aus Pflichtgefühl an einer für ihn unerträglichen Beziehung festhält, sich aus dieser befreien kann. Das Gleiche gilt natürlich auch entsprechend für alle anderen wichtigen Lebensbereiche wie etwa berufliche Veränderungen, Schwangerschaften, Vermögensbildung oder -auflösung, Bau oder Kauf von Eigenheimen etc. Sinn und Ziel jeder Analyse ist es, einen Menschen entscheidungsfähig zu machen und ihn auch die eigene Verantwortung für seine Entscheidungen und seinen eigenen Lebensaufbau übernehmen zu lassen. Wenn der Analytiker das aus Ängstlichkeit und übergroßer Fürsorglichkeit oder gar Besserwisserei verhindert, dann infantilisiert er den Patienten und fördert nur die lebensverneinende Abwehrorganisation der Neurose, hinter der sich der entscheidungsängstliche und verantwortungsängstliche Patient nur allzu gern versteckt.

Die Problematik liegt aber auf der anderen Seite darin, den Patienten davor zu schützen, daß durch das, was Greenson (103, pag. 276) das Agieren außerhalb der Analyse nennt, schwerwiegende fixierte Konsequenzen entstehen, die dann später den Fortgang der Analyse und die Möglichkeit zur freien Entfaltung der Individuation behindern. Solange es sich lediglich, wie in dem von Greenson beschriebenen Beispiel, um ein Ausagieren eines Übertragungsteils in einer Realbeziehung, die wieder gelöst werden kann, handelt, ist das kein so großes Problem, sondern ein derartiges Verhalten kann sogar analytisch außerordentlich fruchtbar werden. Schwieriger wird es, wenn aus Angst vor der libidinösen Übertragung gleich zu Beginn der Analyse etwa neue, feste Partnerbeziehungen, evtl. sogar mit Eheschließung geknüpft werden, oder bei einer möglicherweise noch intakten Ehe die positiv-libidinösen Anteile auf den Analytiker übertragen werden und die negative Übertragung auf den Ehepartner und es dann zu einer frühzeitigen und unüberlegten Scheidung kommt, die nicht notwendig wäre. Das gleiche geschieht, wenn etwa das sich innerhalb der Analyse konstellierende innere Kind nicht als eigene archetypische innere Entwicklungsmöglichkeit erkannt wird, sondern durch ein reales Kind agiert wird. Eine 32jährige Patientin, die bereits 2 Kinder hatte und in einer sehr problematischen Ehe lebte, war so z. B. nur durch immer wiederholtes Deuten auf diesen Tatbestand hin davon abzuhalten, das «analytische Kind» als drittes, reales Kind zu bekommen, was sie in diesem Fall in eine ganz unmögliche Bela-

118

stungssituation gebracht hätte. Es ist oft ein sehr schwieriges und mühsames analytisches Unterfangen, abzugrenzen und zu unterscheiden, was etwa bei einer Patientin, die um 30 ist, jetzt Abbau von Ängsten vor eigener Schwangerschaft und berechtigtem Kinderwunsch ist oder wieweit das innere analytische Kind gemeint ist, das nicht mit dem äußeren verwechselt werden darf. Wenn die betreffende Patientin dieses Problem breit in die Analyse bringt, kann es entsprechend behandelt werden, und diese Abgrenzung kann gelingen, während ein frühzeitiges Ausagieren außerhalb der Analyse sich dann später ungünstig für die Individuation auswirkt. Es ist bei allen diesen Problemen hier schon sinnvoll, dem Patienten bei einem entsprechenden Aufhänger in den Phantasien oder Aktualsituationen die Empfehlung zu geben, daß es sinnvoll ist, jede wichtige Entscheidung in die Analyse zu bringen und sie erst zu treffen, wenn sie ausführlich durchgesprochen und analysiert worden ist. Diese Empfehlung sollte aber m. E. kein Diktat sein, und vor allem von Seiten des Analytikers sollte es dem Patienten nicht als Vertrauensbruch angekreidet werden, wenn er sich nicht daran hält. Viele Menschen begehen aus Autoritätsängsten Willkürhandlungen und müssen erst langsam lernen, für die Konsequenzen dieser Handlungen einzustehen, auch für die negativen Konsequenzen, die das evtl. auf die Analyse hat. Ihre Problematik wird dadurch bestimmt nicht gebessert, wenn die autoritären Positionen des kollektiven Bewußtseins und des Über-Ichs durch den Analytiker verstärkt werden.

Schließlich wäre noch ein Wort zur Urlaubsregelung zu sagen. Ich halte es nicht für gut, Patienten zu zwingen, ihren Urlaub unbedingt in der Zeit zu nehmen, in der auch der Analytiker seinen Urlaub nimmt und evtl. sogar außerhalb dieser Zeit liegende Urlaube stundenmäßig voll bezahlen zu müssen. Es läßt sich bei jeder freien Praxis m. E. so einrichten, daß der Analytiker auch dann nicht in finanziell existentielle Schwierigkeiten kommt, wenn ein oder zwei seiner Patienten zwischendurch auf Urlaub gehen. Auf der anderen Seite wird jeder sicher eine ihm entsprechende individuelle Regelung treffen müssen, wenn Patienten dazu neigen, ihre Urlaube als Widerstand zu benutzen und den analytischen Prozeß zu oft unterbrechen. Es muß schon mit Lehrern, Studenten und ähnlichen Berufen besprochen werden, daß eine konsequente Analyse nicht möglich ist, wenn sie in jeden Ferien verreisen und die Analyse unterbrechen. Jeder einzelne wird dafür eine individuelle Regelung finden müssen, die auch seinem Stil entspricht und die von einer Vereinbarung, etwa nicht länger als 2 Wochen außerhalb des Urlaubs des Analytikers zu unterbrechen, bis zu einer Form reicht, die ich bevorzuge, nämlich das Problem zu häufiger Reisen und Unterbrechungen zum analytischen Problem zu machen, sobald dieser Fall in der Realität bei einem Patienten auftritt. In der gleichen Form behandle ich es natürlich auch als analytisches Problem, wenn ein Patient zu zwanghaft und konsequent über Jahre hinaus regelmäßig immer nur dann Urlaub nimmt und genau die Zeit plant, in der ich auch nicht da bin.

Aus all dem Gesagten ergibt sich nun, daß jede Analyse auf jeden Fall des allmählichen Aufbaus eines Systems von relativ festen Vereinbarungen bedarf. Dieses System von Vereinbarungen ermöglicht überhaupt erst das fruchtbare Arbeiten zwischen Patient und Analytiker in der analytischen Situation. In der Freudschen Psychoanalyse wird es als Arbeitsbündnis (Greenson), als Pakt (Schultz-Henke) oder als therapeutisches Bündnis (Zetzel, 240) rationale Übertragung (Fenichel, 79) oder Reife-Übertragung (Stone, 215) bezeichnet. Alle diese Konzeptionen gehen davon aus, daß, wie Greenson (pag. 218) es bezeichnet, das «Arbeitsbündnis ein relativ rationales entsexualisiertes, von Aggressionen befreites Übertragungsphänomen» ist. Es wird vorausgesetzt, daß der Patient bei der Fähigkeit, «auf die primitiveren und irrationalen Übertragungsreaktionen zu regredieren» aber auch immer wieder in der Lage ist, den Sekundärvorgang wiederherzustellen und eine «vernünftige» Objektbeziehung zum Analytiker aufrechtzuerhalten. Patienten, deren Ich-Funktionen weitgehend fehlen oder deren Ich-Funktionen schwer geschädigt sind, bedürfen daher Modifikationen der Technik insofern, als zunächst dieses Arbeitsbündnis mit ihnen nicht herzustellen ist.

Wir leben nun in einer Zeit, in der unser rationales Bewußtsein im Verlaufe der evolutionären Entwicklung des Bewußtseins selbst sehr weitgehend von den irrationalen und archaischen Hintergründen des psychischen Geschehens und des Unbewußten abgespalten ist. Vieles, was wir als sehr rational und «vernünftig» ansehen, ist im Grunde genommen, wie gerade die Psychoanalyse aufgedeckt hat, eine Rationalisierung, die sich über unbewußten Ängsten und Konflikten aufgebaut hat. Auch die Analyse selbst sollte sich daher immer wieder prüfen, wieviel von dem rational Vernünftigen im Grunde genommen auf einem tieferen irrationalen Hintergrund beruht und vielleicht sogar relativ sinnvoll von diesem Hintergrund her hergestellt wird. Es ist das Verdienst C. G. Jungs, auf die Wichtigkeit dieses irrationalen psychischen Hintergrundes und seine außerordentlich weitgehende Wirksamkeit auf unser rationales Bewußtsein hingewiesen zu haben, aber gleichzeitig auch auf die im menschlichen Unbewußten liegenden archetypischen Grundstrukturen und Ordnungsmuster, die sich bei einer sinnvollen «religiösen» Berücksichtigung dieses Hintergrundes auch durchsetzen und einordnen lassen, wobei sie dann dem Leben einen offeneren, natürlicheren Spielraum einräumen können, als die personamäßige Befolgung angelernter sogenannter Rationalitäten.

Wir haben von daher unter unseren Gesichtspunkten die Frage aufzuwerfen: warum bedarf eigentlich der analytische Prozeß eines bestimmten Systems von Vereinbarungen, und welche tieferen Hintergründe könnten vorhanden sein, um ein derartiges Ordnungsgefüge notwendig zu machen? Das bedeutet, daß wir hier die Frage nach dem archetypischen Hintergrund dessen stellen, was rational unter dem Begriff Arbeitsbündnis oder ähnlichem zusammengefaßt wird. Versuchen wir also einmal, uns zu vergegenwärtigen, was in jeder tiefergehenden Analyse geschieht, die nicht nur über die rationale Persona abläuft, sondern in der beide Menschen, Analytiker und Patient, als ganze Persönlichkeiten auch mit ihrer Anima (Seele) beteiligt sind: Hier lassen sich nämlich zwei Menschen auf das Wagnis einer sehr tiefen gegenseitigen inneren Beziehung ein, einer Beziehung, die sehr häufig bis in die letzten unbewußten Tiefen der eigenen Persönlichkeit führt und in der sich, wie auch in jeder tiefen Liebes- oder Freundschaftsbeziehung, archetypische Bilder von ganz hoher emotionaler Ausstrahlung aus dem kollektiven Unbewußten konstellieren. Wir begegnen hierbei also den eigenen inneren «Göttern», d. h. jenen Bildern, die die überlegenen inneren Trieb- und Instinktkräfte und Dynamismen begleiten und die in den Mythologien nach außen projiziert wurden und den Götterhimmel bevölkerten. Diesen Kräften und Mächten zu begegnen, ist, wie der Mensch von jeher gewußt hatte, ein großes und mitunter lebensgefährliches Wagnis gewesen. Eines der beeindruckendsten Mythologeme, die das verdeutlichen, ist die Erzählung der Geburt des Dionysos. Wie Kerényi (164) berichtet, wurde erzählt, «daß Zeus, als er sich Semele näherte, dies nicht in der Weise der göttlichen Hochzeiten tat. Er hat aus dem Herzen des Dionysos (es handelt sich hier um den sogenannten ersten Dionysos, der Verf.) ein Getränk bereitet und dies der Semele zum

Trunk gegeben. Das Mädchen wurde schwanger vom Getränk. Als Hera dies erfuhr, wollte sie die Geburt verhindern. Sie nahm die Gestalt von Semeles Amme an und überredete die Ahnungslose zu diesem Wunsch: Zeus solle zu ihr in derselben Form kommen, wie zu Hera, damit auch Semele erfahre, wie die Umarmung eines Gottes sei. . . . Durch die falsche Amme betört, bat Semele von ihm vorerst nur die Gewährung einer Bitte. Zeus versprach dies, und als die Geliebte wünschte, er solle ihr in derselben Gestalt erscheinen wie bei Hera, besuchte er sie mit seinem Blitz. Vasenbilder zeigen, wie sie sich davor zu flüchten suchte. Es war zu spät: vom Blitz erschlagen, kam sie in die Unterwelt hinab. Zeus rettete die unreife Frucht aus ihrem Leib: das Kind Dionysos.» (pag. 249/50). Es gibt zahlreiche parallele Mythologeme, in denen die Gefahr des direkten Anblickes der Götter für den Menschen beschrieben wird und die Möglichkeiten, sich vor der psychischen Zerstörung durch das Urerlebnis zu schützen. So erscheint Jehova dem Moses hinter einem brennenden Busch oder einer Wolke, Perseus sieht in einen Spiegel, als er das Haupt der Gorgo abschlägt, oder das Bild von Sais darf nicht unverhüllt betrachtet werden. Auf der anderen Seite ist es immer der Kern aller Religionen gewesen, den Menschen mit den Göttern in eine Beziehung zu setzen und sie an das religiöse und wandelnde Urerlebnis heranzuführen. Die Möglichkeit, den Menschen an das Urerlebnis heranzuführen und ihm gleichzeitig Schutz vor der Überflutung zu bieten, stellte von Urzeiten her bis in die Moderne, wie Erich Neumann (185) es ausgeführt hat, der lebendige Ritus dar. Bereits im Kapitel «Stundenfrequenz» habe ich auf diese Wirkung des Ritus, allerdings unter Betonung seiner rhythmischen Komponente, hingewiesen. Der Ritus beginnt bei den mühsamen und oft gefährlichen Labyrinthbegehungen der Urzeit, die in der tiefgelegenen Höhle mit den göttlichen Bildern und Symbolen endete, und führt bis zum Ritus der christlichen Messe, in der auch, wie Jung es beschrieben hat (146), die Wandlung durch die Begegnung, Aufnahme und Identifikation mit dem Gott erfolgen soll. Überall da aber, wo ein lebendiger Mythos zerfällt, entartet auch das Ritual. Es entstehen, worauf insbesondere Neumann in dem vorher erwähnten Artikel hingewiesen hat, in dieser Situation regelmäßig zwei Gruppen, eine, die sich in starrer, zwanghaft-rationaler Form lediglich auf die Schutzfunktion des Ritus zurückzieht und strengste Ordnungssysteme aufbaut, gegen die, wie im echten Ritus, bei Gefahr der Ausstoßung oder des Todes nicht

122

gesündigt werden darf, d. h. es entsteht ein Dogmatismus, wie wir ihn leider nur allzu oft in unseren analytischen Bereichen finden, während eine andere Gruppe ohne rituellen Schutz auf die Suche nach dem direkten Urerlebnis geht, häufig mit Hilfe von Drogen und anderen höchst dubiosen Praktiken. Dazwischen aber entstehen Individualrituale, die natürlich bei weitem nicht die Pracht, das Gepränge und die Ausstattung der großen kollektiven religiösen Rituale besitzen, sondern diesen gegenüber relativ dürftig wirken. Solche Individualrituale finden wir in der heutigen Zeit beim schöpferischen Prozeß, bei der seelischen Krankheit und beim Individuationsprozeß. 1963 habe ich an zwei Falldarstellungen beschrieben, wie sich Kräfte produktiver Gestaltungsfähigkeit innerhalb der Behandlung unter dem Schutz von individuellen Ritualbildungen, deren Entsprechung sich in Kollektivriten primitiv-archaischer Bewußtseinsstufen finden, vollziehen (40). Das Auftreten solcher individueller Ritualbildungen innerhalb von Analysen kann oft auch methodisch wichtige Hinweise dafür geben, in welcher Form Analytiker und Patient an entscheidende, sich wandelnde Erlebnisvollzüge herankommen können. Es ist hier aber weniger die Frage derartiger Einzelrituale und deren methodische Verwendbarkeit zu überprüfen, sondern wir sollten uns darüber klarwerden, daß eben gerade all das, was wir unter solchen Bezeichnungen wie Arbeitsbündnis, Grundregel oder analytisches Setting zusammenfassen, im Grunde genommen seinen tieferen, archetypischen Hintergrund in der Bildung eines Individualrituals hat, das in lebendiger und konstruktiver Form beide Beteiligte, Analytiker und Patient, sowohl an das kollektive Unbewußte heranführt als auch beide vor der Überflutung und der destruktiven Inflation durch einen Archetyp schützt.

Es erscheint mir von größter Wichtigkeit und methodischer Notwendigkeit für jeden analytischen Psychologen, sich dieses tieferen Hintergrundes sehr deutlich bewußt zu sein. Das Bewußtsein dieses Hintergrundes und das Bewußtsein der Notwendigkeit, einen «Individualritus» zu finden, ist notwendig, um den Individuationsprozeß zu ermöglichen und an die archetypischen Imagines heranzukommen, andererseits bietet er aber auch ausreichend Schutz, um es beiden zu ermöglichen, den gefährlichen Abstieg in das Unbewußte und das Wiederauftauchen nach der Nachtmeerfahrt gesund zu ermöglichen. Auf diesem Hintergrund und auf diesem eigentlichen Sinn basiert das ganze System von Vereinbarungen, das wir mit dem

Patienten zu treffen haben, und einzig und allein nach diesen beiden Gegebenheiten bzw. Notwendigkeiten sollte es sich richten. So bleibt es in letzter Konsequenz nicht etwa der Kreativität des Bewußtseins des Analytikers, sondern der Kreativität des gemeinsamen unbewußten Prozesses und seiner auch aus dem Unbewußten aufsteigenden sinn- und zielgerichteten Ordnungen überlassen, welche einzelnen Vereinbarungen wann, wie und wo getroffen werden und eingehalten werden sollten. Es ist zwar immer ein riskantes Unternehmen, diejenigen Wege zu verlassen, die Autoritäten vor einem gegangen sind und für begehbar befunden haben; aber auf der anderen Seite arbeitet derjenige, wie es Leonardo da Vinci einmal so schön gesagt hat (222), der nur den Autoritäten folgt, lediglich mit seinem Gedächtnis, d. h. seiner Persona und nicht mit seinem Verstand, oder wie wir hinzufügen würden: mit seiner Anima. In letzter Konsequenz muß es jedem einzelnen Analytiker überlassen bleiben, wie und in welcher Form er ein System von Vereinbarungen mit seinen Patienten trifft. Er muß sich aber deutlich bewußt sein, daß Individuation ohne ein Ritual einfach nicht möglich ist, ein individuelles Ritual, das sich an der rationalen Oberfläche in Vereinbarungen manifestiert, die von beiden eingehalten werden. So ergibt sich aus dem Vorhergegangenen, daß der Ritus in der Anfangsphase einer Behandlung allmählich entsteht. Er ist damit etwas grundsätzlich anderes als ein gezieltes «Arbeitsbündnis», das vorher bereits vom Analytiker festgelegt ist und innerhalb der ersten Stunden geschlossen wird.

7. KAPITEL

Zur Methodik des Umgangs mit den verschiedenen Altersstufen

Die Psychoanalyse hat eine Entwicklungstheorie der Frühphase bis zum 6. Lebensjahr, d. h. bis zum Beginn der Latenzzeit, ausgearbeitet, auf die alle späteren Störungen, die im Verlauf der Entwicklungs- und Wandlungsprozesse im menschlichen Lebenslauf entstehen, rückbezogen werden. Es gibt nur wenige Autoren, z. B. in erster Linie Erikson mit seinem Identitätsbegriff, die versucht haben, dieses Modell zu verlängern und bis in die Lebensmitte fortzuführen (77). Es kommt hinzu, daß diese Versuche innerhalb der Psychoanalyse selbst stark umstritten sind und z. B. ein Begriff wie der der Identitätsfindung sicher nicht ausreicht, um die differenzierten Wandlungsvorgänge bei den «Stufen des Lebens» zu beschreiben. Die Schwierigkeit, die immer wieder entsteht, wenn wir die primären Grundlagen des ersten Zivilisationsprozesses innerhalb der frühen Lebensjahre verlassen, ist das Auftreten des dialektischen Prozesses des Menschen als Naturwesen auf der einen Seite und der historisch gegebenen Wandlungen der Zivilisationsprozesse auf der anderen. Gehen wir nur von der Biologie aus, so kann man, wie Jung es in seinem Aufsatz «Die Lebenswende» (143) getan hat, die Metapher des Sonnenumlaufs benutzen und davon sprechen, daß das menschliche Leben einen Beginn mit einem langsam steigenden Aufgang hat, bis es in der Mitte seine höchste Vollendung erreicht, um dann langsam wieder den Abstieg anzutreten und am Schluß im Tod zu versinken. Dem entspricht auch die Vierteilung oder Dreiteilung, die bei vielen Naturvölkern noch gemacht wird, in Kindheit, Adoleszenz, Mitte des Lebens sowie Alter, Tod und Sterben. Der Mensch ist aber psychisch gesehen nicht nur als Anima naturalis anzusehen, sondern ist gleichzeitig, wie es schon die Alchimie ausdrückte, ein opus contra naturam und ist ständig nicht nur als Gruppe oder Nation, sondern auch als Individuum einem wechselnden Zivilisationsprozeß ausgesetzt, der sehr wohl in der Lage ist, diese natürlichen Gegebenheiten eines biologischen Lebensablaufes zu überlagern oder zu verfremden. Die Entwicklungsprozesse der gesellschaftlichen Strukturen und damit die Dominanten des kollektiven Bewußtseins unterliegen vielleicht gerade in unserer heutigen Zeit und innerhalb des letzten Jahrhunderts besonders drastischen Veränderungen, die ihrerseits auch wieder, insbesondere, wenn man die Psyche als ein sich selbst regulierendes System versteht, auf das Unbewußte und damit auch die archetypischen Imagines ihre Rückwirkung haben. Das stellt sich insbesondere auch in den Träumen moderner Menschen dar, in denen der von Kadinsky (163a) beschriebene Archetyp der Maschine sehr viel zentraler im Mittelpunkt steht als in den Träumen und der Phantasiewelt früherer Generationen und womit moderne technische Symbole wie etwa das Auto, wie ich in einer früheren Arbeit ausgeführt habe (64), archetypische Aspekte erhalten.

Die Entwicklungen und Wandlungen des Zivilisationsprozesses bringen es mit sich, daß wir wechselnde und ganz andere Formen der Steuerung von Emotionen und Affekten entwickeln und einen von früheren Zeiten unterschiedlichen Umgang mit Affekten und Emotionskontrollen haben, die oft schon innerhalb einer Generation beträchtlich wechseln können. Ein charakteristisches Beispiel hierfür sind die verschiedenen Arten der Kindererziehung, die von der Gesellschaft propagiert werden. Während bei uns bis zum Ende des 2. Weltkrieges vorwiegend Strenge und Disziplin im Vordergrund standen, die aus dem natürlichen Kind möglichst weitgehend einen zivilisierten und tüchtigen Menschen machen sollten, setzte danach ein weitgehender Liberalisierungsprozeß ein, der jetzt auf einmal von den Müttern und Vätern verlangte, daß sie ganz andere Kontrollen und Umgangsformen ihrer eigenen Affektivität und Emotionalität aufbauten als vorher, um den «natürlichen Entwicklungsprozeß» des Kindes nicht zu stören oder zu behindern. Hiermit war gleichzeitig die Hoffnung verbunden, größere Freiheit des Individuums und eine höhere Kreativität zu erreichen, was sich dann leider keineswegs bestätigte. In letzter Zeit setzt sich dagegen wieder mehr und mehr der Gedanke durch, daß das Setzen von Frustrationen und eine Eingrenzung der kindlichen Wunsch- und Bedürfniswelt für den zvilisatorischen Prozeß notwendig wäre, und auch das erfordert wieder eine Umstellung im Affekt- und Emotionshaushalt der Eltern. Da, wo früher liebevolles Gewähren möglich war, muß jetzt die Fähigkeit zum Verneinen gelernt werden, und da, wo früher eine bis zur Selbstaufgabe der Mütter gehende Aggressionshemmung gegenüber

den Kindern ideologisiert wurde, ist es jetzt wieder erlaubt, daß
Eltern sich gegenüber ihren Kindern verteidigen.

N. Elias (76), der die Entwicklung der gesellschaftlichen Strukturen
in unserer Zivilisation untersucht hat, unterscheidet nun eine ganze
Reihe von möglichen Strukturwandlungen innerhalb einer Gesellschaft. Er beschreibt zunächst zwei Hauptrichtungen gesellschaftlicher Strukturwandlungen, und zwar Strukturwandlungen in der
Richtung einer zunehmenden Differenzierung und Integrierung, und
Strukturwandlungen in der Richtung einer abnehmenden Differenzierung und Integrierung. «Darüber hinaus gibt es als 3. Typ soziale
Prozesse, in deren Verlauf sich zwar die Struktur einer Gesellschaft
oder ihrer einzelnen Aspekte wandelt, aber weder in der Richtung
eines höheren noch in der eines niedrigeren Standards der Differenzierung und Integrierung. Schließlich und endlich gibt es zahllose
Wandlungen in Gesellschaften ohne Veränderung ihrer Struktur.
Damit wird man zwar noch nicht der vollen Komplexität solcher
Wandlungen gerecht, denn es gibt vielerlei Mischtypen, und oft genug
kann man mehrere Wandlungstypen, selbst Wandlungen entgegen-
gesetzter Richtung, in derselben Gesellschaft gleichzeitig beobachten.» Wie auch vom Autor selbst betont wird, finden diese Wandlungsprozesse nicht nur innerhalb der gesellschaftlichen Strukturen,
sondern auch innerhalb des einzelnen Individuums statt, denn jede
Gesellschaft besteht letztlich aus Individuen, die miteinander kommunizieren. Man wird also, wenn man dem dialektischen Prozeß
zwischen Natur und Zivilisation gerecht werden will, dem biologischen Modell des Lebenslaufes auf der einen Seite, die gesellschaft-
lich-zivilisatorischen Wandlungsprozesse auf der anderen Seite sich
überlagern lassen müssen, um zu einer sinnentsprechenden Psychologie der verschiedenen Altersstufen zu kommen.

Es ist hierbei zu beachten, daß die einzelnen Lebensphasen mit ihrer
dauernd wechselnden Aufgabenstellung an das einzelne Individuum
keineswegs nur reduktiv-psychogenetisch auf die Frühkindheit bezogen werden können und die Fähigkeit zu bestimmten Wandlungsvorgängen lediglich abhängig ist von Störungen, die innerhalb der Frühphase der Kindheit aufgetreten sind. Jede dieser Phasen erfordert
echte Neuerwerbungen und zum Teil recht weitgehende Wandlungsprozesse innerhalb des Strukturmodells der Psyche. Schon Wilhelm
Busch hat den Vers gedichtet:

«Vater werden ist nicht schwer,
Vater sein dagegen sehr»

was besagt, daß das Sein als Mutter oder Vater eines Kindes einen erheblichen Neuorientierungsprozeß erfordert, der nicht allein von den Frühidentifikationen mit den persönlichen Eltern oder entsprechenden Beziehungspersonen getragen werden kann, sondern auch gesellschaftlichen Entwicklungsprozessen gerecht werden und, um nicht zu einer stagnierenden Zivilisation zu führen, immer wieder auf archetypisches Material zurückgreifen muß, das seinerseits die kompensatorischen Elemente zu den zur Zeit existierenden Bewußtseinsdominanten liefert. Hierbei ist der Übergang vom Jugendlichen zum Erwachsenen, der eigene Kinder aufzieht, ja nur eine Schwellensituation innerhalb des menschlichen Lebenslaufes, und genau wie hier Krisen auftreten, die psychische Neuerwerbungen erfordern, genauso tun sie das in der Lebensmitte, beim Prozeß des Alterns und schließlich auch beim Übergang zum Tode.

Es ist natürlich nicht Aufgabe eines Buches über analytische Methodik, eine Entwicklungstheorie zu erarbeiten, die zur Zeit noch nicht existiert. Im Konzept der Individuation ist eine derartige Entwicklungstheorie zwar implicite enthalten, worauf ich später noch zu sprechen kommen werde, sie ist aber im einzelnen an den verschiedenen Schwellensituationen des Lebens noch nicht ausgeführt und möglicherweise wegen der Diffizilität der vorher beschriebenen dialektischen Prozesse zwischen Natur und Zivilisation, die an diesen Schwellensituationen stattfinden, überhaupt schwer in einzelnen Grundkonzeptionen beschreibbar. Es ist aber Aufgabe eines solchen Methodikbuches, auf dieses Problem hinzuweisen und derartige Wandlungsprozesse innerhalb der analytischen Therapie ernstzunehmen und zu beachten, womit dann eine Variabilität der Methodik notwendig wird, die es erfordert, einen 20Jährigen anders zu behandeln als einen 50Jährigen und die Krisensituationen der verschiedenen Lebensabschnitte unterschiedlich anzugehen. Auch hier wieder kann nicht gesagt werden, was «man» wie, wo und wann tun sollte, sondern lediglich nur an verschiedenen Konzepten und Beispielen das Problem erörtert und darauf hingewiesen werden, daß die Einstellung und Haltung des Analytikers hier flexibel und variabel genug sein muß, um derartig differenzierte Prozesse zu erkennen und entsprechend mit ihnen umzugehen.

Der Begriff der Individuation in der Analytischen Psychologie schließt an sich implicite den ständigen Prozeß der Veränderung und Wandlung vom Beginn des Lebens bis zu seinem Ende mit ein. Der Begriff, der aus der Biologie stammt, ist auch bei Jung relativ stark auf das Biologische hin orientiert, wenn auch nicht vollständig. Das Principium individuationis bedeutet in der Biologie das Auseinandertreten des Allgemeinen zu Sonderheiten, zu Vereinzelungen bzw. zu Individuen. Auch innerhalb der Philosophie ist das Principium individuationis von Aristoteles, Albertus Magnus, Thomas von Aquin, Leibniz und Spinoza aufgegriffen und als der Existenzgrund von Einzelwesen oder Besonderheiten beschrieben worden.

Die Individuation als das Entwicklungsziel des Menschen im tiefenpsychologischen Prozeß der Analytischen Psychologie taucht ausdrücklich definiert das erste Mal 1921 in Jungs «Psychologischen Typen» (137) auf. In nuce bzw. im Kern und sinngemäß ist dieser Begriff allerdings in Jungs Dissertation «Zur Psychologie und Pathologie sogenannter okkulter Phänomene» (132) enthalten. Jung spricht hier von den «Geistern» als einem Ausdruck einer zukünftigeren, größeren Persönlichkeit. Die Definition, die Jung der Individuation in den «Psychologischen Typen» gegeben hat, führte zu stark differenten Meinungen innerhalb der analytischen Psychologen, die z. T. bis heute noch andauern. Diese differenten Meinungen über die Individuation basieren grundsätzlich auf der scharfen Gegenüberstellung von Individuation und Kollektivnormen. Es erscheint mir von daher zunächst einmal sinnvoll, sich die Definition, die Jung in den «Psychologischen Typen» gegeben hat, genauer anzusehen. Jung sagt an dieser Stelle: «Der Begriff der Individuation spielt in unserer Psychologie keine geringe Rolle. Die Individuation ist allgemein der Vorgang der Bildung und Besonderung von Einzelwesen, speziell die Entwicklung des psychologischen Individuums als eines vom Allgemeinen, von der Kollektivpsychologie unterschiedenen Wesens. Die Individuation ist daher ein ‹Differenzierungsprozeß›, der die Entwicklung der individuellen Persönlichkeit zum Ziele hat. Die Notwendigkeit der Individuation ist insofern eine natürliche, als eine Verhinderung der Individuation durch überwiegende oder gar ausschließliche Normierung in Kollektivmaßstäben eine Beeinträchtigung der individuellen Lebenstätigkeit bedeutet. . . . Die Individuation kann unter keinen Umständen das einzige Ziel der psychologischen Erziehung sein. Bevor die Individuation zum Ziel genommen werden kann, muß das Endziel der Anpassung an das zur Existenz notwendige Minimum von Kollektivnormen erreicht sein: eine Pflanze, die zur größtmöglichen Entfaltung ihrer Eigentümlichkeit gebracht werden soll, muß zuallererst in dem Boden, in den sie gepflanzt ist, auch wachsen können.»

Ich zitiere diesen Text, weil in ihm die beiden Gegensätze, auf denen die verschiedenen Richtungen der Analytischen Psychologie aufbauen, enthalten sind. Auf der einen Seite spricht hier Jung davon, daß Individuation überhaupt erst in Angriff genommen werden könnte, wenn das Erziehungsziel der Anpassung an die Kollektivnormen erreicht sei. Das würde bedeuten, daß die Individuation eigentlich erst jenseits der Lebensmitte und nur in einigen besonderen Fällen bereits zu einem früheren Zeitpunkt erfolgen kann. Selbst der frühe Fordham (81) schreibt im Jahre 1944 in seinem Buch «The Life of Childhood»: «So setzt die Individuation ein Ziel voraus, das dem Ziele der Kindheit gerade entgegengesetzt ist. Das Ziel der Kindheit ist, den Willen zu stärken; das Ziel der Individuation erscheint, wenn ein Stillstand des Wollens geschaffen wird.» Allerdings macht Fordham hier bereits eine Einschränkung insofern, als er an einer anderen Stelle schreibt, «daß es gewisse Kinder gibt, die anscheinend auch schon den Drang spüren, den Individuationsweg zu gehen, wenn nicht vom Anfang, so doch wenigstens vom Reifealter an. Sie sind aber die seltenen Ausnahmen.»

Es ist wohl besonders dem Einfluß von Jacobi (121) zu verdanken, daß der Begriff der Individuation als Behandlungsziel aus der Einengung auf die zweite Lebenshälfte und auf eine bestimmte Gruppe «elitärer» introvertierter Persönlichkeiten herausgeführt worden ist und auch im psychologischen Sinne dieser eigentlich aus der Biologie entnommene Begriff auf die ganze Periode des menschlichen Lebens ausgedehnt wurde.

An dieser Stelle möchte ich noch einmal die andere Seite von Jungs Zitat aus den «Psychologischen Typen» erwähnen, auf das sich die Vertreter der Individuation als eines Prozesses, der durch das ganze Leben geht, stützen: «Die Individuation ist daher 'ein ‹Differenzierungsprozeß›, der die Entwicklung der individuellen Persönlichkeit zum Ziele hat. Die Notwendigkeit der Individuation ist insofern eine natürliche, als eine Verhinderung der Individuation durch überwiegende oder gar ausschließliche Normierung an Kollektivmaßstäben eine Beeinträchtigung der individuellen Lebenstätigkeit bedeutet.»

130

Ich glaube, es dürfte ganz allgemein einleuchtend und deutlich sein, daß im psychologischen Sinne dieser Satz bereits für das Kind und für den ganzen Prozeß der Ich-Werdung und der Entstehung des Ich-Komplexes zutrifft. Es gibt auch andere Stellen bei Jung, so z. B. in der «Antwort auf Hiob» (147), in denen dies noch deutlicher akzentuiert ist. Jung spricht an diesen Stellen in vergleichenden metaphorischen Bildern von einem Vorgang, der praktisch von der Geburt bis zum Lebensende reicht und der da beginnt, wo sich Bewußtsein vom Unbewußten trennt und mit diesem in einen Gegensatz gerät. Unterschieden wird hier lediglich noch die bewußte und die unbewußte Individuation. Während die unbewußte Individuation der spontane Entwicklungs- und Wandlungsverlauf des menschlichen Lebens darstellt, kann bewußte Individuation nur da stattfinden, wo ein reflektierendes Bewußtsein mit dem Unbewußten in Verbindung tritt, und zwar in Form eines analytischen Prozesses. Diese bewußte Individuation dient so der Vertiefung und Bewußtwerdung eines der Natur entsprechend ablaufenden Vorganges.

Zunächst hat die Analytische Psychologie, dem Eigeninteresse Jungs für die in der zweiten Lebenshälfte ablaufenden Individuationsprozesse folgend, innerhalb der Individuation eigentlich nur zwei große Abschnitte unterschieden, nämlich den der ersten Lebenshälfte und den der zweiten. Zentral hierfür war der typologische Umschlag in der Krise der Lebensmitte von einer konzipierten Extraversion in der ersten Lebenshälfte, wie sie tatsächlich in unserer Kultur am häufigsten zu finden ist, zur Introversion in der zweiten. So unterscheidet Jacobi (121) zwei besondere Abschnitte des Individuationsprozesses, nämlich den der ersten und den der zweiten Lebenshälfte. Hierbei definiert sie etwas verallgemeinert: «Während die erste Hälfte des Lebens von Natur aus durch Expansion und durch Anpassung an die Realität bestimmt wird, liegt die Restriktion bzw. die Reduktion auf das Wesentliche, die Anpassung an die innere Realität, in der Bestimmung der zweiten.»

Mit diesem Zitat geht Jacobi aber weit über das hinaus, was Jung in dem Begriff Individuation im Gegensatz zur Kollektivpsyche und zu den Anpassungsprozessen definiert hat. Jacobi bezieht nämlich hier die Anpassungsprozesse der ersten Lebenshälfte in den Individuationsprozeß mit ein. Die archetypischen und mythologischen Hintergrundsbilder, die den ersten Abschnitt der Individuation in der ersten Lebenshälfte, d. h. die Ich-Bildung, behandeln, sieht Jacobi vor allem in den Schöpfungsmythen, während für den zweiten Abschnitt das geläufige mythologische Motiv der Nachtmeerfahrt zutreffen sollte. Fordham (86), Neumann (188) und Edinger (75) haben das Konzept der Individuation ebenfalls auf die erste Lebenshälfte ausgedehnt, unterscheiden es aber auch von den kollektiven Anpassungsmechanismen. Fordham hat in zahlreichen Arbeiten und in seinem Buch «Das Kind als Individuum» (86) eine Konzeption der Ich-Bildung aus dem primären Selbst entwickelt. Es war eine gewisse Revolution im Denken der analytischen Psychologen, den Begriff des Selbst, den Jung ja zunächst auf die späteren Lebensphasen und die Religionen bezogen hatte, in die Kinderpsychologie einzuführen. 1947 (82) begann Fordham sein Modell zu beschreiben. Er sagt, daß das erste oder ursprüngliche Selbst des Säuglings durch die Geburt von Grund auf entwurzelt wird durch das Auftreten von völlig neuartigen Reizen, die die psychosomatische Einheit überfluten. Es entsteht dadurch ein labiles «deintegratives Stadium» des Selbst mit Veränderungen in der Orientierung, die zunächst die ganze Person, später lediglich Teile von ihr betreffen. Diese Deintegraten des Selbst spielen dann bei der Ich-Bildung eine wesentliche Rolle, da ihre ins Bewußtsein gelangenden Inhalte dem archetypisch-strukturell angelegten Ich-Keim angegliedert und integriert werden. Danach tritt zunächst wieder ein ausgeglichener Zustand ein, bis sich der ganze Vorgang im Verlauf des nächsten Entwicklungsschrittes wiederholt. Die dahinterstehenden Kräfte werden von Fordham jeweils als deintegrativ und integrativ bezeichnet und wiederholen sich während des *gesamten* Reifungsprozesses. Phasen, in denen sich der eine oder andere dieser Prozesse beobachten lassen, sind etwa: Geburt, Phase der Brusternährung und -entwöhnung, die Veränderungen um den 3. und 7. Monat herum, die Trennungsindividuation, die Geburt von Geschwistern, ödipale Entwicklungen und später die Störungen der Adoleszenz-Phase mit der Herstellung einer zunächst relativ stabilen Reife. Diese hält nach Fordham in gewissem Sinne bis zum Übergang in das spätere Leben an, wo im Bereich des von Jung so ausführlich beschriebenen Individuationsprozesses der zweiten Lebenshälfte die Deintegrations-/Integrationsfolgen sich wiederholen. Fordham dehnt hier also bereits die Entwicklungs- und Wandlungsprozesse über die Adoleszenz hinaus aus und läßt nur vom Abschluß der Adoleszenz bis zum Beginn der Lebensmitte ein relativ stabiles Stadium zu.

Im Gegensatz zu Neumann (188), der für die ganze frühe postnatale Phase noch ein gemeinsames Selbst von Mutter und Kind hypostasiert und von daher eine Reihe von tiefen partizipatorischen Phänomenen, etwa den Ammenschlaf, erklärt, nimmt Fordham schon von Geburt her eine Trennung zwischen kindlichem und mütterlichem Selbst an. So liegt ja auch auf der neueren Basis der Untersuchungen von Spitz (213), Klein (168), Winnicott (236) und Piaget (192) der Beginn der Ich-Bildung bereits im ersten Lebensjahr und ist im Gegensatz zu der viel früher geäußerten Annahme Neumanns, der diese erst in das 3.–4. Lebensjahr verlegt, vorgezogen worden. Bei den oben genannten Autoren bestehen zweifelsohne auch Analogien mit der Archetypentheorie Jungs. So verwendet Spitz die Vorstellung von Organisatoren im frühen extrauterinen Dasein, die Kleinsche Schule hat den Begriff der unbewußten, von Geburt an wirksamen Phantasie, und Piaget hat die Theorie angeborener Schemata aufgestellt, alles in allem eine allmähliche Rechtfertigung des von früh an scharf angegriffenen Archetypenkonzeptes.

Eine ähnliche Konzeption, aber mehr in Anlehnung an Neumann, über die Ich-Entwicklung aus dem Selbst vertritt auch Edinger, der von einem fortwährenden Prozeß von «Ego-Self-Separation» und «Ego-Self-Union» spricht (75). Auch er setzt mit diesem Prozeß innerhalb der ersten Lebenshälfte ein. Im Prozeß dieser Ego-Self-Separation und Ego-Self-Union werden vier verschiedene Stadien jeweils unterschieden, angefangen vom ersten Stadium, in dem der Ich-Keim noch völlig im Selbst enthalten ist, bis zu einer idealiter durchgeführten Trennung zwischen dem neu entstandenen Ich-Anteil, der nunmehr mit dem Selbst lediglich durch die Ich-Selbst-Achse in Verbindung steht. Alle Zustände von Ich-Inflation und Ich-Entfremdung treten im Verlauf des psychischen Reifungsprozesses durch das ganze Leben hindurch alternierend auf, in denen diese vier Stadien als Kreislauf immer wieder durchlebt werden. Sie wechseln lediglich in ihrer Intensität. Hierbei wird auf eine sogenannte «Latenzperiode», wie sie ja auch bei Fordham nur vom Abschluß der Adoleszenz bis zur Lebensmitte angenommen wird, verzichtet, und die Ich-Bildungs- und Individuationsprozesse werden als ein durchgehend fortlaufender Vorgang verstanden.

Auch ich bin auf Grund meiner empirischen Beobachtungen und der Erfahrungen meiner analytischen Tätigkeit zu der Auffassung gekommen, daß es innerhalb des menschlichen Lebenslaufes weder festgelegte Latenzperioden noch eine festgelegte, auf bestimmte Jahre bezogene relative Stabilität gibt. (63) Es ist sicher nicht abzustreiten, daß beides existiert; aber ich bin der Ansicht, daß diese sich gerade heute mit Sicherheit nicht auf bestimmte Jahre innerhalb des Lebenslaufes festlegen lassen, sondern daß es sich hierbei um Perioden handelt, die einerseits von dem Einfluß besonderer Umweltreize her bestimmt sind, andererseits aber auch von den genetisch-individuell gegebenen Reifungs- und Entwicklungsprinzipien. Diese finden wir analog ja auch im somatischen Bereich. Selbst wenn Zehnjährige noch nicht pubertieren, so haben sie keineswegs denselben Körper wie Sechsjährige, und auch der Körper kennt zwischen der Vollendung des 6. Lebensjahres und dem Beginn der Pubertät keine Latenzperiode. Immer stehen Teile des Ichs mit archetypischen Prozessen und Strukturen in Verbindung, wie der größte Teil der Wahrnehmung, der Phantasie, der Bewegung und der Abwehrmechanismen. Diese sind innerlich die Fundamente der Persönlichkeit, auf denen das Ich steht und mit denen es über die Ich-Selbst-Achse im gesunden Entwicklungsverlauf in einer ständigen, lebendigen Beziehung stehen muß, genauso wie mit dem sozialen Umfeld und der äußeren Realität, die das Ich nach außen hin umgeben. Es erübrigt sich hier, auf die frühen Entwicklungsphasen bis zum 6. Lebensjahr einzugehen, die weitgehend in der psychoanalytischen Literatur erforscht und beschrieben worden sind. Es werden hier ohne Zweifel nach all dem, was uns heute bekannt ist, die grundlegenden psychischen Strukturen gebildet, aber auch zwischen dem 7. Lebensjahr bis zur Lebensmitte und dann wiederum von der Lebensmitte bis zum Übergang in Alter, Sterben und Tod müssen neben den notwendigen Anpassungsleistungen kreative Individuationsprozesse mit Wandlung und Veränderung des Ich-Komplexes bis in seine Strukturen hinein stattfinden. Für den heutigen modernen Menschen sind diese umso wichtiger, als er im Gegensatz zu den Naturvölkern oder den Frühkulturen nicht mehr über die rîtes de passage in den verschiedenen Lebensabschnitten verfügt, die kollektiv tradiert dem einzelnen den Übergang von einer Phase in die andere noch weitgehend in die Biologie eingebettet ermöglichen. Mit dem Verlust des Religiösen, das solche rîtes de passage noch wenigstens zu einem Teil enthielt und das noch eine gewisse Hierarchie der Generationen kannte, ist der moderne Mensch weitgehend auf sich selbst zurückgeworfen und individualisiert worden. Die Lebensphasen mit ihren notwendigen

Wandlungen des Ich-Komplexes und der Veränderungen der inneren Einstellungs- und Erlebniswelt sind verwischt worden, was viele heutige Menschen dazu verführt, zeitlos zu leben und bewußt oder unbewußt auf eine Linie drängt, möglichst lange wenigstens scheinbar jung zu erscheinen, nach außen effektiv und ständig erfolgreich. Es ist hier notwendig, eine kurze Überlegung zum Anpassungsbegriff einzuschalten. Der Begriff der Anpassung wird insbesondere im Bereich der Psychoanalyse ja nicht nur als ein passiver Vorgang der Anpassungsleistung des Individuums an das Kollektiv und an die umgebende Außenwelt gesehen, sondern auch als ein aktiver Vorgang. Die aktive Seite der Anpassung besteht nach dieser Konzeption darin, daß das Individuum einen aktiven Einfluß auf das Kollektiv und die Umwelt ausübt, um diese seinen eigenen individuellen Bedürfnissen und Intentionen anzupassen. Mit diesem mehr kreativen und auch als Ich-Leistung verstandenen Teil der Anpassungsproblematik wird der landläufig übliche Anpassungsbegriff transzendiert, und dem, was wir in der Umgangssprache unter Anpassung verstehen, d. h. «ich passe mich einer Sache an», wird hinzugefügt: «ich passe eine Sache mir an, indem ich sie verändere». Es erhebt sich m. E. durchaus die Frage, ob es wissenschaftlich sinnvoll ist, einen Begriff in dieser Form zu erweitern. Um klare Definitionen in der Subjekt-Objekt-Relation zu erhalten, kann es sinnvoller sein, die vom Subjekt auf das Objekt ausgehenden Einflüsse unter einer anderen Terminologie zu beschreiben als die Einflüsse, die vom Objekt auf das Subjekt übergehen. Außerdem scheint es mir hierbei partiell zu einer Verwischung und Relativierung des Anpassungsbegriffes zu kommen, denn mit dieser aktiven Anpassung werden nicht nur die individuellen, kreativen Leistungen des Individuums beschrieben, sondern es gehören hierzu auch durchaus kollektive Vorgänge, die mit dem Principium individuationis im Grunde genommen nichts zu tun haben und sehr deutlich auch die passive Anpassung des Individuums an das Kollektiv im Hintergrund haben. Ein Lehrer, der z. B. eine chaotische Schulklasse an die übliche Schuldisziplin anpaßt, um einen einigermaßen konstruktiven Unterricht abhalten zu können, vollzieht zwar eine aktive Anpassungsleistung, während die Schüler dieser Klasse sich passiv anpassen müssen. Beide bleiben aber innerhalb der üblichen, standardisierten, vom Kollektiv genormten Anpassungsformen, wobei die Mittel, die der Lehrer zur Erreichung dieses Vorgangs einsetzt, möglicherweise individuell einen außerordentlich geringen kreativen Anteil aufweisen können und sich ihrerseits lediglich auf normierte und tradierte Erziehungsmechanismen stützen. Es erscheint mir daher wichtig, das Individuationsprinzip, das tatsächlich die spezifische Entwicklung des Individuums aus der kollektiven Einheit heraus beschreibt, auch von der sogenannten aktiven Anpassungsleistung zu unterscheiden.

Ich möchte den Unterschied zwischen Anpassung und Individuation innerhalb der ersten Lebenshälfte, gerade innerhalb der sogenannten Latenzphase und beim Übergang in die Pubertät, an zwei Beispielen darstellen. Gerade diese beiden Phasen sind in gewissem Rahmen mit bestimmten Sozialisationsphasen identisch, nämlich die erste Phase mit dem Schulkind bis annähernd zum Abschluß der Schulpflicht, die zweite Phase mit der Lehrzeit bzw. dem Beginn der Berufsausbildung.

Das erste Beispiel betrifft einen 7jährigen Jungen innerhalb des ersten Grundschuljahres. Es handelte sich um einen recht sensiblen, sehr zierlichen, asthenischen Knaben mit viel Phantasie, der dem in den deutschen, insbesondere Berliner Grundschulen herrschenden Faustrecht in keiner Weise gewachsen war und infolge seiner körperlichen Unterlegenheit ein Stück Angstsymptomatik entwickelte. Im Vordergrund dieser Ängste standen nächtliche Alpträume, in denen ein ganz bestimmtes Motiv sich immer wiederholte. Es handelte sich hierbei um die Situation, daß das Kind sich allein in einer Wüste befand, in der es sich plötzlich einem Löwen gegenübersah und befürchtete, von diesem angegriffen und zerfleischt zu werden. Es ist wohl ziemlich deutlich, daß sich der Löwe hier einerseits auf die Umwelt bezogen als die Personifikation der übermächtigen und stärkeren Schulkameraden darstellt, andererseits im Hinblick auf die eigene Innenwelt als die gestaute Triebwelt seiner Aktivität, die in dieser Situation dauernder Angst und Demütigung und der Unfähigkeit, sich zu wehren, entstehen mußte. Es wurde nun versucht, mit ihm im Sinne einer Art aktiver Imagination den Traum als Phantasie fortzuführen und eine Lösung zu suchen, die dem Ich die Möglichkeit gab, die Gefahr zu bewältigen. Es wurde zunächst mit dem Kind die Frage aufgeworfen, ob es nicht die Möglichkeit gäbe, sich gegenüber dem Löwen eine wirksame Waffe zu träumen, etwa ein Gewehr, um sich gegen das gefährliche Tier zu wehren. Zunächst schien das Kind mit dieser Lösung zufrieden zu sein und dachte eine zeitlang über sie nach. Dann aber teilte es mit, daß diese Lösung durchaus unrealistisch wäre. Er wäre nämlich viel zu klein, um mit einem Gewehr richtig zielen zu können und es abzuschießen. Daher würde ihm ein Gewehr gegen diesen Löwen auch nichts nützen. Er meinte dagegen von sich aus, es wäre vielleicht sehr viel sinnvoller, wenn er sich einen Jäger träumen würde, der ihn in die Wüste begleitete und im Bedarfsfall auf den Löwen schießen könnte. Ob das wohl ginge? Als ihm das bestätigt wurde, ging er befriedigt von dannen, und die Angstträume verschwanden. Kurze Zeit danach gelang es ihm, seine Schulsituation in einer für ihn befriedigenden Weise zu lösen. Da er in der Lage war, sehr gut und spannend Geschichten zu erzählen, begann er damit, gerade den stärksten und rauflustigsten Jungen seiner Klasse solche Geschichten vorzutragen, die ihn nun ihrerseits im Ausgleich dafür vor anderen beschützten.

Der Traum vom Löwen in der Wüste zeigt sehr deutlich einen bestimmten Teil dessen, was Edinger in seinem «Zyklus des psychischen Lebens» beschreibt. Bei den Individuationsvorgängen in der Bildung des Ich-Komplexes kommt es nämlich immer wieder zu einem Zustand der «Entfremdung» zwischen dem Ich und dem Selbst, wobei das Ich abgerissen von seinen inneren stabilisierenden Verbindungen zum Kern seiner Persönlichkeit sich einer feindlichen und öden Welt hilflos ausgeliefert sieht. Ein sehr charakteristisches archetypisches Motiv für diese Situation ist das der Wüste. Eine biblische Amplifikation hierfür ist die Geschichte von Ismael, dem illegitimen Sohn Abrahams von dessen Kebsweib Hagar. Als Isaak, der legitime Sohn, geboren wurde, wurden Ismael und seine Mutter in die Wüste ausgesetzt. Hier tritt das Motiv des illegitimen, vaterlosen Kindes auf, das ohne Schutz und Hilfe der feindlichen Welt ausgesetzt wird, was psychisch auch für die Schulsituation zutrifft. Erst durch die psychische Wiedergewinnung einer inneren archetypischen Vaterfigur, unabhängig vom persönlichen Vater, der in dieser Situation eher hilf- und machtlos ist, kann es dann zu einer Wiedervereinigung mit dem Selbst und damit auch zu einer Rückgewinnung des Selbstwertgefühls kommen. Der Traum enthält damit eine Lysis, und die animalisch-triebhaften, unkoordinierten Energien, die sich in der Imago des Löwen symbolisiert haben, gehen zunächst noch abgespalten in einer anderen Figur in den Dienst des Ich-Komplexes über. Auch der Jäger ist eine archetypische Figur, die es versteht, mit der animalischen Naturkraft umzugehen und diese durch das Töten und auch Essen des Wildes für den Menschen introjizierbar zu machen. In dieser Form taucht der Jäger auch in zahlreichen mythologischen Parallelen auf wie z. B. Wotan in der germanischen Mythologie, der den Beinamen des Jägers hat und als Gott in einem ewigen Kampf die Menschheit gegen die bedrohlich-destruktiv-chaotische Aggressivität der Riesen beschützt. In unserer Phantasie übernimmt bei der Konkretisierung des im Traum und in den Phantasien zunächst auftretenden symbolischen Vorgangs der Ich-Komplex mit seiner Funktion der Organisation geistig-seelischer Inhalte diese Rolle und macht sich, wie der geschickte Däumling im Märchen, einen Teil der überlegenen inneren Kräfte zum Helfer. Dabei handelt es sich in diesem Fall durchaus um eine individuelle, kreative Leistung, die auch genau auf die Möglichkeiten des betreffenden Individuums zugeschnitten war und die man nicht mehr als einen reinen Anpassungsprozeß bezeichnen würde.

Bei dem zweiten Beispiel handelt es sich um den Traum eines 13jährigen Mädchens, also am Beginn der Teenager-Zeit geträumt, kurz nach dem Auftreten der Menarche. Das Mädchen war zwar von den Eltern im weitesten Sinne modern aufgeklärt, erlebte aber trotzdem das Auftreten der ersten Periode mit Beunruhigung und Beängstigung. Kurz danach hatte es folgenden Traum: «Ich habe ein Kind geboren, und die Geburt ging ganz leicht vonstatten. Es war ein sehr kleines Kind, viel kleiner als die Babys sonst sind, und sah merkwürdig fremdländisch aus, so ein bißchen asiatisch mit großen, mandelförmigen Augen. Es konnte merkwürdigerweise schon laufen und sprechen und war wunderschön.»

Nach diesem Traum konnte das Mädchen ihre Menstruation und die Entwicklung ihrer Weiblichkeit als einen natürlichen, erfreulichen Vorgang erleben, auf den es stolz war und vor dem es sich nicht mehr ängstigte. In diesem Traum, geträumt in einer wichtigen Schwellensituation, dem Beginn der Pubertät, ist sehr deutlich das von Jung und Kerényi (160) erstmalig ausführlich beschriebene Motiv des göttlichen Kindes erkennbar, das ebenfalls eine Manifestation des Selbst-Archetyps ist und das in diesem Fall sowohl die verstehbaren und rational erfaßbaren Anteile von Schwangerschaft und Geburt sowie das unverstehbare Mysterium der Weiblichkeit und der menschlichen Fruchtbarkeit in seiner Fremdartigkeit erfaßte.

Man kann hier einwenden, daß es sich bei dieser Situation um wenig Individuelles handele, sondern um einen mehr kollektiven Prozeß der inneren Anpassung an ein kollektives körperliches Geschehen. Wir sollten uns aber darüber klar sein, daß nach Jungs ausdrücklicher Beschreibung die Individuation keineswegs identisch mit einem akzentuierten Individualismus ist. Die Selbstverwirklichung steht sogar direkt im Gegensatz zu dem, was wir gemeinhin unter einem Individualismus zu verstehen meinen. Die Vielzahl der psychischen Faktoren im Menschen ist universal und kollektiv. Das Individuelle der Persönlichkeit dagegen besteht aus dem jeweiligen Mischungsverhältnis, das für das einzelne Individuum variabel ist.

Da wir die Individuation als die spezifische Selbstverwirklichung des Individuums aus dem Kollektiv heraus betrachten, die in Verbindung mit einer lebendigen Erfahrung und Gestaltung der archetypischen Imagines durch den Ich-Komplex geschieht, müssen wir dem oben beschriebenen Prozeß auch den Charakter des Principium individuationis zusprechen und können diesen gesamten Vorgang nicht nur unter den Aspekten der Relation Ich-Umweltbeziehung betrachten.

Es erscheint mir auch angebracht, auf einen weiteren Themenkreis wenigstens hinzuweisen, der in der Individuation der ersten Lebenshälfte mit eine wesentliche Rolle spielt. Es handelt sich um die Beziehung und Entwicklung der Persona. Ich möchte hier zunächst auf einige Aspekte hinweisen, die die Persona-Problematik in der Beziehung zum Individuationsbegriff enthält. Nach Jacobi (122) besteht die gesunde Persona aus drei Faktoren, nämlich 1. der körperlichen und seelischen Konstitution, 2. dem Ich-Ideal, d. h. was man gern sein und wie man gern aussehen und wirken möchte, und 3. dem Ideal der Umwelt, von der man gern in dieser oder jener Form gesehen und angenommen werden möchte. Überdenkt man diese 3 Faktoren richtig, so ist eigentlich nur der 3. Faktor, nämlich der des Umwelt-Ideals ein rein kollektiver Abwehrmechanismus, unter dem wir die Persona sonst so üblicherweise zu verstehen pflegen. Sowohl der Faktor der eigenen genetischen Konstitution als auch der des Ich-Ideals enthalten neben den kollektiven Gegebenheiten auch ausgesprochen individuelle Züge insofern, als sich die genetische Kombination eben, wie Jung es beschreibt, zwar im einzelnen aus lauter kollektiven Faktoren zusammensetzt, aber doch eben zu einem ganz bestimmten individuellen Mischungsverhältnis führt. Das Gleiche kann in vielen Fällen für das Ich-Ideal gelten, gerade da dieses auch häufig Faktoren zu enthalten pflegt, die aus den vom Unbewußten her geahnten und gespürten Möglichkeiten der eigenen Persönlichkeit entstehen. Die Entwicklung der Persona steht also keineswegs nur in einem Anpassungsverhältnis zur Umwelt, sondern entspringt in gewissen Anteilen dem eigenen archetypischen Grund des kollektiven Unbewußten. Auf diesen Faktor hat auch Wickes (229) hingewiesen, die sich ja eingehend gerade mit der Analyse von Kindern und Jugendlichen beschäftigt hat. Wickes erklärt: «Die Persona, die einer kollektiven Norm entsprechend gestaltet wird, kann sich entweder auf ein kollektiv-gesellschaftliches Ideal oder auf ein Vorbild des kollektiven Unbewußten stützen. Kommt es zu einer Identifizierung mit einem inneren Ideal, so steht höchstwahrscheinlich ein archetypisches Bild dahinter.»

Blomeyer (17), der sich mit den Aspekten der Persona ausführlicher in einer Arbeit beschäftigt hat, steht im Gegensatz zu Jacobi, die die Entwicklung der Persona in die Pubertät legt und sie als einen Besitzstand der Erwachsenen auffaßt, auf dem Standpunkt, daß die Persona zwar in der Pubertät wie in allen Schwellensituationen des Lebens eine zusätzliche, entwicklungsbedingte Akzentuierung erfährt, «daß aber überhaupt jede Entwicklungsphase ihre individuell und kollektiv verschiedenen Personabilder hat und die Persona nicht nur eine Sache der Erwachsenen ist.» Die Persona entwickelt sich nach Blomeyer mit unseren ersten Äußerungen von Kind an zusammen mit dem Ich. Schon das Kleinkind ahme nach, übernehme Verhaltensweisen, identifiziere sich und bringe in all das seine eigene, «individuelle» Note herein. Dieser Prozeß ginge weit über eine spielerische Nachahmung hinaus. So erweitert denn Blomeyer auch konsequenterweise den Personabegriff dahingehend, daß er ihn als Ausdrucksorgan der Gesamtpersönlichkeit beschreibt und sagt, daß die Persona mehr ist nur als eine Maske, eine Amtsmiene oder ein passender Anzug, sondern daß, wie auch Jung schon betonte, in der eigentümlichen Auswahl und Definition der Persona bereits etwas Individuelles liegt, das sich nicht wie eine Maske beliebig abnehmen läßt, sondern den individuelleren und organischen Charakter einer gesunden Haut hat. Wenn dem so ist, müssen wir die Entwicklung der gesunden Persona durchaus in den Individuationsprozeß einbeziehen und bei der Entwicklung der gesunden Persona differenzieren, welche Faktoren hier reinen Anpassungsprozessen entsprechen und in welchen Faktoren bereits diese eigentümliche Auswahl liegt, die etwas Individuelles beinhaltet, wie es Jung ja ebenfalls in «Die Beziehung zwischen dem Ich und dem Unbewußten» (139) vom Personabegriff definiert hat. Wenn wir uns in diesem Zusammenhang unsere Beispiele ansehen, so können wir durchaus sagen, daß mit und durch die Individuationsvorgänge, die hier stattgefunden haben, auch eine Veränderung der Persona der Betreffenden stattgefunden hat. Ich habe versucht, dies in den Änderungen der Beziehung zur Umwelt zu akzentuieren. Natürlich könnte man sagen, daß in allen Beispielen grundsätzlich kollektive Elemente in der Persona und der Umbildung der Persona enthalten sind. Nimmt man z. B. den ersten Fall des 7jährigen Jungen, so ist die Rolle, durch Intelligenz und Klugheit zu einer Art «Bandenchef» zu werden, durchaus eine kollektive Beziehungsform und Möglichkeit, die von außen erlernt werden kann. Wesentlich erscheint mir aber hier, daß es sich bei der Ausbildung dieses Personaanteils um eine kreative Eigenleistung handelt, die außerdem in ihrer ganzen Art und in der Form des Austausches von Geschichten gegen Beschützt-Werden doch ihre spezielle, individuelle Note hat.

Ich behandle diese Aspekte hier so ausführlich, weil ihre Unterscheidung in der Methodik der Therapie eine wesentliche Rolle spielt. Versteht man nämlich diese Prozesse rein reduktiv, wie im ersten Falle etwa als die Angst des Kindes vor dem übermächtigen Vater oder der übermächtigen Mutter, so entwertet man die äußere und innere Realsituation zu illusionären Kinderängsten, die den Patienten dann nicht weiterbringen können. Faßt man dagegen diesen Prozeß prospektiv im Sinne einer Individuation auf und versteht man die auftretenden Ängste als die Angst vor dem neuen, notwendigen Entwicklungsschritt, der es ermöglicht, zusätzliche andere Kräfte, die sich zunächst rein destruktiv und beängstigend äußern, konstruktiv in das Ich aufzunehmen und dadurch auch die äußere Realsituation zu bewältigen, so wird man der Situation gerechter. Nicht nur in der Form einer möglichen Deutung, die hier mehr prospektiv erfolgen müßte, sondern auch schon in der ganzen Haltung und Auffassung, dem Verständnis des Analytikers für diesen Prozeß, liegt methodisch eine Möglichkeit, Entwicklungs- und Reifungsvorgänge zu fördern oder zu frustrieren und das Kind in einen reinen Anpassungsmechanismus überzuleiten, bei dem dann nur das Fazit übrigbleibt, er wäre eben kleiner, schwächer und sensitiver, müsse darauf Rücksicht nehmen und sich mit der gegebenen Situation abfinden. Es sei noch darauf hingewiesen, daß die hier beschriebenen Prozesse nicht nur in der Latenzzeit und der Pubertät auftreten, sondern auch nachpubertär bis zur Erreichung der Lebensmitte, die im Folgenden gesondert beschrieben werden soll, und entsprechend beachtet werden sollten. Ausgelassen ist hier das Problem der Entwicklung der Einstellungs- und Funktionstypen innerhalb der ersten Lebenshälfte, das auch methodisch zu berücksichtigen ist, das aber ausführlicher im Typen- kapitel behandelt wird.

Eine der großen Krisensituationen im menschlichen Lebenslauf, die wir sehr häufig innerhalb unserer Behandlungen zu sehen bekom- men, ist die Problematik der Lebensmitte mit ihrem deutlichen Übergang ins Älterwerden und das Absteigen der Lebenskurve. Die Jahre zwischen 30 und 50 gelten zwar im allgemeinen als die produk- tivsten und kreativsten Lebensjahre des Menschen; und doch voll- zieht sich in ihnen immer, manchmal bewußt, aber sehr häufig unbe- wußt eine tiefe Krise, die wir heute als die sogenannte Krise der Lebensmitte kennen. Innerhalb dieser Krise treten gehäuft neuroti- sche Erkrankungen, psychosomatische Erscheinungen und im Extremfall sogar völlige Zusammenbrüche ein, wenn es für den Betreffenden nicht möglich ist, diese Krise zu bewältigen. Diese Problematik wurde von Jung schon sehr früh beschrieben, und im Jahre 1931 veröffentlichte er seinen bekannten Aufsatz über die «Lebenswende» (143), in dem er Schulen für Erwachsene forderte, die es den Menschen ermöglichen sollten, die psychodynamischen Hintergründe dieses Geschehens bewußt zu machen und die Krise besser bestehen zu können. Jung ging davon aus, daß nach der Lebensmitte ein Umschlag von der Extraversion der ersten Lebens- hälfte mit den hergestellten äußeren Aufgaben des Lebensaufbaus in eine Introversion erfolgen sollte, die sich den eigenen seelischen Hintergründen und der archetypischen Grundlage des Seins zuwen- den sollte. Einen großen Teil seines Lebenswerkes hat er diesem Individuationsprozeß der zweiten Lebenshälfte gewidmet, und auch in vielen Publikationen seiner Nachfolger werden immer wieder derartige Individuationsprozesse der zweiten Lebenshälfte beschrie- ben. Trotzdem blieb dieses Thema bis in die jüngste Vergangenheit höchst unpopulär. Erst in den letzten Jahren ist es unter dem Titel der sogenannten «Midlife Crisis» auf dem Umweg über Amerika wieder zu uns zurückgekehrt und hat eine Fülle von mehr oder weniger populär-wissenschaftlichen Veröffentlichungen mit sich gebracht, unter denen die bekannteste der Bestseller von Sheely ist (210).

Jung beschrieb als die drei großen Aufgaben der ersten Lebenshälfte
1. den Weg in die Sozialisierung und die Gemeinschaft der Menschen

untereinander, 2. das Problem der heterosexuellen und homosexuellen Beziehungsfähigkeit: Liebe, Familienbildung und Aufzucht von Kindern und 3. den Aufbau einer beruflichen Existenz, die nicht nur das materielle Leben ermöglicht, sondern dem Menschen auch die Motivation zur sinnerfüllten, nicht entfremdeten produktiven Arbeitsfähigkeit liefert. Alle diese Aufgaben liegen mehr im Bereich der Extraversion, und in der Krise der Lebensmitte sollte dann der Umschlag in die Introversion erfolgen. Es ergeben sich hierbei nun einige Fragen, die in dieser Konzeption offenbleiben. Zunächst hat bereits Wheelwright (225) bei der Diskussion auf dem 3. Internationalen Kongreß für Analytische Psychologie in Montreux die Frage aufgeworfen, wie die Lebenswende bei denjenigen Menschen unserer Kultur aussieht, die in der ersten Lebenshälfte vorwiegend introvertiert leben. Sie sind zwar in unserer Kultur in der Minderzahl, aber doch in mehr oder weniger großem Umfang vorhanden. Sinngemäß müßten diese also in der zweiten Lebenshälfte extravertieren. Eine zweite, noch wichtigere Frage ist die, inwieweit derartige Introversionsvorgänge, wie sie Jung auch an sich selbst in seiner Autobiographie (125) beschrieben hat, in unserer heutigen Zivilisation mit dem rapiden Fortschritt der Technik und den immer größeren Menschenmengen überhaupt noch möglich und sinnvoll ist und inwieweit nicht gerade die Aufgaben, die uns heute mit der übervölkerten Welt, der Drohung der vollständigen Destruktion durch die Atombombe und der Umweltzerstörung auch vom reiferen, verantwortlichen Menschen wenigstens ein gewisses Ausmaß an extravertiertem Einsatz fordern. Es ist noch nicht allzu viele Jahre her, daß ein Ministerpräsident von Pakistan Anfang 50 seine Ämter niederlegte und als Sadhu, als Waldbruder, in die Wildnis ging, um den Rest seines Lebens der religiösen Meditation zu widmen. Unsere Welt, die insbesondere in den letzten 100 Jahren zu einer außerordentlich gefährlichen, sehr weitgehenden Entfernung und Entfremdung von jedem Naturgeschehen sowohl äußerlich als auch innerlich gekommen ist, erlaubt solche Rückzüge nicht mehr. Jemand bei uns, der nach der Lebensmitte versuchen würde, sich als Sadhu in die Waldeinsamkeit zurückzuziehen, dürfte schon daran scheitern, daß es diese nicht mehr gibt und er von Sonntagsausflüglern so überlaufen würde, daß er gar nicht zu seinen Meditationen käme. Noch vor 100 Jahren, einer Zeit, in der Jung aufwuchs, wäre so etwas theoretisch möglich gewesen. Wilhelm Raabe beschreibt in seiner Erzählung «Vom alten Protheus» (198) den Eremiten Konstantinus, der sich nach einer Liebesenttäuschung für 30 Jahre in die deutschen Wälder zurückzog und dort nach einiger Verwunderung der Behörden auch von diesen geduldet wurde, ohne umgehend in eine psychiatrische Anstalt eingewiesen zu werden. Wir können nicht die Lebensphilosophie und die Lebenspraktiken von Völkern, die wie in Indien wesentlich naturnäher leben, übernehmen. Auch Jung hat in mehreren Arbeiten (148, 149) ausgeführt, daß die geistige Situation Indiens nicht die strenge Scheidung von Wissenschaft und Religion kennt, die bei uns seit ca. 300-400 Jahren besteht. Der Inder steht seiner inneren Natur näher und kennt sie besser als der Europäer, der ihr weitgehend entfremdet ist und nur eine Wissenschaft der Natur besitzt. Gerade von daher benötigt das ausgeprägte und geschulte Bewußtsein des westlichen Menschen keine weitere Verstärkung gegenüber dem Unbewußten. Wir besitzen eher ein zu großes Maß an Überlegenheit gegenüber der Natur außen und in uns, und was uns fehlt, ist die bewußte Anerkennung einer Unterlegenheit unter die Natur, bei der wir lernen müssen, daß wir nicht alles tun können, was wir wollen. Hinzu kommt, daß durch den historischen Prozeß, den das Abendland mit der Entwicklung der Zivilisation durchlaufen hat, eine sehr weitgehende Umformung und Steuerung unserer Affektivität und Emotionalität entstanden ist, die uns heutige Menschen ganz beträchtlich etwa von den Menschen des Mittelalters unterscheidet.

Ich habe aus diesen und anderen Erwägungen bereits in meinem 1968 erschienenen Buch «Probleme der Lebensmitte» (47) drei verschiedene Typen herausgestellt, unter denen derjenige, der die Hinwendung zur eigenen Innenwelt vollzieht und in die Introversion geht, nur der eine ist. Als zweiten Typus habe ich den Menschen beschrieben, der resignierend erkennen muß, daß er die in seiner Jugend gesteckten Ziele nicht erreicht hat, und schließlich als dritten denjenigen, der vom Erfolg begünstigt nach der Lebensmitte in leitende und führende Positionen kommt. Diese drei Typen sind natürlich nur aus Gründen der Anschaulichkeit voneinander getrennt. Wir müssen uns darüber klar sein, daß in der Praxis und beim Umgang mit lebendigen Menschen hier nur Akzente gesetzt werden können. Im Grunde genommen sind alle drei Problemkreise bei jedem Menschen vorhanden. Die zunehmende Verinnerlichung des älteren und alternden Menschen ist ein allgemeines Phänomen. Jeder von uns wird auch in einer Reihe von früheren Zielvorstellungen, die er sich über sich selbst und sein Leben gemacht hat, resignieren müssen. Gerade die produktive Seite dieser Resignation und ihre Auswirkungen als Voraussetzungen für neue Wandlungsprozesse hat Seifert in einer Arbeit aus dem Jahre 1978 beschrieben (209). Letztlich wird auch wieder jeder von uns auf diesem oder jenem Gebiet erfolgreich gewesen sein und so mit Problemen konfrontiert, die der Erfolg mit sich bringt. Ich möchte mich hier aber nicht mehr auf eine Beschreibung bestimmter Typologien einlassen, sondern mich an dieser Stelle mehr den Problemen zuwenden, denen sich der heutige moderne Mensch in der Lebensmitte gegenübersieht und denen wir ebenfalls tagtäglich in unserem Sprechzimmer begegnen.

Ein erstes Problem liegt schon in der Frage, ob es noch richtig ist, in der heutigen Zeit die Lebensmitte auf das 35.-40. Lebensjahr festzusetzen. Viele Menschen leben in der Vorstellung, älter zu werden als die Menschen früherer Jahrhunderte. Unsere Zivilisation hat gerade in den letzten Jahrzehnten in einer rasanten, bisher nie gekannten Art und Weise die Natur überwunden und umgestaltet, und zwar innerhalb von fast allen Lebensbereichen.

Ich möchte hierfür nur ein einziges Beispiel erwähnen, das ich in meiner vorher zitierten Arbeit «Das Auto als Traumsymbol» (64) ausführlicher behandelt habe. Es handelt sich um das Beispiel der Geschwindigkeit, mit der wir in der Lage sind, uns fortzubewegen. Der Mensch hat immer vor dem Problem gestanden, Distanzen überwinden zu müssen. Er mußte Nahrung suchen, mußte flüchten vor Gefahren oder aus Gegenden, die unwirtlich oder unerträglich wurden, er mußte seine Interessen und seine unersättliche Neugier befriedigen, seinem Bewegungsdrang entsprechen, seiner Sehnsucht nach Ferne und nach Neuem. Zu diesem Zweck war der Mensch genau wie das Tier von seinem ersten Auftreten an bis zur neolithischen Revolution um 4000-6000 v. Chr., wo erstmalig die Haustiere auftraten, auf seinen eigenen Körper und die Geschwindigkeit und Ausdauer seiner eigenen Beine angewiesen. Die Transportmöglichkeiten waren begrenzt auf das, was sein Körper tragen konnte. Von diesem Zeitpunkt an waren neben dem Pferd vor allem Ochsen und Kamelkarawanen die bevorzugte Möglichkeit, Güter und Personen über längere Strecken zu transportieren. Dies geschah mit einer annähernden Verdoppelung der Geschwindigkeit, die ein gehender bzw. marschierender Mensch erreichen kann. Etwa um 3000 v. Chr. zeigen bereits die Modelle von Gawra, daß zweirädrige und vierrädrige Karren im allgemeinen Gebrauch waren. Um 1600 v. Chr. tauchten dann die ersten Pferdewagen mit organisierten Wechselstationen auf, die die Möglichkeit der Reisegeschwindigkeit wieder annähernd verdoppelten, nämlich auf 25 km/h. Diese waren zunächst nur für dringliche und bevorzugte Nachrichtentransporte vorgesehen. Noch der erste regelmäßige Postkutschenverkehr in England, der 1825 begann, erreichte nur eine Geschwindigkeit von etwa 14 km/h. Es bedurfte auch der Entstehung der großen mittelalterlichen Reiche im Abendland, die sich entgegen der Antike nicht um das Mittelmeer oder um Flüsse gruppierten, auf denen der Seetransport möglich war, sondern die über große Landmassen verfügten, daß Transporte über größere Landwege erfolgten. So wurde erst in dieser Zeit das Zuggeschirr der Pferde und ihre Behufung erfunden, die es ermöglichten, die volle Kraft dieser Tiere zum Transport von Gütern auszunutzen. Auch hier blieb die Geschwindigkeit relativ gering.

Das bedeutet, daß etwa 3500 Jahre in der Menschheitsgeschichte verstrichen sind, ohne daß sich etwas Wesentliches in der Geschwindigkeit der Distanzüberbrückung verändert hätte. Erst im Jahre 1880 erfolgte mit den ersten schnellen Hochleistungslokomotiven, die annähernd 100 km/h erreichten, der plötzliche Sprung in die Technik und damit zugleich eine Vervierfachung bzw. Verfünffachung der bis dahin möglichen Geschwindigkeit. Jetzt erfolgte eine fast erschreckende Steigerung. Schon 58 Jahre später, im Jahre 1938, vervielfacht sich diese Zahl wiederum ganz erheblich, als in der Luft die 600 Stundenkilometergrenze überschritten wurde. Wieder nur 28 Jahre später, d. h. im Jahre 1960, erreichten dann Raketenflugzeuge bereits die zehnfache Geschwindigkeit von 6000 km/h, und die Raumkapseln umkreisen die Erde mit einer Geschwindigkeit von 18-24 000 km/h. Über die Veränderungen, die diese schnelle Überbrückung von Distanzen bis tief in die Privatsphäre der einzelnen Menschen hinein, insbesondere der Amerikaner, gebracht hat, berichtet das Buch «Future Shock» (218).

Es wirft sich hierbei die Frage auf, ob wir ähnliche Sprünge in der Biologie und in der Lebenskurve des Menschen erwarten können, wie die äußere Technik sie uns nicht nur im Bereich der Geschwindigkeiten, sondern auch in vielen anderen Bereichen beschert hat.

Es ist kein Zweifel, daß die Entwicklung der modernen Medizin und der Einbruch der Technifizierung in diese auch erhebliche Veränderungen im Bereich der menschlichen Lebenserwartung gebracht

haben. Zunächst ist die Kurve der menschlichen Lebenserwartung im Kollektiven gesehen durch die Verminderung der Säuglingssterblichkeit in den hochzivilisierten Ländern fast sprunghaft angestiegen, wenn vielleicht auch nicht mit der gleichen Rapidität wie im Beispiel von der Entwicklung der Geschwindigkeit. Die Entwicklung der Gerontologie, die Prophylaxe der biologischen Erstarrungs- und Abbauvorgänge haben ebenfalls zu einer Verlängerung der Lebenskurve auch des älteren Menschen geführt. Hier aber setzen gewisse Grenzen ein, und man kann auf keinen Fall sagen, daß es uns gelungen ist, das Leben des einzelnen über das biblische Alter hinaus wesentlich zu verlängern. Das ist eine Tatsache, die wir uns oft noch viel zu wenig bewußt machen, denn alle unsere herrlichen Fortschritte, alle Raffinessen und Technifizierungen der Medizin neigen nur dazu, uns darüber hinwegzutäuschen, daß die Grenze unseres Lebens im individuellen Bereich die gleiche geblieben ist, wie sie vorher war. Es werden zwar mehr Menschen als früher 70-80 Jahre alt, aber der einzelne lebt nicht länger, als es seinerzeit und in der Bibel bereits unter optimalen Bedingungen der Fall war. Es ist in diesem Zusammenhang interessant, daß nach Untersuchungen und Auswertungen von Statistiken durch Jänicke (124) der seit 100 Jahren angestiegene Trend der mittleren Lebenserwartung in den siebziger Jahren, insbesondere in den hochindustrialisierten Gesellschaften wie z. B. Dänemark und Schweden wieder rückläufig wird. Streß, Sinnentleerung des Lebens und Schadstoffe liefern der Medizin hier ein Gefecht, in dem diese wieder zurückgedrängt wird. Diese rückläufige Bewegung beträgt, bezogen auf die durchschnittliche Lebenserwartung von über fünfjährigen Jungen (um die Säuglingssterblichkeit auszuschließen) in Dänemark 0,1, in Schweden sogar 0,22 Jahre. In der Bundesrepublik Deutschland liegt z. Zt. die Lebenserwartung für Männer – wieder unter Ausschluß der Säuglingssterblichkeit – bei 64,9 Jahren, für Frauen bei 71 Jahren. Die harten Zahlen sagen also sehr deutlich aus, daß wir jenseits der 35 keineswegs ein längeres Leben mehr vor uns haben, sondern in dieser Zeit die Mitte überschreiten.
Dieses Problem wird fast generell verdrängt. Der eigentliche Hintergrund des Verdrängungsprozesses ist einerseits die Angst vor dem Tode, andererseits die schiefen Wertmaßstäbe unserer auf Leistung und Jugend hin orientierten Gesellschaft. Der Mensch neigt dazu, über dem verdrängten eigentlichen Problem Abwehrmechanismen aufzubauen, die es verhindern sollen, daß dieses wieder ins Bewußt-

sein kommt. Der einfachste und primitivste Versuch ist der, die Jugend künstlich zu verlängern und den Versuch zu machen, nach außen hin jugendlicher zu erscheinen, als man de facto ist. Auf Grund des Kultureinflusses finden wir dieses Phänomen am deutlichsten und häufigsten bei weiblichen Patienten. Diese äußere Persona der jugendlichen Frau wird bis weit in die vierziger oder gar fünfziger Jahre hin aufrechterhalten, wobei diese Fassade auch innerpsychisch bestehen bleibt und erst Träume anzeigen, wieweit der Alterungsprozeß schon fortgeschritten ist.

In unserer Kultur wird aber auch vieles zu derartigen Abwehrmechanismen mißbraucht, was sehr differenzierter und komplizierter ist, als der einfache direkte Versuch, die Jugend äußerlich zu verlängern. Hierher gehört z. B. die Verlängerung der beruflichen Ausbildungsvorgänge, die vor allen Dingen in hochindustrialisierten Staaten und in den Kulturen, die am weitesten mit dem Sozialisierungsprozeß fortgeschritten sind, eine große Rolle spielen. Schon die einfache Verlängerung der Schulzeit schiebt z. B. das Heiratsalter hoch und damit die Zeit, in der die ersten Geburten stattfinden und damit auch wieder die Zeit, in der die Kinder schließlich selbst soweit erwachsen sind, um das Elternhaus zu verlassen. Hinzukommt eine immer weiter fortschreitende Verlängerung der Studiengänge, sei es nun die Ausbildung auf den Hochschulen oder Fachhochschulen oder seien es die immer breiter spezialisierten Ausbildungslehrgänge im Bereich der Facharbeiter und der Handwerker. Daß es im Mittelalter an den Universitäten Professoren gab, die kaum um die 20 Jahre zählten, ist für unsere heutige Zeit gar nicht mehr denkbar. Diese Verzögerungen bis in die Lebensmitte hinein sich erstreckender Ausbildungs- und Fortbildungslehrgänge ist zwar einerseits in unserer Gesellschaft notwendig, bringt es aber andererseits für den einzelnen Betroffenen psychodynamisch gesehen mit sich, daß er innerlich in einer Situation des Schülers oder Studenten, d. h. einer psychischen Unreife verbleiben kann. Eine derartige Situation lädt geradezu dazu ein, sich der Selbsttäuschung hinzugeben, man befände sich immer noch am Anfang und auf dem Weg in das Leben hinein, wo das Eigentliche erst kommen müßte. So träumte z. B. ein derartiger «Student», daß er an seinem ganzen Körper eine uralte, schrumplige Haut hätte, die ihn beängstigte und entsetzte. Erst nach diesem Traum fing er an, sich mit seinem wirklichen Lebensalter auseinanderzusetzen. Ich habe diese Problematik in einem etwas ausführlicheren Fall und Traumbeispiel

148

an anderer Stelle (70) dargestellt. Es gibt unzählige andere mögliche Abwehrformen, die ich hier nicht alle aufzählen möchte, die aber gerade auch von Seiten der Methodik einer Behandlung gekannt werden müssen. Man spricht z. B. sehr viel davon, daß Männer um die 50 herum in eine zweite Pubertät kommen. Sie verlieben sich dann meist in ein sehr junges Mädchen, schlagen die alte existente Ehe kaputt und fangen mit der vielleicht Anfang 20 Jährigen noch einmal von vorn an, die erste Lebenshälfte zu leben. Dabei haben sie zunächst das subjektive Gefühl, daß sie sich durch diese Entscheidung innerhalb dieser Prozesse ungeheuer verjüngt hätten. Sieht man sich das in seinen Hintergründen über längere Zeit hin genauer an, so stellt man fest, daß in den meisten Fällen das Ganze eine schöne Illusion ist, hinter der eine unerfreuliche Wirklichkeit steckt. Soweit ich Gelegenheit hatte, derartige Fälle zu beobachten, erfolgte sehr bald in diesen Zweitehen nicht etwa das Phänomen, daß der Mann jünger wurde, sondern daß im Gegenteil die jüngere Frau, die er geheiratet hatte, schnell sehr viel älter wurde, als sie de facto war, weil ja mindestens der Versuch einer Angleichung gemacht werden muß. Es ist eben einfacher, schnell ältlich und tuntig zu werden als wieder jünger und leistungsfähiger. Es kommt hinzu, daß gelebtes Leben und erworbene Erfahrungen nicht übertragbar sind und von dieser Stelle her eine sehr schwer oder gar nicht überbrückbare Differenz zwischen den Generationen besteht. Wir haben das gleiche Phänomen ja auch im beruflichen Bereich. Die Lebensmitte ist keineswegs, wie es in manchen Büchern über die Midlife-Crisis heute propagiert wird, die Zeit, in der man anfangen sollte, etwas völlig Neues zu tun, um endlich zu dem Eigentlichen zu kommen, was man gewollt hat. Viele Berufswechsel, die in dieser Zeit erfolgen, sind ausgesprochene Scheinlösungen des eigentlichen Problems. Die Menschen, die meinen, in diesem Alter etwas ganz Neues anzufangen und ihre eigentliche Bestimmung zu leben, gleichen nur allzu oft jenen Menschen, die den Versuch machen, ihren eigenen Schatten zu begraben. Sie wechseln zwar die äußere Position, finden sich seelisch aber doch an der gleichen Stelle wieder. Ein erfolgreicher Manager der Industrie, der einmal seine Liebe zur Heilkunde entdeckt, wird dann oft nichts anderes als ein ebenso erfolgreicher Manager im Bereich des Gesundheitswesens, und eine Schauspielerin, die auf einmal die Schriftstellerei entdeckt, macht im Grunde genommen gar nichts anderes, als sie es vorher im Theater tat. Das Gefährliche an diesen Prozessen ist, daß durch die Veränderung oft eine kurze Phase relativer Symptomfreiheit erreicht wird; das Eigentliche, nämlich Reifung, Individuation, Veränderung und Persönlichkeitsentwicklung im innerseelischen Prozeß vernachlässigt werden zugunsten einer unwesentlichen Äußerlichkeit. Jeder Analytiker tut gut daran, methodisch derartigen Neubeginnsimpulsen in der Lebensmitte skeptisch gegenüberzustehen und sehr sorgfältig mit seinen Patienten die symbolischen Konstellationen durchzuarbeiten, die aus dem Unbewußten kommen und die dann oft anzeigen, daß der ganze Neubeginn eigentlich eine Flucht vor dem Alterungsprozeß ist.

Ich meine, es lohnt sich für jeden einzelnen von uns, ein Stück darüber nachzudenken, welches nun eigentlich die Aufgaben der zweiten Lebenshälfte für den Menschen der heutigen Zivilisation sind. Wir sind eine extravertierte Kultur, sowie wir auch in unserer Religion vorwiegend den Gott draußen kennen und suchen und nicht den in uns. Auf der anderen Seite ist es wichtig, daß wir nach der Lösung der äußeren Aufgaben, die uns bis zur Lebensmitte in Anspruch genommen haben, dazu kommen, auch ein Stück introvertieren zu können, um nach dem Sinn und den Werten unseres Daseins zu fragen und um damit in eine Beziehung zur Transzendenz zu kommen. Diese besteht auch darin, daß wir es in größerem Umfange verstehen lernen, uns aus dem Tagesgeschehen herauszunehmen, gerade auch in unserer so schnellebigen Zeit nicht mehr nach Stunden, Tagen, Wochen oder einzelnen Jahren zu fragen, sondern vielmehr nach Jahrzehnten oder sogar nach Generationen, d. h. nach dem wirklich Bleibenden. Viel von der oft zitierten, aber zu wenig gelebten Weisheit des Alters besteht darin, daß der ältere Mensch eben gerade diese Fähigkeit besitzt und einen Sinn entwickelt hat, zu unterscheiden zwischen dem Vergänglichen und dem Bleibenden. Im weitesten Sinne des Wortes bedeutet religio Rückbindung oder Rückbesinnung, und zwar eine Rückbesinnung an die eigentlichen Werte unseres Daseins. Jeder von uns hat seine eigenen inneren Wertskalen und Werthierarchien. Diese Werthierarchien sind aber nichts Statisches, oder sollten es vielmehr nicht sein, das unverändert das ganze Leben hindurch identisch bleibt. Gerade die Lebensmitte und die Kehre des Lebens sollten der Zeitpunkt sein, an dem der einzelne Mensch diese Werthierarchien überdenken und revidieren kann. Vieles, was bis dahin ungemein wertvoll und wichtig gewesen war, verliert an Bedeutung und tritt in den Hintergrund, um anderen Wertén Platz zu machen.

Dieser Prozeß ist etwas Individuelles. Jeder Mensch muß für sich selber den Sinn seines eigenen Lebens finden. Gerade diese innere Sinnfindung, die Zeit der inneren Besinnung und Auseinandersetzung mit dem eigenen, tieferen Lebenshintergrund gehört unwiderbringlich zu den Aufgaben der zweiten Lebenshälfte. Dann ergibt sich auch eine andere Einstellung zu den bis dahin erreichten Führungsrollen und Verantwortlichkeiten, die jetzt über das Tagesgeschehen hinüberreichen sollten und mehr auf die kommenden Generationen bedacht sind als auf die eigene Trieberfüllung – läge sie nun im Bereich von Geld, Macht, Geltung oder Ähnlichem.

In der Mitte des Lebens verändert sich tiefinnerlich auch das Zeitgefühl. Während für den jugendlichen Menschen das Leben noch unendlich lang erscheint, fängt es für den Älteren an, begrenzt zu werden. Die Zeit ist nicht mehr etwas Unendliches, sondern wird zu etwas Zählbarem. Gerade damit tritt aber auch eine Begrenzung unserer Möglichkeiten ein, ein Problem, an dem viele Menschen scheitern und über das sich viele hinwegtäuschen. Für denjenigen Menschen, der sich mit diesen Problemkreisen innerhalb der zweiten Lebenshälfte wirklich und echt auseinandersetzt, kann gerade diese Zeit zur fruchtbarsten und sinnvollsten Lebensperiode werden. Das Leben kann eine neue Tiefe und eine neue Bedeutung gewinnen. Die untergehende Sonne unseres Lebensweges kann u. U. mehr Lebendigkeit und Wärme ausstrahlen, als die aufgehende. Es ist wichtig, daß wir unseren Patienten die Angst nehmen, zu altern und sterben zu müssen, indem wir ihnen das Wissen vermitteln, daß der Sonnenuntergang genauso schön sein kann wie ein Sonnenaufgang. Diese Schönheit und Sinnerfülltheit herzustellen, kann aber niemals Aufgabe eines Staates oder einer Gesellschaft sein, sondern muß immer auf der Individuation des einzelnen Menschen beruhen. Die Individuation ist ein Prozeß, der bis zum Tode geht. Dementsprechend steht die Analytische Psychologie als Methode auch älteren, sehr alten und sterbenden Menschen offen, wo sie Erhebliches leisten kann, selbst wenn derartige Patienten noch nicht allzu oft unsere Sprechstunden aufsuchen.

8. KAPITEL

Methodische Bemerkungen
zur Traumdeutung

Seit den aufsehenerregenden Entdeckungen über das Verständnis der Traum- und Phantasieinhalte im Anfang dieses Jahrhunderts durch Freud und Jung und den von beiden entworfenen Konzeptionen, die Inhalte der Träume für das Bewußtsein verständlich zu machen, ist merkwürdigerweise weder in der Psychoanalyse noch in der Analytischen Psychologie C. G. Jungs ein neuer wesentlicher Durchbruch für das Traumverständnis gelungen. Dieser kam vielmehr von einer anderen Seite, nämlich aus der experimentellen Psychologie und der Schlafforschung, wo es Kleitmann gelang (169), mit Hilfe der Rapid Eye Movements eine Beziehung zu den einzelnen Traumphasen herzustellen. Obwohl wir mit Hilfe des EEGs fünf verschiedene Phasen des Schlafes unterscheiden können, sind für uns im Grunde genommen eigentlich nur zwei interessant, die Non-REM-Phasen und die REM-Phasen, wobei das letztere Schlafstadium ein gemischtes Bild von alpha- und betaähnlichen Wellen im EEG aufweist und dadurch gekennzeichnet ist, daß die Hauptzahl der Träume in dieses Stadium fällt. Wir wissen, daß auch in den anderen Schlafphasen vereinzelte Träume auftreten, doch ist die Traumtätigkeit in den REM-Phasen am intensivsten. Im allgemeinen können wir davon ausgehen, daß der Erwachsene 3-4 REM-Phasen pro Nacht erlebt und dementsprechend auch eine gleiche Anzahl von Träumen hat, die erinnert werden können. Im Verlauf des menschlichen Lebens finden wir einen hohen REM-Anteil in der späteren intrauterinen Periode; im Alter von 4 Jahren beträgt er 30 %, im Alter von 20 Jahren 25 %, um dann im Greisenalter, d. h. mit 80 Jahren auf 20 % zu sinken. Das bedeutet also, daß wir ca. ein Viertel unserer Schlafzeit im Traum bzw. träumend verbringen (20), und wir wissen auch, daß diese Phasen physiologisch und psychologisch von besonderer Bedeutung für den gesunden Ablauf unseres psycho-physischen Lebens ist. Untersuchungen über diese psycho-physische Nahtstelle der Schlafforschung sind bei weitem noch nicht abgeschlossen und geklärt, aber wir können doch immerhin soviel aussagen, daß bei einem Totalentzug der REM-Phasen schwere psychische Gestörtheiten bis zu psychoseähnlichen Zuständen auftreten, während auf der anderen Seite eine experimentelle Verminderung der REM-Phasen bei depressiven Patienten Besserung der Depressionen ergeben kann. Alles in allem bestätigt so die experimentelle Forschung die hypothetische Konzeption C. G. Jungs, daß der «Monolog» des Unbewußten in unserer Psyche ununterbrochen im Schlaf weiter fortgesetzt wird und daß Träumen eine wesentliche psycho-physische Funktion hat. Um so erstaunlicher ist es, wie wenig Wert bis heute trotz aller Aufklärungsarbeit der Tiefenpsychologie der Durchschnittsmensch auf dieses zweite Leben in ihm legt, wie schnell und achtlos seine Träume dem Vergessen anheimfallen, obwohl er in ihnen die spannendsten und interessantesten Erlebnisse hat, die noch mit vollen sinnlichen Qualitäten ausgerüstet sind und im Sinne einer objektiven psychologischen Realität C. G. Jungs (140) stattfinden. Es scheint vielmehr sogar so, daß das Interesse für den Traum, das um die Jahrhundertwende wiederbelebt wurde und in den ersten 50 Jahren unseres Jahrhunderts bei den Fachleuten und den Analytikern, die mit dem Unbewußten arbeiteten, sehr im Vordergrund stand, allmählich sogar bei diesen wieder abflaut und viele Analytiker gar nicht mehr oder nur noch wenig mit Träumen arbeiten. Das zunehmende Interesse für Gruppendynamik und für zentrierte Behandlung von Aktualkonflikten, für soziologische Probleme und für die Übertragungs- und Gegenübertragungsphänomene hat die Beschäftigung mit dem Traum und seinen Inhalten und die Beschäftigung mit der Traumdeutung wieder etwas in den Hintergrund treten lassen. Vielleicht liegt darin ein allgemeines Unbefriedigtsein über die Methoden, die uns zur Traumdeutung zur Verfügung stehen, und die doch immer wieder von der Kritik gestellte Frage, wieweit stimmt das eigentlich und wieweit läßt sich das nachweisen und wirklich bestätigen, was unsere Deutungsmethoden aus den Trauminhalten zu erschließen glauben. Es ist von daher vielleicht sinnvoll, zunächst einmal zu reflektieren, welche Formen der Traumdeutung bzw. welche Arten des Umgangs mit den Träumen wir in der Geschichte der Menschheit überhaupt kennen.

Grundsätzlich können wir 3 verschiedene Formen unterscheiden:
1. Der Traum wird, wie es bei vielen Naturvölkern oder Primitivkulturen üblich ist, in die äußere Realität miteinbezogen, und es wird fast

so, wie wir es heute noch bei Kindern kennen, kein deutlicher Unterschied zwischen der unbewußten Phantasie und der Realität gemacht. Das kann soweit führen, daß man dafür verantwortlich ist, was man nicht nur im eigenen Traum, sondern auch im Traum eines anderen Menschen tut. Lévi-Bruhl (176) zitiert eine ganze Reihe derartiger Berichte, die für unsere Ohren geradezu unvorstellbar klingen. Sie stammen größtenteils aus Neu-Guinea und Borneo, und von den Linguas vom Großen Tschako, wo es durchaus üblich ist, daß man für eine Untreue, die man im Traum begangen hat, oder für einen Diebstahl ebenfalls im Traum eines anderen bestraft bzw. zur Rückerstattung des gestohlenen Gutes gezwungen wird. Es wird von Sachtelen berichtet: «Ein Mann gelangte in mein Dorf; er kam von einem Ort, welcher ungefähr 150 Meilen entfernt war. Er forderte von mir eine Entschädigung für die Kürbisse, die ich ihm kürzlich aus seinem Garten gestohlen hätte. Ich sagte ihm ganz erstaunt, daß ich seit langer Zeit seinem Garten ganz ferngeblieben wäre, und daß ich daher unmöglich seine Kürbisse gestohlen haben könnte. Ich glaubte zuerst an einen Scherz, aber bald überzeugte ich mich, daß der Mann es sehr ernsthaft meinte. Von einem Indianer des Diebstahls angeklagt zu werden, war eine ganz neue Erfahrung für mich. Auf meine Vorwürfe erwiderte er, indem er freimütig zugestand, daß ich die Kürbisse nicht genommen hätte. Als er dies sagte, begriff ich weniger und weniger. Ich wäre böse geworden, wenn ich nicht gesehen hätte, daß er vollständig davon überzeugt war, und ich interessierte mich im Gegenteil jetzt lebhaft für die Sache. Endlich entdeckte ich: er hatte geträumt, daß ich eines Nachts in seinem Garten war und daß er mich – verborgen hinter einigen sehr großen Pflanzen – sah, wie ich 3 große Kürbisse abbrach und sie davontrug. Er wünschte, daß ich für diese bezahlen solle. Da sagte ich ihm: ‹Aber du hast doch eben anerkannt, daß ich sie nicht genommen habe.› Er räumte dies von neuem ein, aber er fügte plötzlich hinzu: ‹Wenn Sie dort gewesen wären, hätten Sie sie genommen›, so zeigte er, daß er die Tat meiner Seele (von der er vermutete, daß sie in seinem Garten gewesen wäre) als eine von mir wirklich gewollte betrachtete und daß ich sie tatsächlich begangen haben würde, wenn ich in Fleisch und Blut dort gewesen wäre.» *) In einem anderen Fall berichtet Roth: «In Muka (Borneo) traf ich Janela ... Er gab mir als Grund seines Kommens an, daß seine Tochter in Luai mit einer Buße belegt werden sollte, weil ihr Mann

* von Sachtelen, E. (Flores), pag. 129-130. Nach Lévy-Bruhl

geträumt hatte, daß sie ihm untreu war. Janela hatte seine Tochter mitgenommen.»

Eine ganze Reihe ähnlicher Berichte, die von Lévy-Bruhl noch zitiert werden, erscheinen uns unvorstellbar. Diebstähle, Ehebrüche, ja sogar Morde, die im Traum auftreten, werden dem Betreffenden zugeschrieben, der sie im Traum eines anderen begangen hat. Für die Menschen dieser Kulturen ist es die wirkliche Seele des anderen, die im Traum erscheint und derartige Handlungen begeht, für die man selbstverständlich dann auch im Wacherleben Rechenschaft fordert. Sie sind genauso real wie der Mensch auch und wie dessen Handlungen im Wacherleben. Man muß sich fragen, wie derartige Kulturen existieren konnten, wenn wir tatsächlich von der Vorstellung ausgehen, daß im Traum lediglich unterdrückte Wunsch- und Triebvorstellungen der eigenen Person zur Darstellung kommen. Oder sollte es so sein, daß wir in unserer eigenen so rational betonten Kultur mit unserer abwertenden Einstellung dem Unbewußten und damit der eigenen inneren Natur gegenüber so destruktiv sind, daß wir uns in Kürze ausrotten würden, wenn wir uns gegenseitig für das verantwortlich machen würden, was wir in den Träumen anderer Menschen tun. Anscheinend gibt es Kulturen, die bei weitem nicht so destruktiv sind wie wir und die unter derartigen Verhältnissen funktionieren können.

2. Der Traum ist eine von den Göttern gesandte Botschaft und dient vorwiegend als ein Orakel, d. h. er hat mantische (hellseherische) Aspekte. Diese Auffassung hatte ihre Blütezeit in der Antike und wurde erst in der Moderne unter dem Einfluß der Renaissance und der beginnenden Naturwissenschaften allmählich verlassen. Die mantische Auffassung der Träume beinhaltete bereits, daß die Träume verschlüsselt seien und eine Entschlüsselung stattfinden müßte. Die Symbolik des Traumes wurde noch weitgehend als kollektiv aufgefaßt, und auf Grund der kollektiven Symboldeutungen fertigten die antiken Traumdeuter Traumlexika an, von denen das erste uns bekannte aus dem 5. Jahrhundert stammt und von Antiphon aus Athen verfaßt wurde. Das am meisten bekannte Traumbuch dieser Zeit ist das von Artemidor aus Daldis, das über eine auch für heutige Verhältnisse bereits recht beachtliche Kenntnis der menschlichen Psyche verfügt und schon auf die Umstände, unter denen der Traum geträumt wurde und die Person des Träumers Rücksicht nimmt.

3. In der modernen Traumdeutung endlich steht im Vordergrund der

individuelle Aspekt. Jeder Traum sowie jedes Traummotiv oder -symbol wird hier unabhängig von seinen auch zu berücksichtigenden kollektiven Aspekten auf das Erinnerungsmaterial, die Lebens- und Familiengeschichte und die Bewußtseinssituation des Träumers bezogen. Hierbei kann das gleiche Traummotiv für den einen Patienten eine ganz andere Bedeutung haben als für den anderen. Die von der persönlichen Erlebniswelt abhängige Variabilität ist in dieser Art der Traumdeutung auch viel zu groß, um sich in irgendeiner Weise lexikalisch erfassen zu lassen, so daß Symbol- oder Traumlexika eigentlich nur noch in Illustrierten oder in der Laienliteratur existieren.

Irgendwo überschneiden sich natürlich diese 3 verschiedenen Auffassungen, und es gibt in jeder modernen Traumdeutung auch Anklänge an die Auffassungen der Antike oder die der Naturvölker. So ist z. B. die prospektive Funktion des Traumes in der Analytischen Psychologie auch auf die Zukunft hin ausgerichtet und nicht auf Vergangenheit oder Gegenwart des Träumers, da sie zukünftige Lösungsentwürfe offeriert, obwohl sie nicht einen zwingenden und damit mantischen Charakter hat. Auch die Freudsche Auffassung von der Verschlüsselung des Traumes, der als Zeichen oder Bilderrätsel übersetzt werden müßte, findet sich in dem antiken Traumlexikon wieder. Ebenso wird die Realität des eigentlichen manifesten Trauminhaltes als solchem von bestimmten Schulen wieder in den Vordergrund gestellt, wie es z. B. in der Existentialanalyse von M. Boss (19) stattfindet. Alle modernen Schulen sind sich aber in einem einig, nämlich daß sich die Götter, die den Traum senden, nicht mehr draußen befinden, sondern in uns und daß das Phänomen »Träumen« eine Funktion der individuellen Psyche ist, die auch mit Hilfe der Phantasieelemente das Traumgeschehen individuell gestaltet. Sei es nun, daß man den Traum als eine Wunscherfüllung auffaßt oder als innerpsychische Realität, die den bestmöglichen Gesamtausdruck der Psyche darstellt mit kompensatorischer Wirkung auf das Bewußtsein oder als ein rein phänomenologisch zu betrachtendes sinnliches unbewußtes Geschehen, so besagt schon die Tatsache dieser verschiedenartigen Auffassungen des Phänomens Traum, daß es uns bis heute nicht gelungen ist, eine über jeden Zweifel erhabene Erklärung des Traumgeschehens und der Trauminhalte zu geben. Nachweisen können wir eben lediglich, wie bereits oben gesagt, daß das Träumen zum gesunden Funktionieren der Psyche notwendig ist. Eine weitere Überlegung muß uns hierbei noch nachdenklicher stimmen. Es hat sich im Verlaufe der vergangenen Jahrzehnte herausgestellt, daß die Heilungsquoten sowie die Behandlungsdauer der verschiedenen analytischen Schulen keine großen Differenzen aufweisen und daß es offenbar für die Gesundung des Patienten gar nicht so wesentlich ist, ob man seine Träume, die er in die Analyse einbringt, im Sinne einer Wunscherfüllung, einer kompensatorischen oder prospektiven Funktion oder einer reinen Phänomenologie deutet. Alle Methoden haben ganz zweifelsohne ihre Erfolge, und es gibt auch bis heute keinerlei Auswahlkriterien, in welchen Fällen man besser die eine oder die andere Methode anzuwenden hätte. Sie scheinen gleicherweise bei allen Typologien, Strukturen und Neurosenformen zu funktionieren. Der einzige Unterschied, der letztlich resultiert, ist der, daß der betreffende Patient in seiner Bewußtseinssituation je nach der Art der Analyse, die er durchlaufen hat, seine Träume auf der Sinnebene seines Analytikers betrachtet und so mit ihnen umgeht, wie er es von diesem gelernt hat. Unterstellt man einmal, was ja für die Individualanalyse als annähernd gesichert anzunehmen ist, daß eine Analyse mit Traumdeutung und Beachtung der Träume einer Analyse ohne Beachtung der Träume und ohne Traumdeutung überlegen ist, so bleibt in letzter Konsequenz nur übrig, daß das eigentliche therapeutische Agens in der Herstellung einer bewußten Beziehung, eines Interesses und einer Offenheit gegenüber der eigenen Traumwelt besteht. Alles übrige müssen wir zunächst im Bereich sicher außerordentlich wertvoller und auch praktikabler Hypothesen belassen, und wir tun besser daran, ehrlich zuzugeben, daß wir bis heute das Rätsel der Trauminhalte noch nicht gelöst haben. Vielleicht könnte es sein, daß das, was wir im Traum erleben, genauso viel und genauso wenig übersetzbar oder in seinem Sinn erfaßbar ist wie das Erleben, das wir während unserer bewußten Zeit durchlaufen und daß das Traumerleben, genauso wie das bewußte Erleben, erst dadurch Sinn und Bedeutung erhält, daß wir es mit einem Sinn oder Evidenzerleben besetzen. Ich möchte hierbei nicht mißverstanden werden. Es liegt mir fern, die uns heute bekannten und von uns erarbeiteten Methoden der Traumdeutung zu diskreditieren. Ich schätze im Gegenteil ihren Wert recht hoch ein und habe an anderer Stelle (53) ausführlich beschrieben, wieviel Sinn und Wert sie für die analytische Therapie haben. Ich möchte durch diese Überlegungen lediglich vermeiden, daß die durchaus wertvollen und praktikablen Arbeitshypothesen, die wir heute über die Traumdeutung besitzen, als unumstößliche Wahrheiten angesehen werden und uns dadurch möglicherweise den Blick dafür verbauen, daß unter Umständen auch ganz andere Interpretationen dieses Naturphänomens möglich sind.

Wenn wir davon ausgehen, daß eben gerade die Herstellung einer lebendigen Beziehung zwischen unserem Bewußtsein und der Traumwelt einen ganz wesentlichen therapeutischen Faktor darstellt, so möchte ich mich hier auf eine Reihe von Überlegungen beschränken, wie eine derartige Beziehung beim einzelnen Patienten herzustellen ist und welche mögliche Methodik dazu verwendet werden kann, um den bewußten Ich-Komplex dafür zu interessieren, eine Beziehung zu seinen Träumen aufzunehmen. Über die Methodik der Traumdeutung selbst sowie über die Deutung der Symbole, Motive und Inhalte der Träume habe ich in meinem Buch «Träume als Sprache der Seele» (53) ausführlich berichtet.

Es gibt eine ganze Reihe von außerordentlich empfehlenswerten Hinweisen, wie man sich Träume überhaupt merken kann, in welcher Art und Weise man am günstigsten mit diesen Träumen umgeht und wie man eine auch emotional betonte Beziehung zwischen dem Ich und den Träumen herstellen kann. Zunächst ist es empfehlenswert, sich abends vor dem Einschlafen vorzunehmen, sich für die Träume der Nacht zu interessieren und sie auch behalten zu wollen. Ein paar Minuten ruhiger Konzentration und diese Absicht vor dem Einschlafen kann erheblich dazu beitragen, daß man den Traum beim Aufwachen auch behält. Es wird weiterhin oft empfohlen, sich einen Bleistift und ein Stück Papier neben das Bett zu legen und sofort beim Erwachen wenigstens Stichworte über das, was vom Traum noch in Erinnerung ist, aufzuschreiben, da bereits während des Aufstehens die Träume oft vergessen werden. Ebenso ist es günstig, nicht sofort aufzustehen, sondern zunächst einmal nach dem Erwachen möglichst noch in der Schlaflage alles zu rekapitulieren, was man vom Traum behalten hat. Sofern man sich die Zeit dazu nehmen kann – und es ist sinnvoll, sie sich zu nehmen – kann man bereits einige Minuten über den Traum meditieren. Diese Meditation sollte nicht in Form irgendeiner Übersetzung erfolgen oder in der Produktion freier Einfälle zum Traum, wie es in der analytischen Situation geschieht, sondern dadurch, daß man seine Aufmerksamkeit auf die einzelnen Traummotive und die Dynamik des Traumes konzentriert, bis er wieder möglichst lebendig vor dem Bewußtsein erscheint. Hierdurch kommen oft weitere Einzelheiten in die Erinnerung, die man sonst übersehen hätte. Möglichst frühzeitig nach dem Aufstehen sollte man dann den ganzen Traum niederschreiben und dabei noch einmal etwas über ihn meditieren. Das ganze klingt ziemlich umständlich, und kein Mensch unserer Zeit wird ein derartiges Verfahren täglich durchhalten. Ich kann aber aus eigener Erfahrung sagen, daß der ganze Vorgang im Höchstfall eine halbe Stunde in Anspruch nimmt und daß es außerordentlich erholsam und psychisch beruhigend sein kann, auf diese Art und Weise in den Tag hineinzugehen. Verfährt man so, dann wird einen der Traum in der Regel auch während des Tages in ruhigen Minuten wieder einmal beschäftigen, und man wird allmählich emotional etwas von der Botschaft, die einem der Traum mitzuteilen hat, verstehen und begreifen, ohne daß man seine Einzelheiten direkt ins Rationale übersetzt.

In den Schlaflaboratorien und unter experimentellen Voraussetzungen ist es oft angebracht, alle Träume innerhalb der REM-Phasen in einer Nacht aufzuzeichnen, wobei man dann im mittleren Durchschnitt auf etwa 4 Träume in einer Schlafphase kommt. Als Empfehlung für den Patienten und auch für denjenigen Menschen, der sich außerhalb einer Analyse für seine Träume interessiert, halte ich dieses Verfahren nicht für angebracht. Obwohl man öfter in einer Nacht aufwacht und einen emotional bewegenden Traum erinnert, kommt es doch zu Schlafstörungen, wenn man sich zu dem Prozeß des Aufschreibens eines Traumes mitten in der Nacht zwingt, und außerdem bestehen in den meisten Fällen am nächsten Morgen nach dem endgültigen Aufwachen kaum noch Beziehungen zu diesen so fixierten Träumen. Sie wirken dann oft wie ein Fremdkörper, mit dem man zunächst überhaupt nichts anfangen kann. Man sollte es besser dem natürlichen Erinnerungsvermögen und der Offenheit des Bewußtseins für Träume überlassen, ob diese Erinnerungen erhalten bleiben oder nicht. Wie für viele andere Situationen auch, trifft hier das Goethe-Zitat zu (102):

«Geheimnisvoll am lichten Tag
läßt sich Natur des Schleiers nicht berauben
und was sie dir nicht offenbaren mag
das zwingst du ihr nicht ab mit Hebeln und mit Schrauben.»

Dieses Zitat gilt auch dafür, daß man eine derartige Beschäftigung mit der eigenen Traumwelt auf keinen Fall zwanghaft-rituell durchführen sollte und es auch gar nicht erwarten sollte, jeden Tag unbedingt einen Traum erinnern zu wollen. Ich erinnere mich an eine Patientin, die sehr starke Zwangszüge hatte und der ich einmal beiläufig am Anfang der Analyse die Anregung gab, ihre Träume aufzuschreiben. Sie schlief seit dieser Zeit nur in sitzender Haltung mit angezogenen Beinen, auf denen sie ein Brett mit einem Schreibblock zu liegen hatte, und lieferte mir eine derartige Fülle von Traummaterial ab, daß die Herstellung einer bewußten Beziehung dazu gar nicht mehr durchführbar war, sondern wir beide in dieser Flut zu ersticken drohten. Gerade das ist auch die Gefahr einer allzu intensiven Beschäftigung mit den Träumen, nämlich daß es zu einer Überflutung von unbewußtem Material kommt, die das Bewußtsein nicht mehr verarbeiten kann und auf die es dann im günstigen Fall mit Abbruch und Blockade reagiert oder im ungünstigen Fall mit einer zunehmenden Dissoziation.

Das Aufschreiben der Träume ist in erster Linie für den Patienten selbst gedacht und erst in zweiter Linie für den Analytiker, für den am besten ein Durchschlag angefertigt wird. Durch das regelmäßige Notieren der Träume in einer Art Traumtagebuch wird dann erst eine Serienbeobachtung von Träumen ermöglicht. Auch für den Patienten selbst werden die Motivhäufungen, die allmählichen Veränderungen von Inhalten und neu auftretende Emotionen und Affekte sichtbar. Ich gehe hier bewußt nicht auf die Anfertigung evtl. zusätzlicher Skizzen, Malereien und die aktive Imagination von Träumen ein, da ich dies an anderer Stelle behandeln will.

Alle diese Hinweise und Techniken, seine Träume zu behalten und mit ihnen zu arbeiten, sind zwar sehr gut und wertvoll, erscheinen mir aber methodisch am Beginn einer Analyse durchaus unangebracht. Wir müssen davon ausgehen, daß der Patient, der eine Analyse anfängt, zunächst sehr weitgehend entweder unter der Dominanz einer Gefügigkeit gegenüber der Autorität des Analytikers steht oder daß sofort seine Abwehrsysteme einsetzen, wobei beides, das in der Regel zusammen vorhanden ist, dann dazu führt, daß diese methodischen Hinweise zu ihrer eigenen Karikatur gemacht werden, womit sie völlig ihre Wirkung verlieren. Ich habe es mir daher zur Methode gemacht, mich einfach, wie es Jung (153) einmal ausgedrückt hat, vor ein schwarzes Loch zu setzen und darauf zu warten, was dabei herauskommt. Im Stillen setze ich voraus, daß bei der heutigen Publizität über die Analyse der Patient eigentlich ohne meine Intervention wissen sollte, daß es von ihm erwartet wird, Träume zu erzählen. Weiß er es nicht, kann man es auf jeden Fall als eine Wahrnehmungslücke einordnen und sich darüber Gedanken machen, ob diese Wahrnehmungslücke sich speziell auf unbewußtes Material bezieht oder ob es sich um einen Patienten handelt, der in breiterer Form Wahrnehmungen ausspart. Hat er keine derartige Wahrnehmungslücke, so erhält man gleich am Beginn der Analyse einen Eindruck davon, wie stark die Abwehr gegen die Beschäftigung mit Träumen ist, indem man darauf wartet, wielange es dauert, bis er die ersten Träume erzählt. Bringt der Patient nach mehreren Stunden keine Träume, so pflege ich dann doch nachzufragen und ihn selbst darüber phantasieren zu lassen, warum er dieses Material wohl ausgespart hat.

Dieses Verfahren hat nicht nur den Vorteil, daß man von Anfang an einen Einblick darüber bekommt, wie der Patient zu seinen Träumen eingestellt ist, sondern man trifft außerdem bereits in den ersten mitgeteilten Träumen oft sehr ungeschminkt die zentralen Ängste, mit denen ein Patient die Analyse beginnt und ein deutliches Bild des zunächst vorherrschenden Komplexes. Ein derartiges sehr typisches Beispiel habe ich am Beginn des Kapitels über das Geldproblem beschrieben.

Ich möchte nun zu den wesentlichen Überlegungen, die ich mir über die methodische Herstellung einer Beziehung zwischen dem Bewußtsein und der Traumwelt gemacht habe, kommen. Sie beziehen sich in erster Linie auf das Traum-Ich. Die Literatur über den Traum ist, sei es, daß sie von der Belletristik her kommt, sei es von der analytischen Literatur, immer davon fasziniert gewesen, daß unsere Traumwelt so andersartig ist als die des bewußten Erlebens. Überall da, wo in der Literatur vom Ich-Komplex die Rede ist, geht man betont von der Annahme aus, daß dieser sich im Traum auflöse, eine Dissoziation stattfinde, keine Ichgrenzen mehr bestünden oder das Ich nicht mehr über die entsprechende Koordinationsfähigkeit der einzelnen psychischen Komponenten verfügte. So schreibt z. B. 1927 Kohnstamm (170): «Es erlischt die monarchische Führung der gesamten Seelenvorgänge und damit die bewußte Zusammensetzung unseres körperlichen und seelischen Seins zur Einheit des Ich.» Und Siebenthal (211) weist darauf hin, daß die sinnlichen Wahrnehmungsqualitäten im Traum vorwiegend auf das Optische hin orientiert sind und akustische, olfaktorische und haptische Erlebnisse zu den Seltenheiten gehören. Freud hat als erster den Traum als einen psychoseähnlichen Zustand aufgefaßt, und immer wieder wird von der wirren und scheinbar unsinnigen und abstrusen Traumwelt gesprochen, mit der wir so große Schwierigkeiten haben, sie in unser Wachbewußtsein einzuordnen. Verfolgt man aber über sehr lange Zeit eine große Anzahl von menschlichen Träumen, so treten doch Zweifel an dieser Auffassung auf, und seit einiger Zeit beschäftigt mich die Frage, ob wir nicht infolge des Auftretens von neuen Erlebnisqualitäten und Phantasiekombinationen an manchen Stellen diese Andersartigkeit der Träume gegenüber unserem Wacherleben überschätzen. Es ist ganz sicher so, daß neue und andersartige Erlebnisqualitäten im Traum-Ich auftreten können, die nicht der Realität entsprechen. Man denke etwa nur an die in der Pubertät gehäuft auftretenden Träume mit der Fähigkeit, fliegen zu können, oder der Träume von einer Begegnung mit einem Doppelgänger bzw. der Aufspaltung des Ichs in zwei Personen, eine beobachtende und eine handelnde. So ist es auch ganz sicher richtig, daß im Traum eine Auflockerung der Ich-Grenzen stattfindet und das Traum-Ich nicht über die Stabilität und Koordination des bewußten Ichs verfügt, ebenso wie auch die Abwehrsysteme eine Lockerung aufweisen. Offenbar sind wir hierbei besonders fasziniert von den Extremformen und den Metamorphosen des Ichs. Es gibt heute kaum ein Traumbuch, das etwas auf sich hält, welches nicht den berühmten Traum des chinesischen Philosophen Chuang Tzu zitiert, in dem dieser träumte, daß er ein Schmetterling wäre und daran die philosophische Erörterung knüpft, ob er nun ein Mensch wäre, der geträumt hätte, ein Schmetterling zu sein oder ein Schmetterling, der träumte, ein Mensch zu sein. Das ist sicher ein sehr beeindruckender Traum, und es ist nach allen Berichten, über die wir verfügen, auch nicht abzustreiten, daß es derartige Träume gibt. Kein Mensch hat aber bisher darüber geschrieben, wie häufig eigentlich derartige Träume sind und bei welchen Personen oder Krankheitserscheinungen sie vorzukommen pflegen. In meinem Material von über 50 000 Patiententräumen, aus der Kenntnis meiner eigenen Träume und vielen Umfragen bei anderen Kollegen muß ich feststellen, daß derartige Träume einen außerordentlichen Seltenheitscharakter haben. Sie tauchen aber in der Literatur öfter auf, vielleicht gerade weil sie so beeindruckend sind. So berichtet z. B. Ježower (127) daß jemand, der sich stark mit der Geographie Europas beschäftigte, davon träumte, daß sein Körper Europa wäre. Eben gerade diese Fähigkeit zu einer Metamorphose aus dem humanen Bereich heraus in etwas Animalisches, Vegetatives oder sogar Mineralisches scheint eine sehr starke Faszination auf den Menschen auszuüben. Sehr viele unserer bewußten Tagesphantasien beschäftigen sich ja auch mit derartigen Metamorphosen, und das entsprechende Buch des Ovid (189) hat bis heute seine Faszination behalten. Dem gegenüber steht aber die Tatsache, daß die Träume, die während des Schlafens auftreten, dieses Motiv nur ganz selten zeigen und möglicherweise nur bei bestimmten Personen oder Krankheitserscheinungen. Ich habe während der ganzen Zeit meiner analytischen Tätigkeit lediglich zwei derartige Träume erlebt, wobei es sich einmal um eine süchtige Patientin handelte, die davon träumte, daß sie eine Blume sei, die laufen konnte, und ich erinnere mich außerdem daran, bei Beginn meiner analytischen Ausbildung in einem Seminar den Traum einer Psychotikerin gehört zu haben, die davon träumte, eine Vase zu sein. Es wäre ein interessantes Problem, zu untersuchen, in welchen Häufigkeiten derartige Träume überhaupt vorkommen und bei welchen Krankheitszuständen. Die beiden von mir beobachteten Fälle zeigten auch im Wacherleben schwerste Dissoziationsstörungen des Ich-Komplexes, und es erscheint mir, wie ich auch im Folgenden noch ausführen werde, wahrscheinlich, daß solche Träume nur bei schweren psychischen Krankheitszuständen oder möglicherweise auch, wenn wir Chuang Tzu diesen Traum wirklich glauben wollen, bei besonders kreativ veranlagten Persönlichkeiten vorkommen, die in der Lage sind, sehr ungewöhnliche Identifikationsvorgänge vorzunehmen.

Träume, bei denen Veränderungen innerhalb des humanen Bereiches vorkommen, sind dagegen sehr viel häufiger. Der Traum von dem Mann, der sich als Frau träumt oder der Frau, die sich als Mann träumt, der Traum, in dem man eine andere Person ist als in seinem Realleben, ist keineswegs so selten, wie die vorher erwähnten, obwohl der Traum vom Geschlechtswechsel auch nicht gerade zu den häufigen Träumen gehört. Es erscheint mir auch fraglich, ob man auf Grund solcher Träume von einer Auflösung der Ich-Grenzen oder einer Dissoziation des Ich-Komplexes sprechen kann, da wir uns durchaus auch im Wacherleben sehr stark und überzeugend mit einer anderen Person soweit identifizieren können, daß dabei Identitätsgefühle auftreten. Ob diese dann der Realität des anderen wirklich entsprechen, steht natürlich auf einem anderen Blatt. Wenn ich davon

träume oder phantasiere, mich in einem weiblichen Körper zu befinden, kann ich nie feststellen, ob ich die Realität der entsprechenden
Gefühls- und Empfindungswelt wirklich treffe.

Im Gegensatz zu dem, was immer behauptet wird, verfügt der Ich-
Komplex über ein erheblich größeres Maß an Konstanz und Stabilität
und hat keineswegs die Tendenz, sich im Traum weitgehend aufzulö-
sen und zu dissoziieren, sondern es ist vielmehr so, daß er weitgehend
bemüht ist, seine Funktionen auch im Traum-Ich aufrechtzuerhalten.
Das schließt nicht aus, daß sehr deutliche Auflockerungsvorgänge
vorhanden sind und der Traum am ehesten geeignet ist, dem Ich-
Komplex unterdrückte oder neue Erlebnisqualitäten zu vermitteln.
In einer früheren Arbeit (41) habe ich eben gerade diese Prozesse von
Integrationsvorgängen im Traum-Ich sowie die Veränderung von
Erlebnisformen und Verhaltensweisen des Traum-Ichs innerhalb der
analytischen Arbeit dargestellt. Ich war seinerzeit zu dem Schluß
gekommen, daß die meisten Wandlungsvorgänge innerhalb der Analyse zunächst einmal über das Traum-Ich gehen, wodurch sie dann am
leichtesten in den Bereich einer bewußten Veränderung kommen. In
den Erlebnis- und Verhaltensqualitäten des Traum-Ichs finden wir
in der Regel weder die Wunscherfüllungstheorie noch die Theorie
von der kompensatorischen Funktion bestätigt, sondern das Traum-
Ich versucht die Kontinuität des Ich-Komplexes auch im Traum noch
aufrechtzuerhalten. Ein 14jähriges Mädchen träumte, daß sie beim
Hinaufgehen einer Treppe in einem Heim von einem anderen Kind
festgehalten wurde und in eine furchtbare Schlägerei mit diesem
anderen Kind geriet. In der Realität hatte dieses Mädchen tatsächlich
wilde Aggressionsdurchbrüche, sobald sie von jemand anders
berührt wurde. Ein Patient, der dauernd vor seinen eigenen Problemen flüchtet, wird das zunächst auch im Traum tun und dort keineswegs ein Held sein, der sich seinen Gegnern stellt. In einer Traumserie, die ich in der oben erwähnten Arbeit dargestellt habe, träumt sich
eine oral sehr stark gehemmte Patientin zunächst immer in leere
Geschäfte, wo sie nichts kaufen kann oder infolge des Vordrängens
anderer Personen nichts erhält. Erst im Verlauf einer längeren analytischen Auseinandersetzung kommt es dann schließlich dazu, daß sie
träumen kann, in einem Geschäft endlich das Gewünschte zu kaufen
und auch zu erhalten. Prompt nach diesem Traum trat dann auch eine
entsprechende Verhaltensänderung im Wacherleben der Patientin
auf. Auch der Traum von dem sexuell gehemmten Spießbürger, der

neben seiner langjährigen und wenig attraktiven Ehefrau im Bette liegend von Orgien mit anderen Mädchen träumt, existiert in der Realität nicht. Es ist vielmehr so, daß es auch beim sexuell Gehemmten erst einer längeren Analyse bedarf und einer entsprechenden Auflockerung, bis Träume auftreten, in denen er auch mit anderen Frauen Sexualität erleben kann. Das bedeutet also, daß ein Problem erst dann in der Regel bewußtseinsfähig wird, wenn es vom Traum-Ich aufgenommen und integriert wird.

Mir erscheint nun diese Kontinuität, die der Ich-Komplex im Wacherleben und im Traum aufrechterhält, auch methodisch einen sehr erheblichen Vorteil zu bringen. Es ergibt sich nämlich auf dieser Ebene die Möglichkeit, den Patienten zunächst auf die meist deutlich vorhandenen Parallelen zwischen seinem üblich vorhandenen Erlebnis- und Reaktionsschema und dem Traum-Ich anzusprechen. Diese Herstellung von Ähnlichkeiten und Parallelen führt dann einerseits dazu, daß der Patient in den wirren, unsinnigen und für ihn unverständlichen Träumen zunächst einmal überhaupt Bekanntheitsqualitäten entdeckt. Auf dieser Basis kann sich dann die erste Beziehungs- und Verständnisbrücke zum Traum bilden. Beziehungen sind ja bekanntlich immer nur dann möglich, wenn wir Ähnlichkeiten und Bekanntheitsqualitäten entdecken, während es sehr viel schwieriger und ganz erheblich langwieriger ist, zu etwas völlig Unbekanntem und Unverständlichem eine Beziehung herzustellen. Das Ichgefühl, mit dem das Traum-Ich ja außerdem sehr deutlich besetzt ist, erleichtert diesen Prozeß. Andererseits sorgen dann die ungewöhnlichen, merkwürdigen und andersartigen Erlebnisse, Motive und Symbole dafür, daß die von uns im analytischen Prozeß erwünschten Auflockerungsvorgänge beginnen können, die Auseinandersetzungen mit dem unterdrückten bzw. verdrängten psychischen Material zulassen, oder die es dem Ich ermöglichen, sich mit den für seine Situation notwendigen Neuerwerbungen zu befassen und sie zu integrieren. Von daher gewinnt die alte, seinerzeit von C. G. Jung aufgestellte Faustregel (157), daß die Objektstufe vor der Subjektstufe zu deuten ist, noch einmal eine andere Wertigkeit und Bedeutung als lediglich die der Auseinandersetzung mit den persönlichen Beziehungspersonen. Betrachtet man nämlich im Beginn einer analytischen Therapie die auftauchenden Figuren und Symbole im Traum mit Ausnahme des Traum-Ichs zunächst einmal als Objekte, konzentriert sich auf das Traum-Ich und betont die Kontinuität des Ich-Komplexes, dann gibt man damit dem Patienten ein größeres Ausmaß von Sicherheit, sich in der für ihn bis dato unverständlichen und unbekannten Innenwelt zu bewegen. Das ist um so wichtiger, als es uns ja bekannt ist, daß praktisch jeder Patient, der uns aufsucht, zunächst einmal über eine Ich-Schwäche verfügt und der analytische Prozeß immer gleichzeitig einerseits Ich-Stärkungs- und Stabilisierungsprozesse anstrebt, andererseits die Offenheit und die Möglichkeit der Auseinandersetzung mit dem unbewußten Material.

Gerade diese mangelnde Ich-Stabilität ist der Grund dafür, daß wir nur selten gleich am Beginn einer analytischen Therapie eine wirklich konstruktive Mitarbeit des Patienten an seinem unbewußten Material und an seinen Träumen erhalten. In der Regel stoßen wir zunächst auf ganz bestimmte Abwehrprozesse und Abwehrformationen, mit denen wir es dann auch später im weiteren Verlauf der Therapie immer wieder zu tun bekommen. Ich möchte nun zunächst auf die häufigsten und üblichsten Erscheinungsformen dieser Abwehr zu sprechen kommen. Ich werde mich hierzu des typologischen Modells bedienen, da es m. E. die Ich-Funktionen und damit auch die Abwehr am besten erfaßt und ich außerdem daran nachweisen will, wie die Kontinuität eben auch dieser Ich-Funktionen bis in das Träumen hinein aufrechterhalten wird. Ich beziehe mich hierbei auf den Umgang des bewußten Ich-Komplexes mit dem Traummaterial. Eine typologische Diagnostik allein aus dem Trauminhalt heraus existiert bis heute nicht. Ich gehe dabei zunächst und hauptsächlich von den Einstellungstypen Introversion und Extraversion aus, werde aber anschließend noch einige Bemerkungen über die Funktionstypen machen.

Die Träume und die Einstellung des Introvertierten zu seinen Träumen können nach meiner Erfahrung zweierlei Charakter haben. Einmal kann es so sein, wie es üblicherweise für diesen Typus beschrieben wird, daß der Introvertierte in seiner Traumwelt mehr lebt als in der Realität. Er bewegt sich in dieser dann quasi wie in einem geschlossenen System. Solche Patienten bringen oft bereits zum Beginn der Analyse eine Vielzahl von außerordentlich lebendigen und farbigen Träumen und bewegen sich in diesen Träumen, als ob sie da zu Hause wären. Wenn sie freie Einfälle oder Amplifikationen bringen, tun sie das zwar in reichhaltigem Maße, aber es ist auffällig, daß diese Einfälle, wenn überhaupt, nur sehr geringfügige Beziehungen zur äußeren Realität haben. Am charakteristischen ist der Introvertierte, dem zu einem Traummotiv immer wieder nur ein anderer Traum und zu diesem anderen Traum ein weiterer einfällt. In den extremen Fällen sieht es zunächst so aus, als ob dieser Typ in seine Träume eingesponnen ist wie in einen Kokon und man sich außerordentlich interessant, farbig und lebendig innerhalb dieses Kokons bewegen kann. Man kann oft gegenseitig in einer Fülle von erregenden und begeisternden Amplifikationen versinken – aber ändern tut sich überhaupt nichts, und es scheint fast so, als ob ein Leben außerhalb der Traummotive gar nicht mehr existiert. Ist diese Art der Abwehr stärker ausgeprägt, dann nützen auch Interventionen des Analytikers, die auf objektive Assoziationen hinführen sollen, nichts. Ich verfahre daher in der Regel mit diesen Patienten so, daß ich einen derartigen Prozeß einige Zeitlang ablaufen lasse, bis er für beide Seiten überdeutlich erscheint, und dann deute ich ihn direkt, um mit dem Patienten gleichzeitig zu besprechen, wieweit er in seinem realen Leben in einer derartigen regressiven Introversion verharrt, wie groß seine Wahrnehmungslücken gegenüber der Umwelt sind und wieweit seine Krankheitssymptome vielleicht mit diesem Problem zusammenhängen könnten.

Die zweite Form der introvertierten Abwehr ist, daß Träume und Phantasien keine Beziehung zum Ich-Komplex haben und diese abgerissen ist. Am charakteristischsten ist die Art des Tagträumens bei diesen Patienten. Sie haben zwar Phantasien, und sogar in reichlichem und überreichlichem Maße, so daß sie zu erheblichen Arbeits- und Konzentrationsstörungen führen können, aber sie wissen eigentlich gar nicht, daß sie derartige Phantasien haben. Spricht man sie, die weit abwesend erscheinen, darauf an, so kehren sie in die Wirklichkeit zurück und müssen sich oft erst mühsam daran erinnern, daß überhaupt eine Phantasie bei ihnen vorhanden war, von der sie in der Regel dann nur Reste erwischen. Ähnlich sieht es auch mit den Träumen dieser Patienten aus. Oft erzählen sie, daß sie lange und ausführliche Träume gehabt haben und daß sie sich daran erinnern, in der ganzen Nacht geträumt zu haben, daß sie aber nichts davon behalten konnten. Erst bei Nachfragen stellt sich dann eventuell heraus, daß ganz geringe Reste noch vorhanden sind, und es ist für diese Patienten charakteristisch, daß sie beim Erzählen dieser Reste darauf insistieren, daß diese nur ganz unwesentliche Teile der eigentlichen Träume gewesen seien und sie sich an die wirklichen Träume nicht erinnern können. Es kann durchaus möglich sein, daß man von diesen Patienten über längere Zeiten überhaupt keine Träume erhält, und die erste Aufgabe der analytischen Therapie ist dann die, zunächst einmal zu klären, wie dieser Phantasieabriß zustandegekommen ist und welche Ängste dahinterstecken, die eigene Phantasiewelt in dieser Form abzuwehren. Es ist dabei für diese Patienten typisch, daß die Abwehr der Phantasien nicht mit einer gleichzeitigen Diskriminierung einherläuft, sondern sie schätzen Träume und Phantasietätigkeit hoch ein, halten sie für wertvoll und sind wie jeder Introvertierte davon überzeugt, daß sie im Grunde genommen wichtiger sind als die äußeren Realitäten. Deswegen findet man bei diesen Menschen auch meist ein deutliches Bedauern darüber, daß sie trotz allen guten Willens ihre Träume und Phantasien nicht behalten können.

Auch der Extravertierte kann mit beiden beschriebenen Mechanismen auf eine entsprechende Störung der Beziehung zum Unbewußten reagieren, nämlich mit der Traumüberflutung auf der einen und der Blockade auf der anderen Seite. Nur haben beide beim Extravertierten einen anderen Charakter. Die Traumflut findet man hier am ehesten bei denjenigen Patienten, die stark hysterische Strukturanteile haben, wie Jung ja auch die Extraversion zunächst an der schweren Hysterie (137) beschrieben hat. Mit oft außerordentlich farbigen, lebhaften, aber meist in viele verwirrende Episoden aufgeteilten Träumen kann der Patient im Extremfall ganze Stunden ausfüllen oder von einer zur anderen Stunde mehrere beschriebene DIN-A 4-Seiten mitbringen. Diese Träume stehen aber als eine Art Fremdkörper neben dem Ich-Komplex, der mit ganz anderen Dingen beschäftigt ist und mit den Träumen gar nichts anfangen kann. Die Fülle der Träume wird insofern zur Abwehr, als damit die analytische Sitzung ausgefüllt werden soll, damit keine Zeit mehr verbleibt, um sich mit den in ihnen enthaltenen Problemen und der inneren Stellungnahme zu den Außenweltereignissen auseinanderzusetzen. Eine derartige Patientin teilte z. B. am Anfang der Behandlung soviel Traummaterial mit, daß es ihr bis etwa zur 15. Sitzung gelang, die volle Analysenstunde mit reinen Traumerzählungen auszufüllen. Der Charakter dieser Abwehr wurde ihr erst bewußt, als ich sie bedauernd auf diese Tatsache aufmerksam machte, und die Träume reduzierten sich auf einen sinnvollen Umfang.

Auch die extravertierte Blockade zwischen Ich-Komplex und Traum sieht anders aus als die vorher beschriebene introvertierte. Zwar erinnern auch hier die Patienten keine Träume oder nur geringfügige Traumfetzen; es ist aber deutlich, daß sie keineswegs in einer Phantasiewelt versunken sind, die neben dem Bewußtsein einherläuft. Sie machen nicht den Eindruck der Introvertierten, deren Seele wie ein fremder Vogel fortgeflogen ist, um in der Sprache der Naturvölker zu reden, sondern sie sind einfach ausschließlich auf das äußere Objekt orientiert. Phantasien oder Träume sind für sie der berühmte wertlose Unsinn, als der sie von weiten rationalistischen Kreisen im vorigen Jahrhundert behandelt wurden. Da ihre Libido so ausschließlich auf das äußere Objekt orientiert ist, sind sie gar nicht in der Lage, auf ihre Träume zu achten oder sie zu behalten. Ein großer Teil der Patienten, die in der Sitzung angeben «ich habe zwar irgend etwas geträumt, hab es aber gleich wieder vergessen», gehört zu diesem Typ. Ein an anderer Stelle (39) von mir ausführlich beschriebener Patient brachte in der ersten Phase seiner Behandlung wenn überhaupt nur Träume mit, die im Höchstfall in einem Satz bestanden, wie z. B. «mit mehreren Frauen im Wasser geschwommen» u. ä. Erst durch die konsequente Aufnahme der in den Träumen enthaltenen Motive und eine Analyse seiner Abwehr konnte die Traumsperre aufgehoben werden, und im weiteren Verlauf brachte der an sich sehr einfache und ungebildete Patient recht lebhafte und beeindruckende Träume, bis seine Symptomatik abklang, seine Verhaltens- und Erlebnisweisen sich verändert hatten und es ihm wieder gut ging. Dann stellte er das Träumen bzw. die Beobachtung seiner Träume wieder ein.

Es ist ganz offensichtlich, daß die hier geschilderten Formen der Beziehungsstörungen der Einstellungstypen deutliche Entsprechungen zu den von Kohut (171) beschriebenen narzißtischen Störungen haben. Das ist auch sehr naheliegend, da der Einstellungstyp immer auf der Subjekt-Objekt-Relation aufbaut und jede tiefere Gestörtheit dieser Funktionen immer in den Bereich des Narzißmus kommen muß. Die mangelnde Zusammenarbeit der Schulen ist bei den vielen Parallelen, die zwischen dem Gedankengut der Analytischen Psychologie C. G. Jungs und den Konzeptionen modernerer Freudianer wie Hartmann, Kohut u. a. bestehen, besonders bedauerlich. Deutlich ist auch, daß es sich hierbei jeweils entweder um eine partielle Inflation oder Alienation im Sinne Edingers (75) handelt und die Störung im Kern damit im Bereich der Ich-Selbst-Achse (Neumann 184) liegt. Damit erklärt sich auch, daß diese Störungen zwischen Ich-Komplex einerseits und Traumaufnahme, Verständnis und Verarbeitung andererseits keineswegs einfach und leicht zu beheben sind, sondern sich oft besonders in schwerer gestörten Fällen durch eine ganze Analyse hinziehen. Der Analytiker, der dabei die Geduld verliert und durch «Verhaltensanweisungen» die Situation zu korrigieren versucht, erntet dabei eine Symptomverschiebung oder einen Analysenabbruch.

Methodologisch sind alle diese Störungen auch ganz selbstverständlich verschieden zu behandeln. Es gibt, wie üblich in der Analyse, kein allgemeines «Know-how». Hinzu kommt, daß diese unterschiedlichen Formen der Beziehungsstörungen zum Unbewußten im jeweils individuellen Fall auch ihren eigenen individuellen, kausal-genetischen Hintergrund haben. Obwohl nach unserer Auffassung die Analyse nicht rein regressiv in der Kindheit betrieben werden soll, muß dieser Hintergrund doch gekannt werden. Es muß dem Analytiker bewußt sein, warum in welcher Phase gerade diese Abwehr des Unbewußten aufgetreten ist und wieso sie zu jener früheren Zeit die einzig zweckmäßige Verteidigung der Psyche gegen eine noch größere Schädigung gewesen ist. Diese Einsicht in den Sinn des Widerstands erlaubt es dann auch dem Analytiker, eine vorläufige Aufrechterhaltung im Jetzt und Hier zu tolerieren und ein noch schwaches und instabiles Ich, das seine Funktionen bisher nicht ausreichend ausbilden konnte, nicht einem Einfluß des Unbewußten auszusetzen, dem es noch nicht gewachsen ist. Das geht durchaus konform mit den Ausführungen Jungs in der «Psychologie der Übertragung» (158), daß ein Sinn des Widerstandes darin besteht, die geschädigten Ich-Funktionen zu schützen und daß er deshalb respektiert werden muß. Nicht zu Unrecht ist heute von der Reichschen Methode der konsequenten Widerstandsanalyse in der analytischen Praxis kaum noch die Rede.

Was nun die Funktionstypen anbetrifft, so reagieren auch sie in jeweils spezifischer und charakteristischer Form auf das Phänomen Traum. Es ist hier nicht der Raum, um ausführlich auf die typenspezifischen Charakteristika der Träume und des Umgangs des Ich-Komplexes bei Dominanz bestimmter Typologien mit dem Traum einzugehen. Ich will mich daher darauf beschränken, akzentuiert das jeweils typische und vorherrschende Charakteristikum zu beschreiben.

Der Denktyp zeichnet sich, abgesehen davon, daß er über den «unsinnigen» und unlogischen Aufbau seiner Träume irritiert und verärgert ist, ähnlich wie der Empfindungstyp dadurch aus, daß er die Emotionen ausschneidet. Man bekommt von ihm in der Regel eine Handlungsschilderung, bei der oft unklare oder irrationale Elemente, die nicht in die Handlung passen, ausgelassen werden. Diese, ebenso wie die begleitenden Gefühle, erfährt man meist erst durch entsprechende Nachfragen im Verlauf der Stunde.

Auch der Fühltyp unterschlägt oft die unklaren und irrationalen Traumelemente, die nicht in den Zusammenhang passen. Seine Traumschilderungen zeichnen sich dagegen durch ausgiebige und differenzierte Erzählungen von Gefühls- und Empfindungseindrükken aus. Im Extremfall habe ich erlebt, daß eine Patientin eine Gefühlsstimmung bei einer Begegnung mit einer anderen Person im Traum über zwei DIN-A 4-Seiten in immer wieder anderen ausführlichen Schattierungen beschrieb.

Beim Intuitiven dagegen ist es gerade die Faszination an das Ungewöhnliche oder Unbestimmte, die hervorsticht. Ganz gleich, ob er mehr phantasievolle oder mehr alltägliche Träume hat, ist er beeindruckt von dem, was ihm neu, unbekannt oder aus dem gewöhnlichen Rahmen fallend erscheint, wobei die Schwierigkeit darin besteht, dieses mit ihm zu verarbeiten. Mit Sicherheit erscheint im nächsten Traum wieder etwas ganz anderes Neues, und sollte es sich herausstellen, daß es doch nicht so neu ist, sondern das gleiche Problem in anderer Symbolik, so antwortet er meist mit einem Entzug von Interesse. Im Gegensatz zu den mehr rationalen Typen hört man von diesen Patienten auch mindestens in den ersten Behandlungsphasen selten die Klagen, daß der analytische Prozeß zu sprunghaft sei, zu viele verschiedene Themen in den Träumen auftauchen und kein Problem richtig ordentlich zu Ende geträumt bzw. verarbeitet würde.

Der Empfinder schildert seinem Typ entsprechend das Tatsachenmaterial seiner Träume. Typisch für den extravertierten Empfinder ist nach meinen Beobachtungen eine Häufung der Träume, die äußere Tagesereignisse ziemlich oder ganz real so wiedergeben, wie sie tatsächlich stattgefunden haben. Man kann damit auch nur etwas anfangen, wenn man ihn dazu bewegen kann, darüber nachzudenken, warum sein Unbewußtes gerade dieses Ereignis und nicht ein anderes aufgegriffen hat, wobei die dahinterliegenden Probleme allerdings meist sehr verdeckt sind. Je introvertierter er allerdings ist, desto magischer, mythologischer oder skurriler können seine Träume werden, wobei auch hier auf die ausführliche Schilderung der Objekte,

Personen oder Symbole Wert gelegt wird. So kann man z. B. genau von ihm erfahren, welche Kleidung eine bestimmte Person, z. B. ein Zauberer, trug, aber kaum, wie diese Figur auf sein Traum-Ich wirkte. Es ist ganz selbstverständlich, daß alle diese Schilderungen nur in Extremfällen einmal «rein» vorkommen. Wie auch in der Realität, sind an jedem Traumerlebnis alle vier Funktionen beteiligt, und insbesondere die Auxiliarfunktionen werden bei den Schilderungen des Traumes in der analytischen Situation mitbeteiligt. Das typologische Bild ergibt sich immer nur aus einer gewissen Akzentuierung und ist besonders deutlich, solange nicht schon im analytischen Prozeß die anderen Funktionen neben der Hauptfunktion mitentwickelt werden.

Wie bereits vorher ausgeführt, ist offensichtlich der Ich-Komplex im Traum als einer der stabilsten Punkte anzusehen. Das ist auch notwendig, da das andersartige Erleben von etwas aufgenommen bzw. einem erhaltenen Ich gegenübergestellt werden muß, um überhaupt registriert und verarbeitet werden zu können. Solange überhaupt etwas erlebt wird, ist der Träger des Erlebens immer das identische Ich (E. Lubac nach Siebental). Auch Meyerson (nach Siebental) sieht zwischen Traum und Wachen keine Veränderung der Einheitlichkeit des Ich, wohl aber die Beziehungen zu ihm, die Einigung der Persönlichkeit, oder wie Siebental es beschreibt: «. . . ein und dasselbe identische Ich erlebt sich selbst durch die Beziehungen zu anderen psychischen Fakten, aber im Traum kraft der Lockerungen der Beziehungen (Dissoziation, Verschiebung) eben anders.» Innerhalb des analytischen Prozesses erfolgt nun unter dem Schutz der Übertragungs- und Gegenübertragungs-Situation eine direkte Auflockerung der Ich-Strukturen. Der Ich-Komplex kann Abwehrmechanismen aufgeben und vor allem in der Neurose geschädigte und eingeengte Funktionen breiter entwickeln, auf Kontrollen und Organisationsstrukturen verzichten, die Ich-Grenzen aufgeben und neue Erlebensinhalte zulassen. Dem entspricht, daß sich nach de Sanctis (202) das Bewußtsein im Traum parallel mit dem Ich-Bewußtsein entwickelt und Bewußtsein und Ich engstens miteinander verknüpft sind.

Von daher entwickelt sich m. E. die methodische Forderung, bei der Traumdeutung und Traumbearbeitung stärker auf das Traum-Ich hin zu akzentuieren und dieses in den Mittelpunkt des Entwicklungs- und Reifungsprozesses der Individuation zu stellen. Was das Ich im Traum nicht kann, kann es auch nicht in der Realität, und solange es dort vor bestimmten Erlebnisinhalten noch flüchten muß, ist der Patient überfordert, wenn von ihm verlangt wird, daß er diese integrieren soll. Eine Patientin mit erheblichen Störungen in der heterosexuellen Beziehungsbildung träumte in der ersten Analysenphase fast ausschließlich von überwältigenden, verfolgenden und vergewaltigenden Männern, denen sie hilflos ausgeliefert war, was dem Anfangszustand des Einbruchs des patriarchalen Uroburos in die Dualunion Mutter-Tochter nach E. Neumann (186) entsprach. Erst als Träume auftraten, in denen diese Männerfiguren weniger brutal wurden, unterstützende Hilfsfiguren vorhanden waren und sie sich im Traum mit den Verfolgern auseinandersetzen konnte, wagte sie es auch in der Realität, mit Männern Beziehungen aufzunehmen. Bis zu diesem Zeitpunkt hatte sie jedem Mann gegenüber eine Mauer von Abwehr aufgebaut, die nicht zu durchbrechen war.

Das gleiche gilt auch für die Integration von neuen Gefühlsinhalten. Ein 40jähriger Geschäftsmann, der das Dasein eines total überforderten und gehetzten Managers führte, träumte: «Ich bin im Haus von Liv Ulmann. (Szenen einer Ehe). Ich habe ein sehr herzliches, zärtliches Verhältnis zu ihr. Sie führt mich in ihr Schlafzimmer. Ich frage sie, wo ihr Mann, der im Traum Hans Albers ist, sich befindet. Sie sagt, er sei unterwegs und böse, weil er keine Theaterkarte bekommen hätte. Da betränke er sich meistens. Ich hatte Sorge, er könne zurückkommen und verzichtete auf eine Steigerung unserer Aktivitäten. Ich überredete sie, hier wegzugehen und einen ruhigeren, ungestörten Ort zu suchen.»

Die Frauen seiner früheren Träume waren eigentlich immer rein sexuell verführerisch und anonyme Gestalten, mit denen er ohne viel Federlesens sofort ins Bett ging. In diesem Traum begegnet er erstmalig einer Animafigur, die für ihn innere Auseinandersetzung und Individuation repräsentiert. Dagegen ist sein Schatten, von dem er bisher stark inflationiert war, der triebhafte und primitiv-sentimentale Schauspieler Hans Albers («Hopla, jetzt komm ich») von seinem Traum-Ich getrennt, und er versucht, ihn zu vermeiden. Er kann auch, was für ihn ein völliger Neuerwerb ist, einen sexuellen Impuls im Traum in einer ich-syntonen Entscheidung zurückstellen und nach einem ruhigen Ort suchen. Seit diesem Traum begann er, darauf ansprechbar zu werden, seine Hetze zu relativieren und zunächst in vereinzelten ruhigen Oasen mehr Gefühl zu entwickeln. Voraussetzung für die methodische Bearbeitung solcher Veränderungen im Ich-Komplex ist natürlich die Beobachtung von Traumserien. Bei einer laufenden Analyse und einem meist vielbeschäftigten Analytiker ist das gar nicht so einfach. Es wäre eine Überforderung, von einem Analytiker zu verlangen, daß er alle Träume aller Patienten erinnert. Es gibt aber doch gewisse Signale, solche Träume nicht zu übersehen, die deutliche Veränderungen der Erlebnis- und Verhaltensweisen im Traum-Ich zeigen. Zum einen fällt es teilweise dem Träumer selbst auf, und er erlebt einen derartigen Traum mit einem anderen Bedeutungsakzent, als wichtig, lebendig, nachhaltig o. ä., ohne daß es sich hierbei um direktes archetypisches Material handeln müßte. Zum zweiten sollte man sich selbst ein Stück weit dazu erziehen, auf diese Vorgänge zu achten. Bei entsprechender Aufmerksamkeitszuwendung bekommt man relativ bald einen Einblick in die typischen Pattern des Traum-Ich, wie wir sie ja auch für das bewußte Ich erhalten, und Veränderungen dieser Pattern, auch geringerer Art, beginnen dann aufzufallen. Es ist auch methodisch hilfreich, diese Stellen zu akzentuieren, indem man den Patienten darauf aufmerksam macht oder ihn direkt fragt, ob er so schon einmal von sich geträumt hätte. Außerdem sollten auch, wenn man keine Stundenprotokolle anfertigt, wenigstens die Träume protokolliert werden, damit man derartige Veränderungen kontrollieren kann.

Es verbleibt mir nur noch, kurz auf das Problem der Subjektstufendeutung einzugehen, die bei einem derartigen Vorgehen scheinbar etwas vernachlässigt wird. In der letzten Zeit hat die Gestalttherapie (191) die Arbeit auf der Subjektstufe methodisch besonders intensiv aufgegriffen. Die Patienten werden hierbei aufgefordert, sich in das Erleben anderer im Traum auftretender Figuren wie z. B. Beziehungspersonen oder auch Tiere etc. hineinzuversetzen und dadurch oft mit sehr guten Erfolgen andere Verständnis- und Erlebnismöglichkeiten zu erwerben. Das ist für den Patienten häufig sehr beeindruckend, wobei noch hinzuzufügen ist, daß viele Jungianer das schon lange vor der Gestalttherapie gemacht haben. Der Effekt, der hierdurch hervorgerufen wird, ist aber nach meinen Erfahrungen mit Patienten, die voranalytisch oder während der Analyse Gestalttherapiekurse mitgemacht haben, nur flüchtig. Insbesondere bei stärkeren Neurosen stellt das Ich sehr schnell seine alten Grenzen wieder her, und die Methode erspart nicht das mühsame und oft langwierige Durcharbeiten des Sinngehaltes der Traumsymbolik auf allen Ebenen.

Auf der anderen Seite erscheint mir die Betonung der Subjektstufe in der Methodik des therapeutischen Prozesses immer dann von Bedeutung zu sein, wenn es im Sinne des «psychic life cycle's» Edingers (75) um die Phasen der «Reconnection» mit dem Selbst und die Herstellung der «Original Wholeness» geht. Es wird damit die Ich-Funktion gestärkt, die es ermöglicht, Abwehrsysteme aufzugeben, sich hinzugeben, die eigenen Grenzen durchlässig zu machen und die Verbundenheit mit dem Selbst zu erleben. Dies fügt m. E. der Subjektstufendeutung und auch der aktiven Imagination subjektstufiger Trauminhalte methodisch eine zusätzliche Seite hinzu, gegenüber der alten Regel, daß die Subjektstufe nur dann anzuwenden ist, wenn die Objektstufe in der Deutung erschöpft ist.

9. KAPITEL

Die Methode der Assoziation und Amplifikation

Ich möchte zunächst auf die unterschiedliche Akzentierung der beiden analytischen Schulen (Freud und Jung) eingehen.

Nach Greenson (103) hat das freie Assoziieren «den Vorrang vor allen anderen Methoden, in der analytischen Situation Material zu produzieren.» Unter den Freudianern und Neoanalytikern ist allgemein anerkannt die freie Assoziation die Hauptmethode, in der Psychoanalyse Material zu liefern. Nicht verwendet wird diese Methodik nach Greenson lediglich in den antianalytischen, den zudeckenden oder stützenden Therapien. Im Gegensatz dazu verwendet Jung nach Jolande Jacobi (123) keine freien Assoziationen, «sondern ein Verfahren, das er ‹Amplifikation› nennt. Jung meint, das freie Assoziierenlassen führe zwar ‹immer zu einem Komplex hin, von welchem es jedoch nicht sicher ist, ob gerade dieser es sei, der den Traumsinn ausmache. . . .Wir können natürlich immer irgendwie zu unseren Komplexen kommen, denn sie sind das Attraktive, das alles anzieht›. (129) «Vielleicht», so meint Jacobi, «aber zeigt der Traum gerade das Gegenteil des Komplexinhaltes auf und will dadurch einerseits jenes natürliche Funktionieren betonen, das fähig wäre, einen vom Komplex zu befreien, und andererseits auf den zu befolgenden Weg hinweisen.»

Diese beiden Aussagen stehen ausgesprochen konträr zueinander, denn die Analytische Psychologie C. G. Jungs kann man auch unter den böswilligsten kritischen Darstellungen nicht als eine antianalytische, zudeckende oder stützende Therapie bezeichnen. Allerdings ist hier einzuschränken, daß Jolande Jacobi sich lediglich auf die Träume bezieht, während Greenson über das gesamte analytische Material spricht. Dieser Widerspruch und seine Simplifizierung, auf die man mancherorts trifft: Freudsche Analyse = Assoziationsmethode, Jungsche Analyse = Amplifikationsmethode, ist wahrscheinlich dadurch entstanden, daß Jung, der durch seine bereits im Jahre 1904 veröffentlichten Assoziationsexperimente (133) die Dichothomie

Bewußtsein – Unbewußtes auch experimentell bewiesen hatte und dementsprechend auf dem Gebiet der Assoziationsmethodik ausgezeichnet zu Hause war, auch deren Grenzen erkannte. Hier handelt es sich vor allen Dingen darum, daß unbewußtes Material, das dem Patienten noch nie bewußt war und das in erster Linie aus den Inhalten des kollektiven Unbewußten besteht, durch diese Methode der freien Assoziation auch nicht dem Bewußtsein anzugliedern ist. Selbst Freudianer wie Judd Marmor (178) haben auf dieses Problem hingewiesen. So spricht denn folgerichtig C. A. Meier (182) in seinem 1972 erschienenen Traumbuch über die von Jung inaugurierte Amplifikationsmethode auch in der Weise, daß sie sich weniger für jeden beliebigen Traum als vielmehr für solche eigne, «bei denen die sonstigen Methoden nicht viel Befriedigendes zeitigen. Sie beschränkt sich außerdem auf einzelne Traumelemente, zu welchen dem Träumer wenig oder keine persönlichen Erfahrungen einfallen und die trotzdem im Traumtext eine wesentliche Rolle spielen. Die klassische Anwendung findet die Amplifikation auf Elemente, die eindrucksvoll-fremdartigen Charakter haben. Das Bedeutende solcher Bilder bleibt aber unerkannt, weil es sich meist nur um Andeutungen, lapidare Ausdrücke oder fragmentarische Aussagen handelt.» C. G. Jung, der ja bekannt für oft bissige Bemerkungen war, hat in der Zeit der Einführung und Verteidigung seiner Amplifikationsmethode einmal gesagt, daß man «genausogut von einem Verbotsschild oder einer Zeitung her assoziieren kann wie von einem Traum» (157). Der gleiche Jung hat sich aber an anderer Stelle (150) auch dahingehend geäußert, daß der psychologische Kontext von Trauminhalten aus dem Assoziationsgewebe besteht, in welches der Traumausdruck natürlicherweise eingebettet ist. Es wäre nur sehr schwer zu verstehen, daß ein Forscher, der in einem derartigen Umfang wie Jung mit der Assoziationsmethode gearbeitet hat und durch sie u. a. eben auch einen wichtigen Wegweiser zu der Art und den Inhalten unbewußter Komplexe fand, diese Methodik total verworfen haben sollte, um sich pointiert lediglich der reinen Amplifikationsmethode zu bedienen. Meines Erachtens ist die Amplifikationsmethode eine sehr wesentliche und bedeutsame sowie auch relativ häufig anzuwendende methodische Bereicherung der Assoziationsmethode, die lediglich mit dem «freien» Einfall des Patienten arbeitet. Mir ist selbst aus persönlichen Erfahrungen bekannt, daß auch die vorhin zitierte Jolande Jacobi in ihren Analysen mit freien Einfällen arbeitete, und ich bin der Ansicht, daß es praktisch keinen Analytiker der Jungschen Schule gibt, der eine konsequente und reine Amplifikationsmethode in seinen Analysen betreibt.

Es erscheint mir sinnvoll, obwohl es sich um etwas relativ allgemein Bekanntes handelt, die beiden Methoden doch noch einmal kurz zu beschreiben. Die freie Assoziation beruht auf den «Einfällen» des Patienten, wobei dieser gerade nicht bewußt und logisch-rational nachdenkt und diese Gedankenketten äußert, sondern darin, daß das sehr wachbewußte, logisch-rationale Denken ausgeschaltet wird und aus dem Unbewußten gefühlsbetonte Vorstellungsinhalte, Phantasien und Erinnerungen aufsteigen, die mitgeteilt werden, unabhängig davon, ob sie dem betreffenden Patienten selbst logisch zusammengehörig erscheinen oder nicht. Dieser Vorgang hat eine gewisse Ähnlichkeit mit dem kreativen Phantasieren des Künstlers, wie es Schiller in einem Brief an Körner ausgedrückt hat, nämlich die Wache vor den Toren des Verstandes zurückzuziehen, um ungehindert alles, was sich in der Seele befindet, hervortreten zu lassen. Die Standardfrage bei der Anwendung der Methodik der freien Assoziation lautet vom Analytiker her also: «Was fällt Ihnen dazu ein?» Egal, ob sie so ausgesprochen wird oder nicht oder ob sie in anderer Formulierung, aber sinnentsprechend gleich gestellt wird. Durch eine Vielzahl dieser Einfälle erhält man dann eine Kette von assoziativ zusammenhängenden Elementen, die jeweils auf einen bestimmten Komplex hinweisen und in letzter Konsequenz auf diesen direkt führen können, um ihn ins Bewußtsein zu heben. Graphisch läßt sich dieses Verfahren in folgendem Schema darstellen:

Die einzelnen Buchstaben der Assoziationskette stellen die einzelnen Einfälle dar. b erfolgt nach a, c erfolgt nach b u.s.w., bis schließlich die Assoziationskette auf x den gesuchten Komplexinhalt selbst trifft. Die zweite Linie, die sich unter den Buchstaben direkt auf x zubewegt und mit den einzelnen Buchstaben verbunden ist, soll andeuten, daß jeder einzelne Einfall im Grunde genommen nicht in dem Sinne frei ist, daß er willkürlich und abgelöst mit dem Komplexinhalt überhaupt nichts zu tun hätte, sondern daß er in einer Sinnbeziehung zu diesem steht, die allerdings von dem Betreffenden selbst noch nicht gesehen wird.

Es ist am günstigsten, diesen Vorgang an einem Beispiel zu verdeutlichen:

Ein Patient kam sehr ärgerlich um einige wenige Minuten verspätet in die Stunde und begann mit einer Schimpfkanonade auf die typischen «Frauen-Autofahrerinnen», wie er sie nannte, die nicht schnell genug anführen, wenn die Ampel auf grün schaltete und überhaupt so langsam vor einem herzottelten, daß man nicht flüssig durch den Verkehr käme. Nach einigen weiteren Schimpfereien über diese spezielle Situation erweiterte er das Problem mehr ins Allgemeine, indem er mitteilte, wie sehr es ihn aufregte, wenn er eingeengt oder verlangsamt würde, wenn etwas sein Fortkommen behinderte und wenn er durch eine derartige Behinderung irgendeine Möglichkeit, die sich auftäte, überhaupt nicht oder nicht schnell genug ergreifen könne. Schließlich warf ich die Frage ein, ob es sich bei all dem Geschilderten möglicherweise auch um seine eigene Situation handeln könne, die sich auf die Analyse bezöge, da er gerade in der Vorstunde auf das Gefühl von Behinderungen und Stockungen innerhalb des analytischen Prozesses zu sprechen gekommen war. Der Patient griff das auf, und in Verbindung mit seinem Ärger fiel ihm ein, daß es ihm außerordentlich schwerfiele, hier negative oder ärgerliche und kritische Gefühle zu äußern, obwohl ihm ja dafür hier ausdrücklich «grünes Licht» gegeben worden sei. In seinen weiteren Assoziationen kam er dann erstmalig damit heraus, was ihn sowohl an meiner Einrichtung als auch an meinen Haltungen und Verhaltensweisen innerhalb der Analyse störte, an welchen Stellen oder bei welchen Dingen er ablehnende, kritische oder ärgerliche Gefühle verspürt hätte, und er konnte somit die bisher aus der Analyse herausgelassenen negativen und kritischen Übertragungsinhalte erstmalig in den analytischen Prozeß einbringen. Durch die Möglichkeit, innerhalb dieses Bereiches frei zu assoziieren, konnte er diese ausweiten, sich mit ihnen auseinandersetzen und sie auch mit genetischem Material und der Beziehung zu der elterlichen Atmosphäre in Verbindung bringen. Dem Patienten fiel also in dieser Stunde zu dem Symbol der Frau, die bei Grün in ihrem Wagen nicht rechtzeitig über die Kreuzung fährt, außerordentlich viel ein, und er konnte durch die Assoziationskette auf die Möglichkeit einer bisher vermiedenen direkten kritischen Auseinandersetzung mit einer Autoritäts- und Vaterfigur kommen. Es wäre meines Erachtens nicht angebracht gewesen, hier die Methodik der freien Assoziation zu verlassen und auf die Methode der Amplifikation zu dringen, was grundsätzlich auch möglich gewesen wäre. Das Symbol, das der Patient in den Anfang der Stunde brachte, umfaßt ja nicht nur den ärgerlichen Affekt auf das Behindernde, sondern es handelt sich um eine ganz bestimmte Symbolik, nämlich das Auto und die darin sitzende Frau. Verführe man hier nach der Amplifikationsmethode, so würde man in der Form vorgehen müssen, daß man die Assoziationen des Patienten immer wieder auf die Symbolik von Auto und Frau zurückführt, wodurch man möglicherweise auf das Problem einer in der Persona eingeschlossenen Animaproblematik gekommen wäre. Schon um die Symbolik des Autos kann man, wie ich es in einer anderen Arbeit (64) gezeigt habe, eine Unzahl von Amplifikationen erarbeiten, und um die Figur einer Anima, auf die ja dieses kollektive Bild einer unbekannten Frau, die einen starken Affekt bei dem Patienten auslöst, hinweist, noch viel mehr.

Um nun zu dem Verfahren der Amplifikation als solcher zu kommen, ist es erforderlich, sich noch einige Vorüberlegungen zu machen. In der analytischen Praxis erleben wir, daß zu einer Symbolik die verschiedensten Formen von Assoziationen erbracht werden können. Die relevanten Assoziationen lassen sich in zwei große Gruppen einteilen, erstens die subjektiven Assoziationen: Unter diesen versteht man alle diejenigen Einfälle, die sich auf die persönliche Lebensgeschichte und die individuelle Psyche des Patienten beziehen. Aus solchen subjektiven Assoziationen besteht praktisch die gesamte vorher geschilderte Assoziationskette. Selbstverständlich müssen, wie auch in dem Beispiel deutlich wird, die subjektiven Assoziationen keineswegs immer in früher oder ferner Vergangenheit liegen, sondern hierher gehören auch alle die aktuellen Erlebnisse sowie diejenigen Erlebnisvorgänge, die sich innerhalb der Übertragungs- und Gegenübertragungssituation in der Behandlungsstunde abspielen oder auf Planungsentwürfe und in der Zukunft erwartete Ereignisse. Diese subjektiven Assoziationen, die sich auf Erinnerungen an tatsächlich gelebtes Leben des Träumers beziehen, werden besonders von der neoanalytischen Schule Schultz-Henckes als die sogenannten Realeinfälle in ihrer Wertigkeit in den Mittelpunkt des analytischen Verfahrens und der Traumdeutung gestellt

(205). Der Begriff der Realeinfälle, die sich auf tatsächlich gelebtes Leben beziehen, ist aber für die analytische Situation gerade etwas ausgesprochen Problematisches und im Grunde genommen nicht sehr analytisch. In der Atmophäre einer bestimmten, in der analytischen Stunde konstellierten Situation werden Erinnerungen oft gefühlsmäßig ganz anders besetzt und mit Handlungs- und Erlebnisvollzügen ausgestattet, die woanders hingehören, oder Phantasien werden zu Erinnerung an reale Ereignisse, die überhaupt nicht stattgefunden haben. Das klassische Beispiel hierfür ist der Irrtum, dem Freud mit seiner Traumatheorie erlag, indem er die sexuellen traumatischen Erlebnisse, die seine Patienten aus der Kindheit berichteten, für Realität hielt und für krankheitsauslösend, während sie in Wirklichkeit, wie sich dann später herausstellte, lediglich Symbolbildungen waren, die der Phantasie der Patienten entstammten. Natürlich mag der sehr konkretistisch eingestellte Mensch hier das unangenehme Gefühl haben, daß es eigentlich nichts Festes und Sicheres mehr gebe, an das man sich halten könne. In der Analyse spielt aber gerade nicht die positivistische Versklavung an sogenannte objektive Realerlebnisse die wesentliche Rolle, sondern die emotionalen Erlebnisprozesse eines Patienten in einer bestimmten Situation, wobei es viel mehr auf das Symbolgeschehen ankommt und die symbolbildende Funktion der Psyche als auf das real stattgefundene Erlebnis. Wie dem Leser bereits aufgefallen sein wird, habe ich ja auch die Frau im Auto an der grünen Ampel nicht als ein reales Erlebnis behandelt, sondern sie als ein Symbol verstanden. Der Wechsel bzw. die Dynamik solcher symbolischer Erlebnisprozesse ist ein wesentliches Prinzip der Analyse, und das Ziel der Individuation liegt in der Vermittlung einer größeren Erlebnisbreite und die Einbeziehung des symbolischen unbewußten Hintergrundes in das tägliche konkrete und reale Erleben, wobei ersteres die Motivhintergründe für Erlebnisformen und -verhaltensweisen liefert. Durch diese Einbeziehung des Unbewußten werden der äußere Makrokosmos und der psychische Mikrokosmos in ein gegenseitiges Miteinander gebracht, um ein umfassenderes und vollständigeres Erleben herzustellen.

Bei der zweiten Gruppe, den objektiven Assoziationen, handelt es sich um Einfälle, die sich nicht auf das persönliche Material aus der individuellen Psyche des Träumers beziehen. Um zu verdeutlichen, worum es sich hierbei handelt, möchte ich wieder ein Beispiel heranziehen, das ich meinem Buch «Träume als Sprache der Seele» (53) entnehme:

Eine Patientin träumte: «Meine Eltern hatten ein Haus gekauft, unter Umständen auch mit einer finanziellen Beteiligung von mir. Es lag an einem See. Aber man konnte von den Fenstern des Hauses aus den See leider nicht sehen, wohl aber einen schönen Garten, der bis an den See reicht. Das einzig Nachteilige war, daß die Böden im Haus morastig waren. Es hatte außergewöhnlich viel geregnet. Aber ich meinte, der Morast hinge mit der Schlächterei in der Nähe zusammen und man hätte das Haus besser nicht kaufen sollen. Seltsamerweise war im Untergeschoß und Obergeschoß Morast. Ich ging in den Garten. Auf der einen Seite war ein Flachbau. Eine große Halle mit lauter Stühlen, wohl ein Vereinshaus. Von diesem Haus aus konnte man auf den See sehen. Ich fand, wir sollten versuchen, dieses Haus noch dazu zu kaufen. In dieser Halle war der Boden mit Dielen belegt. Ob darunter Morast war, konnte man nicht wissen.»

Die Träumerin, eine Frau Mitte Dreißig, hatte einen sozialen Beruf. Sie hatte bisher von einem relativ geringfügigen Einkommen sehr bescheiden gelebt, eine «Studentenexistenz», wie sie sich ausdrückte. Darüber hinaus hatte sie noch erhebliche Teile ihres Verdienstes für soziale Einrichtungen gespendet. Zur Zeit dieses Traumes war sie durch einen Wechsel in ihrer Position in eine Situation gekommen, in der sie für ihre Verhältnisse relativ leicht erhebliche Gelder verdienen konnte, und zwar gerade dann, wenn sie ihre sozialen Tendenzen außer acht ließ. Sie befand sich also in einer ausgesprochenen Versuchungssituation, mit der sie sich auseinanderzusetzen hatte.

Ich will nun aus Gründen der besseren Übersicht die innerhalb der analytischen Sitzungen erbrachten Assoziationen der Patientin nicht in der ursprünglichen Reihenfolge, sondern in zwei Gruppen geordnet bringen. Die erste Gruppe umfaßt die subjektiven Assoziationen und beginnt damit, daß sie über den Zuwachs ihres derzeitigen Einkommens berichtet und die Möglichkeiten, die ihr hierbei noch offenstehen. Genetisch gesehen fällt ihr eine frühe Phantasie ein, als sie sich ein derartiges Haus auf einer Halbinsel gewünscht hatte und sich ausmalte, wie sie dort zusammen mit einem Hund und vielen Gästen leben wolle. Sie hätte dieser Phantasie oft nachgehangen, sie aber seit vielen Jahren völlig vergessen. Sie teilt weiterhin mit, daß ihre Wunschwelt in letzter Zeit wieder in viel stärkerem Maße geweckt worden sei, und vielleicht tauche von daher die alte, vergessene Phantasie im Traume auf. Zwei Tage vorher habe sie einen älteren Kollegen besucht, der die gleiche Position innehabe wie sie jetzt und der ein schönes Haus besitze mit wertvollen Antiquitäten. Besonders diese Antiquitäten hätten sie gereizt, da sie ein besonderes Faible für sie habe. Sie hätte sich ausphantasiert, daß sie sich nun auch bald solche Antiquitäten anschaffen könne, wenn sie es wolle. Sie hätte sich auch eigentlich geschworen, zunächst einmal keine sozialen Aufgaben mehr anzunehmen, die ihr nicht auch das entsprechende Geld einbrächten. Gerade jetzt aber wäre eine Aufgabe an sie herangetragen worden, bei der sie in einer ausgesprochenen Notsituation helfen könne, von der sie aber sicher sei, daß sie ihr nur Arbeit und keinen Verdienst einbringen würde. Sie hätte es dann aber doch nicht übers Herz gebracht, diese Aufgabe abzulehnen.

Die zweite Gruppe von Einfällen umfaßt objektive Assoziationen, die zwischen diesen subjektiven eingestreut auftraten, und sie beziehen sich auf zwei Stücke von Bertolt Brecht. Zu dem Haus am See fällt ihr «Der aufhaltsame Aufstieg des Arturo Ui» (24) ein. Das Stück bezieht sich in verschlüsselter Form auf den Aufstieg des Nationalsozialismus in Deutschland. Zu Beginn des Stückes wird die Hindenburg-Figur gewissermaßen bestochen durch die Annahme eines Aktienpaketes und eines Landhauses. Die Parallele ist sehr deutlich. Die Patientin spürt hier in sich selbst das Aufkommen eines geld- und machthungrigen Triebdämons, der ohne Menschlichkeit und Rücksicht auf andere seine Triebziele zu erreichen sucht. Sie begegnet dem Hitler in uns selbst und hat sich mit diesem auseinanderzusetzen. Der Schlamm der Korruption aus dem Brechtschen Stück kehrt im Traum wieder in dem Motiv des verschlammten Hauses, das nicht einmal einen Ausblick auf den See zuläßt. Es erscheint auch noch sehr fraglich, ob das andere Haus, das man noch dazukaufen sollte und das den Blick auf den See ermöglicht, nicht unter seinen schönen Dielen ebenso verschlammt sein könnte.

Der zweite Einfall bezieht sich auf die Schlächterei, die in der Nähe des Hauses liegt und von wo der eigentliche Ursprung des Schlammes herkommt. Zu dieser Schlächterei fällt der Patientin wieder ein Stück von Brecht ein, und zwar «Die Heilige Johanna der Schlachthöfe» (23), mit seiner Schilderung einer allgemein-menschlichen Konfliktsituation, die in den folgenden Versen ausgedrückt ist:

«Mensch, es wohnen dir zwei Seelen
in der Brust!
Such nicht eine auszuwählen
da du beide haben mußt.
Bleibe stets mit dir im Streite!
Bleib der eine, stets Entzweite!
Halte die hohe, halte die niedere
halte die rohe, halte die biedere
halte sie beide!»

Diese beiden objektiven Assoziationen stellen ihr persönliches Problem in einen kollektiven menschlichen Konflikt, dem sie durch die Verdrängung ihrer eigenen Wunschwelt und durch das Führen ihres allzu edlen Studentenlebens bisher ausgewichen war. Diesen Konflikt wird sie ihr Leben lang als eine «Entzweite» tragen müssen. Es ist nötig, daß sie eine Position findet, in der sie beides vereinen kann, um dann doch die «Eine» zu bleiben. Zu diesen objektiven Assoziationen, die die Patientin zu dem Traum beisteuert, gehört nun ein ganzes Gewebe von möglichen objektiven Assoziationen, bei denen sich der Analytiker auch nicht scheuen sollte, entsprechendes Sinnverständnis gebendes Material von sich aus in die Analyse einzubringen. So gehören zu diesem Traum einerseits die verschiedenen Gestaltungen und Hintergrundsmythologeme, die die Figur der Jeanne D'Arc in der menschlichen Geschichte hat, andererseits aber auch wieder die Gestalten der großen Diktatoren und der negativ-dämonischen Götterfiguren, die diese Seite des negativen Vaterarchetyps beschreiben. Ebenso gehört hier die Problematik des Goetheschen Faust hin mit den zwei Seelen, die in meiner Brust wohnen, wie auch die vielen mythologischen Motive der Zerstückelung und der Schlachtung als Vorstufen eines Erneuerungs- und Wandlungsprozesses, wie sie von Jung etwa in den «Visionen des Zosimos» (151) beschrieben worden sind oder von mir in der Deutung des Lieblingsmärchens vom Mädchen ohne Hände (44).

Erst nachdem durch eine Vielzahl derartiger objektiver Assoziationen der archetypische Inhalt der Traumsymbolik verdeulicht und angereichert wurde, wird versucht, mit der Amplifikation diesen Inhalt zu erweitern. Die deutsche Übersetzung des lateinischen Wortes amplificare heißt ja auch «erweitern, ausdehnen, vermehren, erhöhen» und «in helleres Licht setzen». Damit bleibt die Amplifikationsmethode sehr viel stärker als die Assoziationsmethode an dem gleichen Objekt, d. h. an dem bestimmten Traum- oder Phantasiesymbol, das amplifiziert werden soll. Sie versucht dementsprechend nicht so sehr, wie C. A. Meier (182) es ausdrückt, den Inhalt des Traumes mit dem Bewußtsein des Träumers in Verbindung zu bringen, als vielmehr innerhalb des Unbewußten zu bleiben, so daß die Subjekt-Objekt-Relation kein großes Problem für sie darstellt. Diese Anreicherung der Symbolik führt allmählich oder plötzlich zu einer Sinnerhellung, die ihrerseits wieder spontan in das Bewußtsein übergehen kann und damit einen Wandlungsvorgang hervorruft. Die Amplifikation stellt gewissermaßen wie ein Puzzlespiel aus dem Teil eines Bildes allmählich das ganze Bild her und führt damit zu einem Erkenntnisvorgang des Symbols. Amplifikation ist also kein linearer Vorgang, wie die Assoziation, sondern ein konzentrischer, der immer wieder auf die gleiche Symbolik hinführt. Jolande Jacobi (123) hat diesen Vorgang in ihrer «Einführung in die Psychologie C. G. Jungs» in sehr eindrucksvollen Grafiken dargestellt, die hier nicht wiederholt zu werden brauchen.

In der Praxis gewinnt man tatsächlich den Eindruck, daß das uferlose Assoziieren zu Sterotypien führt, daß man zwar immer wieder auf die gleichen Triebansprüche und Primärprozesse stößt, die Methode dem Patienten aber wenig Hilfen bietet, diese zu bewältigen und in für ihn wesentliche Wandlungserlebnisse zu verarbeiten. Auch Siebenthal (211) erörtert ausführlich das Problem, ob man mit dieser Methode der freien Assoziation überhaupt Relevantes über die Struktur des Traumes aussagen kann. Die Amplifikationsmethode eröffnet die Möglichkeit, die Energietransformation durch das Symbol entsprechend auszunutzen und die transzendente Funktion zur Aktion und zum Tragen zu bringen. Hobson (115) hat beschrieben, daß bei Jung die Akzentuierung auf die Konzeption der Amplifikation schon auf das Jahr 1911 zurückgegangen ist, in dem Jung in einer eigenen kreativen Krise das Buch «Symbole der Wandlung» (136) schrieb. In seiner Autobiographie (125) hat Jung dann selbst beschrieben, wie er hier seine eigene Welt und seine eigene Identität fand, die völlig unterschiedlich war von der Freuds. Insbesondere ist es auch die Position Hartmanns von der autonomen, kreativen und kompensatorischen Funktion des Unbewußten gewesen, die einen starken Einfluß auf Jung ausgeübt hat, zumal diese die

«Nummer Zwei» in ihm selbst anstieß, die nicht personahaft angepaßt in der positivistischen Wissenschaftswelt der damaligen Zeit
lebte.

In den «Symbolen der Wandlung» gelang es Jung auch, durch Amplifikationen analoger mythologischer Bilder zu den Phantasien der
Miss Miller zu einer später bestätigten und verifizierten Voraussage
über den vermutlich weiteren Verlauf der psychischen Dynamik zu
kommen. Gerade in der Vorrede zu diesem Buch hat Jung darauf
hingewiesen, welche umfangreiche Breite die Erstellung derartiger
Analogien erfordert: «Sobald solche Parallelisierungen ausgearbeitet werden, beanspruchen sie einen großen Raum, weshalb kasuisti-
sche Darstellungen zu den schwierigeren Aufgaben gehören. Das
liegt aber in der Natur der Sache: je tiefer man geht, desto breiter wird
das Fundament: Dazu gehört ein weitläufiges Vergleichsmaterial,
wie auch die vergleichende Anatomie ohne ein solches nicht auskommt. Mit einer Kenntnis subjektiver Bewußtseinsinhalte weiß
man von der Psyche und ihrem wirklichen unterirdischen Leben noch
für lange Zeit nichts. Wie in jeder Wissenschaft gehören auch in der
Psychologie ziemlich ausgedehnte Kenntnisse zu den Requisiten der
Forschungsarbeit.»

Diese Kenntnisse gerade in den Bereichen außerhalb der analytischen Fachliteratur, nämlich Kenntnisse der Mythologie, der Ethno-
logie, der vergleichenden Religionswissenschaften, der Symbol-
kunde, der Märchenforschung etc. sind für die fruchtbare Anwendung der Amplifikationsmethode die notwendige Voraussetzung, da
sie dem Analytiker zunächst einmal selbst das wirkliche Tiefenver-
ständnis des betreffenden Symbols vermitteln. Von der Methodik her
gesehen genügt aber diese eigene Tiefenerkenntnis allein nicht. Sie
muß auch dem Patienten nähergebracht werden, weshalb auch der
Analytiker sich nicht scheuen darf, solche Analogien dem Patienten
mitzuteilen, wobei allerdings größter Wert darauf zu legen ist, daß sie
zu der Situation des Patienten passen und gleichzeitig auch seinen
derzeitigen Verständnismöglichkeiten entsprechen. Die Methode
birgt natürlich die Gefahr in sich, einen Patienten mit Anreicherun-
gen zu überschwemmen, die er selber nicht mehr verstehen kann,
weshalb ich damit in praxi auch eher vorsichtig dosiert umzugehen
pflege und mir sorgfältig überlege, zu welcher Analogie der Patient
eine gefühlsmäßige Beziehung aufnehmen kann. Es gibt eine schöne
und nachdenklich stimmende Legende von Buddha, die den Sinn

dieser Problematik verdeutlicht. In dieser Legende wird erzählt, daß der Erhabene einst im Simsapawalde weilte und eine Hand voll Blätter nahm. Er zeigte sie seinen Jüngern und sagte ihnen, daß, ebenso wie die Blätter in seiner Hand wenige seien im Vergleich zu den Blättern des ganzen Waldes, das, was er verkündet habe, nur ein Bruchteil von dem sei, was er wisse; daß er aber nur soviel seinen Jüngern erschließen wolle, als ihnen dienlich sei, um Befreiung zu erlangen. Mehr von dem Medikament des eigenen Wissens sollte der Analytiker dem Patienten auch nicht geben, als er notwendig zur Heilung bzw. zur Lösung seiner Problematik benötigt, aufnehmen und eingestehen kann. «Überdosierungen» führen in diesem Bereich genauso zu Vergiftungen bzw. Inflationen wie Überdosierungen in der Organmedizin. Zum Schluß unserer Ausführungen ist noch die Frage aufzuwerfen, auf welches psychische Material sich die Methode der Amplifikation grundsätzlich anwenden läßt. Sie ist relativ leicht zu beantworten, und die Antwort lautet: auf alles, was vom Bewußtsein als ein echtes Symbol verstanden und aufgenommen werden kann. Hierzu gehören nicht nur Träume, Phantasien, Halluzinationen, aktive Imaginationen, meditative Bilder etc., sondern auch Erinnerungen, äußere Objekte und reale Erlebnisse, sofern sie für den Betreffenden einen symbolischen Charakter haben. Ich habe an dem ersten Beispiel von der Autofahrerin an der grünen Ampel bereits verdeutlicht, daß es sich hierbei grundsätzlich um ein wirkliches Symbol im Sinne Jungs handeln kann, es aber in diesem Fall nicht opportun erschien, diesen Symbolcharakter mit der Amplifikationsmethode anzureichern. Es ist hier nicht der Ort, auf das Problem dessen, was wir als ein Symbol verstehen wollen, näher einzugehen, und ich verweise den Leser auf eine frühere Arbeit von mir über das Symbol (52) oder die Lektüre des Buches von Jolande Jacobi «Komplex, Archetypus, Symbol» (120). Durch das menschliche Unbewußte spricht neben oder unterhalb aller Erlebnisvollzüge unseres Bewußtseins eine zweite Schicht in einer anderen Sprache, der symbolischen Sprache, mit, und es ist unsere Aufgabe als Analytiker, diese verstehen zu lernen. Jung hat in seiner Einleitung zur ersten Auflage der «Collected Papers on Analytical Psychology» (135) den Standpunkt seiner Schule als symbolistisch im Gegensatz zum kausalreduktiven Verfahren der Freudschen Psychoanalyse bezeichnet. Die symbolbildende Funktion der Psyche, die Funktion, die in der Lage ist, eine Synthese zwischen Gegensatzpaaren durchzuführen, ist die transzendente Funktion. Es handelt sich hierbei nicht um eine der Grundfunktionen wie Denken, Fühlen, Intuieren und Empfinden, sondern um eine komplexe Funktion, die aus mehreren Faktoren zusammengesetzt ist und die den Übergang von einer Einstellung in eine andere ermöglicht. Immer dann, wenn das wache Bewußtsein in den Prozeß eintritt, das Symbol aufgreift und seine Verarbeitung tatsächlich zu einer Bewußtseinsveränderung führt, tritt diese transzendente Funktion in Kraft.

Es muß nicht alles zum Symbol werden. Das Bewußtsein kann achtlos sogar an großer und bedeutsamer Symbolik, die etwa in einem tiefsinnigen Traum angeboten wird, vorbeigehen und es versäumen, nach ihrem Sinn zu fragen. Hierdurch entsteht das, was Jung im «Mysterium Coniunctionis» als die «Parsival-Situation» bezeichnet hat (152). Tritt diese Funktion aber in Kraft, dann können selbst alltägliche Ereignisse oder Objekte zu tiefgehenden Erlebnissen und Wandlungsprozessen führen. Hierfür soll zum Abschluß noch ein Beispiel gegeben werden: Es handelt sich um einen Patienten, der Ende 30 mit einer relativ schweren reaktiven Depression zu mir in Therapie kam und neben der depressiven Komponente auch noch stark zwanghafte Züge aufwies. Er war ein sehr rationalistisch eingestellter, recht trockener Justizbeamter. Die auslösende Situation seiner depressiven Verstimmungszustände stand in deutlichem Zusammenhang zur Problematik der Lebensmitte und den resignativen Gefühlen, die damit zusammenhingen, keine Aufstiegsmöglichkeiten mehr zu haben, immer wieder das gleiche Eheleben in der gleichen Wohnung zu führen und den Ablauf seines Daseins bis zur Pensionierung praktisch vorausberechnen zu können. Nachdem bereits durch einen längeren analytischen Prozeß eine Auflockerung bei diesem Patienten erreicht worden war und eine Individuation in Gang kam, spielte sich vor einer Sitzung folgendes Ereignis ab: In dem betreffenden Jahr hatten wir nach einer Wärmeperiode gegen Ende April überraschend noch einmal einen stärkeren Schneefall bekommen, auf den dann aber genau an dem Tage, als der Patient zur Sitzung kam, wieder wärmeres Wetter und strahlender Sonnenschein folgte. Durch diese klimatischen Ereignisse blühten in den Vorgärten der Siedlung, in der ich wohnte, die Krokusse, Primeln und Frühtulpen in voller Farbenpracht in einer Schneedecke. Der Patient, der auf dem Weg zur Stunde dieses Bild rein vom ästhetischen Gesichtspunkt her betrachtet und schön gefunden hatte, fühlte sich auf dem Weg zu meiner Tür plötzlich von innen her veranlaßt, stehenzubleiben und wie gebannt auf eine einzelne aufgeblühte, rote Tulpe zu sehen. Während er da stand, ergriff ihn ein – wie er es ausdrückte – sehr merkwürdiges und erschütterndes Erleben. Er fühlte sich auf einmal mit dieser Blume identisch, und mit diesem Gefühl verschwand das Gefühl der Sinnlosigkeit und Bedrücktheit, das ihn die ganze Zeit über geplagt hatte. Er hatte das Gefühl, wieder lebendig und ganz zu sein, ein, wie er sagte, vollständiger Mensch, der in der Lage war, zu erblühen und zu verblühen. Nach wenigen Augenblicken riß er sich allerdings wieder los, schalt sich selbst albern und unvernünftig und klingelte an meiner Tür.

Kurz nach Beginn der Stunde entschloß er sich dann doch, mit deutlichen Schamgefühlen dieses Ereignis zu berichten und war ganz offensichtlich zutiefst erleichtert, daß ich dieses Erleben sehr ernst nahm und keineswegs als unvernünftig abtat. Hier wendete ich ganz selbstverständlich die amplifikatorische Methode an. Der Patient kam von sich aus auf das Symbol der blauen Blume der Romantik und die Schlüsselblumen, die nach dem Volksglauben in der Lage sind, den Himmel aufzuschließen. Ich erinnerte ihn an ein Märchen von Andersen, das er selber noch aus der Kindheit kannte (5). Es war die Geschichte von Däumelinchen, die ja aus einer Tulpe geboren wird.

Danach wies ich ihn auf die Symbolik des Rosenkreuzes und die Geschichte dieser Gemeinschaft hin, die versuchte, das naturwissenschaftliche und das religiös-mythologische Weltbild, die in der damaligen Zeit der Entstehung der Rosenkreuzler in immer stärkeren Widerspruch traten, wieder zu vereinen. Wir kamen damit auf alle jene Blumen zu sprechen – u. a. auch die Lotusgeburt des Buddha – die mit der Selbstsymbolik und so mit der Ganzheit der Persönlichkeit zusammenhängen, so daß der Patient allmählich begreifen konnte, daß seine Individuation und die Beschäftigung mit seinem Unbewußten ihn allmählich zu einer Stelle geführt hatte, wo er in einem gnostischen (Erkenntnis durch Erfahrung) Erlebnis fähig war, sein eigenes Selbst, das, was im Osten als das Tao verstanden wird, zu sehen. Er konnte nach dieser Stunde dieses Erleben in seinem Bewußtsein zulassen und es festhalten, wodurch sich bei ihm eine deutliche Wandlung und eine erhebliche Besserung seiner Symptome einstellte, die dann allmählich im weiteren Verlauf der Analyse gänzlich verschwanden.

Der «Sinn» des Symbols dieser Tulpe kam durch die amplifikatorische Methode in eine Beziehung zum Bewußtsein des Träumers, und das neuartige Erlebnis konnte eine bewußtseinswandelnde Wirkung für ihn haben. Diese Wirkung ist sowohl für den Patienten als auch für den Analytiker, der sie miterlebt, eo ipso überzeugend, selbst wenn sie von der Ratio her nicht ganz verstehbar ist. Überzeugend erschien mir auch gerade dieses analytische Erlebnis für Wert und Sinn der Anwendung der amplifikatorischen Methodik.

10. KAPITEL

Die analytische Distanz

Strenggenommen gehört das Problem der analytischen Distanz eigentlich mit in den Bereich von Übertragung und Gegenübertragung. Da es sich aber um einen umgrenzten speziellen Problemkreis handelt, der zwar viel diskutiert, aber wenig publiziert wird, soll dieser hier in einem gesonderten Kapitel besprochen werden. Distanz ist zunächst ein Begriff, der eine räumliche Entfernung zwischen zwei Objekten ausdrückt. Nur durch sie wird so ein Gegenüber möglich. Zwei Objekte, die genau den gleichen Raum einnehmen, können sich nicht gegenüberstehen, sondern sind miteinander verschmolzen. Erst dieses reale Gegenüber in einer, und sei sie auch noch so geringen Distanz zwischen zwei Menschen, ermöglicht überhaupt eine Auseinandersetzung. Solange dieses rein räumliche Gegenüber nicht existiert, wie z. B. bei der Mutter mit dem in ihr wachsenden Embryo, ist ein Gegenüber, eine Auseinandersetzung und eine Unterscheidung mit selbständiger Entwicklung von beiden Seiten her nicht möglich. So ist die konkrete räumliche Distanz ganz einfach die Voraussetzung dafür, daß selbständige Reifungs- und Entwicklungsprozesse eines Individuums stattfinden können. Innerhalb des konkreten Bereichs ist das sehr leicht einsichtig.

Kommen wir aber in den Bereich rein psychischer Prozesse, so wird das Problem ungleich schwieriger. Die Psyche ist mit der Kategorie des Raumes nicht erfaßbar. Wir benutzen sprachlich in diesem Bereich die räumlichen Begriffe lediglich als Analogien oder Metaphern. Wenn wir z. B. von den «Tiefen»-Schichten des Unbewußten sprechen, so benutzen wir zwar einen räumlichen Begriff, müssen uns aber darüber klar sein, daß dieser eine reine Metapher ist. Innerhalb der Psyche gibt es kein Oben und Unten und dementsprechend auch kein Tief oder Hoch, sondern wir umschreiben mit diesen Termini dem Bewußtsein mehr oder minder schwer zugängliche Prozesse psychischer Erlebnisqualitäten. So müssen wir auch bei der «analytischen Distanz» zwei Bereiche voneinander trennen: einmal den

Bereich, bei dem es sich um die reale, konkrete, körperliche Distanz zwischen Analytiker und Patient handelt, und zum zweiten jenes sehr viel schwerer zu erfassende und zu beschreibende Feld, in dem wir den Begriff analytische Distanz als Metapher für etwas rein Psychisches benutzen. Mit dem letzteren geben wir dem Patienten den von Heyer (112) beschriebenen freien Raum, wieder einen unsichtbaren, metaphorischen Raum, der das Einströmen von unbewußtem Material ermöglicht.

Gehen wir zunächst kurz auf die konkrete, körperliche Distanz ein. Die klassische Analyse stellte zunächst mit dem ein Stück hinter dem Patienten entfernt sitzenden Analytiker auch ein recht erhebliches Stück konkreter, realer Distanz her. Der Patient kann den Analytiker nicht sehen, spricht in eine andere Richtung und ähnelt so, was auch der Sinn der Anordnung ist, einem Fußballspieler, der den Ball in das eigene Tor spielt anstatt in das seines Gegners oder Partners. Die möglichst weitgehende Einräumung von Projektionsmöglichkeiten für den Patienten wird zusätzlich erreicht durch die Vermeidung jeglichen persönlichen Kontaktes zwischen Analytiker und Patient und die Forderung an den Analytiker, die eigenen inneren Vorgänge möglichst vollständig aus der Analyse herauszuhalten. Streng durchgeführt schafft dies eine ganz erhebliche Distanz, und der Analytiker bleibt für die ganze Dauer der Behandlung und auch über diese hinaus im Grunde genommen eine sehr entfernte Vater- und Muttergottheit, deren eigentliches Sein und deren eigentliche Wirklichkeit der Patient nie erfährt, von der er nie wirklich weiß, sondern bei der er immer auf Ahnungen oder Vermutungen angewiesen bleibt. Diese klassische strenge Distanz wird in praxi sicher heute kaum noch durchgeführt. Sowohl die Einsicht, daß der objektive, neutrale Analytiker, der lediglich als Projektionsschirm dient, eine illusionäre Fiktion ist, als auch die vielen modernen Variationsmöglichkeiten der Freudschen Psychoanalyse in der Therapie von Psychosen, Borderlines, Gruppen, Familientherapie etc. haben die Situation nicht nur von der Theorie her, sondern auch in der Praxis stark aufgelockert.

Die Auffassung C. G. Jungs von der Analyse als einem dialektischen Prozeß zwischen Analytiker und Patient, die auch den Arzt für den Patienten sichtbar und durchsichtiger macht, hat es im Bereich der Analytischen Psychologie von vornherein verhindert, daß rein konkret eine derartige, uns fast schizoid anmutende Distanz zwischen den beiden Beteiligten aufgetreten ist. Allerdings schwanken unter den

Analytikern der Jungschen Schule die Auffassungen beträchtlich, wie groß die konkrete Distanz zum Patienten optimal sein sollte, und es besteht wohl lediglich ein consensus omnium, daß allzu intensive Verschmelzungsprozesse vermieden werden sollten. Es lassen sich darüber auch m. E. keine allgemein gültigen Regeln aufstellen. Es erscheint mir ganz müßig, darüber allgemein zu diskutieren, ob es z. B. erlaubt sein soll, mit Patienten spazieren oder ins Theater zu gehen, sie zu berühren oder sich von ihnen berühren zu lassen und ähnliches mehr. Derartige Generalisierungen sind immer falsch, und was in dem einen Fall gerade das Verkehrteste sein kann, das eine Analyse endgültig blockiert oder zum Abbruch bringt, kann in einem anderen Fall das einzig Mögliche und Richtige sein. Wichtig erscheint mir hier allein der von Jung zitierte Satz Christi aus den Apokryphen: «Wenn du weißt, was du tust, bist du selig. . . .» Da wir das aber in den meisten Fällen sehr wenig wissen, ist es ein Gebot der Klugheit, gerade auch im Bereich der Aufhebung konkreter Distanzen außerordentlich vorsichtig zu sein. Hierfür ein Beispiel: Ich hatte einen Patienten, der sich nach einem guten Stück analytischer Behandlung in einer sehr tiefen gefühlsmäßigen Krisensituation befand. Am Ende einer Behandlungsstunde, die sehr dramatisch verlief, legte ich spontan meinen Arm um die Schultern des mir damals gleichaltrigen, tränenüberströmten Patienten. Übersehen hatte ich dabei, daß bei diesem Patienten eine massive latente homosexuelle Problematik bestand, die bisher noch nicht in die Analyse gekommen war. Wie sich später herausstellte, trug diese Handlung dazu bei, daß die homoerotischen und homosexuellen Ängste des Patienten so verstärkt wurden und dementsprechend seine Widerstände gegen diesen Bereich, daß es nie ganz gelang, diese Problematik aufzuarbeiten. Vielleicht wird das an einem zweiten Beispiel noch deutlicher, was hier mit diesem «Wenn du weißt, was du tust . . .» gemeint ist: Eine sehr erfahrene ältere Kollegin (übrigens eine Freudianerin) berichtete einmal in einem kleineren Kreis, in dem auch ein jüngerer, gerade erst fertiger Analytiker anwesend war, von der Therapie einer schizophrenen Patientin und daß sie in einer ganz bestimmten Situation sich neben diese Patientin auf die Couch gelegt hätte, um sie ihre Körperwärme spüren zu lassen. Die Handlung ermöglichte es der psychotischen Patientin, erstmalig in ihrem Leben überhaupt in eine wirkliche Beziehung zu einem anderen Menschen zu kommen und war an dieser Stelle genau das Richtige. Der junge Kollege, der außerordentlich beeindruckt von dem Erfolg dieses therapeutischen Eingriffs war, rutschte in die Rolle des bekannten Goetheschen Zauberlehrlings und legte sich kurz danach zu einer schweren Hysterika, die ihre Beziehungsstörung ähnlich formulierte, ebenfalls auf die Couch. Der Effekt war natürlich entsprechend dramatisch, und der Kollege konnte sich nur durch einen Sprung zurück auf seinen Sessel aus der Umklammerung der Patientin befreien. Ich weiß nicht, was aus dieser Behandlung geworden ist, aber auf jeden Fall drängt sich hier das alte lateinische Sprichwort auf: Quod licet Jovi, non licet Bovi.

Wichtig erscheint mir bei diesem Problem auch wieder, daß es hierbei nicht nur auf die Situation des Patienten ankommt, sondern daß auch jeder einzelne Analytiker nicht nur über seine Typologie und Struktur, sondern auch über seine eigene Problematik Bescheid weiß und in der Lage ist, auf diese Rücksicht zu nehmen. Es kommt hier wie überall in der Analyse nicht so sehr darauf an, was man tut, sondern wie man es tut, und dieses Wie ist immer bedingt durch den ganzen eigenen Hintergrund. Es kann falsch sein, eine Stunde zu überziehen, weil man nicht nein sagen kann und Schwierigkeiten hat, sich von einem anderen zu trennen, und es kann falsch sein, eine Stunde nicht zu überziehen, weil man zu sehr personafixiert ist und dadurch einem lebendigen Geschehen zu wenig Raum läßt.

Alle diese konkreten analytischen Distanzen sind aber im Grunde genommen nur deswegen wichtig, weil sie auf die Problematik der metaphorischen Distanz, die im Grunde genommen innerhalb der Analyse das wesentliche Element ist, ganz erhebliche Rückwirkungen haben. Wir müssen also zunächst ausführlicher über dieses Problem der psychischen Distanz sprechen und greifen hierfür am besten auf das schon in der Einleitung erwähnte Vas Hermeticum der Alchimisten zurück. Laotse sagt, daß der Krug seinen Sinn und seine Funktion nicht durch den Ton erhält, aus dem er gemacht ist, sondern durch die Leere, die der Ton umschließt. So ähnlich ist es mit dem geheimnisvollen Vas Hermeticum der Alchimisten, und so ähnlich ist es mit dem metaphorischen Raum, in dem Analyse stattfindet. Für den Patienten muß in der analytischen Situation ein leerer Raum vorhanden sein, in den sich seine Phantasien möglichst ungehemmt und möglichst ungehindert ergießen können und in dem die Symbole seines Unbewußten die Möglichkeit zur Entfaltung haben. Innerhalb dieses Raumes kann dann ähnlich wie im alchimistischen Prozeß die Wandlung stattfinden und aus der primären «Massa confusa» das

«Aurum non vulgum» entstehen, das analytisch gesehen dem Wandlungsprozeß der Libido über die Symbole entspricht, wie Jung es in seiner «Energetik der Seele» (140) beschrieben hat. Das Vas Hermeticum spielt in der Alchimie als Begriff eine erhebliche Rolle. Man stellt sich bei diesem Gefäß zunächst eine Art Retorte oder einen Ofen vor, als einen Behälter der zu verwandelnden Substanzen, wird aber durch die Beschreibungen, die die verschiedenen Alchimisten über die Natur dieses Vas abgeben, bald eines Besseren belehrt:

«Es ist eine Art ‹matrix› respektive ‹uterus›, aus welchem der ‹filius philosophorum›, der wundersame Stein geboren wird. Darum wird auch verlangt, daß das Gefäß nicht nur rund sei, sondern auch die Eiform habe. Man denkt natürlicher Weise, daß es sich bei diesem Gefäß um eine Art Retorte oder Kochflasche handelt, wird aber bald belehrt, daß diese Vorstellung unzureichend ist, indem das Gefäß vielmehr eine mystische Idee darstellt, ein eigentliches Symbol, wie alle zentralen alchemistischen Begriffe: So hören wir, daß es Wasser sei, respektive die ‹aqua permanens›, welche nichts anderes ist als der Merkurius der Philosophen. Aber er ist nicht nur das Wasser, sondern auch dessen Gegenteil: nämlich das Feuer». (150) pag. 276 f.

Es handelt sich also bei diesem Gefäß um einen geistigen Prozeß des Unbewußten, wie ich ihn in meiner Deutung des arabischen Märchens vom «Fischer, der die Flasche fand» (66) beschrieben habe. Durch die Beziehung, die das Gefäß zu den gegensätzlichen Elementen Feuer und Wasser und insbesondere auch zum alchimistischen Merkurius hat, stellt sich mit ihm ein ziemlich differenziertes und kompliziertes Problem. In seiner «Symbolik des Geistes» (144) hat Jung den Merkurius folgendermaßen charakterisiert:

«a) Merkurius besteht aus allen erdenklichen Gegensätzen. Er ist also eine ausgesprochene Zweiheit, die aber stets als Einheit benannt wird, wenn schon ihre vielen inneren Gegensätzlichkeiten in ebensoviele verschiedene und anscheinend selbständige Figuren dramatisch auseinandertreten können.

b) Er ist physisch und geistig.

c) Er ist der Prozeß der Wandlung des Unteren, Physischen, in das Obere, Geistige, und vice versa.

d) Er ist der Teufel, ein wegweisender Heiland, ein evasiver «Trickster», und die Gottheit, wie sie sich in der mütterlichen Natur abbildet.

e) Er ist das Spiegelbild eines mit dem Opus Alchymicum coinciden-
ten mystischen Erlebnisses des Artifex.

f) Als dieses Erlebnis stellt er einerseits das Selbst, andererseits den
Individuationsprozeß und vermöge der Grenzenlosigkeit seiner
Bestimmungen auch das kollektive Unbewußte dar.»

Wir können diese Charakterisierung des Merkurius zwanglos in den
analytischen Raum, der durch die Distanz entsteht, übersetzen.
Zunächst einmal ist unter a) die Rede davon, daß der Merkurius aus
allen erdenklichen Gegensätzen besteht und in viele Figuren dramatisch auseinanderfällt, trotzdem aber immer als Einheit bezeichnet
wird. Übertragen wir das in das analytische Vas, so sind wir uns
darüber klar, daß sich in diesen Raum zwischen dem Analytiker und
dem Patienten ja nicht nur die Phantasien des Patienten ergießen,
sondern auch die des Analytikers, so daß hierdurch bereits eine
Zweiheit oder Gegensätzlichkeit existiert. Wie die Untersuchungen,
die von Blomeyer und mir veröffentlicht wurden, bei gleichzeitiger
Aufzeichnung der Phantasien von Patient und Analytiker ergeben
haben, zeigt es sich aber, daß diese Phantasien immer aufeinander
sinnbezogen sind und man von daher durchaus wieder von einer
Einheit sprechen kann (15,50). Das Auseinanderfallen in die verschiedenen Figuren entspricht dann dem Prozeß der unbewußten
Symbolbildung, die ja auch in einer Unzahl von differenten Figuren
innerhalb des analytischen Prozesses auftritt.

Der Punkt b), daß es sich gleichzeitig um ein physisches und geistiges
Gefäß handelt, ist klar, da wir bereits ausführlich von dem Problem
der realen, äußeren Distanz gegenüber der unsichtbaren, metaphorischen und psychischen Distanz gesprochen haben, die sozusagen den
Umfang des Gefäßes bilden.

Nach c) ermöglicht das analytische Vas den Prozeß der Wandlung des
Unteren in das Obere und vice versa, was sich in den Prozessen der
Libidotransformationen innerhalb der Analyse deutlich äußert.
Auch hier ist ausgesprochen das erwähnte Physische miteinbezogen,
da erhebliche psychosomatische Prozesse innerhalb der Analysen
ablaufen und die in ihnen gebundene Libido einerseits, wie etwa bei
einem psychosomatischen Symptom, einem tetanischen Anfall,
einem Asthma, einem Ulcus, in das Obere, Psychische transformiert
wird. Auf der anderen Seite kann aber auch obere psychische Energie
in den physischen Bereich mit einer Verlebendigung, Durchblutungs-
steigerung und erhöhter Sensitivität gebracht werden. In einer

gelungenen Analyse tritt meist auch eine Veränderung im Bereich der Körpermotorik, des gesamten Körpergefühls und Verstärkung der sinnlichen Wahrnehmung auf.

Es ist eine jedem Analytiker bekannte Tatsache, daß das Unbewußte sowohl ein Teufel als ein wegweisender Heiland wie auch Gottheit und evasiver Trickster sein kann, dem beide, sowohl der Analytiker als auch der Patient, ausgesetzt sind, und die verschiedenen Methoden von final-prospektiver und kausal-reduktiver Arbeit am Unbewußten sowie seine kompensatorische Funktion entsprechen diesem Passus.

Daß der analytische Raum das Spiegelbild eines mystischen Erlebnisses ist, wird sicher von vielen rational orientierten Wissenschaftlern nur schwer geschluckt werden. Die seelischen Entwicklungsprozesse, die sich zwischen zwei Menschen innerhalb der engen Beziehung einer Analyse einstellen können, nicht müssen, bleiben ein Mysterium, das bei aller Kunst des Analytikers einem «Deo concedente» unterliegt. Man kann es als Analytiker lernen, offen zu sein dafür, diese Entwicklungsprozesse zuzulassen, man kann sie anregen und sie fördern, aber man kann sie durch keine Technik erzwingen. Es ist auch letztlich zu hoffen, daß dies so bleibt und wir verschont bleiben vor perfekten Technikern der Seele, die in ihr nichts anderes sehen als ein naturwissenschaftliches Objekt, das man willkürlich verändern kann. Hier hört auch der so oft zitierte Vergleich mit der Chirurgie auf, wo man an bestimmten Stellen bestimmte Objekte findet und sie, sofern sie krankhaft sind, entfernen kann bzw. entsprechende künstliche Hilfsaggregate einsetzt. Aus der menschlichen Psyche kann im analytischen Prozeß nichts entfernt oder herausoperiert werden, sondern es handelt sich hier um Wandlungs-, Wachstums- oder Reifungsprozesse, und es kann und darf auch nicht etwas Künstliches anderes eingefügt werden.

So stellt dann auch das Erlebnis des analytischen Prozesses innerhalb dieses Vas das Selbst und den Individuationsvorgang dar, in den neben dem persönlichen Unbewußten auch das kollektive Unbewußte einbezogen ist.

Ich möchte nun einige praktische methodische Beispiele dafür bringen, wie am individuellen Fall mit dieser analytischen Distanz umgegangen werden kann. Das erste Beispiel stammt von einer Patientin Anfang 30, die die analytische Behandlung wegen eines sensitiven Beziehungswahns aufsuchte. Sie träumte in den ersten Stunden, daß sie sich mit ihrer kleinen, 6jährigen Tochter in der Tierschau eines Zirkus' befinde und sich dort die wilden Tiere ansehe. Plötzlich stellte sie fest, daß der Käfig eines großen Tigers offen war und dieser drohend seinen Käfig verließ. Erst nach längerer angstvoller Flucht und Suche gelang es ihr, einen Wärter aufzutreiben, der dann dafür sorgte, daß der Tiger wieder in seinen Käfig zurückkam und dieser verschlossen wurde.

Ohne im einzelnen auf diesen Traum und die Problematik der Patientin an dieser Stelle einzugehen, verdeutlicht er doch gerade ganz am Beginn der Analyse sehr eindrucksvoll, daß hier das Unbewußte in der Gestalt eines reißenden, außerordentlich gefährlichen Tigers erlebt wird und nicht nur die Patientin selbst, sondern auch ihre Tochter einer Todesgefahr ausgesetzt sind. Es hat methodisch wenig Sinn, dieser Patientin etwa zu sagen: «Ihre Angst spiegelt Ihnen irgendetwas vor, was in Wirklichkeit gar nicht da ist. Weder die Analyse noch Ihr eigenes Unbewußtes ist ein reißender Tiger, der Sie und Ihre Tochter vernichten kann.» Einmal würde die Patientin das nicht verstehen, da sie noch gar nicht in der Lage ist, dieses Tier mit Analyse oder eigenem Unbewußten wirklich in eine lebendige Beziehung zu bringen, und zum Zweiten ist dieser Tiger für die Patientin eine innere Realität, die nicht einfach überspielt werden darf. Der Analytiker muß sich klarwerden, daß er es hier tatsächlich mit einem inneren psychischen Tiger zu tun hat, der ein hochgradiges Potential von Angst und Fluchtimpulsen in die Beziehung bringt. Dieses Tier ist auch zunächst beiden übermächtig und muß erst in einem geschützten und geschlossenen Raum untergebracht werden, um nicht rein destruktiv zu wirken. Da der Tiger auch die innere Natur darstellt bzw. beherrscht, die mit den Elementen von Wärme, Nähe und Durchdringung verbunden ist, bleibt es also in diesem Fall notwendig, zunächst eine relativ große Distanz aufrechtzuhalten und bestehen zu lassen. Diese Distanz kann sowohl äußerlich als auch als eine innere metaphorische gehandhabt werden.

Ich habe mit Absicht hier am Beginn das Beispiel eines relativ extremen Falles, nämlich einer Psychose gewählt, weil diese Problematik in derartigen Fällen oft am deutlichsten und am eindrucksvollsten ist. Psychosen und auch Borderlinefälle ertragen infolge der sehr starken Beängstigung und Gefährdung, die von ihrem Unbewußten ausgehen, insbesondere am Beginn einer analytischen Therapie sehr wenig Nähe. Sofern der Analytiker diese etwa durch allzu häufige

Stundenfrequenzen oder durch ein gefühlsmäßiges starkes Beteiligtsein und Zunahe-Kommen herzustellen versucht, werden bei den Patienten außerordentlich heftige Angst- und Fluchtreaktionen mobilisiert, die später wieder schwer aufzuheben sind. Es ist von daher sehr viel sinnvoller, einem derartigen Patienten eine möglichst weite Distanz anzubieten und zu lassen, um in Ruhe abzuwarten, bis der Patient durch einen langsamen Gewöhnungsprozeß die Angst verliert, «näherzukommen». Hierbei sollte man sich auch nicht durch die im Hintergrund liegende, oft fast suchtartig erscheinende Sehnsucht nach Nähe täuschen lassen, die kompensatorisch bei derartig isolierten Menschen natürlich vorhanden ist. So kann es sich praktisch durchaus empfehlen, eine Psychose-Therapie damit zu beginnen, daß man einen Patienten nur einmal wöchentlich oder sogar nur alle 14 Tage oder einmal monatlich sieht, bis er soweit entängstigt ist, daß er die «Nähe» von 2–3 Wochenstunden erträgt. In dem vorher geschilderten Fall war das allerdings nicht nötig, sondern die Analyse konnte gleich mit zwei Wochenstunden aufgenommen werden, wofür ja auch die in dem Traum enthaltene prospektive Komponente spricht, daß es dem Wärter gelingt, den Tiger in den Käfig zurückzubringen. Aber trotzdem dauerte es doch eine sehr lange Zeit, bis soviel an «innerer Nähe» hergestellt werden konnte, daß die Patientin überhaupt in der Lage war, ihre sensitiven Wahnideen in die Analyse zu bringen. Dies tat sie erst nach etwas über hundert Stunden.

Eine ähnliche Situation spielte sich bei einem Mitte 30jährigen schizophrenen Patienten ab, dessen Behandlung wie oben beschrieben mit zunächst wenigen Sitzungen in großen Abständen begann und der im weiteren Verlauf der Behandlung ca. 4 Jahre benötigte, bis es ihm endlich möglich war, persönliche gefühlsmäßige Nähe zu erleben und er es auch riskieren konnte, ein persönliches Interesse an mir zu zeigen. Rein äußerlich war es so, daß der Patient regelmäßig am Beginn der Stunde, bevor er sich setzte, seinen Stuhl ein bis zwei Meter zurückschob und damit die Distanz, die er von mir benötigte, signalisierte. Erst mit Beginn der Phase, in der er mehr persönliche Nähe zulassen konnte, ließ er seinen Stuhl an der Stelle stehen, wo er üblicherweise für die anderen Patienten stand und rückte dann im weiteren Verlauf teilweise sogar näher an mich heran. Vorher hatte er jedes auch noch so vorsichtige gefühlsmäßige Angebot von meiner Seite auf mehr persönliche Nähe und Beziehung abgewehrt oder mit sehr starker Irritation und Verwirrung beantwortet.

Ich meine, daß diese beiden Beispiele schon sehr deutlich zeigen, wie individuell und diffizil dieses Vas hermeticum, das den analytischen Raum beinhaltet, zu berücksichtigen ist und auch wieviel an lebendiger Dynamik es enthält, indem es sich nicht nur im Verlaufe von längeren Behandlungsperioden, sondern auch innerhalb einzelner Stunden immer wieder verändert, indem es sich entfernt oder erweitert oder auf der anderen Seite sich annähert und verengt.

Bei einer anderen Patientin ergab sich dagegen eine völlig umgekehrte Situation. Sie hatte sich am Beginn ihrer Analyse hingelegt, und der ganze erste Abschnitt der Therapie zeichnete sich dadurch aus, daß sie (sie war ein extravertierter Fühltyp) eine relativ sehr nahe Gefühlsatmosphäre herstellte, aus der sie aber alle Gefühle von Enttäuschung, Ärger, Wut etc. ausklammerte. Diese wurden von ihr praktisch völlig verdrängt, und sie erhielt durch die Verdrängung dieser dunklen, von ihr als negativ erlebten Gefühle eine warme, nahe Mutterleibssituation in der analytischen Beziehung aufrecht. Dann träumte sie, daß junge Männer, die auf einer Plattform schwebten, unterrichtet wurden, mit Starkstromdrähten umzugehen, wobei sie zunächst sehr erschreckt war, als einer der Männer mit dem Draht in Berührung kam, aber sich dann sagte, es könne ja nichts passieren, da er mit den Füßen nicht auf der Erde wäre. Nach diesem Traum wurde ihr klar, daß in der ganzen Situation etwas Schiefes lag. Sie hatte eine hohe Libidospannung in die Analyse hineingetragen, die aber ungefährlich blieb, da sie nicht geerdet war und auch nicht zu irgendwelchen Transformationen führen konnte, sondern lediglich ein Übungsfeld darstellte für Anfänger, die noch nicht in der Lage waren, mit diesen Spannungen umzugehen. Bis zu diesem Traum hatte sie diese Situation offenbar auch gebraucht, und die Analyse mußte zunächst eine Art Übungsfeld sein, in dem die echten Gefühle wegen ihrer Gefährlichkeit nicht ausgetragen werden konnten.

Kurz danach träumte sie dann, daß sie am Ufer eines bewegten Meeres stand und plötzlich eine Welle über sie hinwegschwappte, die sie aber nicht ins Meer riß, sondern lediglich naß machte, so daß sie auf ein etwas höherliegendes Niveau gehen konnte, um sich wieder zu trocknen. In unmittelbarer Folge zu diesem Traum kamen dann sehr heftige und ziemlich schwere aggressive Gefühle in die Übertragungs- und Gegenübertragungssituation, die genetisch gesehen aus einer negativen Vater-Tochter-Beziehung stammten. In den Stunden, in denen diese Gefühle in ihr aufstiegen, setzte sie sich auch spontan hin und nahm damit die Situation des Gegenüberseins ein und nicht mehr die des Enthaltenseins. Obgleich sich dadurch die Distanz zwischen uns innerlich erweiterte, gewann aber die Beziehung doch an Lebendigkeit und an persönlichen Elementen, die gegenüber der vorher existierenden, etwas lauwarm-langweiligen Atmosphäre wohltuend abstachen. Man wird in diesem Fall eigentlich sehr deutlich an das vorher erwähnte alchimistische Gegensatzpaar von Feuer und Wasser, aus dem das Vas hermeticum bestehen soll, erinnert. Die Patientin hatte etwas zuviel Feuer (positive Übertragungslibido) in die Analyse gebracht, woran auch die Starkstromleitung des Traumes erinnert. Dem gegenüber war es notwendig, daß der andere Baustein des Vas hermeticum, das Wasser in der Symbolik des stürmischen Meeres mobilisiert wurde, was in die ganze Situation eine wirkliche Beteiligung des Traum-Ichs und darauf nachfolgend auch des bewußten Ich-Komplexes hineinbrachte. In dem vorangegangenen Traum ist ja das Traum-Ich noch ein unbeteiligter Zuschauer gewesen, der mit dem Strom nicht in Berührung kam, und erst die Sturmwelle konnte von dem Traum-Ich als ein zwar unangenehmes, aber doch sehr beteiligtes Ereignis der Begegnung mit den inneren Kräften aufgenommen werden.

Man kann die jeweilige analytische Distanz auch als dynamischen Prozeß graphisch in der Form von zwei Ringen aufzeichnen. Zwei Ringe können so miteinander verbunden werden, daß sie eine liegende 8 darstellen. Sie bilden dann eine relativ gegeneinander unbewegliche Einheit, die real sich nur an einem Punkt, nämlich der Schnittstelle (S), berührt. Eine Kraft oder ein potentieller Strom würde durch beide Ringe aber ungehindert fließen.

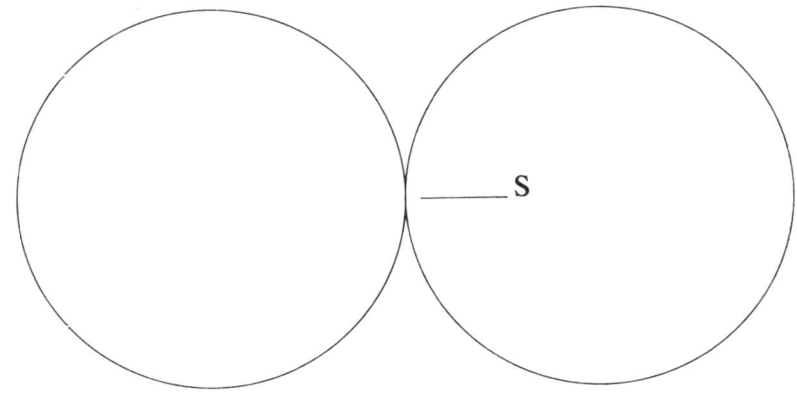

Das würde bedeuten, daß eine Reizung oder Erregung bzw. im Falle einer Beziehung eine Information sofort von jeder Stelle des Systems ungehindert durch das ganze System hindurch läuft und von jeder Störung oder Bewegung (E) beide Ringe auf jeden Fall immer vollständig gleichzeitig ergriffen sind. (Abb. 2)

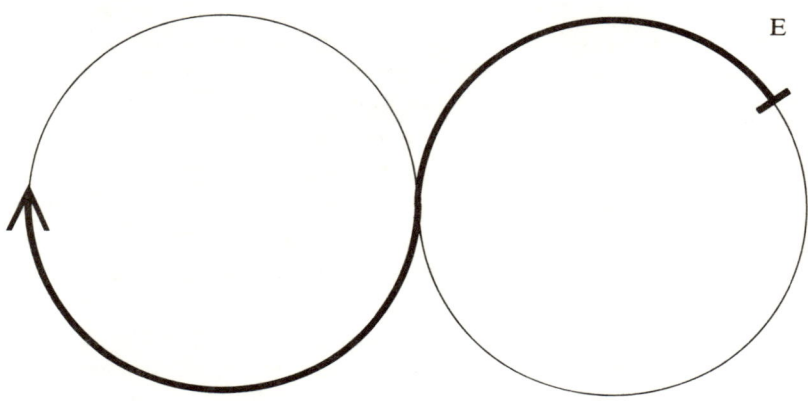

Innerhalb einer Beziehung bedeutet das den Zustand der Participation mystique. (176) Innerhalb einer derartigen Beziehung befinden wir uns, wie im Extremfall der fötalen intrauterinen Situation, gewissermaßen in einem einzigen Kreislauf, der an einer Stelle fest verbunden ist und alles, was den einen berührt, tangiert den anderen selbstverständlich in genau der gleichen Weise. Im Grunde genom-

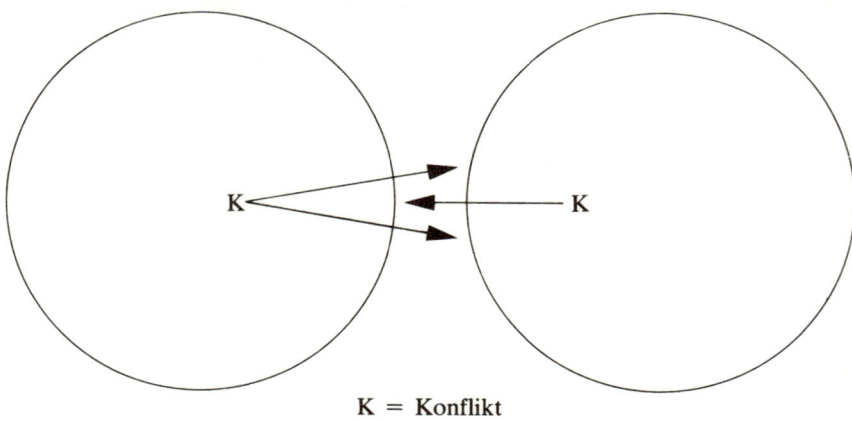

K = Konflikt

men verfügt diese Beziehung über überhaupt keine Distanz, und eine Distanz kann nur dadurch erreicht werden, daß die Verbindung zwischen den beiden Ringen bricht und sich beide als totale Einzelsysteme, die voneinander völlig isoliert sind, entfernen. Dies zeigt Abb. 3.

In den zwischenmenschlichen Beziehungen erleben wir diesen Zustand sehr häufig dann, wenn etwa zwischen zwei Liebenden eine totale Partizipation aufgetreten ist, einige Zeit angehalten hat und es dann infolge der doch existierenden Verschiedenartigkeit der beiden Persönlichkeiten zu Differenzen kommt. Es setzen dann außerordentlich heftige gegenseitige Affektreaktionen ein, die zu einem wenn nicht äußeren, so doch zumindest inneren Bruch der Beziehung führen und zu dem Gefühl, auf einmal völlig isoliert und unverstanden weit vom anderen entfernt zu sein.

Das reifere Beziehungsmodell, das auch der Individuation Raum läßt und der Verschiedenheit der beiden Persönlichkeiten, entspricht dem Bild zweier sich überschneidender Ringe (Abb. 4).

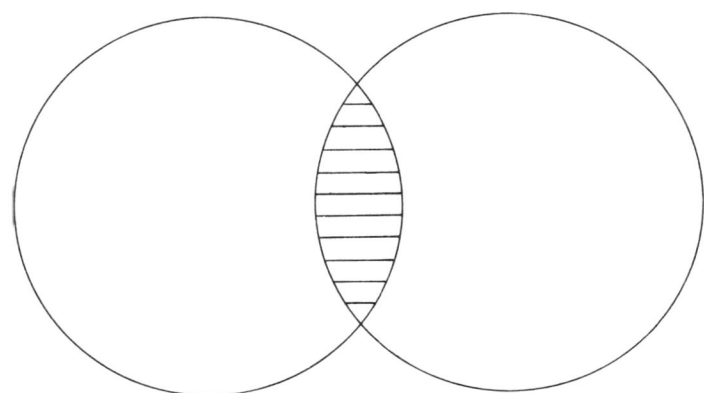

In diesem Bild gibt es nur einen bestimmten Bereich, der hier schraffiert angedeutet ist, in dem die Gemeinsamkeit einer Participation stattfindet, während ein anderer Teil, der durchaus größer sein kann, nicht gemeinsam ist, sondern der individuellen Sphäre vorbehalten ist und die notwendige Distanz zwischen beiden Ringen enthält. Dieses Modell ist im Gegensatz zum vorhergehenden in sich beweglich, da die Sphäre der Gemeinsamkeit je nach den Bedürfnissen der beiden und den gegebenen Notwendigkeiten der Situation vergrößert oder verringert werden kann. (s. Abb. 5 und 6)

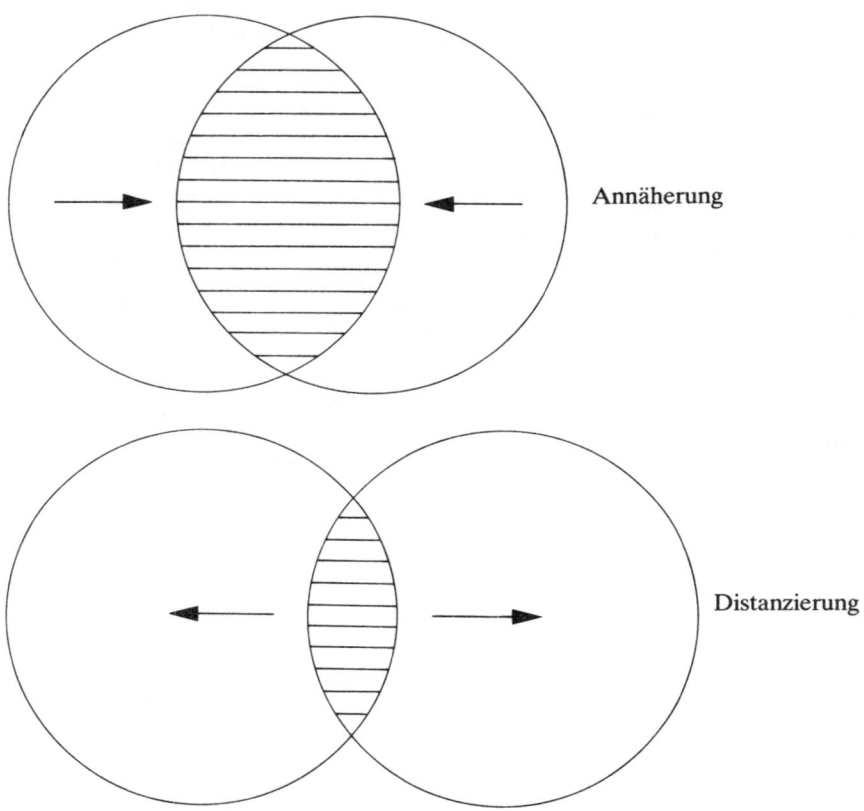

Annäherung

Distanzierung

Im Konfliktfall kann in diesem Modell auch immer ein Stück Gemeinsamkeit erhalten bleiben, und es muß nicht notwendigerweise sofort zu einem totalen Bruch oder zur Isolierung kommen, sondern es entsteht lediglich eine Vergrößerung oder Verringerung der gegenseitigen Distanz. Es wird hierbei sowohl die Möglichkeit zur Individuation auf der einen Seite gewahrt, als auf der anderen Seite die Gefahr eines totalen Bruches mit einer völligen Isolation vom Partner vermieden wird.

Natürlich können solche Modelle nur sehr bedingt das außerordentlich komplexe Geschehen innerhalb des analytischen Raumes wiedergeben. Es lag mir lediglich daran, zu veranschaulichen, daß es sich hier um ein dynamisches Geschehen handeln muß und das innere Vas hermeticum, in dem sich die Analyse abspielt, kein starrer, geschlossener Raum ist. Wie Erich Neumann in seiner Arbeit «Zur psychologischen Bedeutung des Ritus» (185) ausgeführt hat, bedeutet die Herstellung der analytischen Situation und Beziehung, die sowohl auf bestimmten, festen äußeren Regeln als auch auf entsprechenden inneren Distanzen beruht, den notwendigen Schutz für den Patienten, sich der archaischen Welt und den Urerlebnissen des Unbewußten aussetzen zu können, die dann die Wandlungs- und Erneuerungsvorgänge bewirken. Gerade die Naturvölker, die der Gefahr der Überschwemmung durch unbewußte Inhalte bei einem noch schwach ausgebildeten Bewußtsein und einem relativ instabilen individuellen Ich ausgesetzt sind, müssen hier besonders strenge Tabus anwenden, insbesondere dann, wenn es sich um Zeremonien handelt, die bestimmte innere Kräfte mobilisieren sollen wie die Rîtes d'entrés bei Jagd- und Kriegszügen, Ackerbau und besonders auch religiösen Zeremonien. Tabuverstöße und Abweichungen von dem Ritual, das notwendig ist für die Weiterexistenz des Bewußtseins gegenüber oft überlegenen inneren Naturkräften, werden daher meist außerordentlich streng bestraft, sogar zum Teil mit dem Tode des Betreffenden. Auch wir arbeiten mit derartigen Kräften und sollten uns bewußt sein, daß unter der Decke unseres rationalen Bewußtseins sehr tiefe und starke affektive Kräfte vorhanden sind, die nur dann heilsam und konstruktiv werden können, wenn wir nicht von ihnen überflutet werden und in einer gemeinsamen Unbewußtheit versinken. Von daher ist die Distanz ein unbedingt notwendiges methodisches Mittel der Analyse, insbesondere der unbewußten Tiefenschichten und gerade auch des kollektiven Unbewußten.

Diese analytische Distanz ist aber gleichzeitig auch das Modell der Distanz zwischen dem Ich-Komplex und dem Unbewußten, und alles über diese Distanz und den analytischen Raum Gesagte läßt sich aus der Übertragungs-Gegenübertragungssituation zwanglos in die Situation der Beziehung zwischen Ego und Non-Ego übertragen. Gerade das Herstellen einer derartigen sinnerfüllten, aber auch zugleich distanzierten Beziehung zwischen dem bewußten Ich-Komplex und seinem eigenen Unbewußten erfährt der Patient innerhalb des analytischen Prozesses, sofern er erfolgreich ist, und behält dieses Wissen auch über die Analyse hinaus, so daß es ihn jetzt befähigt, auch nach Abschluß der Behandlung die Beziehung zu seinem Unbewußten aufrechtzuerhalten und sich weder von den daraus aufsteigenden Inhalten überfluten zu lassen noch in die Situation einer Isolation ihnen gegenüber zu geraten. Damit liegt tatsächlich, wie am Anfang das erwähnte Zitat Mariae der Prophetin besagte, das ganze Geheimnis im Wissen um das hermetische Gefäß, das Bewußtsein und Unbewußtes umschließt und in dem die Wandlungsfähigkeit und Lebendigkeit des inneren Lebens aufrechterhalten wird.

Ich bin mir darüber klar, daß alles hier Gesagte nur eine sehr kümmerliche Abstraktion einer nicht verbarlisierbaren und unsichtbaren Situation der analytischen Atmosphäre darstellt und daß diese innere Atmosphäre der metaphorische Raum, in dem sich die Analyse abspielt, das entscheidende Kriterium ist und durch nichts Äußeres ersetzt werden kann. Auch in Borderline-Cases oder Psychosen, wo nach Auffassungen von Balint (10) und Sechehaye (208) mehr an direkter Nähe notwendig wird, kann eine direkte Nähe niemals als Ersatz für das andere dienen. Ich habe aus persönlicher Erfahrung bei eigenen Analysen und auch bei zahlreichen Kontrollen von Analysen anderer Kollegen die Erfahrung gemacht, daß eine zu große reale Aufhebung der Distanz zwischen Analytiker und Patient meist einer Hilflosigkeit des Analytikers entspringt und letztlich nicht in der Lage ist, das Geschehen effektiver zu machen. Es gibt auch in der Alchimie hierfür eine sehr bezeichnende und intuitiv richtig erfaßte Gestalt. Es handelt sich dabei um die sogenannte Soror mystica, deren Anwesenheit beim opus von vielen Alchimisten als notwendig erachtet wurde. Diese Soror mystica war in der Regel ein junges Mädchen, das sich während der ganzen Dauer des opus innerhalb der alchimistischen Werkstatt mit dem Meister zusammen aufhalten mußte, die aber nicht berührt werden durfte. Ihre Wirkung bestand lediglich in der Anwesenheit ihres Fluidums und ihrer Atmosphäre. Die Soror mystica ist die Anima des Alchimisten, und in der Übertragung auf den analytischen Prozeß die Anima oder der Animus des Analytikers oder der Analytikerin. Insofern als Anima und Animus personifizierte Beziehungsfunktionen zum Unbewußten darstellen (139), ist zwar ihre dauernde Anwesenheit innerhalb des Prozesses erforderlich und mit ihnen eben auch lebendiges Interesse und Teilnahme an den sich konstellierenden unbewußten Inhalten, aber auch gleichzeitig die notwendige Distanzierung, die ein Ausagieren der Conjunctio oppositorum verhindert zugunsten einer inneren Herstellung dieser Vereinigung von Gegensätzen.

11. KAPITEL

Übertragung und Gegenübertragung

In jeder psychotherapeutischen Behandlung entsteht zwischen Arzt und Patient eine bestimmte Form der Beziehung, die in die Rituale der jeweils angewandten Methodik oder Schulrichtung eingebettet ist. Diese besondere Form der Beziehung unterscheidet sich von allen anderen üblichen menschlichen Beziehungen in spezifischer Weise. Sie bildet sich von Anfang an von beiden Partnern her und bleibt meist bis weit über das Ende der Behandlung hinaus bestehen. In unserer Fachterminologie bezeichnen wir diese Form der Beziehung als Übertragung und Gegenübertragung, wobei die Analytische Psychologie im Gegensatz zu der frühen Freud'schen Auffassung keine scharfe Unterscheidung zwischen neurotischen Übertragungs- und Gegenübertragungsvorgängen und den sogenannten «normalen» Beziehungen macht. Bereits 1946, als die Gegenübertragungsvorgänge in der Psychoanalyse noch wenig oder gar nicht diskutiert wurden, hat Jung in seiner «Psychologie der Übertragung» (158) die wohl umfassendste Darstellung jenes emotionalen Beziehungsgewebes gegeben, das Arzt und Patient innerhalb einer Psychotherapie bindet. In seinem Schema, der «Cross-Cousin-Marriage», das ich hier in etwas abgewandelter Form wiedergebe (53), hat Jung diese Übertragungs- und Gegenübertragungsvorgänge bzw. -möglichkeiten dargestellt:

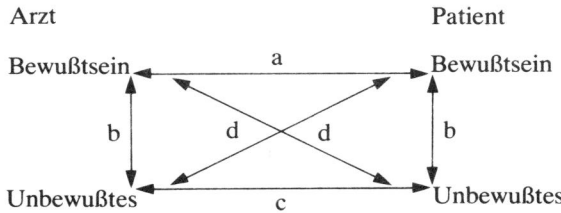

In diesem Schema sehen Sie, wie auf der Linie a, die vom Bewußtsein des Analytikers zum Bewußtsein des Patienten verläuft, die übliche bewußte Kommunikation zwischen Arzt und Patient stattfindet, d. h.

Arzt oder Patient teilen jeweils dem anderen irgendwelche bewußten Inhalte verbal mit, die vom anderen ins Bewußtsein aufgenommen werden. Die b-Linie zeigt die Beziehung zwischen dem Bewußtsein des Arztes und seinem eigenen Unbewußten bzw. auf der anderen Seite die Beziehung zwischen dem Bewußtsein des Patienten und dessen Unbewußtem. Über diese Linie treten jeweils unbewußte Inhalte in das Bewußtsein und werden dann über die Linie a dem anderen mitgeteilt. Auf der Seite des Patienten sind das z. B. Träume, Phantasien oder Einfälle, auf der Seite des Arztes sind es ebenfalls Einfälle und Phantasieinhalte, die diesem zu dem Patienten einfallen. Eine weitere Linie – d – geht vom Bewußtsein des Arztes zum Unbewußten des Patienten bzw. vom Bewußtsein des Patienten zum Unbewußten des Arztes. Über diese Linie beobachtet z. B. das Bewußtsein des Arztes unbewußtes Material am Patienten und teilt ihm dies an entsprechender Stelle durch eine Deutung mit, während umgekehrt auch durchaus das Bewußtsein des Patienten unbewußte Inhalte wie z. B. Fehlleistungen oder bestimmte stereotype Verhaltensweisen, die dem Arzt unbewußt sind, an diesem feststellen kann. Die letzte Linie – c – beinhaltet die Beziehung zwischen den beiderseitigen Unbewußten und ist die interessanteste und sicher auch therapeutisch wichtigste, da es sich hier um jene unbewußte Participation der Psyche des Patienten und der des Analytikers handelt, die bei jeder zwischenmenschlichen Begegnung eine Rolle spielt und deren Bewußtmachung innerhalb des analytischen Prozesses von großer Wichtigkeit ist. Da alle Ebenen nach zwei verschiedenen Seiten hin funktionieren, d. h. Inhalte können sowohl vom Unbewußten ins Bewußtsein als auch vom Bewußtsein ins Unbewußte absinken, haben wir also insgesamt 12 verschiedene Wege, auf denen Bewußtsein und Unbewußtes von Arzt und Patient miteinander kommunizieren können.

1946 war Jung in seiner «Psychologie der Übertragung» noch der Auffassung, daß diese enge Übertragungs- und Gegenübertragungsbeziehung zwischen Arzt und Patient keineswegs in allen Fällen auftauchte, sondern nur in den tiefgehenden Analysen, während es andere Fälle gäbe, in denen die Übertragung «milder» verliefe oder überhaupt nicht vorhanden wäre bzw. keine Rolle spielte. Wir wissen heute, daß dieser Standpunkt falsch war und daß vielmehr Übertragungs- und Gegenübertragungsreaktionen vom ersten Moment der Begegnung zwischen dem Analytiker und dem Patienten einsetzen.

Auch Freud war ja der Ansicht, daß z. B. die narzißtischen Neurosen keine Übertragung aufwiesen (95), eine Auffassung, die heute ebenfalls, insbesondere durch Kohut (171) widerlegt ist. Wir wissen sogar im Gegenteil, daß gerade bei den narzißtischen Neurosen und bei den Psychosen außerordentlich heftige, intensive Übertragungsvorgänge, die allerdings nach außen abgeschirmt werden, von Anfang an bei den Patienten vorhanden sind. Es ist auch keineswegs so, daß diese Übertragungs- und Gegenübertragungsvorgänge nur innerhalb der Analyse eine Rolle spielen, sondern sie sind bei jeder Form der Psychotherapie vorhanden und spielen bewußt oder unbewußt in jede psychotherapeutische Behandlungsmethode hinein, auch in die der sogenannten «kleinen Psychotherapie» wie etwa Hypnose, autogenes Training, katatymes Bilderleben etc. und sollten zumindest vom Therapeuten besser auch bei Anwendung derartiger Methoden gewußt und berücksichtigt werden. Um das zu verdeutlichen, möchte ich ein kurzes Beispiel erwähnen, das mir vor einiger Zeit auf einem Kongreß bekannt wurde. Diese Tagung beschäftigte sich mit einer Methode der sogenannten «kleinen Psychotherapie», und ein Nachmittag der Tagung war erfreulicherweise der Darstellung mißglückter Fälle gewidmet und der Diskussion des Hintergrundes dieser Mißerfolge. Ein Kollege stellte hier den Fall einer jungen Frau vor, die nach einer genehmigten Schwangerschaftsunterbrechung an neurotischen Symptomen erkrankte und von ihm in Behandlung genommen wurde. Es handelte sich ganz sicher nicht um eine Erkrankung, wo auf dem Hintergrund einer bereits schwerer chronifizierten Neurose eine akute Azerbation entstanden war; trotzdem ließ sich in keiner Weise ein therapeutischer Erfolg erzielen, sondern die Symptomatik wurde im Gegenteil mit jeder Behandlung schlimmer, so daß die Therapie schließlich abgebrochen werden mußte. Erst danach trat eine gewisse Beruhigung in der Symptomatik der Patientin ein. Phantasien, die die Patientin innerhalb der Behandlung dem Kollegen mitteilte, zeigten außerordentlich heftige und schwerst bedrohliche aggressive Inhalte, die sich sowohl gegen andere als auch masochistisch gegen die eigene Person richteten. Zu dieser mörderischen und destruktiven Aggressivität fanden weder der Arzt noch die Patientin einen Zugang. Was war der Hintergrund dieses Problems? Nach einigen Diskussionen stellte sich folgendes heraus: Der betreffende Kollege war gleichzeitig Gutachter für Schwangerschaftsunterbrechungen und hatte genau dieser Patientin ein befürwortendes Gutachten in ihrer schwierigen

Situation für die Schwangerschaftsunterbrechung ausgestellt, ein Gutachten, auf Grund dessen diese auch genehmigt wurde. Da das Kind unerwünscht bzw. unmöglich war, wurde von Seiten der Patientin die Ambivalenz der Schwangerschaft gegenüber, d. h. insbesondere der positive Pol dieser Ambivalenz, ins Unbewußte abgedrängt. Vom Bewußtsein her war der Kollege natürlich ihr Helfer und Wohltäter. Vom Unbewußten her sah die Situation dagegen ganz anders aus. Da das Ganze auch noch in einer katholischen Gegend stattfand, erlebte das Unbewußte der Patientin diesen Kollegen als den Mörder ihres Kindes bzw. als den Komplizen ihrer eigenen, vom Über-Ich tabuierten schuldhaften Tat. Bevor eine irgendwie geartete psychotherapeutische Methode bei diesen beiden Personen irgendeinen Erfolg haben könnte, hätte dieser Sachverhalt breit analysiert werden müssen, wobei ich Zweifel habe, ob das Problem überhaupt analytisch auflösbar ist.

In den Jahren 1969–1974 haben wir in Berlin innerhalb einer Arbeitsgruppe Untersuchungen über die Gegenübertragungs-Vorgänge durchgeführt, die wir vorwiegend in der «Zeitschrift für Analytische Psychologie» publiziert haben (15, 16, 50, 54, 59, 65, 161). Wir waren hier von der Methodik ausgegangen, innerhalb einer einzelnen Analysenstunde nicht nur die Einfälle und Phantasien des Patienten, sondern auch die Assoziationen und Phantasie-Inhalte des Analytikers aufzuzeichnen, ohne daß natürlich der Analytiker diese dem Patienten mitteilte. Diese beiderseitigen Assoziationsketten wurden dann unter Berücksichtigung der vorangegangenen und der darauffolgenden Stunde in der Gruppe analysiert und besprochen. Innerhalb dieser Untersuchung, die sich insgesamt auf 54 Fälle bezog, konnten wir nachweisen, daß die außerordentlich starke Verflechtung von Übertragung und Gegenübertragung, wie sie in Jungs «Psychologie der Übertragung» bereits angenommen worden ist, tatsächlich in einem Maße vorhanden war, wie wir es doch nicht erwartet hatten. Wesentliche Ergebnisse dieser Untersuchungen waren einmal eine fast vollständige Korrespondenz zwischen den Assoziationen des Patienten und denen des Analytikers auf der Sinnebene, eine Häufung von Synchronizitätsphänomenen bei einer derartigen Beobachtung des eigenen Unbewußten des Analytikers und die Feststellung, daß die Widerstandsphänomene innerhalb der Analyse mindestens zu 50 % immer mitbedingt waren durch einen Widerstand, der auch vom Unbewußten des Analytikers ausging.

Gerade dieses letzte Phänomen mag auch in dem oben erwähnten Fall eine erhebliche Rolle gespielt haben. Innerhalb dieser Untersuchungen hat es sich nun nicht nur zum Zwecke wissenschaftlicher Differenzierung, sondern auch im Sinne praktischer therapeutischer Handhabung als opportun erwiesen, die Übertragungs- und Gegenübertragungsvorgänge noch einmal auf einer anderen Ebene, und zwar nach der Form und Art, in der sie auftreten, in 4 verschiedene Gegensatzpaare zu differenzieren.

Die erste Form, in der Übertragungs- und Gegenübertragungsvorgänge stattfinden, ist die Projektion, d. h. unbewußtes Material bzw. unbewußte Figuren werden von dem einen auf den anderen projiziert, und der andere wird so behandelt, als ob er diese Person wäre oder mit diesem Inhalt identisch sei. Im Grunde genommen entspricht dies der allen wohlbekannten alten Übertragungsneurose Freuds, in der z. B. ein Patient auf den Analytiker seinen Vater projiziert und diesen dann so behandelt, als ob er der Vater wäre. Man sollte sich allerdings hierbei von der Vorstellung freimachen, daß umgekehrt der Analytiker auf den Patienten keine Projektionen hat. Das ist niemals der Fall. Auch der Analytiker hat ein Unbewußtes, und es gehört zu den immer vorhandenen Funktionen des Unbewußten, seine Inhalte in die Umwelt bzw. auf andere Menschen zu projizieren. Es ist dementsprechend in der analytischen Situation immer wieder wichtig und notwendig für den Analytiker selbst, sich zu fragen, was er auf seinen Patienten projiziert, sich diese Projektionen bewußt zu machen und sie zu verarbeiten. Lange Zeit hindurch – und man trifft entsprechende Bemerkungen auch noch heute in der Literatur – ist die projektive Gegenübertragung nur unter ihrem negativen und störenden Effekt in Richtung auf die Analyse gesehen worden, während die projektiven Übertragungen des Patienten schon frühzeitig als ein wertvolles therapeutisches Agens erkannt worden sind. Man sollte sich aber darüber klarwerden, daß auch die projektive Gegenübertragung nicht nur eine Gefahr für die Analyse ist, sondern, wie insbesondere Heimann von psychoanalytischer Seite her hervorgehoben hat, auch diese als Werkzeug für das Verständnis des Analysanden benutzt werden kann. Andere Autoren wie Winnicott (234), Gitelson (99), Weigert (224), Racker (199) haben ausgeführt, daß solche positiven Gegenübertragungsreaktionen auch zur Verlebendigung der analytischen Situation führen und Signalcharakter für die Aktivierung tieferer Komplexe haben. Die projektive

Gegenübertragung zeigt im Sinne C. G. Jungs die Alteration des Analytikers auf, die durch Affinität (d. h. durch das zusammenführende Element der zwei Persönlichkeiten) entsteht und kann damit nicht nur gefährlichen, sondern auch prospektiv-dynamischen Charakter haben, sofern sie im Laufe des Prozesses bewußt wird und bearbeitet werden kann. In diesem Sinne ist nicht nur die projektive Übertragung des Patienten auf den Analytiker, deren Erleben und deren Deutung innerhalb des analytischen Prozesses ein wichtiges therapeutisches Hilfsmittel innerhalb der Analyse, sondern auch die projektive Gegenübertragung des Analytikers, der nicht nur Figuren seiner Genese, sondern auch Inhalte wie z. B. Ängste auf den Patienten projiziert, was dann zu entsprechenden Reaktionen des Patienten führt. Wir haben es in unserer Gruppe des öfteren erlebt, daß selbst bei sehr erfahrenen Analytikern nicht vollständig verarbeitete Kindheitsängste eine erhebliche Rolle innerhalb des analytischen Prozesses spielten, und zwar nicht nur so, daß sie ihn behinderten, sondern auch, daß sie zu fruchtbaren Auseinandersetzungen zwischen Patient und Analytiker führten und eine emotionale Verlebendigung mit sich brachten. Auf diese Weise wird die immer wieder vom Analytiker an sich selbst gestellte Frage: was projiziere ich eigentlich auf meinen Patienten? zu einem doch recht wesentlichen technischen und methodischen Hilfsmittel innerhalb des analytischen Prozesses. Außerdem kann diese Fragestellung und das dauernde Bewußtsein der eigenen Unvollkommenheit und Unvollständigkeit den Analytiker auch davor bewahren, gegenüber dem Patienten in eine falsche, alleswissende Überlegenheitsrolle hineinzurutschen, oder, was noch gefährlicher ist, auf den Übertragungsprojektionen des Selbst, die jeder Patient auf den Analytiker hat, zu inflationieren. Genauso wie bei den Übertragungs-Projektionen ist es natürlich auch bei den Gegenübertragungs-Projektionen eine wesentliche Voraussetzung, damit sie therapeutisch wertvoll werden, daß der Analytiker sich dieser Gegenprojektionen einerseits bewußt werden kann und andererseits in der Lage ist, sie zurückzuziehen bzw. zu verarbeiten. Trotzdem sollte man sich bewußt sein, daß auch hier ein gewisser Rest verbleibt und keine Analyse ideal ist.

Eine zweite, weitere Ebene ist diejenige, die wir in Anlehnung an Fordham (84) als die objektive Übertragung und Gegenübertragung bezeichnet haben. Diese objektive Übertragung und Gegenübertragung besteht einfach darin, daß der eine an dem anderen objektiv

existente psychische Inhalte oder Tatbestände feststellt bzw. erkennt und im richtigen Moment auch mitteilt. Auf der objektiven Gegenübertragung von Seiten des Analytikers, der bei dem Patienten psychische Inhalte erfaßt und erkennt, die kurz vor dem Bewußtwerden stehen, beruht im Wesentlichen die Kunst der analytischen Deutung. Sowohl in der psychoanalytischen Literatur als auch in der der Analytischen Psychologie ist über die Deutung und deren Technik und Methodik innerhalb der Analyse sehr viel diskutiert und geschrieben worden, so daß ich hier darauf nicht näher einzugehen brauche. Vielleicht sollte ich hierbei nur eins herausheben, nämlich, daß es bei den Deutungen innerhalb der Analyse nicht nur darauf ankommt, daß ein psychischer Tatbestand vom Analytiker richtig erfaßt worden ist, sondern gerade auch besonders, daß die Deutung zur richtigen Zeit und in einer für den Patienten akzeptablen Form gegeben wird. Am besten läßt sich dieses Element in dem griechischen Wort Kairòs erfassen, d. h. daß zur richtigen Zeit am richtigen Ort das Richtige getan wird. Keine Methodik und keine Technik aber kann dem einzelnen Analytiker sagen, an welcher Stelle er wie das Richtige sagen soll, sondern eben gerade dieses Kairòs ist immer eingebettet in die emotionale Übertragungs- und Gegenübertragungssituation, die zwischen dem Patienten und dem Analytiker in einem bestimmten Moment existiert. Wann und wie eine Deutung auszusprechen ist, kann der Analytiker nur mit Hilfe seiner intuitiven Funktion entscheiden, die ihm im gegebenen Moment das Evidenzgefühl vermittelt, daß und wie die Deutung erfolgen kann.
Wesentlich weniger beachtet und in der Literatur diskutiert ist die objektive Übertragung, die der Patient auf den Analytiker hat. Bei dieser handelt es sich darum, daß der Patient bewußt oder auch über sein Unbewußtes am Analytiker objektiv vorhandene Persönlichkeitsanteile erfaßt und diese in die Analyse einbringt. Ich möchte hierzu ein Beispiel aus eigener Erfahrung geben: In den Anfangsjahren meiner analytischen Tätigkeit hatte ich einen Patienten mit einer Stottersymptomatik, deren eine Wurzel ein negativer Vaterkomplex war. Er brachte in einer bestimmten analytischen Phase eine Reihe von Träumen mit recht autoritären und strengen Lehrerfiguren, und es wurde bald deutlich, daß er diese Lehrer auf mich übertrug. Ich deutete ihm diese Situation, und der Patient konnte diese Deutung auch durchaus akzeptieren. Durch sie wurden ihm bestimmte eigene Erlebnis- und Verhaltensweisen innerhalb der Analyse klar, die er

213

dann auch verändern konnte. Die Lehrerträume aber blieben und zeigten keine oder nur eine geringfügige Abnahme, was mich zunehmend zu irritieren begann. Ich sah mich daraufhin unter den Träumen meiner anderen Patienten um und fand auch dort einen relativ hohen Prozentsatz derartiger Lehrer-Übertragungsträume. Nun wurde mir selbst klar, daß ich eine unbewußte pädagogische und sicher autoritäre Machtseite in meine Analysen mit hineinbrachte. Die Auflösung dieses Problems liegt nun sicher nicht darin, daß man den Pädagogen in sich selbst einfach verdrängt oder beiseitelegt. Da die Analyse ja ein emotionaler Lernprozeß ist, gibt es auch eine positive Seite des analytischen Lehrers. Eine sinnvolle Lösung wird man also nur erreichen, wenn man diesen Persönlichkeitsanteil bewußt erkennt, anwendet und dem anderen zur Diskussion stellen kann. Als dies dann in der erwähnten Analyse geschah, verschwanden die Lehrerträume meines Patienten prompt.

Ich hoffe, daß an diesem Beispiel deutlich wird, wie hier die Übertragungsfigur «autoritärer Lehrer» auf 2 Wurzeln basiert: einmal ist sie eine Projektionsfigur, die aus der Genese des Patienten stammt und auf sein Vaterproblem zurückzuführen ist. Sie ist mit diesem Anteil eine projektive Übertragung, so wie wir sie vorher besprochen haben. Eine zweite Wurzel aber entspringt der Korrespondenz eines Persönlichkeitsanteils des Analytikers mit einer internalisierten Figur des kollektiven Bewußtseins des Patienten. Damit ist sie nicht mehr Projektion, sondern trifft real einen existenten Teil der Beziehung zwischen dem Patienten und dem Analytiker, der beiden zunächst unbewußt war. Es handelt sich also bei dieser zweiten Wurzel um eine objektive Übertragung. Letztere kann natürlich durchaus auch auftreten, ohne sich zunächst mit einer projektiven Übertragung zu überlappen. Mir erscheint es methodisch immer sehr wesentlich, innerhalb der Analyse den Realitätsgehalt der Übertragungsfiguren, die in den Träumen der Patienten auftreten, auf meine eigene Persönlichkeit hin sorgfältig zu überprüfen. Immer dann, wenn deutliche Übertragungsfiguren in den Träumen von Patienten auftreten, sollte der Analytiker sich sorgfältig fragen, inwieweit das Unbewußte in dieser Situation nicht vielleicht im negativen oder auch positiven Sinne recht hat und das in der Übertragungsfigur gezeichnete Erleben und Verhalten einem unbewußten Erleben und Verhalten des Analytikers in dieser Situation entspricht. Natürlich trifft auch das Umgekehrte zu, und der Analytiker sollte auch genau beachten, was er von seinen Patienten träumt, da eben gerade diese Träume ihm wertvolle Aufschlüsse über die zur Zeit existente objektive Übertragungs- und Gegenübertragungssituation innerhalb der Analyse geben können.

Ein zunehmendes Interesse haben in den letzten 2 Jahrzehnten nicht nur von analytischer, sondern z. B. auch von soziologischer Seite her die Rollenspiele genommen, die innerhalb der zwischenmenschlichen Beziehungen zweier Partner ablaufen. Hierbei schlägt gewissermaßen, wenn man diesen Ausdruck benutzen kann, der eine Teil meist sehr unbewußt ein bestimmtes Rollenspiel vor, übernimmt den einen Part, sozusagen die These, und überträgt auf den anderen die Antithese, d. h. den Gegenspieler, der in dieser Form in die Rolle paßt. Durch die konstellierende Kraft der Projektionen findet dann meistens der Vorgang statt, daß der andere Teil, ebenfalls meist höchst unbewußt, diese Rolle übernimmt und in dem Spiel mitwirkt. Wohl am bekanntesten und analytisch sehr wertvoll sind die Darstellungen derartiger Rollenspiele, die Berne in seinem Buch «Spiele der Erwachsenen» (12) gegeben hat. Es ist gar nicht zu übersehen, daß derartige Rollenspiele in einem relativ großen Umfange auch innerhalb der analytischen Situation zwischen Arzt und Patient von beiden Seiten her ablaufen. Häufig sind solche Rollenspiele, insbesondere auch von der Seite des Analytikers her, bewußter und werden entweder partiell über Strecken der Analyse voll bewußt akzeptiert oder teilbewußt ausgeführt. Diese Form, in der Übertragung und Gegenübertragung so ineinander einklinken, daß ein gegenseitiges Rollenspiel entsteht, habe ich mit dem Ausdruck «antithetische Übertragung und Gegenübertragung» bezeichnet.

Es erhebt sich hierbei gleich die Frage, ob man das antithetische Rollenspiel zwischen Patient und Analytiker gegenüber den Projektionen abgrenzen solle, da es praktisch immer mindestens von einer Seite her auf Projektionen basiert. Es gibt eine Reihe von recht gefährlichen Schattenrollen, die sich in die Beziehung zwischen Analytiker und Patient von Seiten des Arztes her einschleichen können, wie sie Guggenbühl in seinem Buch «Macht als Gefahr beim Helfer» (105) beschrieben hat. Auf der anderen Seite gibt es Formen des Rollenspiels, die keinen solch negativen Akzent haben, sondern als durchaus wertvolle und legitime Hilfsmittel der therapeutischen Arbeit betrachtet werden können. Einem Patienten, dem eine gute gefühlsmäßige Zuwendung zur Mutter der Frühkindheit weitgehend gefehlt hat, kann ich durchaus eine gute mütterliche Seite über eine weite Strecke der Analyse bewußt zuwenden. Das kann ihm die Gelegenheit geben, in sich die gute nährende und schützende Seite des Mutterarchetyps zu finden, um sich auf diesem Hintergrund dann besser und gekonnter mit einer negativen, frustierenden Mutter auseinanderzusetzen. Ähnliches kann in der Rolle des zwar verständnisvollen, aber strengen und festen Vaters gegenüber einem verwahrlosten Patienten der Fall sein und diesem eine gute Hilfe bieten, sich zunächst einmal besser selbst zu finden. Ein derartiges Vorgehen, d. h. das mehr oder weniger bewußte Mitspielen des Analytikers in einer solchen Rollenverteilung, ist weder in die Kategorie der projektiven noch in die der objektiven Übertragung einzuordnen. Das gleiche gilt, wenn der Analytiker zur Mobilisierung latenter Funktionen in einem Patienten im Sinne C. A. Meiers (181) in der Gegenübertragung mit einer anderen Funktion antwortet als der Hauptfunktion des Patienten. So kann es z. B. notwendig und therapeutisch fruchtbar sein, wenn der Analytiker auf einen Patienten, der ein extravertierter Denktyp ist und vorwiegend mit diesen Funktionen in der Analyse arbeitet, mehr die Introversion und das Fühlen diesem Patienten gegenüber zum Ausdruck bringt, um die minderwertigen Funktionen anzusprechen und dem Patienten verständlich zu machen. Obwohl es naheliegt, bei all den Rollenspielen zwischen Analytiker und Patienten mit dem Begriff der Persona zu arbeiten und vieles in diesen Formen der Beziehung Personafunktionen entspricht, möchte ich doch lieber hier den Begriff der antithetischen Übertragung und Gegenübertragung benutzen, da dieser über reine Personafunktionen hinausgeht. Wenn etwa eine Patientin ihren Animus auf den Analytiker überträgt und dieser mit einem notwendigen partiellen Mitgehen bzw. Eingehen auf diese Projektion in der Gegenübertragung mit Hilfe seiner Anima antwortet, geht dieses antithetische Rollenspiel über die Persona hinaus.

An einem kurzen Fallbeispiel einer 25jährigen Patientin möchte ich die Problematik, die innerhalb einer derartigen Situation zwischen Analytiker und Patient entstehen kann und deren methodische, therapeutische Verwertbarkeit noch einmal verdeutlichen. Die Patientin, jüngste von 4 Geschwistern, war in der Familie eines Industriekaufmanns aufgewachsen, der sich in den Jahren nach 1945 mit sehr viel Initiative und Aktivität ein florierendes eigenes Unternehmen aufgebaut hatte. Zu diesem Vater, obwohl er wenige Jahre vor Beginn der Analyse verstorben war, hatte die Patientin noch immer eine außerordentlich intensive innere Beziehung. Er war ganz zweifelsohne ein beeindruckender und außerordentlich erfolgreicher Mann gewesen, hatte aber nach den Schilderungen der Patientin auch sehr starke autoritäre Züge. Er beherrschte die ganze Familie, die kleinste seiner Anordnungen wurde genau befolgt, und die autoritäre Atmosphäre ging soweit, daß sogar väterliche Andeutungen von Mutter und den Kindern prompt ausgeführt wurden. Das Ganze hatte noch nicht einmal den Ausdruck einer negativ-brutal offenen autoritären Diktatur, sondern war vielmehr eher in positivem Sinne einfach selbstverständlich. Die außerordentlich aparte, selbst sehr vital engagierte Patientin hatte neben ihrem Studium noch eine Reihe weiterer Interessengebiete, denen sie sich mit viel Enthusiasmus widmete. In die analytische Beziehung brachte sie von Anfang an eine ganz erhebliche Faszination mit ein und übertrug auf mich eine idealisierte Vaterfigur, die allerdings mehr im geistigen Bereich angesiedelt war und ihre entsprechenden Vorläufer in philosophischen und religiösen Interessenbereichen aus der Zeit zwischen dem 15. und 20. Lebensjahr hatte. In der Anfangsphase ihrer analytischen Therapie mußte ich nach einiger Zeit feststellen, daß ich mich dieser Patientin gegenüber anders verhielt, indem ich sehr viel breiter auf sie einging, als dies bei anderen Patienten der Fall war. Ich neigte dazu, wesentlich mehr Interpretationen zu geben als üblich, mich in Gespräche verwickeln zu lassen und konnte bald nicht umhin, mir zuzugeben, daß ich mich etwas in sie verliebt hatte. Das ist zwar weder methodisch noch wissenschaftlich korrekt, aber ein existentes Faktum, das ich in Rechnung zu stellen hatte. Ihre Begeisterungsfähigkeit und ihr lebendiges Interesse hatten offensichtlich meine Anima stark angesprochen, mit der ich ja immer gern ins Gespräch komme. Ich überlegte nun zunächst, daß dieses Rollenspiel, in dem ich die Rolle eines geistigen Vater-Animus übernahm, während sie einen mehr juvenilen Teil meiner Anima verkörperte, für die Patientin doch nicht so besonders zuträglich wäre. Sie bekam dadurch mehr Zuwendung als andere, wurde verwöhnt und geriet in die Rolle des Lieblingskindes, das sie zu Hause allerdings nicht gewesen war. Ich beschloß daher, mich bewußt distanzierter zu verhalten und meine Aktivitäten einzuschränken. Leider gelang es mir nur über 2 – 3 Stunden, meine guten Vorsätze durchzuhalten. Dann mußte ich zu meinem Kummer feststellen, daß ich mich wieder genauso verhielt wie vorher und daß ich meine eigenen klugen methodischen Vorsätze nicht durchhielt. Da ich im Laufe meiner analytischen Tätigkeit allmählich gelernt habe, daß es auch durchaus vorkommt, daß das Unbewußte klüger ist als das Bewußtsein, beschloß ich, den Versuch, auf diese Patientin mit einer bewußt forcierten analytischen Persona zu reagieren, aufzugeben und einfach abzuwarten, wie sich die Situation entwickeln würde. Dieser Entschluß brachte eine gewisse Entspannung und Entkrampfung der Atmosphäre mit sich, und die Patientin entwickelte sich entgegen meiner Skepsis, daß sie in oralen Erwartungshaltungen verharren könnte, außerordentlich positiv. Sie begann sich aktiv und mit viel Initiative mit ihren Angstbereichen auseinanderzusetzen und in diese hineinzugehen. Es dauerte auch nicht allzu lange, bis sie eine Beziehung zu einem gleichaltrigen Mann aufnahm und sich dadurch aus einer vorher existenten Real-Beziehung zu einer wesentlich älteren Vaterfigur, einem Mann, der auch verheiratet war, lösen konnte. Mit der Aufnahme dieser Beziehung verschwand ihre überstarke Faszination an die Analyse, die sie bis dahin total ausgefüllt hatte, und nachdem ich in der Gegenübertragung ein eigenes Stück Eifersucht beruhigt hatte, verlief die weitere Analyse in den üblichen Bahnen. Retrospektiv würde ich nun sagen, daß das Unbewußte der Patientin sich in dieser Übertragungs-Gegenübertragungs-Situation am Beginn der Analyse genau das geholt hatte, was für den Start ihrer Entwicklung und ihrer Individuation eine unbedingte Notwendigkeit war. Um den Mut zu Eigeninitiative und selbständiger Entwicklung zu bekommen, benötigte sie zunächst als Voraussetzung eine positive Vater-Tochter-Beziehung, in der aber die Vater-Figur im Gegensatz zu ihrem persönlichen Vater keine autoritären Zwänge auf sie ausübte und die, manchmal sehr zu ihrem Ärger, da sie lieber wie zu Hause geführt werden wollte, auf ihrer Eigeninitiative bestand. Ein weiteres wesentliches Element in diesem Übertragungs-Gegenübertragungs-Rollenspiel war, daß in der Übertragungssituation dieser Vater-Animus wesentlich mehr als ihre sublimen Geistesheroen der Spät- und Nachpubertät auch am körperlichen Bereich interessiert war. Auch das war notwendig, da die Beziehung zu ihrer Körperlichkeit gegenüber den rationalen Bereichen stark unterentwickelt war.

Ich hoffe, durch dieses Beispiel gezeigt zu haben, wie die Übernahme von derartigen Rollenspielen für eine gewisse Zeit innerhalb der Analyse, sofern sie echt vom Unbewußten konstelliert sind, einen sehr erheblichen produktiven Einfluß auf das analytische Geschehen haben kann. Ich habe allerdings immer wieder die Erfahrung gemacht, daß das Ganze nicht funktioniert, wenn man sich mehr oder weniger künstlich in eine derartige Rolle begibt, etwa z. B. aus einem falsch verstandenen Mitleid für einen Patienten. Ich wollte weiterhin an diesem Beispiel verdeutlichen, daß das Bewußtwerden einer derartigen antithetischen Rollenkonstellation durchaus nicht immer ausreicht, um diese zu beenden und gewaltsame Versuche, das emotionale Klima in der Übertragung und Gegenübertragung zu verändern, wenig Effekt haben. Das mag auch ein Hinweis für diejenigen sein, die heute noch immer glauben, man könnte Analyse mit Hilfe von technischen, in der Persona verankerten Systematiken machen.

Ich möchte an dieser Stelle noch auf ein weiteres grundsätzliches analytisches Problem hinweisen, das m. E. auch in den Bereich einer derartigen antithetischen Übertragung und Gegenübertragung fällt: Jeder Analytiker ist von den kollektiven Dominanten seines Bewußtseins her immer in den ihn umgebenden Kulturkanon eingewoben. Er kann dementsprechend nolens volens gar nicht umhin, auf diejenigen «pattern», die dem üblichen Kulturkanon entsprechen, mit dem Gefühl von Normalität und Beruhigung zu antworten, während andere Konstellationen, die den üblichen Gegebenheiten der Kultur nicht entsprechen, eher Beunruhigung und das Gefühl des Ungewöhnlichen auslösen. Mehr oder weniger fallen wir dann alle doch darauf herein, das letztere als pathologisch, neurotisch oder infantil zu erleben, obwohl in diesem oft von Infantilismen umrankten Bereich häufig gerade jene Bewußtwerdungsansätze liegen, die zur Kompensation eines einseitig gewordenen kollektiven Bewußtseins eigentlich dringend erforderlich sind. Auf diese aber muß eingegangen werden und sie müssen entwickelt werden. Der Analytiker neigt mitunter dazu, dem Patienten gegenüber die Rolle des Vertreters des kollektiven Bewußtseins zu übernehmen, während der Patient das kollektive Unbewußte vertritt. Setzt sich in einer solchen Situation der Analytiker durch, der ja gegenüber dem Patienten meist am längeren Hebel sitzt, so entsteht beim Patienten zwar eine angepaßte Persona, aber es verbleibt ein im Kern unreifer und nicht individuierter Mensch, der jederzeit wieder in psychische oder psychosomatische Symptomatik verfallen kann oder eine entsprechende Charakterneurose entwickelt. Setzt sich der Analytiker hier nicht durch, dann kommt es zu einem Abbruch der Analyse. Der Patient behält seine Symptome und verliert damit die Chance einer wirklichen Entwicklung, Wandlung und Reifung, die keineswegs immer in den Bahnen kollektiv tradierter Normen verlaufen muß. Diese Problematik trifft nicht nur auf gesellschaftskritische Inhalte zu, wie es sich zunächst anhören mag, sondern auch auf viele Beziehungsbildungen, die allzu leicht mit pathologisierenden Schlagworten abgetan werden, wie etwa die Beziehung der älteren Frau zu einem wesentlich jüngeren Mann, die meist sehr schnell und kritiklos unter dem Etikett «ungelöste Mutterbindung» einsortiert wird.

Diese Problematik leitet bereits in den Bereich über, den ich als archetypische Übertragungs- und Gegenübertragungssituation bezeichnet habe. In der archetypischen Übertragung und Gegenübertragung stehen Arzt und Patient einer konstellierten archetypischen Imago gegenüber und haben sich mit dieser auseinanderzusetzen. Hierbei bewegen sie sich auf der Basis sowohl des eigenen Erfahrungshintergrundes als auch der gegenseitigen Identifikationsvorgänge gemeinsam innerhalb eines archetypischen Feldes. Auch hinter den vorher erwähnten Rollenspielen der antithetischen Übertragung und Gegenübertragung stehen immer bestimmte Archetypen wie Mutter – Kind, Vater – Sohn, Arzt – Patient etc., wobei sich aber der Archetyp meist mehr im Hintergrund befindet, während die Konstellierung des gemeinsamen Erlebens innerhalb eines archetypischen Raumes doch im Unterschied zu einem Rollenspiel steht, da hier die beiden Ich-Komplexe sich jeweils in der ihnen adäquaten Form mit dem konstellierten archetypischen Bild auseinandersetzen bzw. diesem begegnen. Beide stehen hier als Partner innerhalb des Geschehens und suchen gemeinsam die bestmögliche Form eines kollektiv gültigen, real existenten psychischen Problems. Eine solche typische Auseinandersetzung mit dem archetypischen Hintergrund findet z. B. besonders häufig bei stark depressiven Patienten statt. Bei diesen findet sich, wie Wilke (231) festgestellt hat, besonders häufig im Hintergrund des Geschehens der negative Elementarcharakter der Magna Mater. Wird dieser in der Übertragungs-Gegenübertragungssituation konstelliert und tritt deutlich in den Vordergrund, so entstehen oft besonders mühsame und schwierige Übertragungs- und Gegenübertragungssituationen. Es ist auch für den Analytiker schwierig, und er bedarf eines besonderen Energiepotentials, um in das Dunkel der Depression einzudringen und die Angst davor zu bewältigen. Aber nur wenn das geschieht, wird es im analytischen Prozeß möglich, auch den Ich-Komplex des Depressiven dazu zu motivieren, in den depressiven Bereich hineinzugehen und sich den darin gebundenen Ängsten zu stellen. Schwerere Ambivalenzen im Unbewußten des Analytikers gegenüber diesem destruktiven und beängstigenden negativen Elementarcharakter verhindern in der Analyse von Depressiven oft die Aufweckung dieser Problematik und machen sich als Gegenübertragungswiderstand bemerkbar.

Ich möchte als ein etwas ausführlicheres Beispiel einer derartigen archetypischen Übertragungs- und Gegenübertragungssituation noch ein Fallbeispiel darstellen. Es handelt sich um eine jugendliche Patientin, die mit einer Fülle von schizoid-paranoiden Symptomen zu mir in Behandlung kam und die als ein sogenannter Borderline-Case einzustufen ist. Ich war am Anfang dieser Analyse recht skeptisch und hatte wenig von der Therapie erhofft, die sich dann aber überraschend gut entwickelte. Die 21jährige Patientin, die infolge der Schwere ihrer Erkrankung praktisch aktions- und arbeitsunfähig war und deren Leben in einem einzigen Chaos bestand, hatte im Verlauf der Therapie ein externes Abitur nachgemacht und hatte begonnen, zu studieren. In der 280. Stunde berichtete sie mir, daß sie ein halluzinatorisches Bild gesehen hätte von einer Straßenbahn, die in einem Wald stand. Diese Straßenbahn im Wald, so schilderte sie richtig entsetzt, sei ein so «furchtbar kaputtes Bild» gewesen. Nun ist Berlin von Wäldern umgeben, in denen tatsächlich in früheren Zeiten Straßenbahnen fuhren. Für jeden Berliner war dementsprechend eine Straßenbahn im Wald ein ganz gewöhnliches, ich möchte fast sagen natürliches Bild zu jener Zeit. Ich war daher etwas verwundert über die Erregung der Patientin. Im Verlauf der Stunde begann sie, was sie öfter tat, stereotyp von der Straßenbahn immer wieder zu erzählen, und zwar in den gleichen wenigen Worten, nur immer mit neuen Gefühlsschattierungen. Diese Stereotypie bewirkte allmählich in mir eine gefühlsmäßige Participation mit dem Bild, und in mir stieg eine Erinnerung hoch:

«Ich war vor Jahren mit einem Freund durch das Taurus-Gebirge in Kleinasien gefahren, eine sehr menschenleere und wenig besiedelte Gegend. An einem Nachmittag waren wir bereits Stunden um Stunden gefahren, ohne auch nur einem Haus oder einem Menschen zu begegnen, und kamen uns fast vor wie die einzigen Menschen in der Welt. In dieser Stimmung bogen wir nun um eine Felskuppe und

hatten plötzlich auf der Straße vor unserem Auto drei Männer in schwarzen Anzügen mit Zylindern vor uns, von denen der eine eine Baßgeige, der zweite eine Harmonika und der dritte eine Trompete trug. Dieses unerwartete, groteske und für die Situation so fremdartig-unangepaßte Bild erschlug uns fast. Natürlich waren die Leute, wie wir nachher feststellten, aus einem nahegelegenen Dorf zur Hochzeit oder Beerdigung gekommen, um dort aufzuspielen.»
Diese Erinnerung verhalf mir aber dazu, daß ich anfing, die Patientin zu verstehen und mit ihrem Gefühl kommunizieren konnte. Genau zu dem Zeitpunkt, als mir diese Erinnerung hochgekommen war, ohne daß ich natürlich der Patientin etwas davon gesagt hätte, stockte diese ihre Stereotypie, und sie sagte in höchster Erregung: «Ich kann mich an diese kaputte Welt nicht anpassen! Ich will daran leiden, und ich will wegrutschen! Wenn ich jemals stark genug werde, um das auszuhalten, sehe ich es nicht mehr und leide auch nicht mehr daran.» Jetzt tauchte in meiner Erinnerung eine andere jugendliche Patientin auf, die mir einmal einen sehr beeindruckenden Traum aus ihrer Pubertät erzählt hatte, der folgendermaßen lautete:
«Ich stand auf der Straße, die zu unserer Schule führte. Vielleicht 10 Meter von mir entfernt hatte sich ein Haufen von Menschen versammelt, in dessen Mitte mit geneigtem Kopf ein junges Mädchen meines Alters stand. Sie war vollständig nackend und zitterte in ihren kaum entwickelten Formen. Die anderen aber um sie herum stachen mit geifernden Gesichtern auf ihren nackten Körper ein mit Nadeln, mit Federhaltern, Zahnbürsten und Nägeln. Sie schlugen ihr mit den Nägeln Verfügungen und Verbote in den bebenden Leib. Mein Herz krampfte sich zusammen vor Schmerz, als ich sie sah, und mit brennenden Augen auf die Szene starrte. Dann hob sie langsam den Kopf, richtete ihr blut- und tränenüberströmtes Gesicht auf mich, und ich schrie, schrie, so laut ich konnte, denn ich war es selbst, dieses Mädchen.»
Ich glaube, dieser Traum trifft das Erleben meiner Patientin besser als jede abstrakte Aussage darüber und schildert einen Hintergrund der angepaßten erwachsenen Welt mit ihren Geboten und Verboten, der auch von mir nicht überwunden ist, sondern nur ertragen werden kann, ohne zu schreien. Am Ende der Stunde verstand ich jedenfalls meine Patientin, und sie merkte offenbar, daß sie verstanden wurde. Es folgten daraufhin 2 Träume, die deutlich zeigten, wie nach diesem gemeinsamen Erleben in der Analyse Befreiungs- und Angstbewälti-

gungsprozesse einsetzten. Der erste kam unmittelbar nach dieser Stunde und lautete:

«Ich bin im Konzentrationslager. Dort wollte ein Mann uns helfen, herauszukommen. Als wir das versuchten, kamen wir in einen Raum, der Kabinen hatte, so wie eine große Toilette. Diese Kabinen waren aber so eingerichtet, daß in jeder Pritschen waren, auf denen Leute lagen, die wie tot aussahen. Sie hatten Spritzen zu ihrer Befreiung erhalten. Ich bekam auch so eine Spritze in den Arm und hatte eine furchtbare Angst, nachher nicht mehr zu sein wie vorher.»

Der zweite Traum erfolgte etwa eine Stunde später und hatte folgenden Inhalt:

«In einem Wald stand ein lila-roter Bus, der so aussah wie ein Doppeldeckerbus. Er stand zwischen zwei orangefarbigen Häusern, die ganz poppig aussahen. Dann wurde ich nach Ost-Berlin gebracht und fuhr dort einen Berg rauf. Es war alles sehr schön, herrliches Wetter und eine angenehme Atmosphäre. Dann war ich mit einem 20jährigen Jungen in einem Wald. Der Junge gab Musikunterricht. Im Wald sprach er mit einem alten Mann, der sehr klug war. Nach diesem Gespräch brauchte er keine Ängste mehr zu haben wie ich. Ich selbst war allerdings weggegangen, weil mir das Gespräch zu langweilig war.»

Dieser Traum, so meinte die Patientin, sei ganz anders gewesen als das Bild mit der kaputten Straßenbahn, das mehr wie ein «Horrortrip» für sie gewesen sei.

Ich will diese Träume nicht im einzelnen deuten, sondern nur darauf hinweisen, daß im ersten Traum Befreiung und Wandlung noch mit Angst erlebt wird, aber immerhin als Motiv auftaucht, während im zweiten die Straßenbahn durch den mit den poppigen Farben der Jugend versehenen Bus ersetzt ist, der eine Verbindung und Akzeptierung von Zivilisation und Natur erlaubt. Ich habe in einer Arbeit über das Auto als Traumsymbol (64) ausführlich darauf hingewiesen, daß auch das Selbst in dieser Symbolik auftreten kann, was auch in diesem Traum geschieht, wo symbolisch eine mögliche Ganzheit zwischen dem technischen Energieträger und der naturhaften Lebendigkeit und Farbigkeit entworfen wird. Wenn auch in dem Traum das Ich den «alten Weisen», der die Ängste heilen kann, noch zu langweilig findet, so nimmt doch der Animus eine Beziehung zu ihm auf, was zu weiterer Hoffnung ermutigt.

Gehen wir aber noch einmal zur geschilderten 280. Stunde zurück und überlegen uns, was hier im Übertragungs- und Gegenübertragungsgeschehen passiert ist. Ich würde meinen, daß durch die «eindringliche» gefühlsbetonte Stereotypie der Patientin im Unbewußten des Analytikers der Archetyp des Puer Aeternus bzw. der Puella mobilisiert wurde und die entsprechenden Bilder ins Bewußtsein brachte. Dieser Archetyp hat, wie auch M.-L. von Franz (90) schreibt, eine besondere Art von Spiritualität mit sehr nahem Kontakt zum Unbewußten. Er lehnt konventionelle Situationen ab, fragt tiefe Fragen und hat die Tendenz, direkt auf den Wahrheitsgehalt einer Sache zuzugehen.

In der Identifikation mit ihm ist der Jugendliche noch sehr viel näher an der Lebendigkeit der Welt, die wir alle einmal gehabt haben und wehrt sich mit Recht dagegen, eben diese Lebendigkeit zugunsten eines Anpassungsprozesses aufzugeben. Dieser Archetyp ist aber auf der anderen Seite ebenfalls mit Recht wegen seiner Instabilität, seiner mangelhaften Realitätseinsicht und seiner Destruktivität auch gefürchtet und wirkt beängstigend, weshalb wohl die Intensität der Stereotypie notwendig war, um ihn bei mir zu evozieren. Erst die emotionale Mobilisierung dieses Archetyps in der Gegenübertragungssituation und die gemeinsame Konfrontation auch meines Ich-Komplexes mit diesem Archetyp erlaubte es der Patientin, weitere Entwicklungsschritte zu machen. Dieser Archetyp liegt uns sicher einerseits näher als der des Kindes, wird andererseits aber wahrscheinlich auch mehr gefürchtet wegen seiner enthusiastischen Attraktivität und seiner inflationistischen Tendenzen, was mit dazu beitragen kann, daß manche Analytiker Jugendliche nur ungern therapieren bzw. sie für ungeeignet oder besonders schwierig in der Therapie halten.

Die Konstellierung eines solchen gemeinsamen Erlebens innerhalb eines archetypischen Raumes ist eben grundsätzlich etwas anderes als ein gemeinsames Rollenspiel, wie auch etwas anderes als der projektive persönliche Übertragungs- und Gegenübertragungsprozeß. Ich hoffe, das an diesem Beispiel anschaulich gemacht zu haben.

Es ist nicht allzu viel darüber zu sagen, wie man methodisch innerhalb der analytischen Situation mit der archetypischen Übertragung oder Gegenübertragung umgehen kann. Dem konstellierten Archetyp gegenüber helfen keine bestimmten Pattern, sondern der Umgang mit ihm entspricht eher jener Vielzahl differenter Möglichkeiten, die wir in den Auseinandersetzungen und Kämpfen des Märchenheros bei der Lösung seiner Aufgabe finden. Alles kann richtig sein, was zu einem guten Gelingen beiträgt, und in den verschiedenen Situationen kann u. U. gerade das Gegensätzlichste notwendig sein. Das im Vorangegangenen geschilderte Beispiel mag aber doch auf ein wesentliches methodisches Prinzip hinweisen, das zum Tragen kommen muß, wenn sich der therapeutische Prozeß fruchtbar fortsetzen soll. Es handelt sich darum, daß sich auch der Analytiker dem konstellierten archetypischen Komplexkern wirklich und echt emotional aussetzt und bereit ist, in einer derartigen Situation auf seine Analytiker-Persona zu verzichten. Nur wenn dies innerhalb der Gegenübertragung geschieht, kann das Problem wirklich aufgenommen und verarbeitet werden. Wagt es der Analytiker nicht, selbst mit voller Gefühlsbesetzung der Dynamik dieser Bilder zu begegnen, dann kann auch der Ich-Komplex des Patienten, der ja auf die wirkliche Begleitung durch den Arzt angewiesen ist, sich gar nicht oder nur unzureichend auseinandersetzen. Es gibt allerdings immer wieder Fälle, in denen das entweder für den Patienten oder aber auch für den Analytiker eine Überforderung darstellt, die mindestens zum gegebenen Zeitpunkt vermieden werden muß. In derartigen Fällen kann es dann einmal richtig sein, dem Problem auszuweichen und sich, wie wir es ebenfalls aus den Märchenmotiven her kennen, auf eine magische Flucht zu begeben, bis der Komplexkern soviel an Destruktivität eingebüßt hat, daß eine Auseinandersetzung mit ihm möglich wird.

Zum Abschluß dieses Kapitels liegt mir daran, zwischen dem Übertragungs- und Gegenübertragungsgeschehen und den allgemeinmenschlichen Beziehungsformen eine Brücke zu schlagen. Es ist gar nicht zu übersehen, daß alle hier beschriebenen Formen der Übertragung und Gegenübertragung ständig auch in allen zwischenmenschlichen Beziehungen eine erhebliche Rolle spielen. In allen anderen Beziehungsformen, die wir kennen, projizieren wir aufeinander, erleben am anderen objektive Charaktereigenschaften, die wir noch nicht kannten oder Erlebens- und Verhaltensweisen, die wir neu feststellen, wir spielen untereinader bestimmte Rollenspiele und wir sind, last but not least, an den Krisen oder Höhepunkten unseres Beziehungsgeschehens archetypischen Konstellationen ausgesetzt. Charakteristisch für die analytische Beziehung zwischen Arzt und Patient ist aber, daß zwei Menschen unter bestimmten Vereinbarungen zusammenkommen, um das Geschehen dieser Beziehung unter ausdrücklicher Einbeziehung und Betonung des Unbewußten zu reflektieren und zu verstehen. Dieses reflektierende Verstehen ist auch nur möglich unter Einhaltung der analytischen Distanz. Hierin unterscheidet sich die analytische Beziehung von allen anderen menschlichen Beziehungsformen, die wir kennen. Grundsätzlich hat aber die analytische Beziehung den Wert, die Echtheit und die Dignität jeder menschlichen Beziehung; nur ihre Form ist künstlich, nicht ihr Inhalt, wobei die Worte Übertragung und Gegenübertragung, wie bereits anfangs gesagt wurde, nichts anderes sind als ein notwendiger Fachterminus, was leider noch allzu oft vergessen wird. Es wird wohl auch jeder, der eine Analyse an sich selbst erlebt hat, etwas von der Art dieser Beziehung in seine weiteren menschlichen Beziehungen mit hineinnehmen und das Unbewußte in stärkerem Maße berücksichtigen, so wie wir eben alle, sofern wir nur lebendig bleiben, immer etwas von unseren früheren Beziehungen in eine weitere Begegnung hineintragen.

12. KAPITEL

Probleme der Deutung
im analytischen Prozeß

Es ist bedauerlich, daß im Gegensatz zur psychoanalytischen Literatur in der Analytischen Psychologie sehr wenig über die Methodik der Deutungen geschrieben worden ist. Außer den Hinweisen, die sich in Jungs «Zwei Schriften zur Analytischen Psychologie» (138) befinden, gibt es eigentlich nur die ausführlichere Arbeit von Fordham aus dem Jahre 1975: «On Interpretation» (89). Zwar hat Jung selbst immer wieder auf die Wichtigkeit dieses Problems hingewiesen; die Aversion der analytischen Psychologen gegenüber einer Festlegung auf methodische und technische Fragen hat sie diesen Bereich vernachlässigen lassen. Ein weiterer Grund liegt sicher auch darin, wie aus den Untersuchungen Bradways (21) hervorgeht, daß sich in der ersten und zweiten Generation vorwiegend stark introvertierte intuitive Typen der Analytischen Psychologie C. G. Jungs zuwandten. Dies hat offenbar verhindert, daß derartige Fragen in breiterer Form aufgegriffen wurden. Es kommt hinzu, daß Jung sicher zu Recht von jedem Analytiker gefordert hat, daß er seinen eigenen Stil finden müßte und damit auch seine eigene Methode. Trotz der Berechtigung dieser Forderung nach eigenem Stil und eigener Methode gibt es neben dem Individuellen auch in der Analytischen Psychologie eine Reihe von generellen Problemen auf dem Sektor der Deutungstechnik, die mindestens breiter in die Diskussion kommen sollten, auch ohne daß sie gleich zu einer standardisierten Methodik werden.

Zunächst einmal erscheint es mir wichtig, eine Definition zu finden, was wir unter einer Deutung überhaupt verstehen wollen und diesen Begriff der analytischen Deutung von der Vielzahl der Interaktionen, die zwischen dem Analytiker und dem Patienten stattfinden, abzugrenzen. Offensichtlich ist diese Definition gar nicht so einfach, und es gibt Analytiker, die jeder verbalen Äußerung des Therapeuten mindestens einen Deutungscharakter zuschreiben, wozu u. U. schon begleitendes oder fragendes «Hmh» gehören kann. Es werfen sich dann hierbei Fragen auf, ob etwa eine Amplifikation oder eine auf den

Komplexinhalt hin gezielte Frage bereits als Deutung zu verstehen ist und wo man überhaupt von Deutung sprechen sollte und wo von verbaler Interaktion. Einigkeit besteht wohl lediglich darin, daß der Deutungsprozeß eines unbewußten Inhaltes immer auf der verbalen Ebene stattfindet, wobei allerdings hier schon betont werden muß, daß es sich grundsätzlich nicht nur um einen verbalen Prozeß handelt.

Es erscheint mir angebracht, zunächst einmal den Versuch einer Definition zu unternehmen, was wir unter einer *vollständigen* Deutung verstehen können, wobei gleich hervorgehoben werden soll, daß diese in praxi niemals innerhalb einer analytischen Sitzung stattfinden kann, sondern sich oft über sehr lange Zeiträume erstrecken wird. Unter einer solchen vollständigen und geglückten Deutung würde ich einen bewußten, emotional aufgeladenen verbalen Akt des Analytikers verstehen, der zur Bewußtmachung eines vorher unbewußten Komplexes sowie des Widerstandes und der Abwehrsysteme, die diesen Komplex im Unbewußten festgehalten haben, führt. Hierbei soll die Deutung von Seiten des Komplexinhaltes die drei Tempi Vergangenheit, Gegenwart und Zukunft umfassen und sowohl die Inhalte als auch die emotionalen Besetzungen beschreiben. Ebenso soll sie Auskunft geben über die persönlichen Inhalte und den archetypischen Komplexkern. Vergangenheit bedeutet hierbei die genetische Komponente des Komplexes, und zwar eine Beantwortung der Frage, wann und unter welchen Umständen sich dieser entwickelt hat und warum es innerhalb der Genese des betreffenden Patienten unbedingt notwendig war, die Inhalte, Gefühle und Affekte gerade dieses Komplexes zu unterdrücken und zu verdrängen. Zur Gegenwart gehört in erster Linie die Deutung der Wirkungen, die diese Komplexinhalte innerhalb der Übertragungs- und Gegenübertragungssituation zwischen Analytiker und Patient hervorrufen und darüber hinaus natürlich auch diejenigen verzerrten Situationen, die durch die Projektion der unbewußten Komplexinhalte in der aktuellen Lebenssituation des Patienten sowie in seinen zwischenmenschlichen Beziehungen allgemein entstehen. Unter Zukunft ist das finale Element zu verstehen, das jeder unbewußte und zum Bewußtsein drängende Komplex enthält, und über das ich an anderen Stellen ausführlicher berichtet habe (46, 53). Diese finale Komponente, d. h. die Sinn- und Zielgerichtetheit, die durch die Verknüpfung von Trieb und Bild entsteht, und in der die Lösungs- und Entwicklungsmöglichkeiten enthalten sind, ist dem Bewußtsein vorzulegen bzw. bewußt zu machen und muß von diesem beurteilt, d. h. akzeptiert oder verworfen werden.

Für den Widerstand und die Abwehrsysteme trifft grundsätzlich das Gleiche zu. Die Deutung soll eine Erklärung darüber geben, wieso gerade dieses bestimmte Abwehrsystem innerhalb der genetischen Situation entwickelt wurde und warum es damals gerade das eventuell Sinnvollste zur Bewältigung der früheren Situation gewesen ist. Die Deutung sollte weiterhin offenlegen, welche situativen Verzerrungen dadurch entstehen, daß diese frühere Form der Abwehr heute in völlig anders gelagerten Situationen aufrechterhalten wird. Auch hierzu eignet sich wiederum in erster Linie die analytische Übertragungs- und Gegenübertragungssituation. Schließlich sollte die Deutung final gesehen etwas über das weitere Schicksal dieser Abwehrsysteme aussagen, wobei sie sich auch wieder von deren bewußten bzw. teils unbewußten Inhalten selbst leiten lassen sollte, da niemand ohne Abwehrsysteme leben kann. Ich möchte hier nicht den Begriff Persona gleichsetzen mit Abwehrsystem, aber doch darauf hinweisen, daß innerhalb der Persona und des Ich-Komplexes auch die Formationen der Abwehrsysteme angesiedelt sind und es letztlich nicht der Sinn von Deutungsprozessen sein kann und darf, die gesunden und funktionsfähigen Anteile von Persona und Ich abzubauen oder zu überspielen. Die Deutungsprozesse würden sonst dazu führen, daß anstelle eines dialektischen und synthetischen Prozesses zwischen Bewußtsein und Unbewußtem das Bewußtsein lediglich durch vorher unbewußte Inhalte besetzt wird und diese ausagiert werden. Ein Beispiel hierfür wäre die oft diskutierte Problematik einer starken, latent homosexuellen Komplexkomponente, die dann sinnwidrig und nicht der Gesamtpersönlichkeit entsprechend manifest wird.

Ich möchte nach dieser sicher sehr umfangreichen Definition der Deutung zunächst einmal differenzierter auf die Einzelheiten des Deutungsprozesses und die analytischen Grundlagen, auf denen dieser beruht, eingehen, um dann die Frage zu erörtern: wie sieht eine Deutung in der Praxis aus? Schließlich möchte ich noch einige Überlegungen zu dem außerordentlich schwierigen Problem des Timings von Deutungen innerhalb der analytischen Situation sagen. Zur Erfassung des ersten Bereiches ist es notwendig, sich zunächst einmal klarzumachen, daß jede analytische Deutung zwei Ziele verfolgt, und zwar einmal eine Öffnung des Bewußtseins herzustellen, die es erlaubt, unbewußte Inhalte zuzulassen, und zweitens dem Patienten das Verständnis der unbewußten Inhalte auf der Symbolebene zu ermöglichen. Die erste Zielvorstellung hängt eng mit der Behandlung von Widerständen und Abwehrsystemen zusammen, und der Analytiker sollte sich hierbei immer der Warnung Jungs (158) bewußt bleiben, daß Widerstände eine Notwendigkeit für das labile Ich darstellen, zu dessen Schutz erforderlich sind und nicht vorzeitig oder gewaltsam gebrochen werden dürfen. Das schließt nicht aus, daß auch wir die Deutung und Bewußtmachung von Widerständen und Abwehrformationen einbeziehen, aber allerdings erst zu einem Zeitpunkt, in dem sowohl beim Analytiker als auch beim Patienten sich die Erkenntnis entwickelt hat, daß ein weiteres Festhalten an diesen nicht mehr erforderlich ist.

Wir werden auf diesen Gegensatz Widerstand und Abwehrsysteme auf der einen Seite, Komplexinhalte auf der anderen noch des öfteren zurückkommen. Zunächst wenden wir uns aber hier einmal den Inhalten des Komplexes zu. Bei aller Validität, die die Analytische Psychologie den Träumen und dem Prozeß der Traumdeutung zuschreibt, sollte man sich doch darüber klar sein, daß unbewußte Komplexinhalte sich nicht nur in Träumen äußern und auch nicht nur von diesen her gedeutet werden sollten. Grundsätzlich sollte sich daher die Deutung der unbewußten Inhalte auf den eigentlichen Komplex hin orientieren und möglichst sämtliche Erscheinungsformen dieses Komplexes mitberücksichtigen. Bei der Erfassung der unbewußten Inhalte spielen eben neben den Träumen auch die Assoziationen und Amplifikationen des Patienten, seine averbalen Äußerungen, die Schilderungen seiner Erlebnis- und Verhaltensweisen in der Umwelt, seine Tagesphantasien und seine aktiven Imaginationen eine wichtige Rolle, genau so, wie auch hier sein Erleben und Verhalten in der analytischen Übertragungs- und Gegenübertragungssituation, auf die wir später noch einmal zurückkommen, wichtig ist. Nicht nur der Traum, sondern die Gesamtheit aller Äußerungen eines bestimmten, unbewußten Komplexes, hinter dem nach meinen Erfahrungen praktisch immer ein archetypischer Kern steckt, sollten innerhalb der Deutungsprozesse berücksichtigt und auch benutzt werden. Das nimmt dem Traum nichts von seiner Dignität als via regia zum Unbewußten, aber ich halte jede Einseitigkeit, sei es nun Deutungsvorgänge allein auf Träume oder allein auf Übertragung hin zu orientieren, für ungünstig. Jede derartige Einseitigkeit des Analytikers ruft auch beim Patienten allmählich eine einseitige Orientierung hervor, die der Vielseitigkeit und Vielfalt der Lebensprozesse nicht gerecht wird und schließlich zu einer Einengung führt. Wichtig erscheint mir auch, daß wir in der verbalen Form der Mitteilungen, die wir an den Patienten über die unbewußten Inhalte weitergeben, möglichst dicht, wie es Jung im Kindertraum-Seminar (131) ausgeführt hat, am Bild verbleiben und die eigenen Bilder des Patienten benutzen. Für jeden bedeutet, wie Jung gesagt hat, der Elefant etwas anderes, und wir müssen annehmen, daß in der Natur nicht nur ein zufälliges Chaos existiert, sondern daß die Bilder in der Welt der Naturgesetze enthalten sind und es eine Kausalität, nicht nur reine Willkür gibt. Sicher schließt das nicht aus, daß auch wir uns abstrakte Hypothesen bilden müssen, aber innerhalb des analytischen Prozesses spielt das anschauliche Denken, das eine größere Vollständigkeit in sich schließt, eine wichtigere Rolle als das abstrahierende (37). Erste Voraussetzung für die Möglichkeit von Deutungsprozessen unbewußter Inhalte ist die Herstellung eines relativ stabilen Ich-Anteils, der in der Lage ist, mit diesen unbewußten Inhalten in einen echten dialektischen Prozeß einzutreten. Whitmont (228) berichtet bei der Diskussion dieses Problems eine recht eindrucksvolle jüdische Legende, die sich auf die Durchquerung des Roten Meeres bezieht. Nach dieser Legende befahl Moses dem Roten Meere, sich zu teilen, es geschah aber solange nichts, bis der erste Mann seinen Fuß ins Wasser setzte. Erst dann wichen die Wasser zu beiden Seiten zurück. Natürlich bedürfen die aufsteigenden Bilder des Unbewußten des Verständnisses und der Deutung. Aber auch hier ist, gerade am Anfang eines derartigen dialektischen Prozesses, wie Heyer (111) es ausführt, erfahrungsgemäß große Vorsicht am Platze, und es ist oft richtiger, sich das Vergangene vom Folgenden selbst erklären zu lassen. Nach Heyer sind «lediglich allzu schiefe Auffassungen (die zur Panik führen könnten) vorsichtig zurechtzurücken. Wer zuviel erklären will, hilft nicht der ja gerade gewünschten Phantasietätigkeit, sondern züchtet nur neue intellektuelle Meinungen. Es dauert oft längere Zeit, bis der Analysand im inneren Wandel soweit ist, daß er Bewußtsein und Willen in der richtigen Weise verwenden kann – Funktionen, die als fabulose Errungenschaften des menschlichen Geistes selbstverständlich inthronisiert werden müssen, haben doch nur sie aus der mythischen Allverhaftung des Primitiven herausgeführt. Aber da wir Heutigen allesamt den Kontakt mit der Natur, dem

Primitiven und dem Tier in uns allzu sehr verloren haben, wir mit Denken, Bewußtsein und Wollen in der Luft hängen, muß die Entwicklung erst einmal reduktiv erfolgen. Ehe nicht die Verbindung mit dunkelstem Tiefenwesen wieder erreicht ist – was eben in jenen seelischen Bewegungen und Erschütterungen erfolgt, die uns als Phantasien erscheinen –, bleibt das Denken intellektueller Leerlauf, ist Geist tote und tötende Ratio, ja hybrider Frevel (sowie Klages es meint), und das Bewußtsein befindet sich in einem angstvollen Dauerkrampf. Wenn aber die Verbindung ‹nach unten› wieder erreicht ist, die als Regression ins Tierhafte uns der Natur und die Natur uns wieder schenkt, dann kann der neue Aufstieg in solare Bewußtheit erfolgen; ja: es muß sein; denn jenes allein wäre abermals Frevel, Frevel an der Kultur.»*)

Jeder Deutung muß notwendigerweise ein oft langwieriger Informationsprozeß vorausgehen, der auch von seiten des Analytikers von identifikatorischen und partizipatorischen Prozessen begleitet sein muß. Es handelt sich also auch hier wieder nicht um eine rein rationale Information, sondern um Informationen, die dem Analytiker die im Patienten ablaufenden Prozesse auch emotional verständlich und nachvollziehbar machen. Sinn dieses Prozesses ist wiederum eine möglichst vollständige Erfassung der unbewußten, in der Verdrängung gehaltenen Inhalte und der Abwehrsysteme, die diese Verdrängung hervorgerufen haben bzw. sie unterhalten. Beide Seiten müssen dem Analytiker erst auf dem Wege eines Erkenntnisprozesses selber bewußt werden, wozu eben jene breite Sammlung von Informationen, Gefühlseindrücken und affektiven Äußerungen bzw. Anklängen gehört. Dieser Prozeß wird im Allgemeinen, sofern nicht das spontane Material ausreicht, durch entsprechende gezielte Fragen des Analytikers unterstützt. Unter gezielten Fragen ist hier nun aber nicht zu verstehen, daß der Analytiker, wie es etwa in der zielgerichteten Anamnese der Neoanalyse Schultz-Henckes (206) geschieht, ganz bestimmte Auskünfte über etwa ganz bestimmte gehemmte Antriebsbereiche erhalten will. Das gezielte Fragen der Analytischen Psychologie dient vielmehr dazu, im Sinne des amplifikatorischen Prozesses das von dem Patienten angebotene Bild zu bereichern, zu erweitern und zu umkreisen, um es in seiner Sinnbedeutung besser erfassen zu können. So könnte z. B. die Frage: «Was fällt Ihnen zu dem kalten Fisch ein, als den Sie sich an dieser Stelle bezeichnen?» bei

* pag. 107–108

der einen Patientin dazu führen, daß sie mitteilt, am Tage zuvor Fisch gegessen zu haben, bei der anderen die Mitteilung eines Kindheitserlebnisses oder bei der Dritten der Vergleich mit einem anderen Tier, oder gar bei einer Vierten mit dem Christussymbol. Erst die Vielfalt derartiger Amplifikationen und Kontexte ermöglicht im Analytiker ein Verständnis für die Sinnbedeutung und die augenblickliche emotionale Besetzung eines Symbols.

Dieser informative Prozeß dient nun nicht nur dazu, den Sinngehalt unbewußter Inhalte zu erfassen, sondern ist auch notwendig, um zu erfahren, in welcher Form der Beziehung dieser unbewußte Inhalt dem Widerstand gegenübersteht. Nach meiner Erfahrung existieren hier drei verschiedene Möglichkeiten, die jeweils sorgfältig ins Auge gefaßt werden sollten. Die erste Möglichkeit ist die, daß der unbewußte Gegensatz zur bewußten Einstellung total verdrängt und völlig unbewußt ist. Wenn wir das am Beispiel von aggressiven oder feindseligen Gefühlen bei Vorhandensein eines Autoritätskomplexes, der im Hintergrund mit einem negativen Vater-Archetyp zusammenhängt, verfolgen, so würde hier diese Gefühlsqualität überhaupt nicht bewußt sein zugunsten von Gehorsamkeit, Verständnis, Ideologisierung etc. gegenüber Autoritäten. Das Bewußtwerden der feindseligen Gefühle allein kann dann schon zu einem deutlichen bewußtseinserweiternden Prozeß führen. Die zweite Möglichkeit ist die, daß die feindseligen Gefühle gegenüber der Autorität zwar bewußt sind, aber infolge der Unbewußtheit des eigentlichen Komplexkernes in einer dauernden Opposition zu den vorher genannten, im Bewußtsein fest integrierten positiven Einstellungen stehen. Es resultiert daraus ein ständiger Ambivalenzkonflikt, der oft zwischen Haß und Liebe hin- und herschwankt.

Eine dritte Möglichkeit, die der zweiten relativ naheliegt, ist, daß die gegenseitigen Positionen nicht in einem Konflikt miteinander liegen, sondern sehr unverbunden nebeneinander herlaufen. Die Feindseligkeit wird dann in der Regel auf entferntere Objekte projiziert, und die unmittelbaren Autoritäten bleiben seltsam blande und emotionslos. Bei allen drei Möglichkeiten aber fehlt durch die Unbewußtheit der Komplexkerne der archetypischen Bilder, die in diesen enthalten sind, auch die Fähigkeit zur Bildung vereinigender Symbole, die allein in der Lage wären, den Konflikt zu lösen und entsprechend zu verarbeiten.

Der hier beschriebene, zunächst vor der Deutung ablaufende informative Prozeß mit seinen entsprechenden Fragestellungen sollte von der eigentlichen Deutung unterschieden werden und auch die sinnentsprechende und zielgerichtete Frage des Analytikers nicht als Deutung bezeichnet werden. Trotzdem schafft dieser Prozeß bereits Bewußtsein und Bewußtseinserweiterung. Wir sollten uns eben darüber klar sein, daß Deutung keineswegs die einzige und alleinige Methode ist, um unbewußte Inhalte bewußt zu machen. Durch diesen informativen Prozeß werden ja laufend an ein bestimmtes Problem neue Inhalte angegliedert, und es taucht fortwährend unbewußtes Material auf, das wie Mosaiksteinchen in die virulente Problematik eingeordnet wird. So erklärt sich, wie in dem vorher erwähnten Heyer-Zitat bereits gesagt, vieles Vorherige von allein aus dem Folgenden. Manche Stunde, in der der Analytiker nur die eine oder andere Frage gestellt hat, kann für den Patienten wesentlich fruchtbarer sein als eine an der nicht ganz richtigen Stelle gegebene Deutung oder Erklärung.

Nachdem ich im vorangegangenen Abschnitt etwas ausführlicher auf die Inhalte der Komplexe und die Formationen von Widerstand und Abwehrsystemen beim Patienten eingegangen bin, möchte ich jetzt auf einiges kommen, was als Voraussetzung einer effektiven Deutung im Analytiker an Bewußtwerdungs- und Erkenntnisprozessen abzulaufen hat. Dies steht natürlich in enger Beziehung zum Problem der Gegenübertragung und ist partiell bereits im Kapitel von Übertragung und Gegenübertragung abgehandelt worden. Hier soll nur das besprochen werden, was sich speziell auf die Voraussetzung einer verbalen Deutung bezieht. Fordham hat in seinem bereits vorher erwähnten Artikel (89) eine Klassifikation derjenigen Merkmale in 6 Punkten gegeben, die eine Interpretation enthalten sollten. Sie brauchen hier im einzelnen nicht erwähnt zu werden, da sie implicite im vorher besprochenen Material und in dem nachfolgenden enthalten sind. Unter Punkt 5) erwähnt er hier (pag. 87), daß eine effektive Interpretation immer von einem Affekt repräsentiert ist, dessen Wurzeln sich im Unbewußten des Analytikers befinden und der das Element der Spontaneität bewirkt, das eben gerade die Effektivität der Deutung ausmacht. Das entspricht unserer am Anfang gegebenen Definition, unter der wir gefordert haben, daß die bewußte verbalisierte Deutung immer ein emotional aufgeladener Prozeß zu sein hat. Diese emotionale Aufladung ergibt sich aus der Übertragungs- und Gegenübertragungssituation. Sie kann nicht gemacht oder willentlich hergestellt werden, sondern sie konstelliert sich auf jeden Fall und immer innerhalb des analytischen Prozesses. Die vom frühen Freud geforderte Spiegelhaltung ist m. E. der Versuch einer Verdrängung dieses Elements, da die psychischen Felder von Arzt und Patient innerhalb der analytischen Situation auf jeden Fall auch auf affektiver und emotionaler Ebene in eine Interaktion treten müssen. Jung hat das bereits 1929 so ausgedrückt: «Denn wie man es auch drehen und wenden mag, die Beziehung zwischen Arzt und Patient ist eine persönliche Beziehung innerhalb des unpersönlichen Rahmens der ärztlichen Behandlung. Es ist mit keinem Kunstgriff zu vermeiden, daß die Behandlung das Produkt einer gegenseitigen Beeinflussung ist, an welcher das ganze Wesen des Patienten sowohl wie das des Arztes teilhat. In der Behandlung findet die Begegnung zweier irrationaler Gegebenheiten, nämlich zweier Menschen statt, die nicht abgegrenzte, bestimmbare Größen sind, sondern neben ihrem vielleicht bestimmtem Bewußtsein eine unbestimmte ausgedehnte Sphäre von Unbewußtheit mitbringen.» Auch Whitmont (228) beschreibt diesen Zustand ähnlich: «Their psychic field patterns interact. Something happens, something clicks one way or another and their unconscious patterns ‹arrange› themselves relative to each other in a typical fashion whether they know it or not, or care to or not; the less they are aware of it the more compulsive the effect of the occurrence will be. In this field, this energic configuration, they both share.» (pag. 299)

Ein sehr eindrucksvolles Bild über dieses Arrangement der psychischen Felder und ihrer gegenseitigen Durchdringung haben die Gegenübertragungs-Untersuchungen der Berliner Gruppe (15, 50, 54, 55, 161) ergeben, in denen nachgewiesen wurde, daß bei der Beobachtung nicht geäußerter, im Analytiker selbst ablaufender Assoziationsketten diese immer sinnentsprechend verbunden waren mit den jeweils gerade vom Patienten geäußerten Assoziationen. Es ergibt sich natürlich die Frage, ob es richtiger ist, diese emotionale Beteiligung willentlich auszuschalten und die verbale Deutung in der Atmosphäre sachlicher, kühler Objektivität zu geben, oder ob man sich diesen emotionalen Prozeß zunutze macht und in den Deutungen mitverwertet. Im Gegensatz zu Freud hat Jung schon sehr früh auf die Wichtigkeit der Spontaneität auch beim Analytiker hingewiesen, was natürlich nicht bedeuten soll, daß der Analytiker den Patienten unkontrolliert mit seinen Emotionen überschüttet, sondern vielmehr, daß er unter Wahrung seines Spannungsbogens seine Emotionen nur da deutlich werden läßt, wo sie vom Patienten sinnentsprechend verarbeitet werden können. Auch von meiner Praxis her kann ich nur bestätigen, daß die emotionslose Deutung wenig oder gar keinen Effekt auf den Patienten hat, höchstens auf einer oberflächlich-rationalen Verständnisebene bleibt, während diejenigen Deutungen, in denen die im Analytiker konstellierte Emotion deutlich mitschwingt, erheblich an Effektivität gewinnen und als einzige geeignet sind, «unter die Haut» zu gehen.

Die notwendige Voraussetzung hierfür ist natürlich die, daß sich allmählich im Verlaufe des vorher beschriebenen informativen Prozesses im Analytiker eine möglichst genaue und gute Erkenntnis der zur Zeit zwischen ihm und dem Patienten ablaufenden Prozesse entwickelt hat. Der Analytiker muß sich also mit entsprechender innerer Beteiligung klar darüber sein, daß der Patient z. B. jetzt und hier eine Mutterübertragung auf ihn hat, daß sich das Problem einer negativen Mutter-Imago zwischen ihm und dem Patienten konstelliert hat, mit welchen genetischen Faktoren aus der persönlichen Vorgeschichte des Patienten diese negative Mutter-Imago zu verstehen ist, welches archetypische Bild dahintersteckt und durch seine Projektion die gesamte Umwelt des Patienten färbt und schließlich, welche finalen Lösungsentwürfe aus der Symbolik vorangegangener Träume und Phantasien möglicherweise als Wege zu verwenden sind. Das sagt sich zunächst sehr einfach, ist aber in der Praxis außerordentlich schwierig. Ich entsinne mich z. B. des Falles einer jungen Patientin, deren negative Mutter-Imago als archetypischen Kern eine Art Medeabild enthielt, eine Mutter, die ihre eigenen Kinder tötet und verspeist. Gewisse Daten aus der persönlichen Vorgeschichte hatten dieses Bild mobilisiert. Die leibliche Mutter hatte das Kind im Krankenhaus gelassen und war kurz nach der Geburt spurlos verschwunden. Sie war dann in einer Pflegefamilie aufgewachsen, die stark oral akzentuiert war und in der auch Symptome aus dem depressiven Formenkreis vorhanden waren. Rein rational war diese Situation eigentlich sehr bald verständlich, aber es dauerte doch weit über 100 Stunden, die von wechselseitigen resignativen Gefühlen begleitet waren, bis sich Analytiker und Patientin gefühlsmäßig diesem Bild stellen konnten. Erst dann entwickelten sich die entsprechenden Träume und Phantasien, in denen der Ich-Komplex der Patientin vor diesem Problem nicht mehr zu fliehen brauchte und unter dem Schutz

236

der analytischen Situation es überhaupt möglich war, dieses Mutterbild bewußt zu machen. Man muß sich einfach klar machen, daß auch wir als Analytiker Angst bekommen, wenn wir direkt einer Medea begegnen, die ja im innerpsychischen Sinne die volle Wertigkeit der Realität hat, und daß nicht nur die Patientin, sondern auch wir selbst geraume Zeit brauchen, um einem derartigen Gegner offen entgegenzutreten. Das ist aber wohlgemerkt nicht nur reine Ängstlichkeit, Feigheit oder Verhinderung, sondern es ist auch einfach ein Gebot der Klugheit, einen an vielen Stellen stark überlegenen Gegner zunächst sehr sorgfältig zu studieren, möglichst umfassende Erkenntnisse über ihn zu sammeln und auch seine schwachen Stellen herauszufinden, ehe man es zu einer direkten Auseinandersetzung kommen lassen kann. So sollte man sich auch darüber klar sein, daß, wie wir es in den früheren Untersuchungen auch feststellten (50), der Widerstand auch zu 50 Prozent immer ein Widerstand des Therapeuten ist. Zur Vorbereitung einer effektiven Deutung gehört eben auch die Bewußtwerdung dieses eigenen Widerstandes, es gehört dazu, sich die Zeit für die Erkenntnisprozesse zu nehmen, und schließlich und endlich die Überwindung der eigenen Widerstandskomponente. Erst durch das Ablaufen dieses ganzen Prozesses entsteht der emotionale Hintergrund, der die dann im richtigen Moment gegebene Deutung für den Patienten wirklich effektiv machen kann.

Es erhebt sich die Frage: wie sieht die Praxis aus? Ist eine wie am Anfang beschriebene «vollständige» Deutung überhaupt möglich? Sie sollte ja eine verbale Beschreibung der Komplexinhalte sowie des Widerstandes und der darüber aufgebauten Abwehrsysteme in Hinsicht auf Genese, aktuelle Situation und final-prospektive Entwicklung enthalten, womit sie etwa bei der Analyse eines etwas komplizierteren negativen Mutterkomplexes fast den Umfang einer Monographie einnehmen würde. Sie kann auch im wirklichen Sinne «vollständig» eigentlich erst dann durchgeführt werden, wenn der Analytiker aus dem Feuer der Übertragung und Gegenübertragung herausgenommen ist, d. h. nach Abschluß der Analyse und bei deren nachträglicher Überarbeitung. Die Forderung nach einer «vollständigen» Deutung stellt sich also auch hier wieder, wie in vielen anderen Fällen, als eine theoretische Idealforderung heraus, eine Utopie, die in der Praxis nicht erreicht werden kann. Man kann natürlich sagen, daß es besser wäre, aus diesem Grund auf eine derartige Theorie zu verzichten und sich allein auf die konkrete Praxis und auf die Empirie des tatsächlich vorhandenen analytischen Prozesses zu beschränken und eine Theorie der Deutung zu suchen, die diesen empirischen Fakten gerecht wird. Ein derartiges Vorgehen und eine derartige Theoriebildung würde aber gerade das in der Analytischen Psychologie so ungemein wichtige Element des Prospektiv-Finalen und der synthetischen Prozesse entfernen, und der Verzicht auf die Utopie führt nicht nur den Wissenschaftler, sondern auch den Menschen ganz allgemein zu einer argen Kastration und Tatsachensklaverei. Ernst Bloch (14) hat das in seinem Werk «Das Prinzip Hoffnung» sehr tiefgründig ausgeführt und sagt hier an einer Stelle (pag. 257): «Wo der prospektive Horizont ausgelassen ist, erscheint die Wirklichkeit nur als gewordene, als tote, und es sind die Toten, nämlich Naturalisten und Empiristen, welche hier ihre Toten begraben. Wo der prospektive Horizont durchgehendst mitvisiert wird, erscheint das Wirkliche als das, was es in concreto ist: als Wegegeflecht von dialektischen Prozessen, die in einer unfertigen Welt geschehen, in einer Welt, die überhaupt nicht veränderbar wäre ohne die riesige Zukunft: reale Möglichkeiten in ihr.»

Schon Aristoteles wußte das, als er in seiner Metaphysik sagte: «Alles, was von Natur oder Kunst wird, hat Materia, denn jedes Werdende ist vermögend, zu sein und nicht zu sein, . . .». (8) Gehen wir von diesen Gedankengängen aus, so erzieht die theoretische Idealforderung zu der Entwicklung von Möglichkeiten, fördert den Prozeß des Werdenden und dementsprechend den Bewußtwerdungs- und Realisierungsprozeß des Analytikers und der Analyse selbst.

Wir haben uns also vielmehr zu fragen, welche Möglichkeiten in der Praxis liegen, um einer Theorie der Deutung, die sich von den anderen Interaktionen, die zwischen Analytiker und Patient stattfinden, unterscheidet, gerecht zu werden. Zunächst einmal ist es wichtig, sich klarzumachen, daß die «vollständige» Deutung ein Prozeßvorgang ist, der sich über weite Strecken der Analyse hinzieht und der niemals innerhalb von einer Sitzung oder wenigen Stunden erfolgen kann. Er setzt sich vielmehr wie ein Mosaik aus lauter Steinchen einzelner, unvollständiger Deutungen zusammen, die amplifikatorisch um den eigentlichen unbewußten Komplex herum kreisen. Hierbei werden die einzelnen Mosaiksteine nicht in einem linearen Verfahren aufgebaut, sondern auch nach der Erkenntnis eines Komplexes durch den Analytiker bleibt die Führung dem Unbewußten überlassen, und die einzelnen Deutungsanteile richten sich nach dem vom Patienten angebotenen Material. Hier ist auch jeweils im Einzelnen zu erwägen, in welche Richtung die Deutung zu gehen hat, auf die unbewußten Inhalte oder auf die Abwehrsysteme, und man kann, mindestens nach meiner Erfahrung, niemals eindeutig sagen: erst muß der Widerstand gedeutet werden und dann der unbewußte Inhalt oder vice versa, sondern beides alterniert und muß auch alternieren. So kann z. B. bei einem Patienten in einer Stunde eine verdrängte sexuelle Phantasietätigkeit als bisher unbewußter Anteil des bestimmten Komplexes soweit in das Bewußtsein kommen, daß sie mitgeteilt werden kann und auch gedeutet werden kann, während in der darauffolgenden Stunde dieser Prozeß nicht etwa fortgesetzt oder weiterbearbeitet wird, sondern die alten Abwehrsysteme wieder vorhanden sind oder neue Abwehrstrategien entwickelt werden. Es empfiehlt sich dann, diese wiederum solange zu belassen, bis sie bei dem Patienten dicht in den Bereich des Bewußtseins kommen. Praktisch sieht das so aus, daß der Patient entweder selbst bemerkt, daß er irgendetwas abwehrt oder daß er das unbestimmte Gefühl hat, daß der analytische Prozeß stagniert. Erst nach der Deutung der Widerstände kann dann wieder auf die aus dem Unbewußten auftauchenden Inhalte eingegangen werden. Innerhalb dieses Prozesses testet gewissermaßen der instabile Ich-Komplex unbewußtes Material, um es aufzunehmen und zu integrieren, anstatt von ihm überschwemmt zu werden. Hier ist im Sinne von Übertragung und Gegenübertragung wieder zu bedenken, daß der Prozeß ein gegenseitiger ist und daß es sich um eine gemeinsame Arbeit an einer unbewußten Konstellation zwischen Analytiker und Patient handelt. So können etwa die vorher erwähnten sexuellen Phantasien auch von der Gegenübertragung her auf den Analytiker zunächst zu stark erotisierend wirken, was sich dann als Gegenübertragungswiderstand bemerkbar macht. Hierbei sollte sich aber jeder Analytiker schuldgefühlsfrei einräumen, daß er bei jedem virulenten psychischen Material, das mit hohen emotionalen Komponenten aufgeladen ist, Zeit braucht, um es zu verstehen und um das in ihm selbst dadurch Mobilisierte integrieren zu können.

Deutungen sollten, was nicht oft genug wiederholt werden kann, dem Patienten angeboten und nicht als eine Art Statement abgegeben werden. Nur die Deutung ist eine richtige Deutung, die vom Patienten auch angenommen werden kann, wobei es dem Einfühlungsvermögen und den identifikatorischen Fähigkeiten des Analytikers überlassen ist, zu erkennen, inwieweit die Annahme einer Deutung tatsächlich echt ist und eine Bewußtwerdung nach sich zieht oder inwieweit sie aufgrund von Gefügigkeiten einfach übernommen wird. Gerade das Letztere ist die große Gefahr von zu schnellen und zu frühen Deutungen, da der Patient hierbei mitunter ein Wissen über sich selbst erwirbt, das gar nicht seiner inneren Realität entspricht. Er baut dann eine Art analytischer Persona auf, mit der er sich selbst und seine Umgebung zu durchschauen vermeint, versucht als eine Art Wissender oder Eingeweihter zu imponieren, ohne zu merken, daß er eigentlich gar nichts weiß und auch seine Symptome behält. Leider laufen auch wir heutigen Menschen sehr viel mehr, als wir uns dessen bewußt sind, aufgrund des magisch-mythologischen Hintergrunds unserer Psyche in die Falle einer Namensmagie, bei der wir den Namen einer Sache mit deren Verständnis oder deren Integration verwechseln. Hierher gehört auch die Verwendung von Fachausdrücken, und ich habe die Erfahrung gemacht, daß selbst ganz gängige und weit verbreitete Termini wie z. B. Frustration besser zu vermeiden sind zugunsten der Verbalisierung, ob ein Patient auf Enttäuschungen traurig, stumpf, deprimiert, ärgerlich, wütend oder direkt enttäuscht zu reagieren pflegt. Die verbale Formulierung der Deutung sollte sich immer an den eigenen Sprachbildern des Patienten orientieren, und zwar weniger seiner bewußten Sprache, die sehr viel Abwehranteile enthält, sondern der ursprünglichen und lebendigen Sprache all seiner Phantasiebilder, mögen sie nun aus Träumen, Tagträumen, exakten Phantasien oder aktiven Imaginationen stammen. Das gilt auch für Amplifikationen archetypischen Materials durch den Analytiker, insofern diese Amplifikationen Deutungscharakter haben und bewirken sollen, daß eine bisher unbewußte Seite der archetypischen Imago ins Bewußtsein kommt und sie nicht nur zur Bestätigung und Unterstützung bereits vorher bewußter Inhalte dient. Es ist nicht unsere Aufgabe, einen Patienten zum Mythologen zu erziehen, sondern wir müssen an das ihm Bekannte und Geläufige anknüpfen und müssen auch verstehen können, was für Verbindungen es zwischen einem Tarzan (106) oder einem Superman aus den Science Fiction-Heften (164) zu den archetypischen Figuren der Mythologien unseres Kulturkreises gibt.

Wenn ich vorher davon gesprochen habe, daß die Deutung dem Patienten angeboten werden sollte, so hat sich in meiner Praxis bei der verbalen Form dieses Angebotes die Vermutung oder die Fragestellung empfohlen. Letzteres scheint zunächst dem vorher Gesagten zu widersprechen, daß Fragen zum informativen Prozeß gehören. Nun gibt es zweierlei Arten von Fragen. Einmal die Fragen, die wirklich einer Informationssuche dienen und die eine echte informative Lücke auffüllen sollen, und zum zweiten die Art der sokratischen Fragestellungen, wie wir sie in Platos Dialogen finden. Bei der letzteren Form zielt die Fragestellung in eine ganz bestimmte Richtung und vermutet, wenigstens in gewissen Umrissen, die mögliche Antwort. Ich will versuchen, diesen Unterschied von informatorischen und Deutungsfrageprozessen an einem Beispiel zu verdeutlichen.

Ein Patient berichtete mir am Beginn einer Analyse, daß er den Tod seines Vaters ziemlich emotionslos und eher mit einer gewissen Befriedigung erlebt hätte. Die spontanen Äußerungen zu diesem persönlichen Vaterbild waren im Beginn der analytischen Behandlung vorwiegend negativ akzentuiert, und der Vater wurde als streng, jähzornig und starr geschildert. Erst im weiteren Verlauf der Analyse häuften sich allmählich Situationen, in denen der Patient sich daran erinnern konnte, daß der Vater auf ihn verständnisvoll, gütig und kameradschaftlich antwortete. Zunächst schilderte der Patient diese Erlebnisse so, daß er nur das Erlebnis selbst mitteilte, nicht aber die väterliche Reaktion darauf. So berichtete er z. B. über seinen Kummer, sein Entsetzen und seine Angst, nach Hause zu gehen, als er mit sehr schlechten Noten in einem Schuljahr nicht versetzt worden war. Auf meine Frage nach der Reaktion des Vaters erinnerte er sich auf einmal, daß sein Vater hier außerordentlich verständnisvoll reagiert hätte und sogar versucht hätte, ihn zu trösten. Diese Frage war keine Deutungsfrage, sondern rein informatorisch, da ich nach seinen vorangegangenen Schilderungen bestimmt nicht vermuten konnte, daß dieser nur als starr und streng geschilderte Vater plötzlich eine ganz andere Seite gezeigt hatte. Im weiteren Verlauf der Analyse entstand dann allmählich, wie wir das ja alle aus vielfacher Erfahrung kennen, aus der sehr einseitigen bewußten Vater-Imago ein ganz anderes Bild, das auch die positiven und wertvollen Züge des Vaters mit einschloß. Diesen ganzen Prozeß würde ich noch als informativ bezeichnen, obwohl er, wie das bereits vorher erwähnt wurde, einen Bewußtwerdungsprozeß mit einschließt. Erst dann konstellierte sich allmählich eine Situation, in der auch ich mit erfühlen konnte, welche Bedeutung der Tod des Vaters für diesen Patienten hatte und auch dem Patienten selbst anzumerken war, daß die positiven Gefühle von

Liebe und Zuneigung zu ihm dicht unterhalb der Bewußtseinsschwelle lagen. Als dann der Tod des Vaters wieder in die analytische
Situation kam, stellte ich die Frage: «Könnte es sein, daß sein Tod in
Ihnen doch sehr viel Kummer, Enttäuschung und Schmerz ausgelöst
hat und daß die Gleichgültigkeit, die Sie immer gegenüber diesem
Ereignis betonen, nur eine Art Mauer ist, die verhindern soll, daß
diese Gefühle in Ihnen hochkommen?» Diese Frage bewirkte eine
sehr starke Gefühlsreaktion bei dem Patienten, er konnte sie bejahen
und das erste Mal über diesen Todesfall weinen. In der Folgezeit
wurden dann auch eine ganze Reihe von Deutungen möglich, die sich
auf eine Unterdrückung seines gefühlsbetonten Komplexes unter der
Dominanz eines negativen Vater-Archetyps bezogen. Erst die letzt-
genannte Frage ist m. E. eine Deutung, die zu einem Zeitpunkt
erfolgte, als auf der Seite des Analytikers die Situation nicht nur
rational erfaßt wurde, sondern auch gefühlsmäßig im Sinne des
Mitgefühls und Mitempfindens der väterliche Tod erlebt werden
konnte und die entsprechenden Gefühlsqualitäten beim Patienten so
dicht unter der Bewußtseinsschwelle lagen, daß sie angesprochen
werden konnten.
Zu dem Bereich der Form der Deutungsprozesse gehört nun nicht nur
die rein verbale Deutung und die Unterscheidung zwischen Information und Deutung, sondern auch die verschiedenen Ebenen, auf
denen Deutungen erfolgen können. Hierbei sind 3 Gegensatzpaare
zu unterscheiden:
1. Deutung auf der Objekt- oder Subjektstufe
2. prospektive oder reduktive Deutung
3. Übertragungs- oder Gegenübertragungs-Deutung.
Es erscheint mir wichtig, daß wir uns über diese insgesamt sechs
verschiedenen Möglichkeiten, auf welcher Ebene wir eine Deutung
abgeben können, klarwerden, um überlegt und sinnvoll diese verschiedenen Ebenen oder Stufen an der richtigen Stelle anzuwenden.
Für die Anwendung der Deutung auf der Subjekt- und auf der
Objektstufe gilt im allgemeinen auch heute noch das, was Jung bereits
seinerzeit in seinem Aufsatz über «Allgemeine Gesichtspunkte zur
Psychologie des Traumes» (142) ausgeführt hat, nämlich daß per
Faustregel die Deutung auf der Objektstufe vor der Subjektstufe
rangieren sollte und erst nach Erschöpfung der Objektstufe die
Deutung auf der Subjektstufe angewendet werden sollte. Das gilt
allerdings keineswegs immer, und auch Jung selbst hat die Subjekt-

stufendeutung oft gerade für jene Patienten benutzt, für die die Aufdeckung und Beziehung zur eigenen Innenwelt und zur eigenen Phantasietätigkeit wichtiger war als die Beziehungsprobleme zur Umwelt oder die Übertragungsprojektionen auf den Analytiker. Die entscheidenden Hinweise, auf welcher Ebene die Deutung erfolgen sollte, kommen in der Regel vom Patienten selbst, wenn auch nicht immer unbedingt während einer Sitzung. Ob die Subjekt- oder Objektstufendeutung angebracht ist, sollte sich nach der seelischen Situation, in der sich der Patient befindet, und nach seinen eigenen Assoziationen richten. Auch hier wieder wird durch eine derartige Flexibilität am ehesten das Einverständnis und die Akzeptierung einer Deutung durch den Patienten erreicht. Wichtig ist aber doch jede Vermeidung von Einseitigkeit. Es gibt sicher Patienten, die ihre gesamte Phantasietätigkeit und ihre inneren Erlebnismöglichkeiten mehr auf der Subjektebene oder andere, die sie mehr auf der Objektebene erleben. Für beide ist es aber notwendig, auch die andere Seite kennenzulernen, was eng verbunden ist mit dem Bewußtwerden der minderwertigen Funktionen. Ein sehr typisches Beispiel hierfür sind die stark neurotischen Partnerbeziehungen. So erlebt man es nicht selten, daß Patienten mit überfürsorglichen Einstellungen bei hintergründigen Dominanzansprüchen oder messianischen Heilsvorstellungen Beziehungen zu schwer gestörten Partnern, z. B. Süchtigen, Präpsychotischen o. ä. eingehen. In der Regel muß dann erst auf der Objektstufe abgeklärt werden, welche genetischen Vorbedingungen zu dieser Situation geführt haben und die Partnerwahl beeinflußten. Ebenso muß durch entsprechende Deutungsprozesse die Realität des gestörten Partners herausgearbeitet werden, und es ist oft ein langwieriger Prozeß, bis der Patient in der Lage ist, den Partner als denjenigen zu erleben, der er ist und auch die Inertie seiner Störungen zu akzeptieren. Erst wenn dieser Prozeß abgeschlossen ist und der Patient sich entweder entschlossen hat, die Beziehung aufrechtzuerhalten oder abzubrechen, wird es analytisch möglich sein, die Anima- oder Animusprojektion auf der Subjektstufe zurückzunehmen und durch entsprechende Deutungen den Patienten entdecken zu lassen, inwieweit der Süchtige oder Psychotiker zu seinem eigenen psychischen Ensemble und zu dem Kanon der archetypischen Möglichkeiten in ihm selbst gehört. Letzteres habe ich in bezug auf die Sucht an anderer Stelle ausführlicher beschrieben (69). Selbstverständlich behält auch bei diesen Prozessen das Unbewußte die Führung. Es soll damit nicht gesagt werden, daß Objekt- und Subjektstufendeutung in derartigen Fällen in Form eines festen, vom Bewußtsein des Analytikers her vorprogrammierten Vorgangs ablaufen, sondern seine Ebenen können sich auch gegenseitig überschneiden, und in bestimmten Fällen kann es auch sinnvoll sein, die Subjektstufe vor die Objektstufe zu ziehen, obwohl das in der Regel doch sehr viel seltener geschieht bzw. in dieser Form angehbar ist.

Ich komme nun zur reduktiven und produktiven Deutung. Es gibt das sehr tiefsinnige indische Sprichwort, daß auch die schönste Lotosblume ihre Wurzeln im tiefen Schlamm hat. Wenn wir eine reduktive Deutung auf die Triebhintergründe und Triebmotivationen geben, dann sollten wir uns immer bewußt sein, daß wir innerhalb eines jeden psychischen Phänomens immer die ganze Pflanze vor uns haben und auch das Wurzelwerk nicht nur aus einem einzelnen Strang besteht. M. E. ist eine Deutung, die einen bestimmten psychischen Erlebnisvorgang kausal-reduktiv unter dem Motto «Das ist nichts als . . .» lediglich auf eine Triebwurzel zurückführt, zu einseitig und immer falsch. So kann z. B. die Analyse bei der Hintergrundsmotivation zur Berufswahl eines Arztes oder einer Ärztin eine Identifikation mit einem elterlichen Berufswunsch, eine Sehnsucht, sich selbst oder einen nahen schwererkrankten Angehörigen zu heilen oder gar ein voyeuristisches Interesse am menschlichen Körper aufdecken. Das kann, insbesondere dann, wenn diese Hintergrundsmotivation relativ hoch libidinös besetzt ist, zu starken Erschütterungen und Verunsicherungen führen, wenn der Analytiker sich nicht darüber klar ist, daß er mit einer kausal-reduktiven Deutung im Sinne des Konditionalismus Verworns (221) von der Gesamtheit der Bedingungen, die zu einem Zustand oder Vorgang führen, nur eine einzelne erfaßt hat. Dies muß auch dem Patienten verdeutlicht werden. Die reduktive Methode hat ihre Domäne ja insbesondere im Bereich des persönlichen Schattens. Es ist selbstverständlich, daß dieser aufgedeckt werden muß und daß sich der Patient ehrlich damit zu konfrontieren hat; aber auf der anderen Seite muß der Analytiker sehr sorgfältig darauf bedacht sein, sich über dieses Instrument nicht in eine Rolle hineinspielen zu lassen, in der er den Patienten zu entlarven versucht, was leider bei mißverstandener Analyse oder bei Anfängern doch häufiger geschieht.

Es ist das Verdienst der Analytischen Psychologie, die prospektivfinale Seite der Komplexe gesehen und ausgearbeitet zu haben. Da ich an anderen Stellen (53, 67) ausführlich auf diese prospektiven Deutungsmöglichkeiten von Komplex- und Trauminhalten eingegangen bin, möchte ich mich hier auf ein praktisch-methodisches Problem beschränken.

Das prospektive Element hat die verführerische Gefahr, daß es vom Analytiker zu schnell und zu bald benutzt wird und er damit einen dunklen und schwierigen Hintergrund zu vermeiden oder zu überspringen sucht. Am deutlichsten ist das wohl an dem großen Motiv von Tod und Wiedergeburt zu studieren. Es ist für jeden sehr schwer, sich echt und in voller Tiefe und Ausführlichkeit mit dem Tod zu konfrontieren. Von daher kann man sich immer wieder dabei ertappen, daß man beim Auftauchen des Todesmotives in Träumen, Phantasien, Suicidideen etc. bereits an die Wiedergeburt denkt und diese «rettende Phantasie» sich in irgendeiner Form in die Deutung miteinschleicht. Ich meine, daß Hillman in seinem Buch «Selbstmord und seelische Wandlung» (113) sehr eindringlich gezeigt hat, wie weitgehend man wirklich ernsthaft an dieses Problem herangehen kann und u. U. auch muß, ohne den Versuch zu machen, den Tod gleich durch Symbolisierung zu entmachten. Erst wenn dieser Vorgang abgeschlossen ist und aus dem Unbewußten wirklich echte und auch emotional besetzte Motive der Wiedergeburt auftauchen, kann dann die prospektive Deutung einsetzen. Gerade an derartigen Stellen ist besonders darauf zu achten, daß der Patient nicht aus eigenen Ängsten, Sehnsüchten oder Wünschen und Hoffnungen eine prospektive Deutung scheinakzeptiert und damit ein tieferes Problem überspielt.

Insbesondere unter dem Einfluß Melanie Kleins ist die Freudsche Psychoanalyse in den letzten Jahrzehnten immer mehr und akzentuierter, zum Teil sogar ausschließlich auf die Methode der Deutung der Übertragungsneurose übergegangen, während die Analytische Psychologie mehr auf das Verständnis der unbewußten Inhalte hin orientiert blieb. Ein deutliches Schlaglicht auf diese Situation wirft das 1977 publizierte Referat von T. Kirsch (167) über das Verständnis des in Träumen und Phantasien auftauchenden Analytikers einerseits als eigene innerseelische Figur des Arztes und Heilers und andererseits als reales Gegenüber. Erst Ende der 50er Jahre kam das Problem der methodischen Behandlung von Übertragung und Gegenübertragung durch die Arbeit der Londoner Gruppe – insbesonders seien hier in unserem Zusammenhang erwähnt Fordham (87, 88), Plaut (195) und Kraemer (172) – wieder breiter in der Jungschen Analyse in die Diskussion. Ende der 60er Jahre folgten dann die vorher schon erwähnten Arbeiten der Berliner Gruppe, und in Zürich war es vor allem Guggenbühl (105), der in seinem Buch «Macht als Gefahr beim Helfer» auf die Gegenübertragungskonstellationen hinwies. Methodisch gesehen ist zu fordern, daß der Analytiker an jeder Stelle des analytischen Prozesses auch immer die Ebene von Übertragung und Gegenübertragung mit einbezieht und in Rechnung stellt. Ich bin aber nicht der Ansicht, daß es wie in der Freudschen Psychoanalyse sinnvoll und notwendig ist, eine sehr große Anzahl oder sogar alle Deutungsprozesse auf die Übertragungs-/Gegenübertragungsebene zu spielen. Auch hier erscheint mir das wesentlichste Kriterium für eine entsprechende Deutung wieder die richtige Beurteilung der gesamten Situation und die entsprechenden Hinweise aus den Phantasiebildungen zu sein. Das bedeutet natürlich nicht, daß eine Übertragungsdeutung nur dann gegeben werden sollte, wenn der Patient etwa auch tatsächlich vom Analytiker träumt und dieser in Person im Traum auftaucht. Der Analytiker und die Beziehung zum Analytiker kann sehr gut auch vom Unbewußten in Symbolen oder in Projektionen auf andere, häufig archetypische Figuren auftreten. Trotzdem geben Traum und Situation dann in der Regel ausreichend Hinweise, daß hier Übertragung gemeint ist. Das läßt sich nach meiner Erfahrung auch nicht auf einen bestimmten Teil der Analyse terminieren. Manche Analytiker sind der Ansicht, daß Übertragungsdeutungen erst dann gegeben werden sollten, wenn sich eine ausreichend stabile Übertragungsbeziehung zwischen Analytiker und Patient hergestellt hat. Ich habe gar nicht selten erlebt, daß bereits ganz am Anfang einer Analyse sich aus der Konstellation Übertragungsdeutungen ergaben, die sich sowohl auf illusionäre Erwartungen als auch auf Ängste bezogen. Erst danach konnte sich dann der genetische Hintergrund und die archetypische Verankerung entfalten.

Jung hat für den Analytiker ja sehr gerne die allgemein bekannte Methapher des chinesischen Regenmachers benutzt. Wenn wir von den Ergebnissen der Berliner Gegenübertragungsuntersuchungen ausgehen, nach denen der Widerstand zu 50 % auch immer ein Widerstand des Analytikers ist, so wird das Instrument der Gegenübertragung auch innerhalb von Deutungen noch zu wenig oder nur sehr zögernd benutzt. Da jeder Komplex, der im Verlaufe einer Behandlung sich zwischen Analytiker und Patient konstelliert, auch im Unbewußten des Analytikers entsprechende Konstellationen auslöst, ist es zunächst immer wichtig, gerade auch diesen Bereich in sich selbst zu beobachten. Aus dieser Beobachtung heraus formulieren sich dann oft Deutungsmöglichkeiten, die dem Patienten zeigen können, welche Wirkungen seine Erlebnisformen und sein Verhalten in anderen Personen auslöst. Dementsprechend empfiehlt es sich auch, nicht nur diejenigen eigenen Träume zu beachten, die man über den Patienten selbst hat, sondern auch bei Vorliegen eines intensiven Problems, das sich in einer Analyse konstelliert hat, den eigenen Traum, der diesem Problem nachfolgt, auf es zu beziehen. Natürlich wäre es falsch, dieses eigene unbewußte Material dem Patienten direkt mitzuteilen; aber es ergeben sich aus ihm sehr häufig entsprechend emotional besetzte Einsichten, die in die nachfolgenden Deutungen verarbeitet werden können.

Zum Abschluß sei noch kurz auf die sehr problematische Frage des Timings von Deutungen eingegangen. Im allgemeinen stehen die Jungschen Analytiker, wie es bereits Schmalz (203) 1955 näher formuliert hat, auf dem Standpunkt, daß dies der Intuition des Analytikers und dem entsprechenden Evidenzgefühl überlassen werden sollte. Schmalz hat auch mit Recht darauf hingewiesen, daß das Auftreten der gefühlsmäßigen Evidenzen, die einer Deutung vorauslaufen sollten, von Seiten einer auf die Psychodynamik hin orientierten Wissenschaft ein durchaus legitimes Mittel ist, das keineswegs einer chaotischen Willkür Tür und Tor öffnet. Erst in letzter Zeit hat Fordham in seiner bereits zitierten Arbeit (90) den Versuch unternommen, für das Timing gewisse Kriterien herauszuarbeiten. Im Vordergrund steht hierbei der emotionale und rationale Bewußtwerdungsvorgang eines psychischen Inhaltes oder eines Abwehrsystems beim Analytiker, und ein relativ weit vorgeschrittener identischer Vorgang beim Patienten, so daß die vom Analytiker verbalisierte Deutung auf einen dicht unter der Bewußtseinsschwelle des Patienten liegenden identischen Vorgang trifft. Wichtig ist, daß auch beim Patienten bereits die libidinös-emotionale Besetzung des unbewußten Inhaltes vorhanden ist und mit ins Bewußtsein kommt. Das ist eine sicher zutreffende ideale Forderung, der ich aber doch nicht ganz generell beistimmen kann. Sie berücksichtigt meines Erachtens zu wenig die verschiedenen Typologien der Patienten. Zustimmen würde ich durchaus der Seite, die den Analytiker betrifft. Jeder Deutung sollte beim Analytiker ein Erkenntnisprozeß vorausgegangen sein, der den betreffenden Inhalt nicht nur rational erfaßt, sondern der auch emotional im Sinne des Miterlebens bzw. Miterleidens verknüpft ist. Wenn wir aber z. B. einen Patienten in Therapie haben, dessen einzige einigermaßen entwickelte Funktion das Denken ist, so ist es oft unmöglich, außer über diese Funktion an die unbewußten Inhalte überhaupt heranzukommen. Der Patient muß dann notwendigerweise bestimmte Prozesse überhaupt erst einmal rational denkerisch erfassen können, ehe er Gefühlsmäßiges oder gar Intuitives zulassen kann. So würde in einem derartigen Fall das zunächst nur rationale Verstehen einer Deutung nicht etwa als Abwehr die unbewußte Gefühlskomponente blockieren, sondern ihr eher den Weg ins Bewußtsein erleichtern. Das gleiche gilt natürlich umgekehrt für den Fühltyp wie auch für den Intuitiven oder den Empfinder, und es erscheint mir mindestens mit unseren heutigen Mitteln noch nicht möglich, den richtigen Zeitpunkt einer Deutung generalisiert zu bestimmen, ohne die Vielfalt der individuellen Typologie zu vergewaltigen. Ich habe immer wieder auch in Kontrollanalysen die Erfahrung gemacht, daß es unbedingt notwendig ist, das Timing einer Deutung individuell allein in der Hand des betreffenden Analytikers zu belassen, der aus der Situation heraus mit Hilfe seiner Intuition und seines Einfühlungsvermögens entscheiden muß, wann und wie eine Deutung gegeben werden kann.

13. KAPITEL

Die aktive Imagination

Die aktive Imagination ist allmählich zu einer klassischen Methode der Analytischen Psychologie geworden, die bei einer Vielzahl von Patienten im Verlauf des analytischen Prozesses angewendet wird und über die es mittlerweile eine große Anzahl von Publikationen gibt. Diese beziehen sich sowohl auf die theoretischen, die methodischen und die praktischen Darstellungen dieser Methode. Es zeigen sich bei den einzelnen Autoren an vielen Stellen noch differierende Meinungen, insbesondere was das Problem der Beteiligung des Ich-Komplexes an der aktiven Imagination, den Zeitpunkt innerhalb der Analyse, an dem es indiziert ist, mit aktiven Imaginationen zu beginnen und die Terminologie, was als aktive Imagination zu bezeichnen ist, betrifft. Ich werde im Verlauf dieses Kapitels an den Stellen, wo es wichtig erscheint, auf diese Differenzen verschiedener Autoren noch gesondert eingehen.

Zunächst erscheint es angebracht, das Verfahren als solches überhaupt erst einmal zu beschreiben, da außerhalb der Analytischen Psychologie die Methodik der aktiven Imagination noch relativ unbekannt ist, obwohl es mittlerweile eine ganze Reihe von introspektiven, meditativen Verfahren gibt wie z. B. das katathyme Bilderleben (175) oder die Oberstufe des autogenen Trainings (204), die buddhistischen Meditationspraktiken oder auch bestimmte Prozesse, die sich in der mittelalterlichen Alchimie abspielten, die der aktiven Imagination sehr ähneln und häufig auch mit ihr verwechselt werden. Das abgrenzende Charakteristikum, das die aktive Imagination von all diesen Meditationspraktiken und -techniken unterscheidet, ist die Tatsache, daß bei der aktiven Imagination grundsätzlich an die eigenen inneren Bilder des betreffenden Patienten angeknüpft wird und keine äußeren Vorstellungsinhalte, wie z. B. im katathymen Bilderleben die Wiese o. ä. oder bei anderen Meditationspraktiken ein bestimmtes Mantra, vorgegeben wird. Es erfolgt also bei der aktiven Imagination grundsätzlich ein Prozeß, der sich an die eigene subjektive innere Bildwelt anknüpft und der es vermeidet, irgendwelche anderen vorgegebenen Symbole von außen einzubringen, die die Grundlage der Introspektion oder Meditation bilden.

Im Prinzip beruht die aktive Imagination darauf, daß der Patient in die Lage versetzt wird, seine Projektionen zurückzunehmen, sie zu introjizieren und auf einer subjektiven Ebene zu gestalten. Das Ich wird unter diesen Bedingungen in eine lebendige Beziehung zu den archetypischen Imagines des Unbewußten gebracht. Hierbei werden diese Bilder unter aktiver Beteiligung des Ich-Komplexes als im inneren Geschehen mitbeteiligte und mithandelnde Figuren weiterentwickelt und gestaltet, was in den verschiedensten Ausdrucksformen geschehen kann: Meditative Phantasien, unbewußtes Malen oder Zeichnen, Schreiben oder Gespräche mit einer inneren Gegenfigur wie Schatten, Anima und Animus usw., ja sogar Tanz, Musik und jede andere mögliche Ausdrucksform. Sieht man die aktive Imagination im Sinne der Libidotheorie Jungs (140) als eine positive Regression an, so kann man feststellen, daß Kinder im frühen Spielalter voll von aktiv-imaginativen Prozessen sind. Der imaginierte Spielkamerad, das Teddyland oder andere märchenhafte Phantasiewelten des Kindes, in die es mit seinem Ich aktiv-gestaltend und partizipierend eintritt, gehören hierzu. Damit besteht zwischen der aktiven Imagination und dem von Winnicott so bezeichneten Übergangsobjekt (235), das so ungemein wichtig für die symbolbildende Funktion der Psyche ist, eine enge Beziehung, worauf Fordham (83a) ausführlich hingewiesen hat. Aktive Imagination ist, worauf auch Jung (130) aufmerksam macht, seit früher Vorzeit in bestimmten Formen und Abarten sowohl von den Kultur- als auch Naturvölkern angewandt worden. Die ägyptischen Priester gaben so z. B. ihren Klienten wunderschöne blaue Kristalle, in denen sie die eigenen Phantasiebilder beobachten sollten. Der Zweck war die Annäherung an das Göttliche und die Heilung von Krankheiten der Seele und sogar des Körpers. Die Ägypter erkannten intuitiv den unbewußten Hintergrund, der in die Kristallkugel projiziert wurde und ebenso auch die Wirksamkeit der Konfrontation mit diesen Bildern. Ähnliche Vorgänge fanden auch bei der von C. A. Meier (180) so ausführlich beschriebenen antiken Inkubation statt. Auch Naturvölker wie die Indianer benutzen, wie ich in meinem Traumbuch (53) beschrieben habe, derartige Prozesse. So knüpft also die aktive Imagination in der Ausformung ihrer Methodik in der modernen Psychotherapie an ein im Grunde genommen uraltes menschliches Wissen an, das sich durch die ganze Geschichte der Menschheit zieht. Eine große Rolle spielen derartige aktive Imaginationen auch in der Alchimie, insofern, als viele philosophische Alchimisten ihre Meditation als einen Dialog mit einer unsichtbaren Person beschreiben: Sie führten ein Gespräch mit Gott, mit ihrem Schutzgeist oder mit sich selbst. Es gehörte auch zur Idee der Alchimisten im Mittelalter, daß es möglich sei, chemische Substanzen durch reale Imaginationen zu verwandeln und daß eine intensive Konzentration der Materie bestimmte Strukturen aufprägte, die zur Verwandlung führten.

Zur Durchführung einer aktiven Imagination ist es nötig, daß sich der Betreffende auf ein inneres Phantasiefragment konzentriert und den Versuch unternimmt, alle anderen von außen kommenden Einflüsse, die nicht dazugehören, abzugrenzen. Dieses Phantasiefragment kann aus einem Traum stammen, spontan aufgetaucht sein, es kann sich um eine Stimmung handeln oder einen Affekt, d. h. also praktisch jedes emotional deutlich aufgeladene innere Erlebnis. Durch das Festhalten und die innere Konzentration auf dieses Bild tritt dann in der Regel allmählich eine Veränderung ein, indem das Bild in Bewegung gerät oder der Affekt bzw. die Stimmung sich in ein bewegendes Bild verwandelt. Der entscheidende Schritt der aktiven Imagination besteht dann darin, daß der Imaginierende mit seinem Ich-Komplex in das Bild hineingeht bzw. einen Dialog mit den auftauchenden Figuren führt. Am Anfang ist sehr häufig das Gefühl vorhanden, daß man eigentlich selbst die Antworten der inneren Figur macht oder gibt und erst allmählich bei längerer Übung wird deutlich, daß diese unbewußten Gestalten ihre eigene Sprache sprechen und über eine Autonomie verfügen. So träumte z. B. ein Patient von einer Fahrt durch ein fremdes, ihm unbekanntes Land, wobei er sich in einer Gruppe befand, die von einem fremdländisch gekleideten Führer begleitet wurde, der die Umgebung erklärte. Da der Patient sich am Rande der Gruppe weit von diesem entfernt befand, konnte er nicht verstehen, was gesagt wurde. In einer aktiven Imagination näherte er sich dann dieser Figur und begann mit ihr zu sprechen. Er konnte bald feststellen, daß die Erklärungen, die über die fremde Landschaft gegeben wurden, in Verbindung mit einer aktuellen Konfliktsituation seines Lebens standen, und daß sie eine andere, ihm bisher unbewußte Seite des Problems aufrollten, die es ihm ermöglichte, die Situation mit anderen Augen zu sehen und besser zu behandeln.

Werden zur Durchführung einer aktiven Imagination andere Formen als die der meditativen Imagination gewählt, wie z. B. Malen, Zeichnen, plastische Darstellungen oder anderes, so ist auch hier darauf Wert zu legen, daß das Unbewußte freien Raum erhält und die Möglichkeit hat, sich selbst zu gestalten. So sollte z. B. beim unbewußten Malen die bewußte Konzeption, etwas Bestimmtes malen zu wollen, ausgeschaltet werden und es dem Unbewußten überlassen werden, die Hand zu führen. Das gleiche gilt für die anderen Möglichkeiten der unbewußten Selbstdarstellung. Eine 45jährige Patientin mit relativ schweren reaktiv-depressiven Verstimmungszuständen, die bislang lediglich spontan einige Krakelzeichnungen anfertigte, hatte sich Ton besorgt und schilderte den Vorgang der Entstehung ihrer ersten Plastik folgendermaßen: «Die Depression der letzten Tage ist noch nicht vorbeigegangen, aber sie ist besser geworden. Ich fühle mich so, als wäre ich in einem Spinnennetz. Ich hatte die Absicht, irgend etwas in Ton zu machen und brauchte eine ungeheure Überwindung, das wirklich zu tun, obwohl ich spürte, daß es mir helfen würde. Ich wußte nicht, wie ich anfangen sollte. Zunächst dachte ich an den Neger, der mich in letzter Zeit in der Phantasie so sehr beschäftigt hatte, aber er wollte nicht aus mir herauskommen. So quetschte und bewegte ich den Ton eine halbe Stunde zwischen meinen Fingern und beobachtete die Formen, die da entstanden. Ich sah die Köpfe von Tieren, fühlte den kalten Ton und ich hörte allmählich auf, zu denken. Und dann sah ich, wie zuletzt die Figur von einem Kind aus dem Ton wie aus der Erde herauskam. Dieses Kind hatte Zahnschmerzen und lief zu seiner Mutter, um seinen Kopf zwischen ihre Brüste zu tun. So entstand allmählich diese Figur einer Mutter mit einem Kind.» (49)

Ich möchte mich hier mit dieser kurzen zusammenfassenden Darstellung der Methode begnügen und verweise im übrigen auf die Schriften C. G. Jungs und die entsprechende Sekundärliteratur. Ausführliche Beschreibungen der Methodik in Buchform sind bei Rix Weaver (223) und A. N. Ammann (4) erschienen. Obwohl Jung bereits 1913 die ersten Selbstversuche zur aktiven Imagination durchführte und sie 1916, allerdings noch ohne den Begriff zu erwähnen, unter Bezugnahme auf die transzendente Funktion beschrieben hat, erschien diese letztere Arbeit erst relativ spät im Jahre 1958 (141). Hinweise auf diese Methode finden sich überall verstreut in seinen Werken. Er äußerte sich aber ausführlicher über sie zunächst noch meist in seinen Seminaren, bis sie in seinem Alterswerk, dem «Mysterium Coniunctionis» 1968 (152) ausführlicher beschrieben wurde. Es erscheint mir im Rahmen dieser Darstellung zunächst noch einmal wichtig, die Rolle und Funktion des Ich-Komplexes in den aktiven Imaginationen zu diskutieren, da einerseits bestimmte Entwicklungsstadien des Ichs die Voraussetzung zur Indikation für diese Methode darstellen, andererseits die Intensität der Beteiligung des Ichs sowie die Aufgabe seiner Abwehr eine wesentliche Voraussetzung für den Erfolg aktiver Imaginationen bilden. Rix Weaver (223) hat die einzelnen Positionen dargestellt, wie vom Ich-Komplex her gesehen im Idealfall eine aktive Imagination vorgenommen werden kann. Diese Positionen des Ich-Komplexes können folgendermaßen beschrieben werden:

1. Ausrichtung der Aufmerksamkeit auf Gestimmtheiten, auf autonome Phantasiefragmente usw., um den Sinn eines Traumes durch zusätzliche Fortführung der Phantasien zu erschließen. Das ist der erste Schritt des Ich, in diesem Bereich zu objektivieren, und diese Objektivierung ist der Beginn einer Participation des Ego.

2. Diese Beteiligung kann folgende Formen annehmen:

a) Das Ich kann Phantasien initiieren, um den Sinn des Traumes zu finden.

b) Das Ich kann von Phantasien erfaßt werden, die sich selbst ins Bewußtsein drängen wie etwa ein Traum. Hier darf allerdings das Ich nicht in einer Phantasie verlorengehen oder unbeteiligt bleiben wie beim Bildstreifendenken. Das Ich versucht gewissermaßen als Berichter von Ereignissen, in die es selbst verstrickt ist, eine möglichst objektivierende Haltung einzunehmen.

c) Man kann einen Teil einer Phantasie aufgreifen oder initiieren oder ihn durch Participation oder Interaktion erweitern. Hier erfolgt eine stärkere subjektive Beteiligung aus unbewußtem Material. Wenn man bewußt in dieses Material verwickelt ist, bedeutet das natürlich eine größere Restriktion durch das Ich.

Im kreativen Prozeß in der Kunst wie auch in der Praxis der aktiven Imagination sind alternierend b) und c) häufig.

3. Die Formen der Ich-Participation.

a) Die Ich-Participation beginnt vom Moment der Aufnahme des objektiven Interesses.

b) Die Ich-Participation nimmt mit der stärkeren Beteiligung am inneren Drama zu.

c) In allen Fällen, die das Ich als Beteiligten einschließen und in denen dieses zu künstlich oder zu ritualistisch auswählt, liegt keine aktive Imagination vor.

4. Alle Fälle, in denen wie in der Alchimie die inneren Projektionen bearbeitet werden, sind identisch mit der aktiven Imagination, wobei der Prozeß erst bei späteren psychischen Reifungsstufen in der Analyse stattfinden kann und eine universelle Symbolik auftritt.

5. Das wichtigste Kriterium der aktiven Imagination ist, daß das Ich Wandlungsprozesse durchläuft und sinnvoll an dem Vorgang partizipiert, ganz gleich, in welcher Ausdrucksform das geschehen mag.

6. Die Ich-Beteiligung differiert bei den verschiedenen Persönlichkeitstypologien. Der Introvertierte kann eine mehr objektive Haltung gegenüber dem Unbewußten einnehmen, der Extravertierte eine mehr subjektive. Letztlich kann nur derjenige, der diesen Prozeß durchlaufen hat, darüber ein endgültiges Urteil abgeben, ob er sinnvoll war und zu Wandlungen geführt hat oder nicht.

Von diesen Definitionen her ist bereits eine relativ hohe Ich-Stabilität die Voraussetzung dafür, aktive Imagination als therapeutische Methode in der Analyse anzuwenden. Der Zeitpunkt der Anwendung verschiebt sich von daher auf ein relativ spätes Stadium der fortgeschrittenen Analyse mit erreichter Ich-Stabilität und einer Ablösung von der Abhängigkeitsübertragung. Dieser Standpunkt wird auch von Henderson (110) eingenommen. Er betont, daß aktive Imagination erst dann angewendet werden sollte, wenn die Analyse der Abhängigkeitsübertragung beendet ist, die erst in das vierte Stadium der Individuation gehört. Dem steht auf der anderen Seite entgegen, daß Patienten, die von Adler (3) und mir (49) beschrieben worden sind, diese Methode relativ frühzeitig in der Analyse aufgegriffen haben, wobei eine positiv getönte Übertragungs-/Gegenübertragungssituation den Patienten gewissermaßen den Temenos oder den magischen Zirkel gewährte, in dem sie ihre Auseinandersetzung mit der Symbolik ihrer inneren Phantasiewelt austragen konnten. Die Ich-Stabilität, die diese Prozesse ermöglichte, wurde hier in der Übertragungs-/Gegenübertragungsposition von Analytiker und Patient gemeinsam aufrechterhalten, was nach meiner Erfahrung in sehr vielen Fällen durchaus möglich ist und zu sehr fruchtbaren Resultaten führen kann. Das Problem entsteht sicher an der Stelle, wo der unterschiedliche therapeutische Stil des einzelnen Analytikers mehr die synthetischen Prozesse der Individuation im eigentlichen

Sinne akzentuiert, oder mehr auf der Ebene rationaler Deutungen oder reduktiver Prozesse bleibt. Nach meiner praktischen Erfahrung laufen diese beiden Ebenen aber vom Beginn der Analyse an immer nebeneinander her, und es gibt keine scharfe Trennung zwischen der mehr synthetischen Arbeit der Auflösung der projektiv-neurotischen Übertragungen und der Aufdeckung der Primär- und Sekundärprozesse der Neurose. Es kann im Gegenteil sogar ein gewisses Aggressionspotential, das gehemmt und in der Latenz war und zunächst weder in der Übertragung noch in der Umwelt umgesetzt werden konnte, zur Einleitung echter aktiver Imaginationsprozesse benutzt werden. Hierdurch werden unentwickelte Persönlichkeitsanteile, Fähigkeiten und Funktionen, besonders häufig die Empfindungs- und die Fühlfunktion ins Bewußtsein gebracht und durchaus synthetisch entwickelt, wobei gleichzeitig ein Symbolverständnis der archetypischen Ebene erreicht werden kann. Erst sehr viel später kommt es dann allmählich zur Austragung und Integrierung der Aggression und zur Umwandlung eines wesentlichen Teiles von ihr in produktive Aktivität, wobei die aktiv-imaginativen Prozesse bereits der Ansatz solcher produktiven Aktivitäten sein können. Man beobachtet dann häufig, daß die Intensität, die der Patient in Meditation, Malen oder Modellieren investiert hat, nachläßt und die Analyse wieder mehr den Charakter dialektischer verbaler Kommunikation annimmt (72).

Offenbar ist dies auch, wenn auch nicht direkt beschrieben, die Auffassung Ammanns (4), der in seinem Buch allein 13 Anwendungsmöglichkeiten angibt für Situationen, in denen die aktive Imagination besonders indiziert ist. Hierunter befinden sich auch Positionen, die in das frühe Stadium der Analyse gehören wie z. B. die direkte Affektbearbeitung, die Entwicklung schöpferischer Keime im Analysanden, die Bearbeitung von Situationen mit zuviel oder zu wenig Phantasie- bzw. Traumtätigkeit oder auch die Bearbeitung von Anpassungsstörungen. Auch ich habe in praxi keine Bedenken, die aktive Imagination bereits in relativ frühem Stadium in der Analyse bei entsprechend hierfür geeigneten Patienten anzuwenden. Ich glaube allerdings nicht daran, daß es möglich ist, einfach nach einem bestimmten Katalog von Anwendungsmöglichkeiten zu verfahren, der sich auf einzelne analytische Situationen bezieht. Voraussetzung für diesen Prozeß ist ja nicht nur, daß der bewußte Ich-Komplex des Patienten dazu bereit ist, an dieser Methode mitzuarbeiten, sondern vor allen Dingen auch, wie weit er dazu aufgrund der Gestörtheit seiner Funktionen überhaupt in der Lage ist. Wie ich bereits an früherer Stelle dieses Buches betont habe, genügt der relativ sehr unbestimmte Ausdruck Ich-Stabilität keineswegs, um dieses sehr komplizierte Phänomen zu beschreiben.

Bei der neurotischen Erkrankung können die verschiedenen Ich-Funktionen in unterschiedlichem Umfang und in verschiedener Form gestört sein, und die Frage, wo und wann eine solche Methode wie die aktive Imagination angewandt werden kann, richtet sich u. a. eben auch nach Art und Schweregrad der Störung der verschiedenen Ich-Funktionen. Wenn man das Problem unter diesem Gesichtspunkt betrachtet, so ist die Fähigkeit des Ich-Komplexes, die kontrollierenden und organisierenden Funktionen im Ich aufzulockern und unbewußte Inhalte zuzulassen, eine unbedingt notwendige Voraussetzung, damit aktive Imaginationen durchgeführt werden können. Überall dort, wo diese Funktion gestört ist, ist der betreffende Patient überhaupt nicht in der Lage, aktive Imagination zu betreiben, was besonders für stark akzentuierte Zwangsstrukturen zutrifft, deren Kontrollen und Organisationen unbedingt aufrechterhalten werden müssen, um die dahinterliegende schwere Angst abzuwehren. In diesen Fällen wird es also zunächst in einem langwierigen analytischen Prozeß notwendig sein, Kontrollen und Organisationen aufzulockern, an die dahinterliegenden Ängste heranzukommen und diese zu verarbeiten. Eine weitere notwendige Voraussetzung ist die relative Intaktheit der organisierenden Ich-Funktion, die in der Lage ist, psychische Inhalte in Zusammenhänge und Beziehungen zu bringen. Sofern diese Funktion nicht vorhanden ist, besteht bei dem Versuch, aktive Imagination durchzuführen, die sehr große Gefahr der Überschwemmung durch unbewußte Inhalte, die nicht integriert werden können und dann zu Inflationen des Ich-Komplexes führen. Ebenso muß eine gewisse Kontrolle der Mobilität vorhanden sein, die in der Lage ist, Impulse und emotionale Bewegungen aus dem Unbewußten zu kontrollieren und dadurch einen Schutz vor übermächtigen Ängsten oder Affektdurchbrüchen zu gewährleisten. Von wesentlicher Bedeutung sind ebenfalls die Abwehrmechanismen. Zu starke Reaktionsbildung, Isolierung, Rationalisierung sowie übergroße Identifikation und Idealisierung können die aktive Imagination verhindern, stören oder ebenfalls inflationäre Gefahren hervorrufen.

In bezug auf die Abwehrmechanismen sollte man sich insbesondere immer darüber klar sein, daß, wie jede andere therapeutische

256

Methode, auch die aktive Imagination in den Dienst der Abwehr gestellt werden kann. Von daher ist es z. B. außerordentlich problematisch, beim Ausbleiben von Träumen unkontrolliert aktive Imaginationen anzuwenden. Allzu oft kann dann gemalt, gezeichnet oder meditiert werden, wobei infolge der Abwehr, die die Traumsperre hervorgerufen hat, diese dann entstehenden aktiven Imaginationen genau den Charakter der Abwehr tragen und durch ihre Verstärkung es eher verhindern, an den dahinterliegenden abgewehrten psychischen Inhalt heranzukommen. Natürlich läßt sich auch dies wieder nicht verallgemeinern. Sofern die Abwehr nicht mehr entsprechend starr ist und der dahinterliegende unbewußte Inhalt bereits die Fähigkeit zur Bewußtwerdung hat, können auftretende Traumfragmente durch aktive Imaginationen erweitert werden und die bisher unbewußten psychischen Inhalte ins Bewußtsein bringen.

Man sollte bedenken, daß auch mit dieser Methode nur individuell verfahren werden kann. In jedem einzelnen Fall muß sich der Analytiker ein relativ genaues Bild darüber machen, welche Ich-Funktionen bei dem betreffenden Patienten ausreichend stabil erhalten sind und inwieweit der einzelne dazu motiviert und geeignet ist, diese Methode zum jetzigen Zeitpunkt durchzuführen.

Viele Patienten greifen spontan zu dieser Methode und versuchen sich in irgendwelchen Gestaltungsprozessen selbst darzustellen. Anderen wieder zwingen sich passiv bestimmte Phantasien auf, mit denen sie sich auseinandersetzen müssen. Hierbei erhebt sich die Frage, ob jeder Gestaltungsprozeß, der innerhalb der Analyse durch den Patienten vorgenommen wird, bereits als eine aktive Imagination aufzufassen ist. Die Ansichten unter den analytischen Psychologen sind hierüber geteilt. Neben den bereits erwähnten Autoren Henderson und Weaver sehen auch Fordham (85), Kirsch (166) und M. L. v. Franz (92) die aktive Imagination als eine besondere Methode an, die von den üblichen gestalterischen Prozessen wie unbewußtes Malen etc. innerhalb der Analyse abzugrenzen ist. Eine sinnvolle Differenzierung hat Fordham 1956 in seiner Arbeit «Active Imagination and imaginative Activity» (83) vorgeschlagen, nämlich zwischen «Aktiver Imagination» und «Imaginativer Aktivität» zu unterscheiden. Im deutschen Sprachraum werden hier eher die Begriffe «aktive und passive Imagination» unterschieden, die ich auch vorziehe. Solange die im Vorangegangenen gegebenen Kriterien der entsprechenden Ich-Beteiligung an den inneren Phantasien nicht gegeben ist, spreche ich auch eher von passiv-imaginativen Vorgängen, und erst dann, wenn es sich tatsächlich um ein aktives Eingehen des Ich-Komplexes mit den entsprechenden aktiven Partizipationen handelt, von aktiver Imagination. Diese Ich-Aktivität ist sehr deutlich ausgedrückt in dem vorher von mir ausgeführten Beispiel der Patientin, die aus dem Ton die Mutter-und-Kind-Figur herstellte, an der Stelle, wo sie schilderte, wie sie gegen einen stärkeren Widerstand bewußt in die aktive Gestaltung der zunächst ungestalteten Masse der «Materia prima» ihres Tons eintrat.

Zum Abschluß möchte ich noch eine Bemerkung zum Problem des ästhetischen Formprinzips in aktiven Imaginationen machen, insbesondere da, wo es sich um mehr oder weniger künstlerische Gestaltungsprozesse handelt. Zunächst erscheint es so, daß die ästhetische Form in den aktiven Imaginationen grundsätzlich vom therapeutischen Prozeß her unerheblich ist. Jung unterscheidet auch im «Mysterium Coniunctionis» (152) strikt zwischen dem ästhetischen Standort einer psychischen Ausdrucksform und dem Akzent des psychischen Engagements. So treffen wir auch in der Praxis relativ selten bei den unbewußten kreativen Darstellungen der Patienten, sei es nun Schreiben, Malen oder Modellieren, auf eine gelungene Kombination von geglückter künstlerischer Ausdrucksform und der Suche nach Verständnis und Sinn der unbewußten Inhalte. Gerade diejenigen Patienten, die auf eine äußere Form besonderen Wert legen, sind oft daran gehindert, wirklich kreative Gestaltungen aus dem Unbewußten darzustellen. Das Gefühl ihrer eigenen technischen Unvollkommenheit blockiert sie so stark, daß sie den Versuch solcher Darstellungen nicht wagen. Für den Therapeuten, den vor allem die Gesundung des Patienten interessiert, ist es selbstverständlich, daß sein ganzes Interesse der symbolischen Form gilt und nicht der Ästhetik der formalen Darstellung. Trotzdem scheint mir, wie ich in der vorher erwähnten Falldarstellung (49) ausgeführt habe, auch die ästhetische Form eine gewisse Rolle zu spielen.

Ich glaube, daß mir alle mit dieser Methode arbeitenden analytischen Psychologen bestätigen werden, wie ungeheuer ausdrucksvoll gerade diese unbewußten Gestaltungen, in die erhebliche Libidoquantitäten einfließen, selbst bei künstlerisch völlig unbegabten Patienten sein können. Tritt hierzu noch eine gewisse künstlerische Begabung, dann können ausgesprochen faszinierende Bilder, Gedichte, Märchen, Novellen oder Figuren entstehen. Ich habe die Beobachtung gemacht, daß die aktive Imagination gerade dort besonders wirkungsvoll ist, wo ein Patient versucht, die beiden Prinzipien des psychischen Engagements und der ästhetischen Ausdrucksform in eine Harmonie zu bringen und geduldig-intensiv mit fasziniertem Interesse an der Gestaltung der Sache arbeitet. Dieser libidinöse Entfaltungsprozeß befreit oft nicht nur die Libido aus ihrer Fixation an die Symptomatik, sondern kann auch den Patienten zu einer sinnvollen, kreativen Aktivität führen, die weit über das Analysenende hinausgeht. Innerhalb meiner analytischen Tätigkeit habe ich eine ganze Reihe von Patienten beobachten können, die im Verlaufe ihrer Analyse und durch die Beschäftigung mit aktiven Imaginationen dazu gekommen sind, künstlerische Fähigkeiten zu entwickeln, die eine bleibende Bereicherung des Lebens darstellten. Das Vorhandensein einer solchen Fähigkeit war diesen Menschen vorher völlig unbewußt, und die Entwicklung dieser ungenutzten Möglichkeiten blieb auch viele Jahre nach der Analyse für sie noch von ständigem Wert. Natürlich ist es selbstverständlich, daß man gerade in derartigen Fällen besonders sorgfältig auf die Gefahr inflationärer Prozesse achten muß, damit ein Patient, der gewisse gestalterische Fähigkeiten während der Analyse in sich entdeckt, nicht in die Situation kommt, sich in narzißtischer Selbstüberschätzung für einen großen Künstler zu halten, dem nur die allgemeine Anerkennung der Außenwelt fehlt.

14. KAPITEL

Die psychologischen Typen in der Methodik der Analyse

Die psychologischen Typen wurden bis in das letzte Jahrzehnt hinein von der Mehrzahl der analytischen Psychologen, wenn überhaupt, vorwiegend als diagnostisches Mittel eingesetzt. Noch 1972 veröffentlichte Plaut (194) das Ergebnis einer internationalen Umfrage bei den Mitgliedern der Internationalen Gesellschaft für Analytische Psychologie über die Benutzung des Typenkonzeptes in der Praxis und die eigene Einordnung des Analytikers zu einem Typ, die ein entsprechendes Ergebnis hatte. 46% der Fragebogen, also eine recht hohe Quote, wurden beantwortet und zurückgesandt. Das Ergebnis in bezug auf die praktische Anwendung der psychologischen Typen zeigte, daß nur etwas mehr als die Hälfte aller Jungianer das Typenkonzept in der praktischen analytischen Arbeit hilfreich fanden. Die Entwicklung der minderwertigen Funktionen und die Anwendung des Typenkonzeptes auch in der Übertragungs-/Gegenübertragungssituation scheint so im Gegensatz zur Symboldeutung als therapeutische Methode nicht gerade im Focus des Interesses der Jungschen Analytiker zu stehen. Einer der Gründe liegt sicher darin, daß sich bei der eigenen Einstufung in die Funktionstypen 51% der Analytiker für intuitive Typen hielten und nur 8,5% für Empfindungstypen. Das entspricht auch einer Untersuchung, die Bradway 1964 (21) mit Hilfe des Gray-Wheelwright-Tests und der Selbsteinschätzung des Analytikers an 28 Jungschen Analytikern in Kalifornien machte. Das Ergebnis zeigte auch hier eine sehr hohe Quote von introvertierten Intuitiven, denen offensichtlich die Jungsche Psychologie besonders naheliegt. Eine weitere 1976 durchgeführte Studie von Bradway und Detloff (22) an 92 Jungschen Analytikern bestätigte dieses Ergebnis. Es liegt nahe, daß die klassifizierenden Methoden den introvertierten Intuitiven, aus denen die Mehrzahl der Jungianer zu bestehen scheint, weniger liegen als Symboldeutungen und Umgang mit Phantasien.
Stellt man die Diagnose eines bestimmten psychologischen Typs,

dann entsteht naturgemäß sehr leicht das Gefühl eines Festgelegt-
seins, obwohl im Grunde genommen innerhalb des Individuationsprozesses gerade die Bewegung der verschiedenen Funktionen und
die Entwicklung minderwertiger Funktionen von unerläßlicher
Bedeutung ist. Ich muß gestehen, daß es mir im Anfang meiner Praxis
sehr ähnlich ging wie dem Gros der aus diesen Befragungen heraus
zitierten Jungianer. Meine ersten Versuche, mit den psychologischen
Typen zu arbeiten, scheiterten an bestimmten Schwierigkeiten, die
ich erst allmählich durchschaute. So ging es mir bei meinen ersten
Patienten ähnlich, wie es Henderson in seiner Studie über die infe-
riore Funktion (109) beschrieben hat. Ich stellte fest, daß mindestens
ein Teil der Patienten sich innerhalb der analytischen Situation anders
präsentierte als in der Außenwelt und zunächst einmal meine Diagnostik «falsch» war, die auf der Präsentation bestimmter Hauptfunktionen innerhalb der Analyse aufgebaut war. Eine Patientin z. B., die ich
als extravertierten Empfindungstyp einstufte, erwies sich in der Realität als eine stark Introvertierte, wobei ich die intensive Bezogenheit
in der Übertragung auf den Analytiker und auf die analytische
Situation bzw. den Behandlungsraum mit Extraversion gleichgesetzt
hatte. Bei anderen Patienten trat in bezug auf die Diagnostik der
Einstellungstypologie genau das Umgekehrte ein: In der Umwelt
stark extravertiert orientierte Menschen konnten sich in der analytischen Situation mitunter auf Grund einer erheblichen Gefügigkeits-
haltung auf die hier geforderte Introversion so intensiv einstellen, daß
sie als Introvertierte imponierten. Auch bei den Funktionstypen
konnte ich dieses Phänomen beobachten, und ich lernte erst sehr viel
später, daß die Präsentation bestimmter Typologien innerhalb der
analytischen Situation keineswegs nur von der Typologie des betreffenden Patienten abhängig ist, sondern zwei weitere, sehr wichtige
Faktoren hierbei eine Rolle spielen. Das erste ist die analytische
Situation selber, die dem Patienten anbietet, mit seinen minderwertigen Funktionen herauszukommen, und das zweite ist die Typologie
des Analytikers selbst, auf die der Patient teilbewußt oder unbewußt
in je stärkerem Maße reagiert, als diese typologischen Aspekte beim
Analytiker ausgeprägt vorhanden sind. Ein ähnliches Phänomen
habe ich bei der Kontrolle von Anamnesen von Ausbildungskandidaten in bezug auf die Strukturdiagnostik registrieren können. Analytiker im Beginn ihrer Tätigkeit sehen bevorzugt die Anteile der eigenen
Struktur in den Patienten, die sie untersuchen. Auch die Patienten

selbst reagieren entsprechend, da bekanntlich Projektionen konstellierende Effekte haben. Sehr zur Verblüffung mancher Ausbildungskandidaten tritt dann in der Zweitsicht bei dem kontrollierenden Analytiker so etwas wie eine Rotation der Struktur ein, und ein Patient, der vorher zwanghaft erschien, wirkt jetzt depressiv oder ein Hysteriker schizoid. Bei den psychologischen Typen sind derartige diagnostische Erwägungen natürlich noch komplizierter, da sie nicht nur zwischen 3 bzw. bei den Neoanalytikern 4 verschiedenen Strukturen durchgeführt werden müssen, sondern zwischen 8 verschiedenen typologischen Möglichkeiten, wozu noch die entsprechenden Sekundärfunktionen kommen, was eine Tatbestandsdiagnostik noch weiter kompliziert.

Da wir die psychologischen Typen hier aber nicht unter diagnostischen Gesichtspunkten behandeln wollen, sondern auf ihre methodische Bedeutung im analytischen Prozeß einzugehen ist, kehre ich zu einer weiteren Schwierigkeit zurück, die auch mich nach einigen Anfangsversuchen bewogen hatte, über eine ganze Reihe von Jahren das Typenkonzept als therapeutische Methode gar nicht mehr oder nur noch am Rande zu benutzen. Wie Jung selbst (137), beschreiben auch Jolande Jacobi (123) und andere Autoren, daß man methodisch an die minderwertige Funktion über die Sekundärfunktion herangehen müßte, da letztere weniger tief im Unbewußten verankert ist als die minderwertige Funktion selber. Das klingt theoretisch sehr einleuchtend; in der Praxis scheiterte ich aber bereits an der Bestimmung der jeweiligen stärker unbewußten Sekundärfunktion. So stand ich dann vor der Frage, ob ich bei einem Denktyp mehr den Versuch unternehmen sollte, das Empfinden oder die Intuition zu entwickeln, um zum minderwertigen Gefühl vorzudringen, und bei den anderen Typologien kam ich in das gleiche Dilemma. Natürlich kann man durch einen Test wie den Gray-Wheelwright-Test (226) die Sekundärfunktionen bestimmen und seine Behandlung danach orientieren; ich merkte aber sehr bald, daß in denjenigen Fällen, in denen ich derartiges versuchte, das praktische Verfahren nicht recht in Gang kam. Dadurch fing ich sehr bald an, pädagogisch zu werden anstatt analytisch und handelte mir natürlich entsprechende Widerstände ein, so daß ich diesen Versuch, bewußt Sekundärfunktionen bei Patienten zu entwickeln, um an die Entwicklung der minderwertigen Funktion heranzukommen, bald wieder aufgab.

Erst mit den ausführlichen Studien über Übertragungs- und Gegenübertragungsvorgänge, die wir vornahmen, wurde mir die typologische Situation zwischen mir und meinen Patienten allmählich klarer. Ich stellte fest, daß sich besonders günstige bzw. produktive analytische Situationen immer dann ergaben, wenn in der Übertragungs-/Gegenübertragungssituation eine gegensätzliche Typenkonstellation auftrat. Diese zunächst noch etwas unbestimmte eigene Erfahrung wurde dann durch die 1969 veröffentlichte Arbeit von C. A. Meier (181) über das Rotationsprinzip der Typen in der Analyse bestätigt. Meines Erachtens kann die Typologie als Methode innerhalb des analytischen Prozesses überhaupt nur unter Berücksichtigung der Übertragungs- und Gegenübertragungsaspekte erfolgen, wie auch C. A. Meier vom Übertragungs-/Gegenübertragungsschema ausgeht, das Jung in der «Psychologie der Übertragung» unter der Bezeichnung der Cross-Cousin-Marriage (158) beschrieben hat und das ich im Kapitel «Übertragung und Gegenübertragung» näher ausgeführt habe.

Sieht man nun diese beiden aufeinander einwirkenden psychischen Systeme unter den typologischen Gesichtspunkten, so stellt sich hier nach C. A. Meier ein zweites Schema dar, in dem sowohl die beiden Systeme als auch die vier verschiedenen Funktionen Denken, Fühlen,

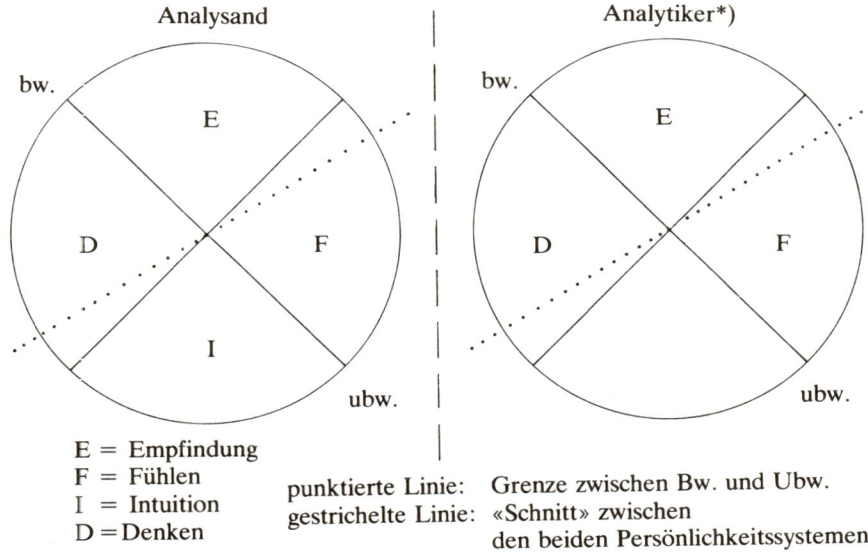

Analysand · · · Analytiker*)

E = Empfindung
F = Fühlen   punktierte Linie: Grenze zwischen Bw. und Ubw.
I = Intuition   gestrichelte Linie: «Schnitt» zwischen
D = Denken   den beiden Persönlichkeitssystemen

* im Falle identischer Typen

263

Intuieren und Empfinden in einer bestimmten, jeweils verschiedenen Anordnung enthalten sind. Die Psyche von Analytiker und Analysand wird hierbei durch einen Kreis dargestellt.

Hiermit ist eine weitere Möglichkeit gegeben, die Wechselwirkungen der beiden Systeme aufeinander zu erfassen. Im obigen Schema sind Patient- und Arzttypen gleich, d. h. beide haben als bewußte Hauptfunktion die Empfindung und als am weitesten entwickelte Sekundärfunktion das Denken. Es wird sich also um zwei Charaktere handeln, die stark rational an den sogenannten Facts, den realen Tatsachen und deren logischer Verknüpfung durch das Denken orientiert sind. Gefühle und intuitive Ideen sind als störend weitgehend ausgeschaltet. In einer solchen typologischen Situation wird sich analytisch wenig oder gar nichts ereignen, wie ich es vorher mit umgekehrtem Vorzeichen als eigene therapeutische Erfahrung beschrieben habe. Besteht nämlich eine solche Typengleichheit, dann befinden sich Arzt und Patient in einem harmonischen Verhältnis und erweitern lediglich ihren Wissenshorizont. Es kann sogar, sofern es sich nicht um zwei, wie hier beschriebene Empfindungstypen, sondern um Intuitive handelt, zu gewissen inflationären Erscheinungen kommen, insofern, als Analytiker und Patient sich hier oft mit «Ahnungen» über Symbolbedeutungen gegenseitig «aufheizen». Eine wirkliche Gegensatzspannung und damit eine Fortsetzung des analytischen Prozesses kann immer erst dann wieder auftreten, wenn eine der minderwertigen Funktionen wie etwa in dem hier beschriebenen Beispiel das Fühlen sich gegenüber der Hauptfunktion des anderen konstelliert. Man sollte von einem Analytiker erwarten, daß er im Verlaufe seiner Lehranalyse gelernt hat, alle vier Funktionen einigermaßen zu entwickeln und daß er daher in der Lage ist, etwa bei der im Schema vorliegenden Situation sein System in Richtung f «rotieren» zu lassen. Nur auf diese Art kann die Analyse dann zu einem dynamischen Prozeß werden und ein entsprechendes produktives Spannungsfeld zwischen den beiden Systemen aufgebaut werden. Hierbei ist allerdings zu beachten, daß, wie von Zacharias (239) beschrieben, jede Funktion auch als Widerstand benutzt werden kann.

Jeder analytische Individuationsprozeß verläuft natürlich in praxi immer unter Einbeziehung aller vier Funktionen, d. h. der Patient wird auf verschiedene Situationen, die sich im analytischen Prozeß konstellieren, entweder a priori mit verschiedenen Funktionen antworten oder dies im Verlauf der Analyse lernen, so daß der Analytiker selbst, um die Dynamik des Prozesses aufrechtzuerhalten, auch ständig genötigt ist, sein eigenes System rotieren zu lassen. Geschieht dies nicht, so verharrt man in bestimmten Entwicklungsphasen oder Schattenprojektionen, und es stellt sich entweder fruchtlose Scheinharmonie ein oder eine Unvereinbarkeit der Charaktere, wobei dann leider meist der Patient der schwächere Teil ist und das Gefühl entwickelt, er sei zu krank und unfähig, um Fortschritte zu machen oder Einsichten zu entwickeln. An einer Reihe von klinischen Beispielen, in denen noch deutlich gemacht wird, wie die Traumsymbolik als dritte Kraft die beiden typologischen Mandalas von Analytiker und Patient zur Rotation bringt, hat kürzlich Groesbeck die klinische Validität dieser Methode ausgeführt (104).

Da der Analytiker in der Regel die Rolle des Advokaten des Unbewußten übernimmt, wird er sich im Zuge der Übertragungs-/Gegenübertragungssituation auch meist mit den minderwertigen Funktionen des Patienten identifizieren. Identifikation im Sinne eines bewußten Vorganges ist dann die Übernahme der kompensatorischen Funktionen des Unbewußten und das Einbringen dieser kompensierenden unbewußten Inhalte in die Analyse im Zuge der Deutungsprozesse. Nach meiner Erfahrung erfolgt diese Identifikation nun aber in der weitaus größeren Anzahl der Fälle mit der wirklich minderwertigen Funktion und nicht mit einer der Sekundärfunktionen. Es ist sogar so, daß entgegen der Theorie, die minderwertige Funktion nur über die Sekundärfunktion anzusprechen, es bei vielen Fällen notwendig ist, zunächst ein Stück der minderwertigen Funktion zu entwickeln, ehe Sekundärfunktionen überhaupt in den Bereich der Differenzierung kommen können. Ich denke hier z. B. an einen Patienten, der ein sehr ausgeprägter introvertierter intuitiver Typ war, ohne daß die frei flottierende Intuition an Gefühl oder Denken sinnvoll angekoppelt war. Dementsprechend überschwemmte er mich in der ersten Analysenperiode mit intuitiven Assoziationen und Amplifikationen zu seinen Traummotiven, die zwar außerordentlich faszinierend waren, aber so sprunghaft und vielschichtig, daß sie wie der mythologische Protheus den greifenden Händen immer wieder entschlüpften. Erst als ich konsequent anfing, den Patienten auf Tatsachen anzusprechen, und zwar auf Tatsachen sowohl innerer Art wie etwa in der Fragestellung: Was geht jetzt wirklich in Ihnen vor an Gefühlen oder Empfindungen?, oder Tatsachen äußerer Art, z. B.: Wie hat das Gespräch mit Ihrer Frau wirklich ausgesehen, was hat sie gesagt und was haben Sie darauf geantwortet? o. ä., begann die ganze Analyse erst eine gewisse Struktur anzunehmen. Allmählich merkte dann der Patient selber, wie er mit seinen Intuitionen jeglicher Realität fortlief und begann, sich von sich aus mehr um das Tatsachenmaterial zu kümmern, indem er z. B. bei bestimmten Traumsymbolen verweilte und sich auf sie konzentrierte oder die äußere Realität überhaupt erst einmal mitteilte, so wie sie tatsächlich stattgefunden hatte. Erst nachdem er das konnte, war er in der Lage, die begleitenden Gefühle zu registrieren und mitzuteilen oder über bestimmte Zusammenhänge logisch nachzudenken, sowie eine gewisse Abstraktionsfähigkeit neben seinem vorher rein anschaulichen Denken zu entwickeln.

Etwas Ähnliches, ebenfalls in einem ziemlichen Extremfall, fand bei einem stark schizoiden Lehrer, einem extravertierten Denktyp, statt. Dieser versuchte, die Analyse rein auf der rationalen Ebene zu führen. Er hatte u. a. als ein ihn beim Unterricht sehr störendes Symptom Formulierungsschwierigkeiten, die er durch immer straffere und genauere Rationalität im Denken zu überwinden versuchte, die dadurch aber immer schlimmer wurden. Zu Beginn der Therapie war es zunächst für einige Zeit sein Bestreben, hinter das therapeutische System zu kommen, das ich nach seiner Vorstellung benutzen müßte, um es, wie sich später herausstellte, durch eine übertrieben genaue Befolgung, wie er es seinem Vater gegenüber getan hatte, außer Kraft zu setzen. Letzteres war ihm aber unbewußt und tauchte nur in den Träumen in Form von magischen Persönlichkeiten auf, die eine geheimnisvolle und unüberwindliche Macht auf andere Menschen ausübten. Ich ließ das in den ersten Stunden ablaufen und beschränkte mich auf eine rein beobachtende Haltung. Schließlich kamen seine rationalen Erklärungen und seine komplizierten endlosen Kausalketten ins Stocken, und er begann, Schweigepausen einzulegen. In eine derartige Schweigepause hinein sagte ich dann zu ihm: «Ich habe das Gefühl, daß Sie sich jetzt sehr hilflos und alleingelassen fühlen». Der Patient bestätigte das und konnte anschließend ein Stück Widerstand gegen den negativen Vater aufgeben und dieses Gefühl der Hilflosigkeit und Isolation in die Kindheit zurückverfolgen, wo es sich auf die Mutter bezog und auf Grund der Ausweitung in den archetypischen Bereich zu einem grundsätzlichen Gefühl des Welterlebens für ihn geworden war. Da er seine Gefühle fast vollständig verdrängte und diese Hilflosigkeit und Isolation durch eine an sich recht gute Intelligenz und Rationalität überspielt hatte, war ihm dieses Grundgefühl des In-der-Welt-Seins bzw. Nicht-Seins gar nicht so richtig bewußt. In der Folgezeit tendierte ich dazu, den Patienten entweder auf seine eigenen Gefühlslücken anzusprechen oder meinerseits Gefühle zu äußern, die unterhalb seiner rationalen Oberfläche in der Gegenübertragung bei mir auftauchten. Neben dem Fühlen, bei dem Patienten deutlich die minderwertige Funktion, war die Intuition am wenigsten entwickelt. Diese wurde zusätzlich durch eine rationalistische Ideologie abgewehrt, an die erst sehr schwer gegen Ende der Analyse heranzukommen war. Erst gegen Schluß der ganzen Behandlung war er in der Lage, einen Teil seiner intuitiven Fähigkeiten zuzulassen und zu akzeptieren, was er aber auch nur mit Hilfe seiner bis dahin doch wesentlich besser entwickelten Fühlfunktion tun konnte.

Ich möchte nun an einem kurzen Fallbeispiel verdeutlichen, wie die verdrängte minderwertige Fühlfunktion bereits relativ früh in den Träumen eines Patienten auftritt und über welche Stationen sie innerhalb der Analyse entwickelt wurde, sowie, welche Rolle die übrigen Funktionen in dieser Behandlung spielten. Es handelt sich um einen 22jährigen Studenten der Philosophie mit einer schizoid-depressiven Struktur. Dieser Patient war sowohl von Seiten seiner Familie her als auch durch Introjektion der Elternimagines in späterer Zeit intensiv und einseitig auf einen Denktyp hin entwickelt. Seine Hilfsfunktion war die Intuition, während Empfindung und insbesondere das Fühlen fast völlig unbewußt waren. Er litt unter erheblichen reaktiv-depressiven Verstimmungszuständen und Arbeitsstörungen, die so weitgehend waren, daß er zeitweise tagelang im Bett liegenblieb und nicht in der Lage war, aufzustehen. Der Anstoß, die analytische Therapie aufzusuchen, war ein Wiederholungstraum, den der Patient seit der frühen Kindheit hatte und der folgendermaßen lautete:

«Ich befand mich in einem Schacht. Es kam dann etwas Schwarzes, Großes auf mich zu. Ich versuchte, nach oben zu entkommen und wache aus diesem Traum immer wild um mich schlagend auf, so daß ich mich schon mehrfach an Möbelstücken verletzt habe.»

Als er das letzte Mal vor Behandlungsbeginn diesen Traum hatte, hatte er die Glasscheibe eines Tisches (eine ziemlich dicke und solide Scheibe) zerschlagen und sich dabei erheblich an der Hand verletzt, so daß er in eine Unfallklinik eingeliefert werden mußte, wo die Schnittwunden genäht wurden. Derartige unbewußte eigene Körperverletzungen passierten ihm sowieso auch außerhalb dieses Traumes relativ häufig, was auf eine stark masochistisch gefärbte erhebliche Störung der Empfindungsfunktion zurückzuführen war. Zu Beginn der Analyse besaß er überhaupt kein Körpergefühl. Da er sehr groß war, kam er sich sehr unbeholfen vor, hatte Angst, andere Menschen zu berühren, sie durch seine Kraft zu zerquetschen und wußte mit seinem eigenen Körper überhaupt nichts Rechtes anzufangen.

Sehr früh in seiner Behandlung, bereits in der vierten Stunde, tauchte ein Traum auf, der für die ganze weitere Behandlung eine Schlüsselrolle spielte und den Zugang zu seiner verschütteten minderwertigen Fühlfunktion bildete. Der Traum lautete folgendermaßen:

«Ich bin auf einer Kino- oder Theaterbühne, die im Zentrum hell erleuchtet ist. Der Zuschauerraum ist nur zu einem Drittel mit Zuschauern gefüllt. Ich führe einen Sketch auf: Ich gehe in den Lichtraum hinein, vor mir ein Kaninchen. Ich verfolge es, um es zu fangen und als Festbraten zuzubereiten. Das Kaninchen flieht langsam gegen die andere Seite der Bühne. Es will nicht gefangen werden. Nun spreche ich sehr leise und kaum verständlich für meine Zuschauer zu dem Kaninchen. Ich erkläre ihm, daß ich es ja nicht brauche, wenn es nicht wolle, daß es ja auch ebensogut ginge beim Fest ohne den Kaninchenbraten. Beim Sprechen gehe ich rückwärts, das Kaninchen folgt mir, jetzt ebenfalls sprechend, und sagt, daß es mich ja begleiten wolle und mit mir kommen wolle. Es hätte es ja nicht so gemeint.»

Nachdem der Patient diesen Traum mitgeteilt hatte, reagierte er mit einer sehr heftigen Erschütterung und begann in der Stunde zu weinen. Zu dem Kaninchen kamen dann sehr intensive Gefühlserlebnisse aus der Kindheit hoch, und er berichtete u. a., daß er mit 5 Jahren in ein Kinderheim an die See verschickt worden war. Dort hätten ihm die anderen Kinder seinen von ihm heißgeliebten Teddybären, an den er als Übergangsobjekt noch immer stark fixiert war, weggenommen und hätten dessen beide Arme ausgerissen. Zusätzlich wurde er dann noch von den Kindergärtnerinnen dafür bestraft, weil diese annahmen, er hätte es selbst gemacht. Dieses Ereignis fand gleich am Beginn der Verschickung statt. Er reagierte darauf mit einer mutistischen Phase und sprach während der ganzen 6 Wochen der Verschickung kein Wort mehr. Eine weitere, sehr tiefe Enttäuschung erlebte er zusätzlich, als er aus diesem Kinderheim zurück zu den Großeltern kam, da sein Vater inzwischen ins Krankenhaus gekommen war. Diese Großeltern hatten in der Zwischenzeit die Katze, an der er ebenfalls sehr hing, verschenkt. Als der Patient kurz darauf eingeschult wurde, reagierte er noch immer mit mutistischen Störungen und wurde daraufhin von der Familie in ein Internat bzw. Heim gebracht, was für ihn zunächst einen ebenfalls sehr schmerzhaften Abriß von der Mutter mit sich brachte.

Nimmt man die hier geschilderten Erlebnisse des Patienten aus der Kinderzeit, sowohl von ihrem Realitätscharakter her als auch symbolisch für das Erleben, das er damals hatte, um zu ermessen, wie andere Menschen, die seine Beziehungspersonen waren, mit seinen Gefühlen umgingen, so kann man sich vorstellen, wie stark er sich genötigt sah, jegliche Gefühlsregung zu unterdrücken. In dem Traum konnte er erstmalig das Kaninchen, das Wärme, Weichheit und Lebendigkeit der Gefühlswelt für ihn repräsentierte, und «Teddybär» und «Katze» zusammen für ihn ist, nicht töten, sondern am Leben lassen und mit ihm sprechen, was auch dem starken Gefühlsausbruch innerhalb der Analysenstunde entsprach.

Wie bereits gesagt, war die Sekundärfunktion, die noch relativ gut ausgebildet war, bei dem Patienten die Intuition. Diese benutzte er aber fast ausschließlich zur Abwehr von Gefühlen. Überall da, wo man Gefühlsreaktionen von ihm erwartet hätte oder in Situationen, in denen es auf Gefühle ankam, flüchtete er in großartige Ideen und Phantasien, die entsprechend seiner guten Intuition zwar passend waren, aber sehr kühl und abständig blieben. Es war, wie bereits in dem Wiederholungstraum deutlich ausgedrückt, eine dauernde Flucht nach oben, in sogenannte höhere Regionen, was sich auch in einer ganzen Reihe von Träumen ausdrückte, die immer wieder das Bild zeigten, daß da, wo er in eine gefährliche oder angsterzeugende Situation geriet, er die magische Fähigkeit entwickelte, kraft seiner Gedanken sich in die Luft zu erheben und wegzufliegen.

Nachdem seine Gefühlswelt in dem ersten Traum vom Kaninchen und der anschließenden Stunde verständnisvoll angenommen werden konnte, brachte er bereits einen Monat später einen weiteren, stark gefühlsbetonten Traum mit, der folgendermaßen lautete:

«In einer Kapelle finde ich zwei riesengroße, aber ausgestopfte Braunbären, die ich nehme und mit mir in Freude herumtrage. Sie haben mir gegenüber jetzt die Größenverhältnisse wie mein damaliger Teddybär früher zu meiner Größe als fünfjährigem Kind. Ich möchte aber die Bären, die in Felle verwandelt sind, zurückgeben. Ich suche den Jungen, dem sie wohl gehören und möchte ihm damit mitteilen, wie sehr mir die Bären gefallen. Ich gehe in das Zentrum der Kapelle, in dem ein Gottesdienst stattfindet. Der Junge, den ich suche, singt im Ornat die Liturgie. Ich stelle mich wartend neben ihn, will ihn aber beim Singen nicht stören. Ich gebe ihm die Bärenfelle zurück. Dann suche ich meine Sachen aus einem Lastwagen heraus. Sie sind noch nicht richtig gepackt, auch überblicke ich noch nicht, von welchem Umfang mein Gepäck sein wird. Ich denke, daß ich sehr viel mitschleppen muß und komme mit dem Packen nur langsam voran. Ich werde jetzt traurig. In einer Pfütze neben dem Lastwagen entdecke ich eine Konstruktion, die ein Foto mit einer Glasscheibe justierbar macht. Ich nehme sie an mich. Dann entdecke ich auf dem Glas des Fotos ein wunderschönes, fast nacktes Mädchen. Meine Traurigkeit nimmt zu, so daß ich zu weinen anfange. Ich singe eine Melodie – die eines Kinderliedes. Beim Singen rollen mir die Tränen der Trauer über die Wangen.»

In diesem Traum kann der Patient den Anschluß an die *heile* Gefühlswelt seiner Kinderzeit finden, wo die Teddybären noch nicht durch die Grausamkeit der anderen Kinder zerstört sind. Er ist aber auch in der Lage, die kindlichen Gefühle an das Kind in ihm zurückzugeben. Alles das findet im Raume eines positiven Mutterarchetyps in der Kapelle statt. Es ist charakteristisch, daß er hier den Rückgriff auf die archetypische Symbolik des kollektiven Unbewußten machen muß, um die positive Seite des Mutterarchetyps aufzusuchen, die er an seiner persönlichen, nicht besonders verständnisvollen Mutter nicht erleben konnte. Es gelingt ihm nun auch in diesem Traum, sowohl Freude als auch Traurigkeit zuzulassen und zu erleben, etwas, was für ihn seit der frühen Kinderzeit überhaupt nicht mehr möglich gewesen war. Gleichzeitig stellt er fest, daß er in allen seinen Beziehungen diese Gefühlsseite nie gelebt hatte, sondern versuchte, Beziehungen immer dadurch aufzubauen, daß er den Anderen mit in eine gemeinsame große philosophische oder religiöse (Kapelle!) Idee einschloß. Natürlich gelang das nie, und es steigerte seine depressiven Verstimmungszustände, daß es regelmäßig, insbesondere natürlich in der Beziehung zu Frauen, zu Beziehungsabbrüchen kam, da eine Idee kein tragender Grund für eine zwischenmenschliche Gefühlsbeziehung sein kann. Er erlebte jetzt erstmalig seine fehlenden Gefühle in

270

der Außenwelt als Lücke und als Verlust. Damit wurde auch gleichzeitig seine Empfindungsfunktion mobilisiert, da er durch diese «function réal» feststellen konnte, daß und wo diese Lücke real existierte.

Im weiteren Verlauf der Behandlung erlebte er nun zunächst eine allmähliche Entwicklung seiner Gefühle und auch seiner Empfindungen in der Übertragungs-/Gegenübertragungssituation, wodurch er auch zu einem Anschluß an seine eigene Körperlichkeit kam. Als seine Freundin, die er dann gefunden hatte, schwanger wurde, beschlossen beide, zu heiraten und das Kind zu bekommen. Gegenüber diesem Sohn erlebte er nun erstmalig in der Außenwelt seine Gefühle und auch die ganze Körperempfindung, besonders dann, wenn er den kleinen Sohn auf seinem Bauch oder seiner Brust herumkrabbeln ließ. Erst nach der Herstellung der gelungenen Gefühlsbeziehung zum Sohn konnte er dann auch allmählich eine intensivere Gefühlsbeziehung zu seiner Frau entwickeln und auch zu anderen erwachsenen Beziehungspersonen. Obwohl dieser Patient ein Denktyp war und blieb, hatte er eine ausgesprochen reiche und intensive Gefühlswelt, eine Tatsache, die bei Denktypen gar nicht so selten ist, worauf auch Hillman (114) nachdrücklich hingewiesen hat.

Auch in dieser Behandlung verläuft die Praxis also so, daß zunächst die minderwertige Funktion in den Träumen auftaucht. Nachdem sie angenommen und bestätigt werden kann, beginnt eine Entwicklung und Bewußtwerdung dieser minderwertigen Funktion relativ in Parallele mit der unbewußten Sekundärfunktion, in diesem Fall der Empfindung. Der Zugang zur minderwertigen Funktion erfolgt nicht über die Sekundärfunktion, sondern die Hauptfunktion und die am meisten entwickelte Sekundärfunktion wurden bei diesem Patienten vorwiegend zur Abwehr der minderwertigen Funktionen benutzt, und auch die unbewußte Sekundärfunktion war nicht das erste, das in der Analyse in den Bewußtseinsraum kam.

Ich will dieses Geschehen nun keineswegs generalisieren und bin nicht der Ansicht, daß man die Theorie abändern müßte, weil in den meisten Fällen der günstigste Zugang zur minderwertigen Funktion direkt erfolgen kann, anstatt über die Sekundärfunktion zu gehen. Worauf ich hinweisen möchte, ist die Notwendigkeit der Plastizität, die der Analytiker besitzen sollte, wenn er mit typologischen Konzepten arbeitet. Das starre Festhalten an ganz bestimmten theoretischen Vorstellungen kann unter Umständen den Zugang zu den minderwertigen Funktionen verhindern, insbesondere dann, wenn die Sekundärfunktionen in den Dienst der Abwehr eingebaut sind. Man wird also in jedem einzelnen Fall individuell entscheiden müssen, auf welchem Weg man am günstigsten an die verdrängte und sich im Unbewußten befindliche minderwertige Funktion herankommen kann, wobei es durchaus empfehlenswert ist, sich, wie im letztgenannten Beispiel, auf die Führung durch das Unbewußte, das sich in der Übertragungs-/Gegenübertragungssituation zwischen Patient und Analytiker konstelliert, zu verlassen.

Eine ähnliche Situation schildert H. J. Wilke (230), bei dem der Zugang zum Unbewußten direkt über die Hauptfunktion erfolgte. Dieser Patient, ein extravertierter Empfindungstyp, änderte innerhalb des analytischen Prozesses lediglich den Einstellungstypus insofern, als er durch die Analyse in die Lage versetzt wurde, zu introvertieren und seine introvertierte Empfindung zu einer intensiven Betrachtung der Träume zu benutzen, wobei diese Betrachtung und Aufnahme der einzelnen Traumbilder und -symbole in all ihren Schattierungen und Differenzierungen bei dem Patienten allmählich zu Wandlungsvorgängen und Veränderungen der Persönlichkeit führten. Hier erfolgt also der Zugang zum Unbewußten, bei einem Wechsel der Einstellung über die Hauptfunktion, da diese nicht in das Abwehrsystem eingebaut wurde, sondern im Gegenteil das wichtige Mittel zur Erforschung des Unbewußten darstellte.

Es erhebt sich die Frage, welche Rolle die Typologie in den Methoden der verschiedenen psychologischen Schulen spielt. Jung selbst war ein introvertierter intuitiver Denktyp, und seine Psychologie zeigt ganz ohne Zweifel deutliche Charakteristika dieser seiner Typologie auf. Von daher werden auch die Untersuchungsergebnisse von Bradway verständlich, nach denen unter den Jungianern die überwiegende Mehrzahl introvertierte intuitive Typologien aufweisen, da sie von dieser Art der Psychologie angezogen werden. Überliest man sorgfältig die Beschreibung der verschiedenen Funktionstypen, die Jung selbst in seiner Typologie gibt (137), so ist gar nicht zu übersehen, daß hierbei der introvertierte Denktyp und die introvertierte Intuition einen bevorzugten Akzent bekommen haben, während die Empfindungstypen am schlechtesten wegkommen.

Es ist auch sicher so, wie ich in einer früheren Arbeit ausgeführt habe (37), daß Jung im Gegensatz zu Freud eine andere Art der Betrachtung des seelischen Objektes hat. Die grundlegenden Arbeiten, aus denen Jung seine Lehre von den seelischen Komplexen entwickelte, sind die diagnostischen Assoziationsstudien. Jung stellte in ihnen fest, daß gewisse Abweichungen im Assoziationsexperiment durch psychische Bilder hervorgerufen würden, die er als Komplexe bezeichnete. Jeder Komplex besteht primär aus der zentralen Emotion, dem Bedeutungsträger oder Kernelement und sekundär aus den sich um dieses Kernelement herum anordnenden Assoziationen. Das Kernelement des Komplexes selbst ist identisch mit einem Archetyp. Dieser ganze Komplexbegriff ist also nicht ein möglichst rein quantitativer Begriff, sondern ein vorwiegend qualitativer Bildbegriff, der erst sekundär durch die Emotion oder den Affekt energetisch aufgeladen wird. Bei Jung stellen die einzelnen Komplexe in sich jeweils ein anschauliches Gebilde dar, und das Verständnis eines solchen Gebildes wird auf dem Wege einer vertieften Wesensschau gesucht, bei der die Teile vom Ganzen her verstanden sein wollen und nicht umgekehrt das Ganze von seinen Teilen her.

Das ist eine durchaus legitime Anschauungsweise des Objektes in der Natur. Dieses wird hier als Qualität und Form in seiner sinnlich reichen Erscheinung gesehen. Sein Studium erfolgt in einer schauenden Versenkung in die Einzelerscheinungen, und die Zusammenhänge der Phänomene untereinander werden nicht mechanistisch-theoretisch in Form von Gesetzen gesucht, sondern als anschaulicher Typus oder als Gestalt. Jaspers (126) bezeichnet diese beiden Formen des wissenschaftlichen Vorgehens als das «naturmechanische» und das «naturhistorische» Weltbild, zwei verschiedene Formen der Erforschung des Objektes, die sich von Plato und Aristoteles beginnend durch die ganze europäische Geistesgeschichte ziehen. Ausgehend von der stürmischen Entwicklung der modernen Naturwissenschaften hat insbesondere im Verlaufe des letzten Jahrhunderts das naturmechanische Weltbild immer mehr an Dominanz gewonnen und ist von seinen Vertretern als das einzig wissenschaftlich akzeptable propagiert worden. Erst nachdem innerhalb der letzten Jahrzehnte, insbesondere auch durch die Erkenntnisse von Physik und Mathematik die Grenzen dieses naturmechanischen Weltbildes immer deutlicher zutagegetreten sind, gewinnt allmählich das naturhistorische Weltbild mit seinem mehr anschaulichen und auf die Ganzheit hin orientierten Denken wieder mehr an Boden. Grundsätzlich sollten beide Denkformen zur vollständigen Erfassung eines

Objektes nebeneinander möglich sein, auf der einen Seite das mechanistisch-determinierte, berechnende und vorausbestimmbare, hinter dem das Bild der Maschine oder des Apparates steht, und auf der anderen Seite das anschauliche, am Bild oder am Typus orientierte Denken, das nicht mehr determiniert oder vorausbestimmbar, sondern nur im Rahmen der Wahrscheinlichkeit statistisch erfaßbar ist. Die Akzentuierung der einen Denkform, die das Primat oder die führende Rolle erhält, bestimmt den Charakter der betreffenden psychologischen Schule. Beide Formen bergen bestimmte Gefahren in sich, da eine zu starke Rückbindung an ein bestimmtes Weltbild, das hierbei eine Überwertigkeit erhält, der anderen Seite nicht mehr gerecht wird. Das rein mechanistische Denken wird im Extrem zu einem toten System führen, das nur noch um seiner selbst willen existiert und rücksichtslos alles Lebendige vernichtet. Die Methodik, die ein derartiges System dann im schlechtesten Falle hervorbringt, entspricht einem Prokrustesbett und ist in ganz bestimmten starren Formen und Vorschriften festgelegt, was wann, wo und wie gemacht werden muß. Die Überakzentuierung des anschaulichen Denkens hat als Gefahr, daß eine Tendenz auftritt, die vom Formhaften zum Formlosen führt, um schließlich in einer irrationalen Verschwommenheit aufzugehen. Dementsprechend wird dann auch seine Methodik vage, verschwommen und irrational und führt zu einer Auflösung der notwendigen Rituale und des Formprinzips, die analytische Entwicklung überhaupt erst ermöglichen.

Wissenschaftliche Systeme sind Menschenwerk, genauso wie alle Analytiker Menschen sind. Demzufolge sind beide auch mit allen Unvollkommenheiten belastet, die diesen immer anhaften. So ist es notwendig, ein ständiges Problembewußtsein gegenüber der eigenen Theorie und der eigenen Methodik aufrechtzuerhalten. Gerade für die Analytische Psychologie ist dieses Problembewußtsein notwendig, das es ermöglicht, auf anderen Ebenen bzw. mit Hilfe anderer Funktionen das bisher Gewonnene zu untersuchen und immer wieder neue Fragestellungen aufzuwerfen. So ist es sehr interessant, zu beobachten, wie unter den vorwiegend introvertiert-intuitiven Jungianern in den letzten Jahren immer mehr extravertierte Empfindungstypen auftauchen, die ihre Ansicht zu der Sache äußern und die, da sie die «minderwertige Funktion» repräsentieren, teils skeptisch-mißtrauisch betrachtet, teils als Neuerung enthusiastisch beklatscht werden. Mattoon hat kürzlich (179) darauf hingewiesen, daß die analytische Psychologie von der akademischen Psychologie noch einiges lernen müßte, und zwar vor allem drei Dinge: 1.) Die Sammlung von Daten oder Fakten, die Jungsche Hypothesen unterstützen; 2.) die Sammlung von Fakten, die gegen bestimmte Hypothesen Jungs sprächen und damit die Jungsche Theorie modifizierten, und 3.) das Aufwerfen von Fragen, deren Beantwortung der Analytischen Psychologie eine umfassendere Persönlichkeitstheorie geben würde. Es existiert eine ganze Reihe von außeranalytischen Befunden, die die Jungschen Hypothesen unterstützen oder bereichern können, und zwar aus dem Gebiet der Instinkt- und Tierpsychologie, wobei hier an erster Stelle Portmann (196) genannt werden müßte, sowie Untersuchungen der experimentellen Traumforschung, ja sogar des Behaviorismus. Besonders interessante Aspekte ergeben sich auch aus den Untersuchungsergebnissen der französischen Schule der Strukturalisten. Lévi-Strauss (177) und Piaget (192) legen die Hypothese zugrunde, daß die Seele über präformierte Kategorien verfügt, die es dem Menschen ermöglichen, Sprache zu erlernen und ähnliche Organisationsformationen auch in weit voneinander entfernten Kulturen zu entwickeln. Diese elementaren Kategorien oder Kombinationen dürften ein Äquivalent zur Archetypenlehre sein. In diesem Sinne müßte sich eine stärker extravertiert ausgerichtete Empfindung im wissenschaftlichen Bereich der Analytischen Psychologie sehr viel mehr und umfangreicher nicht nur mit den eigenen innerseelischen Befunden beschäftigen, sondern auch entsprechend der Tradition Jungs mit denjenigen anderer Wissenschaftsbereiche, deren Untersuchung für unser System wesentliche Unterstützungen oder auch Modifikationen liefern. Eine derartige stärkere Berücksichtigung minderwertiger Funktionen im gesamten wissenschaftlichen System würde dann nolens volens auch zu Modifikationen und Verbesserungen der Methodik führen können.

Es verbleibt noch ein methodisch wichtiges Problem der Typologie zu besprechen, bei dem es sich um die Anpassung durch die minderwertige Funktion handelt. Wir sind eine stark extravertiert orientierte und akzentuierte Kultur, und der stille Introvertierte, der oft kühler, abständiger und gesellschaftlich ungeschickter wirkt, steht bei uns nicht gerade hoch im Kurs. Er wird oft als Sonderling oder gar als pathologisch und als Narziß deklariert. Gerade das letztere sollte nicht verwechselt werden. Der Umgang des Introvertierten mit den äußeren Objekten, die immer in einer gewissen Abständigkeit gehalten werden, ist keineswegs mit einer narzißtischen Störung gleichzusetzen, obwohl bei flüchtiger Betrachtung rein äußerlich dieser Eindruck entstehen könnte. Es ist das Verdienst Jungs, auf diese Typenunterschiede und die Besonderheiten und Vorzüge des introvertierten Typus hingewiesen zu haben und damit die Introversion und den introvertierten Menschentyp von der Deklassierung durch unsere Kulturpattern befreit zu haben. Dieses Wissen um die Besonderheiten und die Vorteile des introvertierten Menschentyps sind aber bislang keineswegs zum allgemeinen Wissensgut unserer Gesellschaft geworden, und sowohl die Erziehung im Elternhaus als auch die allgemeinen gesellschaftlichen Pattern unserer Zivilisation beeinflussen den Introvertierten sehr oft, vorwiegend seine minderwertige Extraversion zu entwickeln und den Versuch zu unternehmen, sich mit ihr der Umwelt anzupassen.

Dabei sind Introvertierte auch bei uns gar nicht so selten. Bei einer Untersuchung, die ich 1975 hinsichtlich der Lieblingsmärchen von 87 meiner Patienten durchführte, ergab sich eine nahezu gleiche Verteilung zwischen Introvertierten und Extravertierten (62).* Unter diesen 87 Patienten befanden sich 42 Introvertierte und 45 Extravertierte, was anzeigt, daß lediglich ein geringer, statistisch nicht relevanter Überhang von Extraversion vorhanden war. Es ist durchaus anzunehmen und wahrscheinlich, daß die Verteilung zwischen Extraversion und Introversion bei einer Untersuchung größerer Bevölkerungsgruppen sich mehr zum Vorteil der Extraversion hin verschiebt, da bei der Patientenauswahl eines Analytikers doch immer eine bestimmte, z. T. bewußte, z. T. auch unbewußte Vorauswahl zustande kommt. Fast alle Patienten, vielleicht mit Ausnahme der wenigen, die über die Jungsche Psychologie ausreichend vorinformiert sind, sind primär darauf eingestellt, daß sie extravertiert leben müssen und daß sie auch von der Analyse die Heilung bzw. Bewältigung ihrer Probleme und Schwierigkeiten durch eine Verbesserung der extravertierten Umweltanpassung erwarten müßten. Es erscheint mir von sehr großer methodischer Wichtigkeit, daß diese introvertierten Menschen innerhalb der Analyse allmählich ihren Typ kennenlernen, diesen akzeptieren und sich auch innerhalb der ihnen entsprechenden Typologie bewegen.

Natürlich schließt das keineswegs die Entwicklung von minderwerti-

* Es handelt sich hierbei um Patienten, die mich wegen ihrer Erkrankung aufsuchten, ohne zu wissen, welcher analytischen Schulrichtung ich angehörte.

276

gen Funktionen oder Einstellungen aus, sondern es bedeutet lediglich, daß der ursprüngliche Typ als solcher mit seinen Möglichkeiten, aber auch mit seinen Grenzen akzeptiert werden kann. Ich möchte hier nicht in die mir fruchtlos erscheinende Diskussion eintreten, ob die Typologie bereits genetisch festgelegt und konditioniert ist, d. h. in den Bereich der Vererbung und damit nur der geringen praktischen Beeinflußbarkeit fällt oder ob es sich hierbei um etwas relativ früh Erworbenes handelt. Wahrscheinlich spielen beide Faktoren eine Rolle, und es handelt sich um ein ähnliches Problem, wie wir es in der Freudschen Psychoanalyse bei den frühgenetischen Strukturen finden. Auch diese sind im Verlauf des analytischen Prozesses nicht total auflösbar oder umkehrbar, sondern genau wie die Typologien bleibt trotz durchgeführter Analyse die Grundstruktur erhalten, und die Analyse ermöglicht es dem Patienten nur, sich innerhalb dieser gegebenen Grundstrukturen freier zu bewegen, wie es auch von Argelander (7) beschrieben worden ist. Es handelt sich bei dem ganzen genetischen Problem sicher um eine theoretisch sehr interessante Frage, die ich aber hier im Einzelnen nicht diskutieren möchte, da sie nach den praktischen Erfahrungen, über die wir bisher verfügen, keine große Relevanz hat. Die Analyse kann es dem Patienten ermöglichen, daß die Strukturen bzw. Typologien aufgelockert werden, daß er sich innerhalb des ihm gemäßen Typus freier bewegen kann, daß Gehemmtheiten abgebaut werden und er Zugang zu seiner Kreativität und Lebendigkeit findet; sie ist aber nicht in der Lage, einen völlig anderen Menschtyp zu erzeugen.

Um zu dem Problem der primär introvertierten Patienten zurückzukehren, die versuchen, sich über die minderwertige Extraversion ihrer Umgebung weitgehend anzupassen und darin große Schwierigkeiten haben bzw. scheitern, so meine ich, daß es methodisch von großer Wichtigkeit ist, diese Menschen zunächst einmal in ihrem introvertierten Einstellungstyp zu bestätigen. So bezieht sich z. B. eine sehr häufige Klage des Introvertierten auf seine Minderwertigkeits- und Versagergefühle innerhalb von Gruppen oder Gesellschaften. Im Gegensatz zum Extravertierten haben sie Schwierigkeiten, schnell und spontan auf die Gedankengänge oder die Gefühlssituationen der Gruppe adäquat zu reagieren, wie sie auch nicht in der Lage sind, intuitiv zu erfassen, was gerade «im Raume steht». Sie benötigen den Abstand vom Objekt und die Orientierung am inneren Subjekt, so daß ihnen oft die passenden Antworten oder Diskussionsbemerkungen erst klar werden, wenn die Gruppe schon wieder auseinandergegangen ist. Auch stoßen sie oft auf Ablehnung oder erleben eine Reserviertheit der anderen, wenn sie es einmal riskieren, ihren subjektiven Faktor einzubringen, da dieser häufig ungewöhnlich oder nicht ganz in die Situation passend erscheint. Erkennt der Introvertierte aber seinen Einstellungstyp und fühlt sich in ihm sicher, dann wird er sehr häufig realisieren können, daß z.B. ein guter Zuhörer in unserer Gesellschaft wesentlich gesuchter ist als ein guter Redner oder Erzähler, da die meisten Menschen unserer Kultur lieber reden als zuhören. Ein aufmerksamer und interessierter Zuhörer ist daher eine durchaus gefragte gesellschaftliche Figur. Er kann es außerdem lernen, seine Subjektivität auch konstruktiv einzubringen.

Eine stark introvertierte Patientin, die in einer Kinderladengruppe mitarbeitete und sich zunächst sehr wenig an den sehr lebhaften Diskussionen, die im Kreise der Eltern dort stattfanden, beteiligt hatte, weil sie Angst hatte, etwas zu äußern, teilte mir eines Tages stolz mit, daß sie nun endlich etwas gesagt hätte. Sie hatte sich plötzlich mitten in der Gruppensitzung gemeldet und den anderen mitgeteilt, daß, obwohl äußerlich alles harmonisch erschiene, sie selber das subjektive Gefühl hätte, als ob in der Gruppe nicht alles in Ordnung wäre und untergründige Spannungen vorhanden seien. Jedesmal, wenn sie nach einer Sitzung nach Hause ginge, fühle sie sich deprimiert, obwohl die Besprechung äußerlich erfolgreich schien. Die übrigen Gruppenmitglieder hätten daraufhin zunächst mit einem Moment der Verblüffung reagiert, aber dann ihren subjektiven Eindruck bestätigt, und es wäre eine Vielzahl von untergründigen Spannungen diskutiert worden, die bisher übergangen worden waren. Ich gebe das hier nur als ein mögliches Beispiel, wie ein in seiner Typologie Introvertierter auch in kleineren und größeren Gruppen Wesentliches und Wichtiges mitzuteilen hat, sofern er in der Lage ist, mit der Eigenheit seines Typus umzugehen.

Das gleiche Phänomen, das bei den Einstellungstypen zu finden ist, gibt es natürlich auch bei den Funktionstypen. Ein gar nicht so seltenes, besonders deutliches Beispiel hierfür sind bestimmte Formen von Zwangsneurosen. Infolge der mitunter fast vollständigen Verdrängung der Emotionalität, die bei dieser Krankheitsform vorliegt, werden die Zwangsneurotiker bzw. auch zwangsneurotisch strukturierte Patienten häufig irrtümlich von ihrer Hauptfunktion her als Denk- oder Empfindungstypen angesehen. Es wird hierbei übersehen, daß gerade diese zwanghaften Menschen eigentlich gefühlsbedingte, moralische Werturteile fällen, da der urteilende Anteil der Fühlfunktion in die Dominanten des kollektiven Bewußtseins bzw. ins Über-Ich übergegangen sind, wobei die sehr enge Prinzipienreiterei und die kleinkarierten moralischen Werturteile zur Abwehr einer starken dionysischen Komponente, in der das dominante Fühlen im Unbewußten enthalten ist, benutzt werden. Das Denken dieser Zwanghaften ist eigentlich ein Fühl-Denken, wie es Jung vorwiegend bei Animus-besessenen Frauen beschrieben hat. Bei dem weiblichen Animusurteil ist dieses Fühl-Denken vielleicht offensichtlicher und deutlicher als bei den zwanghaften Männern, bei denen es durch betonte Sachlichkeit und Rationalität getarnt ist. In Wirklichkeit handelt es sich hier aber gar nicht um ein wirkliches freies Denken, das ohne Werturteile nach logischen Kategorien entscheidet, sondern es ist eingeengt in die Werturteile einer verzerrten bzw. gespaltenen Fühlfunktion, die infolge ihrer Stärke gefürchtet und abgewehrt wird. Erst 1975 hat Göllner an einer Anzahl von untersuchten klinischen Patienten festgestellt, daß die alte intuitive Vorstellung Jungs, unter den Frauen gäbe es mehr Fühl- und unter den Männern mehr Denktypen, mindestens in der heutigen Zeit nicht mehr stimmt und die Verteilung eher umgekehrt ist (101). Es ist sehr wichtig, sich in diesem Sinne immer vor Augen zu halten, daß die Hauptfunktion nicht etwa diejenige ist, die dem Beobachter an dem betreffenden Menschen am stärksten erscheint, sondern diejenige Funktion, mit der der betreffende Mensch vorwiegend und dominant seine Objektbeziehungen bewältigt. In diesen zunächst mehr diagnostischen Bereich gehören auch die Differenzierungen der verschiedenen Funktionen und ihre Beziehung zu anderen Strukturanteilen, wie Anima, Animus usw., wie sie von Wolff (237), v. Franz (91), Ulanov (219) und Willeford (233) durchgeführt worden sind. Methodisch gesehen kann es einerseits bei derartigen Patienten zu doch recht tiefgreifenden Aha-Erlebnissen führen, wenn ihnen deutlich wird, daß ihre Hauptfunktion eigentlich gar nicht das Denken, sondern das Fühlen ist, und auf der anderen Seite entsteht von der Gegenübertragung her eine andere und bessere therapeutische Atmosphäre, wenn der Analytiker sich darüber klar ist, daß er bei einem zwangsneurotisch strukturierten Patienten einen Fühltyp vor sich hat, auch ohne daß er dies expressis verbis dem Patienten mitteilt. Inwieweit derartige innere Einstellungen des Analytikers innerhalb der Gegenübertragung von großer Wichtigkeit sind und eine nicht adäquate Einstellung zu einem Gegenübertragungswiderstand werden kann, ist in den Arbeiten von Dieckmann und Blomeyer ausführlich dargelegt worden (15, 50). Natürlich treffen derartige Überlegungen auch für die anderen Funktionstypen zu, und es wäre eine wünschenswerte Aufgabe, wenn einmal in größerem Umfange ausgearbeitet werden könnte, welche Beziehungen zwischen den einzelnen psychischen und psychosomatischen Krankheitsbildern und den Typologien bestehen, da die in Jungs Typologie enthaltenen Hinweise noch einer eingehenden Durcharbeitung und eventuellen Korrektur bedürfen. Erste Ansätze sind hierfür von H.-J. Wilke (231) und U. Dieckmann (73) gemacht worden.

BIBLIOGRAPHIE

Abraham, K.:
1 Ergänzungen zur Lehre vom Analcharakter. Psychoanalytische Studien zur Charakterbildung. Frankfurt 1969

Adler, G.:
2 Persönliche Mitteilung an den Verfasser
3 The Living Symbol. London 1961

Ammann, A. N.:
4 Aktive Imagination. Olten 1978

Andersen, H. C.:
5 Märchen

Argelander, H.:
6 Das Erstinterview in der Psychotherapie. Psyche 5, 1967
7 Der Flieger. Eine charakteranalytische Fallstudie. Frankfurt 1972

Aristoteles:
8 Metaphysik VII 7

Balint, M.:
9 Die Urformen der Liebe und die Technik der Psychoanalyse. Bern; Stuttgart 1966
10 Therapeutische Aspekte der Regression. Stuttgart 1968

Balint, M. u. T.:
11 Psychotherapeutische Techniken in der Medizin. Stuttgart 1961

Berne, E.:
12 Spiele der Erwachsenen. Hamburg 1967

Bernoulli, R.:
13 Seelische Entwicklung und Alchemie. Eranos-Jahrbuch, Bd. 3. Zürich 1935

Bloch, E.:
14 Das Prinzip Hoffnung. Wissenschaftliche Sonderausgabe. Frankfurt 1976

Blomeyer, R.:
15 Die Konstellierung der Gegenübertragung beim Auftauchen archetypischer Träume. Falldarstellung. Zeitschrift für Analytische Psychologie und ihre Grenzgebiete 3, 1. Okt. 1971

16 Übertragung und Gegenübertragung in der Kindertherapie unter Gesichtspunkten der Analytischen Psychologie. Zeitschrift für Analytische Psychologie und ihre Grenzgebiete 3, 1972
17 Aspekte der Persona. Analytische Psychologie 5, 1974

Bornemann, E.:
18 Psychoanalyse des Geldes. Frankfurt 1973

Boss, M.:
19 Es träumte mir vergangene Nacht. Bern 1975

Bossard, R.:
20 Traumpsychologie. Olten 1976

Bradway, K.:
21 Jung's Psychological Types. Classification by Test versus Classification by
   Self. Journal of Analytical Psychology 9, 1964

Bradway, K., Detloff, W.:
22 Incidence of Psychological Types among Jungian Analysts classified by Self
   and by Test. Journal of Analytical Psychology 21, 1976

Brecht, B.:
23 Gesammelte Werke, Bd. 2, Frankfurt 1976
24 Bd. 4, Frankfurt 1976
25 Bd. 9, Über die Gewalt, Frankfurt 1976

Brockhaus Enzyklopädie.
26 Wiesbaden, Bd. 12
27 Bd. 18
28 Bd. 19

Cahen, R.:
29 Abwesenheit und Rhythmus als therapeutische Faktoren. Analytische Psychologie 7, 1976

Cooper, D.:
30 Tod der Familie. Reinbek 1972

v. Daldis, A.:
31 Traumbuch. Basel 1965 (Pag. 212)

Desmonde, W. H.:
32 The Origins of Money in the Animal sacrifice. Journal of the Hillside Hospi-
   tal 6, 1957

Deutsch, F.:
33 The associative Anamnesis. PSA. Quarterly 7, 1939

Deutsch, F., Murphy, W. F.:
34 The clinical Interview. New York 1955

Deutsches Ärzteblatt
35 73. Jg., H. 27, Pag. 1833–1844, 1976

Dieckmann, H.:

36 Die Einstellung Rainer Maria Rilkes zu den Elternimagines. Zeitschrift für Psycho-somatische Medizin, Jan. 1958

37 Die Differenz zwischen dem anschaulichen und dem abstrahierenden Denken in den Psychologien von C. G. Jung und Freud. Zeitschrift für Psychosomatische Medizin, Okt.–Dez. 1960

38 Der Antisemitismus als personales psychologisches Problem. Wege zum Menschen, Jan. 1961

39 Über einige Beziehungen zwischen Traumserie und Verhaltensänderungen in einer Neurosenbehandlung. Zeitschrift für Psycho-somatische Medizin 8, Okt.–Dez. 1962

40 Ritualbildungen in der Therapie. Zeitschrift für Psycho-somatische Medizin 9, 2, 1963

41 Integration Process of the Ego-Complex in Dreams. Journal of Analytical Psychology 10, 1, 1965

42 Mutterbindung und Herzneurose. Zeitschrift für Psycho-somatische Medizin, Jan.–März 1966

43 Das Lieblingsmärchen der Kindheit und seine Beziehung zu Neurose und Persönlichkeitsstruktur. Praxis der Kinderpsychologie und Kinderpsychiatrie Aug./Sept. 1967

44 Zum Aspekt des Grausamen im Märchen. Praxis der Kinderpsychologie und Kinderpsychiatrie, Nov.–Dez. 1967

45 Das Lieblingsmärchen der Kindheit als therapeutischer Faktor in der Analyse. Praxis der Kinderpsychologie und Kinderpsychiatrie, Nov.–Dez. 1968

46 Magie und Mythos im menschlichen Unbewußten. Wege zum Menschen, Juni 1969

47 Probleme der Lebensmitte. Stuttgart 1971

48 The Favorite Fairy-Tale from Childhood as a Therapeutic Factor in Analysis. The Analytic Process. New York 1971

49 Symbols of Active Imagination. Journal of Analytical Psychology 16, 2, 1971

50 Die Konstellierung der Gegenübertragung beim Auftauchen archetypischer Träume. Untersuchungsmethoden und -ergebnisse. Zeitschrift für Analytische Psychologie und ihre Grenzgebiete 3, 1, 1971

51 The Favorite Fairy-Tale of Childhood. Journal of Analytical Psychology 16, 1, 1971

52 Das Traumsymbol in der Analytischen Psychologie. Zeitschrift für Analytische Psychologie und ihre Grenzgebiete 3, 2, 1972

53 Träume als Sprache der Seele. Stuttgart 1972

54 Übertragung, Gegenübertragung, Beziehung. Zeitschrift für Analytische Psychologie und ihre Grenzgebiete, 4, 3, 1973

55 Transfert e Controtransfert. Rivista di Psicologia analytica 4, 2, 1973

56 Symbolism in the work of Chagall, Vortrag vor der Society of Jungian Analysts of Southern California Okt. 1973

57 Individuation in den Märchen von 1001-Nacht. Stuttgart 1974

58 Das Lieblingsmärchen. Das Problemkind in der ärztlichen Praxis. München 1974

59 Der Traum und das Selbst des Menschen. Analytische Psychologie 5, 1, 1974
60 Transference and Countertransference. Encyclopaedia Italiana, 1974
61 Das Lieblingsmärchen. Praxis der Psychotherapie 19, 1, 1974
62 Typologische Aspekte im Lieblingsmärchen. Analytische Psychologie 6/3 1975
63 Einige Aspekte zur Individuation der 1. Lebenshälfte. Analytische Psychologie 7/4 1976
64 Das Auto als Traumsymbol. Analytische Psychologie 7/1 1976
65 Transference and Countertransference. Results of a Berlin Research Group. Journal of Analytical Psychology 21, 1, 1976
66 Märchen und Symbole. Stuttgart 1977
67 Umgang mit Träumen. Stuttgart 1978
68 Kongreßvortrag Rom 1977. Analytische Psychologie 9, 2, 1978
69 Einige Aspekte zur Persönlichkeitsstruktur des Suchtgefährdeten aus der Sicht der Analytischen Psychologie C. G. Jungs. Sucht als Symptom. Stuttgart 1978
70 Sinn und Wertfragen vor und in der Lebensmitte. Praxis der Psychotherapie 23, 1978
71 Gelebte Märchen. Hildesheim 1978

Dieckmannn, H., Jung, E.:
72 Weiterentwicklung der analytischen (komplexen) Psychologie. Psychologie des XX. Jahrhunderts. Bd. 3, München 1977

Dieckmann, U.:
73 Ein archetypischer Aspekt in der auslösenden Situation von Depressionen. Analytische Psychologie 5, 2, 1974

Dührssen, A.:
74 Analytische Psychotherapie in Theorie, Praxis und Ergebnissen. Verlag für Medizinische Psychologie. Göttingen 1972 (II Untersuchungen und ihre Ergebnisse, pag. 394)

Edinger, E.:
75 Ego und Archetyp. New York 1972

Elias, N.:
76 Über den Prozeß der Zivilisation. Frankfurt 1969

Erikson, E. H.:
77 Identität und Lebenszyklus. Suhrkamp-Verlag, Frankfurt 1970

Fairbairn, W. R. P.:
78 On the Nature and Aims of Psychoanalytical Treatment. International Journal of Psychoanalysis 39, 5, 1958

Fenichel, O.:
79 Problems of Psychoanalytic Technique. Albany, New York 1941, The Psychoanalytic Quarterly, Inc.

Ferency, S.:
80 Pekunia Olet. Internationale Zeitschrift für ärztliche Psychoanalyse 4, 1916

Fordham, M.:
81 Vom Seelenleben des Kindes. Zürich 1948
82 On the Origins of The Ego in Childhood. Studien zur Analytischen Psychologie C. G. Jungs. Rascher-Verlag, Zürich 1955
83 Active Imagination and Imaginative Acitivity. Journal of Analytical Psychology, 1, 1956
83a A Possible Root of Active Imagination. Journal of Analytical Psychology 4/1977
84 New Developments in Analytical Psychology. Notes on Transference. London 1957
85 Notes on Transference. New Development in Analytical Psychology. London 1957
86 Das Kind als Individuum. München-Basel 1974
87 Notes on Transference. Technique in Jungian Analysis. The Library of Analytical Psychology 2, London 1974
88 Technique and Countertransference. The Library of Analytical Psychology, 2, London 1974
89 On Interpretation. Aspekte der Analytischen Psychologie. Zum 100. Geburtstag von C. G. Jung. Basel 1975

v. Franz, M.-L.:
90 The Problem of the Puer Aeternus. New York 1970
91 The Inferior Functions. Lectures on Jung's Typology. New York 1971
92 C. G. Jung – Wirkung und Gestalt. Stuttgart 1972

Freud, S.:
93 Ges. W. Bd. 7, Charakter und Analerotik
94 Ges. W. Bd. 8, Frankfurt, 5. Auflage 1969 (pag. 376)
95 Ges. W. Bd. 8 und 10

Fromm, E.:
96 Autorität und Familie. Alcan 1936

Fromm-Reichmann, F.:
97 Intensive Psychotherapie. Stuttgart 1959

Gill, M., Newman, P., Redlich, F. C.:
98 The Initial Interview in Psychiatric Practice. New York 1954

Gitelson, M.:
99 The Emotional Position of the Analyst in the Psychoanalytic Situation. International Journal of Psychoanalysis 33, 1952

Glover, E.:
100 The Technique of Psychoanalysis. London 1955

Göllner, R.:
101 Empirische Überprüfung einiger Aussagen über Einstellungs- und Funktionstypen von C. G. Jung. Analytische Psychologie 6, 2, 1975

Goethe, J. W.:
102 Faust 1. Teil

Greenson, R.:
103 Technik und Praxis der Psychoanalyse. Stuttgart, 2. Auflage 1975

Groesbeck, C. J.:
104 Psychological Types in the Analysis of the Transference. Journal of Analytical Psychology 23, 1978

Guggenbühl, A.:
105 Macht als Gefahr beim Helfer. Basel 1971

v. Hänisch, I.:
106 Tiefenpsychologische Aspekte der Tarzanfigur. Analytische Psychologie 5, 1974

Hartmann, H., Kris, E., Loewenstein, R. M.:
107 Comments on the Psychic Structure. Psychoanalytic. Study Child 2, 1946

Heigl, F.:
108 Behandlung von Neurosen. Prognose – Indikation. Monatskurse für die ärztliche Fortbildung, 28, 4, 1978

Henderson, J. L.:
109 The Inferior Function. Studien zur Analytischen Psychologie C. G. Jungs. Zürich 1955
110 Resolution of the Transference in the light of C. G. Jung's Psychology. Report of the International Congress of Psychotherapy, Zürich 1954, Basel 1955

Heyer, R.:
111 Bericht über C. G. Jungs analytisches Seminar. Zentralblatt für Psychotherapie und ihre Grenzgebiete 4, 1
112 Seelenkunde im Umbruch der Zeit. Stuttgart 1964

Hillman, J.:
113 Selbstmord und seelische Wandlung. Zürich 1966
114 The Feeling Function. Lectures on Jung's Typology. New York 1971

Hobson, R. F.:
115 Imagination and Amplification in Psychotherapy. Journal of Analytical Psychology 16, 1, 1971
Horney, K.:
116 Selbstanalyse. Kindler Taschenbuchreihe Geist und Psyche.

Hubback, J.:
117 Notes of Manipulation Activity and Handling. Journal of Analytical Psychology 19, 1974

Jackson, M.:
118 Chair, Couch and Countertransference. Journal of Analytical Psychology 7, 1, 1962

Jacobi, J.:
119 Persönliche Mitteilung an den Verfasser
120 Komplex, Archetypus, Symbol. Zürich 1957

121 Der Weg zur Individuation. Olten 1971
122 Die Seelenmaske. Olten 1971
123 Die Psychologie von C. G. Jung. Olten, 8. Auflage 1978

Jänicke, M.:
124 Soziale und ökologische Bedingungen rückläufiger Lebenswerwartung in Industrieländern. Mensch, Medizin, Gesellschaft, Dez. 1977

Jaffé, A.:
125 Erinnerungen, Träume und Gedanken von C. G. Jung. Aufgezeichnet und herausgegeben von A. Jaffé. 8. Auflage, Olten 1977

Jaspers, K.:
126 Psychologie der Weltanschauungen. Berlin-Göttingen-Heidelberg 1954

Jeżower, I.:
127 Das Buch der Träume. Berlin 1928

Jones, E.:
128 Über Analerotische Charakterzüge. Internationale Zeitschrift für ärztliche Psychoanalyse 5, 1919

Jung, C. G.:
129 Kindertraumseminar 1938/39
130 Seminar: Modern Psychology. Vol. 3 und 4, Okt. 1938 – März 1940
131 Seminar über Kinderträume. Wintersemester 1940/41
132 Zur Psychologie und Pathologie sogenannter okkulter Phänomene (1902). Ges. W. Bd. 1. Olten, 2. Auflage 1977
133 Experimentelle Untersuchungen über die Assoziationen Gesunder (1904 mit Riklin). Ges. W. Bd. 2, Olten 1979
134 Über die Psychologie der Dementia praecox: Ein Versuch (1907). Ges. W. Bd. 3. Olten, 2. Auflage 1971
135 Vorreden zu den «Collectes Papers on Analytical Psychology» (1916). Ges. W. Bd. 4. Olten, 2. Auflage 1971
136 Symbole der Wandlung (1952). Ges. W. Bd. 5. Olten 1973
137 Psychologische Typen (1921). Ges. W. Bd. 6. Olten, 3. Auflage 1978
138 Zwei Schriften über Analytische Psychologie. Ges. W. Bd. 7. Olten, 2. Auflage 1974
139 Die Beziehung zwischen dem Ich und dem Unbewußten (1943). Ges. W. Bd. 7. Olten, 2. Auflage 1974
140 Über die Energetik der Seele (1928). Ges. W. Bd. 8. Olten, 2. Auflage 1977
141 Die transzendente Funktion (1916). Ges. W. Bd. 8. Olten, 2. Auflage 1977
142 Allgemeine Gesichtspunkte zur Psychologie des Traumes (1928). Ges. W. Bd. 8. Olten, 2. Auflage 1977
143 Die Lebenswende (1931). Ges. W. Bd. 8. Olten, 2. Auflage 1977
144 Zur Phänomenologie des Geistes im Märchen (1946). Ges. W. Bd. 9/1. Olten 3. Auflage 1978
145 Aion. Untersuchungen zur Symbolgeschichte (1951). Ges. W. Bd. 9/2. Olten 2. Auflage 1976
146 Das Wandlungssymbol in der Messe (1942). Ges. W. Bd. 11. Olten 1973

147 Antwort auf Hiob (1952). Ges. W. Bd. 11. Olten 1973
148 Yoga und der Westen (1936). Ges. W. Bd. 11. Olten 1973
149 Psychologischer Kommentar zu «Das tibetanische Buch der Großen Befreiung» (1955). Ges. W. Bd. 11. Olten 1973
150 Psychologie und Alchemie (1944). Ges. W. Bd. 12. Olten, 2. Auflage 1976
151 Die Visionen des Zosimus (1938). Ges. W. Bd. 13. Olten 1978
152 Mysterium Coniunctionis (1955). Ges. W. Bd. 14 (3 Bde). Olten, 3. Auflage
1978
153 Praxis der Psychotherapie. Ges. W. Bd. 16. Olten, 2. Auflage 1976
154 Grundsätzliches zur praktischen Psychotherapie (1935). Ges. W. Bd. 16.
Olten, 2. Auflage 1976
155 Die Probleme der modernen Psychotherapie (1929). Ges. W. Bd. 16. Olten,
2. Auflage 1976
156 Grundfragen der Psychotherapie (1951). Ges. W. Bd. 16. Olten, 2. Auflage
1976
157 Die praktische Verwendbarkeit der Traumanalyse (1934). Ges. W. Bd. 16.
Olten, 2. Auflage 1976
158 Die Psychologie der Übertragung. Ges. W. Bd. 16. Olten, 2. Auflage 1976
159 Psychological Commentary and Kundalini Yoga (from the notes of Mary
Foote). New York 1975/76

Jung, C. G., Kerényi, K.:
160 Einführung in das Wesen der Mythologie. Zürich 1951

Jung, E.:
161 Zur Gruppendynamik in einem psychotherapeutischen Forschungsteam.
Zeitschrift für Analytische Psychologie und ihre Grenzgebiete 4, 3, 1973
162 Der Großinquisitor, ein Beitrag zum Archetyp des Großen Vaters. Zeitschrift für Analytische Psychologie und ihre Grenzgebiete 2, 2, Januar 1971

Kadinsky, D.:
163 Die Entwicklung des Ich beim Kinde. Bern 1964
163a (Hrsg.): Der Mythos der Maschine, Bern-Stuttgart 1969
163b The Meaning of Technique. Journal of Analytical Psychologie 5, 2, 1970

Kadinsky, M.:
164 Über Science Fiction. In: Der Mythos der Maschine, hrsg. v. D. Kadinsky.
Bern-Stuttgart 1969

Kerényi, K.:
165 Die Mythologie der Griechen. Zürich 1951

Kirsch, J.:
166 The Reluctant Prophet. Los Angeles 1973

Kirsch, T.:
167 Dreams and Psychological Types. Referat auf dem 7. Internationalen Kongreß für Analytische Psychologie, Rom 1977

Klein, M.:
168 Das Seelenleben des Kleinkindes. Stuttgart 1962

Kleitmann, N.:
169 Sleep and Weakfulness. Chicago 1963

Kohnstamm, ?.:
170 zitiert nach Siebenthal: Die Wissenschaft vom Traum. Berlin-Göttingen-Heidelberg 1953

Kohut, H.:
171 Narzißmus. Frankfurt 1973

Kraemer, W.:
172 The danger of unrecognized Countertransference. Technique in Jungian Analysis. The Library of Analytical Psychology 2, London 1974

Kretschmer E.:
172a Körperbau und Charakter. Untersuchungen zum Konstitutionsproblem und zur Lehre von den Temperamenten

Laforgue, ?.:
173 Persönliche Mitteilung an den Verfasser

Laing, R. D.:
174 Die Politik der Familie. Köln 1974

Leuner, H.:
175 Katathymes Bilderleben. Stuttgart 1970

Lévy-Bruhl, C.:
176 Die geistige Welt der Primitiven. Düsseldorf-Köln 1959

Lévi-Strauss, C.:
177 Das wilde Denken. Frankfurt 1973

Marmor, J.:
178 Limitations of Free Association. Arch. Gen. Psychiat. 1970 (pag. 160–165)

Mattoon, A.:
179 The Neglected Function of Analytical Psychology. Vortrag auf dem 6. Internationalen Kongreß für Analytische Psychologie, London 1974

Meier, C. A.:
180 Antike Inkubation und moderne Psychotherapie. Zürich 1949
181 Individuation und psychologische Typen. Zeitschrift für Analytische Psychologie und ihre Grenzgebiete 1969
182 Die Bedeutung des Traumes. Olten 1972
183 Neues elegantes Conversationslexikon für Gebildete aus allen Ständen. Hrsg. v. O. L. B. Wolff, Leipzig 1837

Neumann, E.:
184 Ursprungsgeschichte des Bewußtseins. Zürich 1949
185 Zur psychologischen Bedeutung des Ritus. In: Kulturentwicklung und Religion. Zürich 1953
186 Zur Psychologie des Weiblichen. Zürich 1953
187 Die große Mutter. Olten, 3. Auflage 1977

188 Das Kind. Zürich 1963

Ovid:
189 Metamorphosen

Pauli, W.:
190 Der Einfluß der archetypischen Vorstellungen auf die Bildung naturwissen-schaftlicher Theorien bei Kepler. Naturerklärung und Psyche. Zürich 1952

Pearls, F. S.:
191 Gestalttherapie in Aktion. Stuttgart 1974

Piaget, J.:
192 Nachahmung, Spiel und Traum. Stuttgart 1969

Plaut, A.:
193 Lerntheorie und Analytische Psychologie. Vortrag auf der Seminartagung der DGAP Berlin, April 1971
194 Analytical Psychology and Psychological Types. Comments on Replies to a Survey. Journal of Analytical Psychology 17, 1972
195 Transference Phenomena in Alcoholism. The Library of Analytical Psychology 2, London 1974

Portmann, A.:
196 Das Tier als soziales Wesen. Zürich 1953

197 Protokolle des Berliner Arbeitskreises für Analytische Psychologie 1970

Raabe, W.:
198 Vom alten Protheus. Ges. W. Bd. 4. München 1963

Racker, H.:
199 Transference and Countertransference. London 1968

Reich, W.:
200 Charakteranalyse. Wien 1933, Neuauflage Frankfurt 1973

Rycroft, C.:
201 Critical dictionary of Psychoanalysis. London 1968

de Sanctis, S.:
202 E sogni e il sonno nell'isterismo e nella epilessia. Roma 1896

Schmaltz, G.:
203 Komplexe Psychologie und körperliches Symptom. Stuttgart 1955

Schultz, I. A.:
204 Das Autogene Training. Stuttgart 15. Auflage 1976

Schultz-Hencke, H.:
205 Lehrbuch der Traumanalyse. Stuttgart 1949
206 Lehrbuch der analytischen Psychotherapie. Stuttgart, 2. Auflage 1970
207 Das Problem der Schizophrenie. Stuttgart 1952

Sechehaye, M.-A.:
208 Die symbolische Wunscherfüllung. Bern-Stuttgart 1955

Seifert, Th.:
209 Resignation und Hoffnung in Partnerschaft und Ehe. Praxis der Psychotherapie 23, 1978

Sheely, G.:
210 In der Mitte des Lebens. München 1976

Siebenthal, ?.:
211 Die Wissenschaft vom Traum. Berlin-Göttingen-Heidelberg 1953

Singer, J.:
212 Worunter Menschen leiden, Olten 1976

Spitz, R.:
213 Die Entstehung der ersten Objektbeziehung. Stuttgart 1960

Stekel, W.:
214 Technique of Analytic Psychotherapy. New York 1950

Stone, L.:
215 The Psychoanalytic Situation. New York 1961

Sullivan, H. S.:
216 The Psychiatric Interview. Psychiatry 14, 1951

Szent-Györgyi, A.:
217 The Grazy Ape. New York 1970

Toffler, A.:
218 Future Shock. New York 1972

Ulanov, A.:
219 The Feminine in Jungian Psychology and in Christian Scieology. Ebanston 1971

220 Universallexikon. Hrsg. von H. A. Pierer, Altenberg, 1845

Verworn, M.:
221 Kausale und konditionale Weltanschauung. 3. Aufl. 1928

da Vinci, L.:
222 Tagebücher und Aufzeichnungen. Leipzig, 3. Aufl. 1953

Weaver, R.:
223 The Old Wise Woman. New York 1973

Weigert, E.:
224 Contribution to the Problem of Terminating Psychoanalysis. Psychoanalytical Quarterly 21, 1952

Wheelwright, J. B.:
225 Diskussionsbemerkung auf dem 3. Internationalen Kongreß der IGFAP in Montreux 1968

Wheelwright, J. B., Buchler, I. A.:
226 Jungian Type Survey. (The Gray-Wheelwright-Test) 1944. 15. Rev. (1964). Society of Jungian Analysts of Northern California, San Francisco

Whitmont, E. C., Kaufmann, Y.:
227 Analytical Psychotherapy in Current Psychotherapy. Itasca 1973

Whitmont, E. C.:
228 The Symbolic Quest. New York 1969

Wickes, F. G.:
229 Von der inneren Welt des Menschen. Zürich 1953

Wilke, H.-J.:
230 Die Empfindungsfunktion in der Analytischen Arbeit. Zeitschrift für Analytische Psychologie und ihre Grenzgebiete 2, 1969
231 Neurosentheoretische Überlegungen zur Struktur und Dynamik depressiver Erkrankungen. Analytische Psychologie 5, 2, 1974
232 Zur Problematik des depressiven Wahns. Analytische Psychologie 9, 2, 1978

Willeford, W.:
233 Towards a Dynamic Concept of Feeling. Vortrag vor der Berliner Arbeitsgruppe für Analytische Psychologie. Berlin 1974

Winnicott, D. W.:
234 Hate in the Countertransference. Coll. Papers, London 1958
235 The Maturational Process and the Facilitating Environment. London 1965
236 Kind, Familie und Umwelt. München 1969

Wolff, T.:
237 Studien zu C. G. Jungs Psychologie. Zürich 1959
238 Der Wolfsmann vom Wolfsmann. Frankfurt 1972

Zacharias, G.:
239 Zur Rolle des Widerstandes in der Psychotherapie. Spectrum Psychologiae. Festschrift zum 60. Geburtstag von C. A. Meier. Zürich 1965

Zetzel, E. R.:
240 Current Concepts of Transference. International Journal of Psychoanalysis 37, 369–376, 1956

Zimmer, H.:
241 Die indische Weltmutter. Eranos-Jahrbuch, Bd. 6, Zürich 1938

Zulliger, H.:
242 Persönliche Mitteilung an den Verfasser

REGISTER

(s) bedeutet: symbolisch gebraucht
Abasie 109
Abhängigkeit des Patienten 62, 66
Abraham K. 91
Absentotherapie 62
Abwehr 11, 38, 81, 82, 108, 116, 160,
    161, 173, 229, 230, 232, 234, 237,
    238, 256
– gegen Alterungsprozeß 148
– gegen Beschäftigung mit Träumen
    161
– u. Funktionen 269, 271
– von Hingabeängsten 75
– u. Ich-Komplex 229
– u. Persona 229
– der Phantasien 168
Abwehrmechanismus, kollektiver,
    139
Adler G. 34, 76, 254
Adoleszenz 125
Affekt 115
affektive Kräfte 205
Affektlücke 115
Affektreaktionen 203
agarophobe Symptomatik 84
Aggression 82, 209
– des Analytikers 65
Aggressionsdurchbrüche 164
Aggressionshemmung 126
Aggressivität 209
agieren/ausagieren 206, 229
– außerhalb der Analyse 118
– des innern analytischen Kindes 118
– eines Übertragungsteils 118
– eines Widerstandes 111
aktive Imagination 69, 136, 175, 230,
    249-259

– abgrenzendes Charakteristikum 249
– u. Abwehrmechanismen 256
– Ausdrucksformen 250
– Beteiligung des Ich-Komplexes 249,
    250, 251
– Durchführung 251
– Funktion des Ich-Komplexes 253
– Positionen des Ich-Komplexes 253
– als positive Regression 250
– Voraussetzung 254, 256
– u. Wandlungsprozesse des Ich 254
aktive und passive Imagination 257
Alchimie 14, 15, 16, 17, 18, 19, 20, 125,
    195, 206, 251, 254
– u. Methodik 20
– Zielvorstellung 19
Alienation 169
Alter 125, 134
alter Weiser (s) 223
Alterungsprozeß
– Abwehrmechanismen 148
– Persona 148
– Träume 148
Ambivalenzkonflikt 43
Ammann A. N. 252, 255
Amplifikation 176, 177, 180, 185, 187,
    230, 232
Amplifikationsmethode 116, 178, 184,
    189
– Voraussetzung zur Anwendung 186
Analysand s. Patient
Analyse 105, 181
– Abschluß 237
– als dialektischer Prozeß 66, 72, 191
– als emotionaler Lernprozeß 214
– gemeinsames Erleben 222, 224
– an Jugendlichen 76, 224

294